电动汽车生命周期管理：模型与应用

焦建玲 李晶晶 著

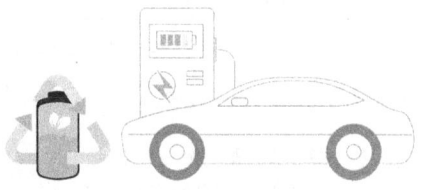

科学出版社

北京

内 容 简 介

电动汽车生命周期管理对于我国实现绿色发展和能源转型至关重要。本书从生命周期视角，围绕电动汽车扩散以及动力电池回收管理中的关键科学问题开展深入系统研究。首先，本书基于文本挖掘、实证模型、复杂网络智能体决策模型从供需双侧微观层面分析了不同类型政策干预下消费者和企业的电动汽车采纳决策机制。其次，基于系统动力学模型评估了多主体交互作用下电动汽车扩散的能源、环境和健康效益。最后，基于博弈模型分析了电动汽车的核心部件动力电池的回收渠道选择和优化策略。

本书适合能源经济、环境管理、资源循环利用等领域的专业人员、高等学校相关专业的高年级本科生、硕士研究生、博士研究生和教师阅读，也可供从事能源环境管理工作的政府部门领导、企业中高层管理者参考。

图书在版编目（CIP）数据

电动汽车生命周期管理：模型与应用 / 焦建玲，李晶晶著. — 北京：科学出版社，2025. 7. -- ISBN 978-7-03-082704-3

Ⅰ．U469.72

中国国家版本馆 CIP 数据核字第 2025SB6985 号

责任编辑：陈会迎 / 责任校对：姜丽策
责任印制：张　伟 / 封面设计：有道设计

科学出版社 出版
北京东黄城根北街 16 号
邮政编码：100717
http://www.sciencep.com
北京建宏印刷有限公司印刷
科学出版社发行　各地新华书店经销

*

2025 年 7 月第 一 版　开本：720×1000　1/16
2025 年 7 月第一次印刷　印张：16 3/4
字数：336 000

定价：216.00 元

（如有印装质量问题，我社负责调换）

前　　言

　　电动汽车（electric vehicle，EV）的生命周期管理至关重要，涵盖从生产、推广、使用到回收的各个阶段。推广阶段推动中国汽车产业转型升级、保障能源安全、改善空气质量，助力实现碳中和目标。回收阶段应对退役动力电池数量激增和资源浪费挑战，通过优化回收模式提高利用率，减少碳排放，实现可持续发展。本书特别关注电动汽车的推广和动力电池回收两个关键阶段，以促进高效、低碳的生命周期管理。

　　为促进电动汽车产业健康顺利发展，中国政府出台了一揽子经济和非经济支持政策。在多重政策的支持下，中国电动汽车产业实力逐渐增强，中国已成为电动汽车最大的生产国和全球最大的电动汽车市场，但是电动汽车扩散率并不理想，同时存在依赖补贴等问题。电动汽车扩散是一个受到不同主体相互影响的复杂系统，不仅需要政府的政策指导，而且需要消费者、汽车制造商和充电基础设施运营商等多方利益相关主体的协同配合与支持。各主体的行为相互影响，相互制约，共同促进电动汽车的扩散。电动汽车扩散不是孤立事件，会影响到整个社会的能源消费环境、生态环境和人类健康。明确各主体交互的决策机制对于有效制定产业政策、促进电动汽车扩散具有现实指导意义。值得注意的是，电动汽车需求的增加推动了对动力电池和相关关键材料的需求的增加。作为电动汽车的"心脏"，动力电池的寿命通常为 5—8 年，这导致了退役动力电池数量的爆发式增长。动力电池的正确回收和再生产有助于减少能源使用和温室气体排放，降低对源头矿产资源的依赖程度和环境污染程度。目前回收市场整体竞争格局依旧呈现出"小、散、乱"的局面，多种回收模式并存。寻找有效的回收模式对提高回收率、保障动力电池"安全下岗"、实现电动汽车产业长远发展至关重要。

　　关于政策对电动汽车扩散的影响，国内外学者已进行了一定的研究。现有研究对于电动汽车政策文本信息的探讨和电动汽车扩散过程中主体之间的复杂网络关系以及多主体交互动态关注不足，且很少对电动汽车扩散的效果进行综合评估。少有学者从生命周期过程出发，将梯级利用和材料回收纳入电动汽车动力电池回收模式比较研究，且多关注补贴等单一政策对回收模式的影响。基于此，本书立足于现实背景和相关理论，从微观决策和宏观系统视角针对电动汽车生命周期管理关键问题，着重关注中国电动汽车扩散及回收状况，构建电动汽车生命周期管理理论框架，并在该理论框架指导下开展以下几项创新性工作。

（1）基于文本挖掘的中国电动汽车政策演化分析。采用词频-逆向文件频率（term frequency-inverse document frequency，TF-IDF）算法综合考虑词频和逆向文件频率挖掘政策文本的关键词，结合双层网络方法，本书对电动汽车政策的主题、政策驱动力、机构合作情况进行分析。研究发现电动汽车产业由政府驱动转向当前政府市场双驱动。现阶段电动汽车产业仅依靠市场力量不能达到可持续发展状态，仍需要政府驱动的政策支持。

（2）基于计量模型的中国电动汽车政策对电动汽车扩散的影响。利用潜在狄利克雷分配（latent Dirichlet allocation，LDA）主题模型挖掘政策文本的隐含主题，并结合计量回归方法揭示不同类型隐含主题对电动汽车推广销量的影响。研究发现当期电动汽车政策总强度能够显著提高电动汽车销量，而不同类型政策的强度对电动汽车销量的影响存在显著差异。

（3）为探究不同类型政策干预下的消费者对电动汽车的采纳行为，基于具有态度和采纳两个属性的消费者网络，通过建立考虑朋友态度和电耗信息作用的消费者购买电动汽车的决策模型，本书分析了经济型政策和信息型政策对电动汽车采纳率的影响。发现消费者对购买补贴的敏感性随着电价的下降而降低。增强宣传科普力度能够通过提高初始状态中持积极态度的消费者比例来促进电动汽车采纳率提高，但是这种促进效果超过一定的阈值会减弱。鼓励社会讨论对电动汽车的扩散具有两面性。

（4）为探究不同类型政策干预下的制造商的生产行为，本书用复杂网络模型刻画制造商之间的交互作用，用博弈模型描述有限理性的汽车制造商在政府政策下的策略选择，综合考虑政策和消费者对制造商利润的影响，通过构建复杂网络演化博弈模型探索在电动汽车不同发展阶段政府政策对电动汽车扩散的动态影响。研究发现相比于消费者购买补贴政策，汽车制造商生产补贴政策对电动汽车扩散的促进效果更好。无论是对汽车制造商的税补政策还是燃油汽车（fuel vehicle，FV）车牌限制或消费者购买补贴政策均不能实现电动汽车充分扩散。

（5）系统宏观层面，本书基于政府、消费者、电动汽车制造商和充电基础设施运营商多主体交互的系统动力学（system dynamics，SD）模型探究了不同政策干预下的电动汽车扩散程度并对电动汽车扩散带来的能源、环境和健康效益进行了综合评估。研究指出燃油汽车车牌限制政策对电动汽车扩散的促进作用最大。燃油汽车车牌限制政策、购买补贴、政府研究与开发（research and development，R&D）补贴和充电桩建设补贴对电动汽车能源效益均具有负向影响，但对电动汽车扩散的环境、健康和社会效益有正向影响。此外，电动汽车扩散的健康效益最大，其次是环境效益。

（6）为探寻最佳的动力电池闭环供应链回收模式，按照动力电池"生产→装车→回收→梯级利用→材料回收"这一生命周期过程，分别构建三种回收模式模型，即电动汽车制造商回收、第三方回收企业回收以及电动汽车制造商与第三方回收企业混合回收。研究发现与电动汽车制造商回收和第三方回收企业回收相比，电动汽车制造商与第三方回收企业混合回收模式能够通过较高的回收价格在废旧动力电池回收市场上回收更多的废旧动力电池，进而实现更高的梯级利用。

（7）建立了考虑碳交易机制、梯级利用与材料再生技术以及碳减排技术影响下的动力电池闭环供应链优化模型，探讨了碳交易机制、技术进步以及回收市场竞争程度对动力电池的生产、废旧动力电池的回收与梯级利用、动力电池闭环供应链碳排放以及社会福利的影响。研究发现技术进步对动力电池闭环供应链的优化具有显著影响，过早地引入碳交易机制不利于废旧动力电池的回收与梯级利用。

本书从理论上初步揭示了政策干预下电动汽车扩散的多主体微观决策和宏观涌现机制，对能源、环境和健康的影响机制，以及考虑生命周期过程的动力电池闭环供应链回收模式选择机制，为促进电动汽车扩散和效果评估提供了理论参考；在研究方法上针对电动汽车扩散和动力电池回收的复杂性，结合多种前沿方法对研究问题进行深入分析，也为后续研究提供了方法支持。本书的研究发现为政府的政策制定与实施以及企业制定生产宣传策略提供了有益的管理建议。

除主要作者外，潘正涛负责搜集整理了第 8 章和第 9 章有关动力电池回收的资料。本书的大部分内容都在课题组的组会上进行过交流和讨论，大家的意见和争鸣不仅给我们带来了思想的火花，还给我们提供了持续完善的动力。本书的研究工作得到了国家自然科学基金（72374062，72204074，71972064）、中央高校基本科研业务费专项资金（JZ2024HGTB0240，JS2023ZSPY0064）和教育部哲学社会科学实验室——合肥工业大学数据科学与智慧社会治理实验室的支持，在此一并致谢。

由于作者水平有限，书中难免存在疏漏之处，恳请广大读者批评指正。

作 者
2024 年 6 月 3 日

目 录

第 1 章 绪论 1
    1.1 研究背景与意义 1
    1.2 国内外研究现状 18
    1.3 研究内容、研究方法与技术路线 38
    1.4 创新点 43
    1.5 本章小结 44

第 2 章 电动汽车生命周期管理理论框架 45
    2.1 核心概念界定 45
    2.2 理论基础 48
    2.3 电动汽车扩散及动力电池回收机制 64
    2.4 研究框架 78
    2.5 本章小结 80

第 3 章 中国电动汽车政策演化分析 81
    3.1 问题描述 81
    3.2 方法 81
    3.3 数据来源 85
    3.4 结果与讨论 85
    3.5 本章小结 98

第 4 章 政策文本隐含主题对电动汽车扩散的影响 100
    4.1 问题描述 100
    4.2 方法 101
    4.3 数据和变量 103
    4.4 结果与讨论 105
    4.5 本章小结 111

第 5 章 基于消费者网络视角分析政策干预对电动汽车扩散的影响 113
    5.1 问题描述 113
    5.2 方法 114
    5.3 数据来源与情景设置 118

5.4 结果与讨论 ……………………………………………………… 122
5.5 本章小结 ………………………………………………………… 128

第6章 基于制造商网络视角分析政策干预对电动汽车扩散的影响 …… 129
6.1 问题描述 ………………………………………………………… 129
6.2 复杂网络演化博弈模型 ………………………………………… 129
6.3 数据来源 ………………………………………………………… 133
6.4 结果与讨论 ……………………………………………………… 134
6.5 本章小结 ………………………………………………………… 142

第7章 多主体交互下的电动汽车扩散效果分析 …………………… 143
7.1 问题描述 ………………………………………………………… 143
7.2 多主体交互的系统动力学模型 ………………………………… 144
7.3 数据来源和政策设置 …………………………………………… 150
7.4 结果与讨论 ……………………………………………………… 155
7.5 本章小结 ………………………………………………………… 170

第8章 动力电池闭环供应链回收模式选择研究 …………………… 171
8.1 问题描述与基本假设 …………………………………………… 171
8.2 模型构建与求解 ………………………………………………… 174
8.3 三种回收模式的比较分析 ……………………………………… 185
8.4 数值仿真分析 …………………………………………………… 191
8.5 本章小结 ………………………………………………………… 195

第9章 动力电池闭环供应链回收模式的优化 ……………………… 197
9.1 问题描述与假设 ………………………………………………… 197
9.2 模型求解 ………………………………………………………… 200
9.3 动力电池闭环供应链回收模式优化的系统动力学模型 ……… 205
9.4 结果与讨论 ……………………………………………………… 212
9.5 本章小结 ………………………………………………………… 223

第10章 总结与展望 …………………………………………………… 225
10.1 结论 …………………………………………………………… 225
10.2 政策建议 ……………………………………………………… 228
10.3 展望 …………………………………………………………… 232

参考文献 ……………………………………………………………………… 233

第 1 章 绪　　论

1.1　研究背景与意义

1.1.1　研究背景

1. 电动汽车行业发展现状

作为世界最大的能源消费和碳排放国家，中国面临着严峻的能源和环境挑战。根据《2023 中国生态环境状况公报》的数据，2023 年全国 339 个地级及以上城市中，136 个城市环境空气质量超标，占 40.1%。糟糕的空气质量不仅损害人体健康、降低劳动力的生产率，还带来巨大的经济负担[1]。截至 2020 年底，全国机动车保有量达 3.72 亿辆，其中汽车保有量达到 2.81 亿辆。机动车的使用是城市能源需求的重要组成部分，也是城市空气污染的主要来源[2]。汽车行业的油耗约占石油总使用量的 60%[3]。Du 等指出，随着汽车保有量的增加，汽车行业的石油消耗占比将继续增大[4]。中国现在是世界上最大的汽车市场，汽车保有量的增长趋势没有减弱的迹象[5]。随着中国经济的高质量发展、人民生活水平的提升以及城镇化进程的加速推进，今后较长一段时期汽车需求量仍将保持增长趋势，由此带来的能源紧张和环境污染问题将更加严峻。

相比于传统的燃油汽车，电动汽车产业由于可以提高可再生能源的利用效率、减轻能源压力，成为解决能源和环境问题的一个很有前景的产业，受到政府高度重视，已被列为战略性新兴产业。中国政府已出台多种政策支持电动汽车产业的发展，其中最主要的为货币型政策手段。图 1-1 展示了中国 2015—2020 年主要的电动汽车经济政策。例如，2017 年《财政部　税务总局　工业和信息化部　科技部关于免征新能源汽车车辆购置税的公告》提出，自 2018 年 1 月 1 日至 2020 年 12 月 31 日，对购置的新能源汽车免征车辆购置税。2020 年《关于进一步完善新能源汽车推广应用财政补贴政策的通知》指出，为创造稳定政策环境，2021 年保持现行购置补贴技术指标体系框架及门槛要求不变。除了经济政策，道路优先权、电动汽车不限牌等非经济政策也起着关键作用。为了实现汽车行业的碳减排，中国许多地方政府采取了专门针对支持零排放汽车销售的措施。例如，提供限时购买补贴，向新的零排放汽车采用者给予折扣以及扩大零排放汽车的交通限制豁免（表 1-1）[6]。

图 1-1 中国 2015—2020 年主要的电动汽车经济政策时序图

表 1-1 中国主要城市实施的电动汽车推广政策

城市	车牌限制和零排放车辆直接进入	交通限制和零排放车辆豁免	停车成本更低或免费停车	充电基础设施使用补贴	零排放车辆直接购买补贴	公共巴士车队电气化
上海	√	√		√2020		√2025
北京	√	√				√2020*
成都		√	前两个小时免费			√**
广州	√		第一个小时免费		√2020/2021	√2020
郑州			50%折扣		√2020	
重庆		√	100%折扣	√	√2020	
深圳	√		前两个小时免费		√2020/2021	
苏州			第一个小时免费			√2020*
杭州	√	√				√2022
东莞						√2020
西安		√	前两个小时免费			√2019
武汉		√	第一个小时免费，之后50%折扣			

续表

城市	车牌限制和零排放车辆直接进入	交通限制和零排放车辆豁免	停车成本更低或免费停车	充电基础设施使用补贴	零排放车辆直接购买补贴	公共巴士车队电气化
天津	√	√		√2020		√2020*
长沙						√2020
佛山						√2019
宁波						√2022
南京			第一个小时免费			√2021
昆明			前两个小时免费			√**
济南		√	前两个小时免费，之后50%折扣（BEV）	√2020/2021		√**
石家庄		√			√2020	√2020*

注：BEV 表示纯电动汽车（battery electric vehicle）
*表示全车队电气化目标适用于城市区域；**表示电气化要求仅适用于新车辆或更换车辆

如图 1-2 所示，在政府的经济和非经济多重政策支持下，自 2016 年以来，中国电动汽车保有量稳居世界第一[7]。2022 年，中国的电动汽车保有量首次超过全球的 50%，达到 1380 万辆，这一强劲增长得益于十多年来对早期采用者的持续政策支持[7]。电动汽车的蓬勃发展和迅猛增长严重依赖于政府的补贴。2009 年到 2017 年，中央和地方政府已经向该行业投入了 3932 亿元（图 1-3）[8]。虽然国家的重大支持也用于研发、基础设施收费和政府采购，但大多数支持是通过补贴和回扣以及免征销售税来减轻购买者负担的。2009—2019 年政府对于电动汽车的总支出达到 6763 亿元，而且这仅是直接支持，不包括其他优惠，如公司所得税减免和工厂廉价土地。尽管如此，电动汽车在中国汽车市场的份额依然十分有限。供给侧方面，企业受到多种内外部因素的影响，巨大的 R&D 投入、高初始生产成本、不确定的市场需求等导致电动汽车的生产动力不足。在需求侧，不完善的充电基础设施，消费者对电动汽车安全性的担忧，有限的续航里程，较长的充电时间等，使得大多数消费者对电动汽车仍处于"观望"状态。供给侧和需求侧相互作用，导致电动汽车行业的发展并没有达到期望的理想结果。从 2011 年到 2020 年，虽然电动汽车销售量从 0.5655 万辆增加到 136.6 万辆，市场份额从几乎可以忽略增加到 2020 年的 5.40%，但是电动汽车大规模的市场渗透并没有出现。截至 2020 年底，全国电动汽车保有量为 492 万辆。其中，纯电动汽车保有量 400 万辆，并没有实现《节能与新能源汽车产业发展规划（2012—2020 年）》提出的到 2020 年纯电动汽车和插电式混合动力汽车累计产销量超过 500 万辆的目标。

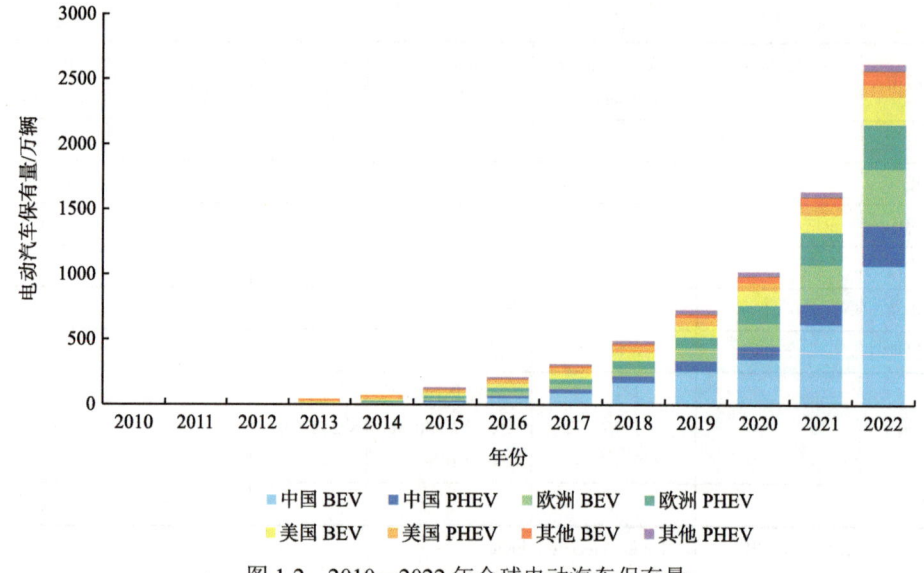

图 1-2 2010—2022 年全球电动汽车保有量

PHEV 表示插电式混合动力汽车（plug-in hybrid electric vehicle）

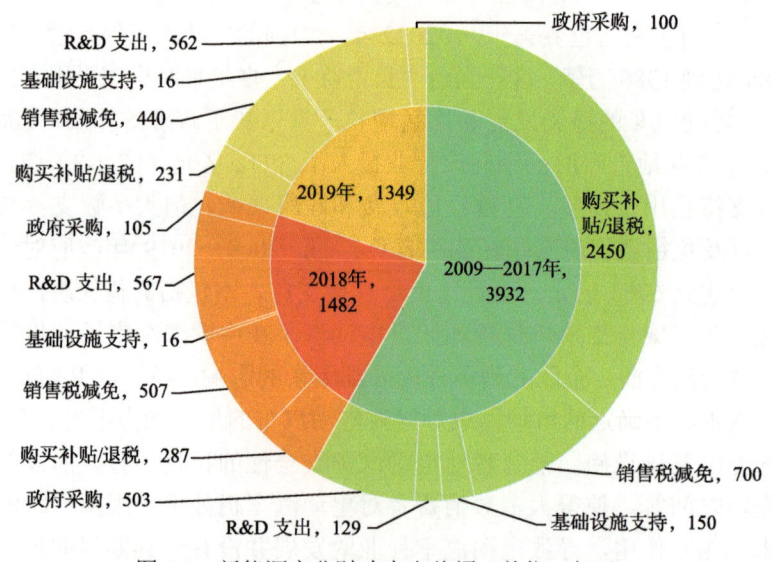

图 1-3 新能源产业财政支出总额（单位：亿元）

在依赖补助甚至出现骗补的背景下，中国电动汽车产业扶持政策经历了动态调整。2015 年 4 月，财政部、科学技术部（以下简称科技部）、工业和信息化部（以下简称工信部）以及国家发展和改革委员会（以下简称国家发展改革委）等部门联合印发《关于 2016—2020 年新能源汽车推广应用财政支持政策的通知》，文件首次明确表明新能源汽车补助标准将实行退坡机制。此后《关于调整新能源汽车推广应用财政补贴政策的通知》《关于进一步完善新能源汽车推广应用财政补贴政策的通知》等多份文件对电动汽车补贴标准进行进一步调整和完善。随着电动汽车产业的发展成长，政府已经从购买扶持转向综合规制。2019 年 5 月交通运输部等十二部门印发《绿色出行行动计划（2019—2022 年）》，加大对充电基础设施的补贴力度，将新能源汽车购置补贴资金逐步转向充电基础设施建设及运营环节。2020 年 10 月 20 日国务院办公厅印发《新能源汽车产业发展规划（2021—2035 年）》，提出到 2025 年，新能源汽车新车销售量达到汽车新车销售总量的 20%左右，到 2035 年，纯电动汽车成为新销售车辆的主流。根据当前电动汽车的渗透率要实现 2035 年的目标难度比较大。特别是在购买补助退坡背景下，电动汽车的高增长能否继续维持仍未知。面临购买补助退坡的压力，电动汽车销量目标能否实现以及通过何种政策能够更有效地促进该目标的达成值得探究。

电动汽车产业发展不仅依靠政策主体的指导支持。在电动汽车扩散中，消费者、汽车制造商、充电基础设施运营商、政府等多方相互作用，构成多主体交互参与的"网状生态"。消费者作为电动汽车的购买者，是电动汽车扩散过程的核心主体。消费者购买行为会受到自身偏好、同伴效应、汽车价格和政府政策等的影响。汽车制造商的决策会受到不同类型汽车的生产成本、消费者购买意愿、政府政策等内外部因素的综合影响。充电基础设施运营商会受到电动汽车销量、运营成本、政府政策支持等因素的影响。政府政策的制定同样会综合考虑消费者、汽车制造商和充电基础设施运营商的行为，从而实现社会福利最大化的目标。不同主体的决策目标不同，目标之间可能存在利益冲突。不同主体间的关系结构、决策依据均对电动汽车产业的发展起到至关重要的作用，且不同主体之间的决策是交互影响、动态变化的。因此明确各主体决策的交互机制，系统量化复杂网络下多主体的动态行为决策对于打开电动汽车扩散的黑箱、有效制定电动汽车产业政策具有现实指导意义。

促进电动汽车产业发展一方面是为了振兴中国汽车产业，实现弯道超车，另一方面是因为它在减小道路运输带来的外部影响方面具有极大的潜力，包括空气质量以及城市人口健康寿命[9]、全球气候变化[10]、能源消耗[11]等方面。已有研究多关注电动汽车对能源、环境、健康某一方面的影响，很少对电动汽车扩散的效果进行综合评估。一些学者发现相比于燃油汽车，电动汽车已经具备节能减排能力[12-14]，但也有部分学者认为电动汽车的节能减排效果取决于行驶距离[15]、电源结构[16]、燃油汽车效率[17]等。制定有效的电动汽车发展政策离不开对能源、环境和健康影响的综合评价。因此有必要探索电动汽车的扩散机制、不同政策影响下电动汽车的扩散情况，以及评估不同扩散程度的效果。

2. 动力电池回收利用发展现状

电动汽车需求的增加推动了对动力电池和相关关键材料的需求。锂离子电池具有能量密度高、充放电速率快、循环寿命长、高低温性能稳定等优点，成为电动汽车供能系统的核心部件。目前的电动汽车几乎完全由锂离子电池提供动力[18]。中国已成为世界最大的汽车锂离子电池消费国（图1-4）[7]。2015年，中国锂离子电池的产量仅为16.9吉瓦时，而2020年增加到65.9吉瓦时，预计到2025年将增加到431吉瓦时[19]。在循环充放电的过程中，电池容量逐渐衰减，当衰减至80%以下时，便达到退役状态。动力电池的寿命通常为5—8年[20]，这导致了退役动力电池的爆发式增长。2025年中国退役锂离子电池总产生量预计将达到111.7吉瓦时，市场规模预计将达到204亿元[19]。2030年中国退役动力电池量预计达到70.8万吨[21]。保障动力电池"安全下岗"是电动汽车产业实现长远发展的关键。如果没有有效的措施处理和管理这些大量的废弃电池，它们将不可避免地造成严重的问题，如环境污染健康问题和自然资源枯竭，妥善回收再利用废旧动力电池意义重大。动力电池回收受到环保诉求、战略价值、经济性三大要素的合力推动。

图1-4　各国/地区锂离子电池需求

若报废锂离子电池处置不当，不仅会带来触电、燃爆、腐蚀隐患等安全问题，还会带来如重金属、电解液污染等环境问题，威胁生态环境和人身健康[22]。表1-2展现了磷酸铁锂（$LiFePO_4$）电池各组件的化学特性和潜在污染[23]。电解液是磷酸铁锂电池的主要污染源之一，其中的电解质六氟磷酸锂（$LiPF_6$）和四氟硼酸锂（$LiBF_4$）化学性质不稳定，在水中$LiPF_6$容易分解为剧毒气体五氟化磷（PF_5）和氟化氢（HF），$LiBF_4$则主要分解生成HF[23]。因此，退役磷酸铁锂电池在环境中的处理可能会导致电解液泄漏，并污染周围的土壤和地下水[23]。有机溶剂及其分解产物也可能对大气、水、土壤和邻近生态系统造成严重污染[23]。此外，对动力电池进行回收利用能有效节能减排，符合"双碳"（碳达峰、碳中和）目标。动力电池制造是高能耗产业，制造过程会产生大量的温室气体；经高工锂电测算，现阶段1千瓦时三元锂离子电池和磷酸铁锂电池生产所需能耗分别为82.91千瓦时和 85.78 千瓦时,折算碳排放量分别为 5.06 万吨/吉瓦时和 5.23 万吨/吉瓦时,碳排放主要集中在正极材料、负极材料和电池生产环节,三者合计占比接近 90%[24]。国际清洁交通委员会(International Council on Clean Transportation,ICCT)的研究显示[25](图 1-5),从生命周期来看,新能源汽车每公里的碳排放量约为 130 克,但若能对废旧的动力电池进行梯次利用、再生利用,其所对应的新能源汽车每公里碳排放量将分别下降 22 克、4 克,进而显著降低新能源汽车生命周期的碳排放量。Kamath 等也证实了这一观点,通过比较美国在三种储能应用中使用二次电池和新二次电池相关的电力平准化成本及生命周期碳排放,发现与新二次电池相比,二次电池将平准化的电力成本降低了 12%至 57%,碳排放量降低了 7%至 31%[26]。类似地,Rosenberg 等[27]对湿法冶金和直接回收两种回收工艺进行了生命周期评估,发现与使用原始材料生产相比,两者都显示出生态效益(NCM111 和 NCM811[①]电池的温室气体排放量分别减少 2.76 千克 CO_2 当量/千克、4.55 千克 CO_2 当量/千克)。用回收材料再制造的镍钴锰(NCM)电池的碳足迹和累积能源需求分别比用原材料制造的电池低 34.1%和 17.5%,在 2050 年中国的电力结构下,使用回收材料制造镍钴锰的碳足迹可以降低 38.8%[28]。此外,从废电池中回收氢氧化锂还有其他环保效益,与智利盐水生产的原始氢氧化锂相比,生命周期标准空气污染物排放量(NO_x、SO_x 和 PM_{10})和耗水率分别降低了 76%、59%、88%和 57%[29]。

表 1-2 磷酸铁锂电池各组件的化学特性和潜在污染

类型	材料	化学特性	潜在污染
正极材料	$LiFePO_4$	正极材料与水、酸或氧化剂反应强烈,燃烧或加热会分解生成有毒的锂和磷化合物	锂污染与环境 pH 值升高
负极材料	石墨	石墨能与强氧化剂反应生成 CO、CO_2 和其他气体	粉尘污染
	锂插层	锂能与水反应生成氢氧化锂	环境中 pH 值上升
	碳材料	粉尘和空气的混合物遇到热源或火源时可能发生爆炸。碳材料在燃烧时能与强氧化剂发生反应,产生五氧化二磷(P_2O_5)等有毒物质	粉尘污染
电解质	$LiPF_6$	电解质具有很强的腐蚀性,遇水分解成 HF,与强氧化剂反应,燃烧时产生 P_2O_5 等有毒物质	氟污染
电解质溶剂	碳酸乙烯酯	能与酸、碱、强氧化剂和还原剂反应,遇水分解成醛类和酸类,燃烧时产生 CO 和 CO_2	醛和有机酸
	碳酸丙烯酯	它能与水、空气和强氧化剂反应,燃烧时产生 CO 和 CO_2。加热分解时,会产生醛类、酮类等有害气体。点火会引起爆炸	醛类、酮类及其他有机污染

---

① Li$(Ni_xCo_yMn_z)O_2$ 是正极材料的标准表示方式,其中 x、y、z 表示镍、钴和锰的比例。NCM111 和 NCM811 分别表示镍、钴、锰的比例为 1:1:1 和 8:1:1。

续表

类型	材料	化学特性	潜在污染
电解质溶剂	碳酸二甲酯	能与水、强氧化剂、强酸、强碱、强还原物质剧烈反应，或水解生成甲醇，或燃烧生成 CO 和 CO_2	甲醇和其他有机污染
	碳酸二乙酯	能与水、强氧化剂、强酸、强碱、强还原物质剧烈反应，或燃烧生成 CO 和 CO_2	酒精和其他有机污染
薄膜	聚丙烯、聚乙烯	通过燃烧产生 CO、醛、有机酸	有机污染
黏结剂	聚偏二氟乙烯（polyvinylidene fluoride，PVDF）	聚偏二氟乙烯能与氟、发烟硫酸、强碱和碱金属反应生成 HF	氟化物污染

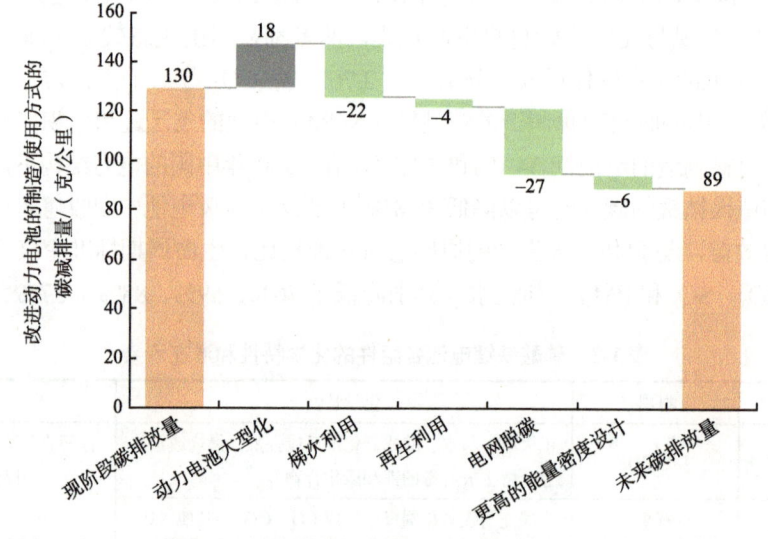

图 1-5　动力电池回收再利用的碳减排效应

在动力电池领域，关键矿产资源决定了未来市场竞争的生存能力和优势。电池需求的增加推动了对关键材料的需求。尽管关键材料产量自 2017 年至 2022 年增长了 180%，但 2022 年的锂需求仍超过供应量（与 2021 年一样）。2022 年，约 60% 的锂、30% 的钴和 10% 的镍需要用于电动汽车电池（图 1-6）。2017 年，这些份额分别约为 15%、10% 和 2%[7]。中国动力电池所需原材料主要依赖进口[19]，战略金属资源供需失衡，对外依存度极高。锂离子电池关键原材料的全球资源分布相对集中，在空间区域上差异很大。如图 1-7 所示，根据美国地质调查局（United States Geological Survey，USGS）2023 年的数据[30]，全球锂储量高度集中在智利（35.70%）和澳大利亚（23.80%）；世界钴储量高度集中在刚果（金）（47.93%）、澳大利亚（17.97%）、印度尼西亚（7.19%）；41.14% 的镍储量来自澳大利亚和印度尼西亚。作为全球最大的锂和钴消费国，中国对锂和钴的需求在 2020 年分别占全球需求的 50%和 45%[31]。钴严重依赖从刚果（金）进口，2020 年中国 80%以上的钴供应来自刚果（金）[32]。此外，2019 年中国成为全球最大的原镍消费国，市场份额为 55%，镍储量为 280 万吨，导致镍的外部依存度为 86%[32,33]。显而易见，动力锂离子电池材料的关键矿产资源供应高度集中在少数国家和地区，这导致了供应链的脆弱性，任何重大中断都可能危及动力锂离子电池的产量。动力电池回收再利用能够减少对初级资源的需求，从而有效缓解我国电池金属的供给约束，减小潜在关键金属供应风险。废锂离子电池中含有大量高价值元素：钴的质量分数为 5%—20%，锂的质量分数为 5—7%，镍的质量分数为 5%—7%，甚至高于天然矿石[34]。例如，一吨锂可以从 250 吨矿物或 750 吨盐水中获得，回收 28 吨废电池（质量分数约 2%—7%的锂）也可以达到同样的效果[35]。到 2040 年，从废电池中回收的铜（Cu）、锂、镍和钴的数量可以将这些矿物的综合初级供应需求减少约 8%[36]。Nurdiawati 和 Agrawal 提出了一种情景驱动的物质流分析方法，用来估计瑞典电动汽车动力电池的流量和关键金属需求，结果表明在 2040 年至 2050 年，回收利用有可能将初级资源需求减少 25%至 64%，这可以满足未来原材料需求的很大一部分[37]。Maisel 等根据增长和技术情景预测得出，2040 年锂和镍的回收潜力将超过锂离子电池原材料需求的一半，钴的回收潜力甚至将超过 2040 年的原材料需求[38]。这些研究证明了回收在减少电动汽车关键金属需求方面的重要性和潜在贡献。根据《新能源汽车废旧动力蓄电池综合利用行业规范条件（2019 年本）》的政策要求，我国动力电池再生利用企业对镍、钴、锰的综合回收率应不低于 98%，锂的回收率不低于 85%。未来电池的回收利用将逐渐成为动力电池原材料供给的重要来源之一，这将在一定程度上缓解我国对上游原材料供应的压力，保障我国新能源汽车产业链安全稳定和提升对原材料的定价权。

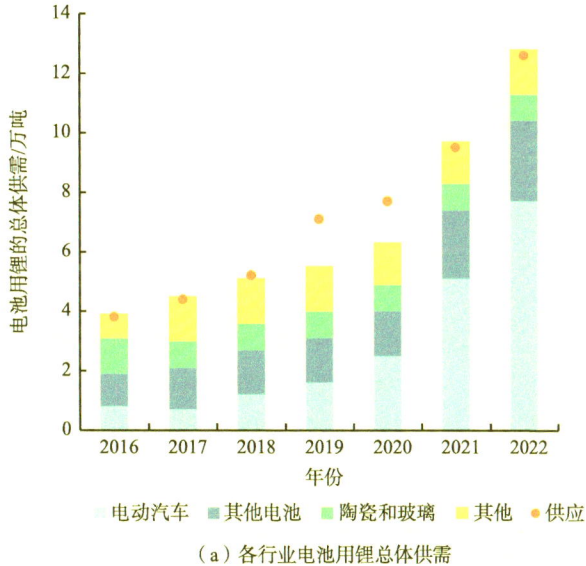

(a) 各行业电池用锂总体供需

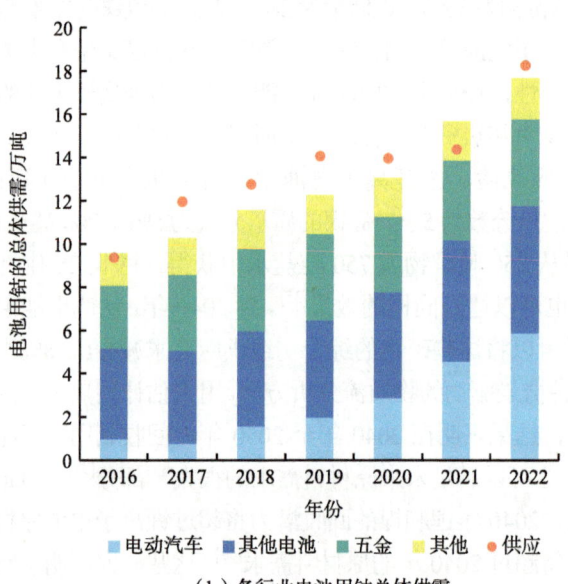

（b）各行业电池用钴总体供需

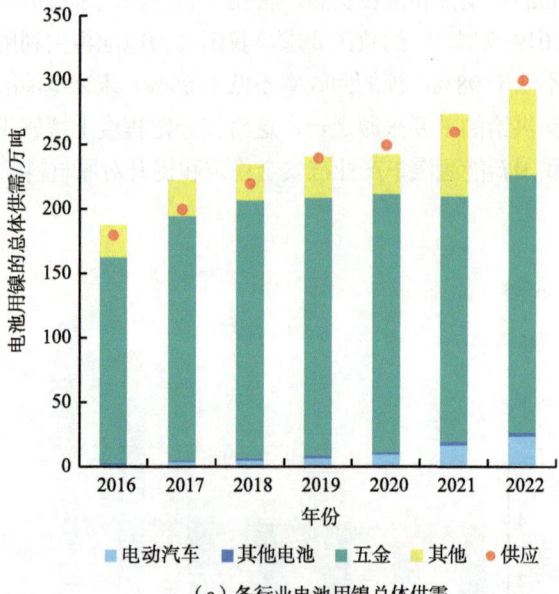

（c）各行业电池用镍总体供需

图 1-6 按行业划分的电池用锂、钴、镍总体供需

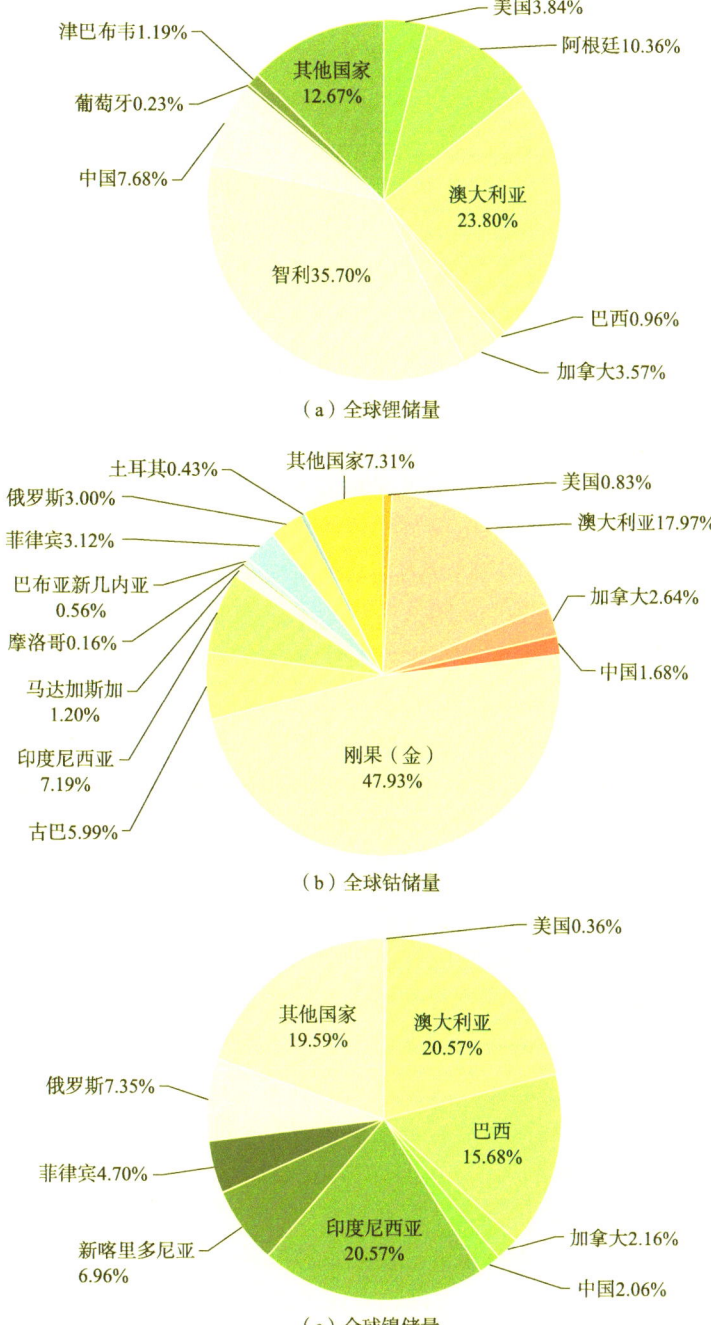

图 1-7 全球锂、钴、镍储量

全球钴储量百分比加总不等于100%，为四舍五入所致

电动汽车退役的动力电池仍然具有巨大的经济价值。一方面，这些动力电池仍然有 70%—80%的初始容量，可以在其他领域进行梯级利用，如电网企业、通信基站、低速电动汽车等[39, 40]。另一方面，退役的动力电池含有高价值的金属，如锂、钴等。对于典型的三元锂离子电池的组成，来自阴极集流件和阳极集流件中铜和铝（Al）的单位质量分数分别占总锂离子电池的 22.7%和 16.6%，镍、钴和锰分别占 14.8%、8.5%和 5.9%[41]。全球锂离子电池供应链目前受到市场波动的困扰，从 2020 年 12 月到 2022 年 4 月，中国现货市场碳酸锂、硫酸钴和硫酸镍的价格分别上涨了 830%、100%和 60%，每吨价格分别上涨至 73 000 美元、18 000 美元和 7000 美元[42]。因此，首先应对回收后的动力电池进行梯级利用以提高其二次利用价值，其次对无法满足梯级利用场景的电池进行材料再生处理，并对经再生处理后的电池材料进行再利用与再制造，这是目前回收再利用废旧动力电池最好的技术路线。剩余容量为判断废旧动力电池是否能够被梯级利用提供了依据。具体来说，当动力电池的剩余容量为原始容量的 60%—80%时，该电池经过拆解重组后可应用于储能、通信基站、供电调节和低速电动汽车等领域。当动力电池的剩余容量衰减到 20%—60%时，应将动力电池拆解成单节电芯。然后，这些电池以串联或并联方式重新组合成多个电池，可用于用户侧或微电网。这些应用场景属于梯级利用范畴，上述方法是资源分配和复用的合理方法。然而，当动力电池的剩余容量衰减到 20%以下时，动力电池就不能再被梯级利用，只能直接报废拆解，以获得电池内部零件，提炼稀有金属材料，如图 1-8 所示，这不但提高了动力电池的生命周期价值，而且在经济、资源等方面具有相当大的必要性和现实意义。回收一个电池组的总成本估计为 97.42±1.95 欧元，带来 298.59±12.93 欧元的收入，即每个电池组的利润为 186.29—216.05 欧元，其中收入主要来自草酸镍、钴和锰的回收（72%）[43]。Blömeke 等也证实与生产原始电池材料相比，回收利用锂离子电池可实现高达 3300 欧元/吨的利润[44]。因此，废旧动力电池回收利用对于降低原始的电池成本和提升宝贵资源的经济价值具有重要意义。

为促进动力电池正规回收，国家出台了多项落实生产者责任延伸制度、建立回收网络等方面的政策（表 1-3）。在政策的引导下，多种回收模式在动力电池回收市场上涌现[45, 46]：①电动汽车制造商负责回收，即利用现有的正向销售渠道或售后服务点构建回收网络，对退役的动力电池进行回收，如各类汽车品牌的 4S 店。②第三方回收企业负责回收，即通过将废旧动力电池的回收业务外包给第三方回收企业来履行生产者责任延伸制度，如格林美为各大企业提供动力电池回收业务。③电动汽车制造商与第三方回收企业共同参与回收，如比亚迪不仅依靠4S 门店进行废旧动力电池回收，还与格林美合作共建包括电池回收在内的整个动力电池产业链等。虽然中国已经开始大力回收与再利用废旧动力电池，但现阶段废旧动力电池的回收率依然很低，在 2018 年产生的 7.4 万吨废旧电动汽车电

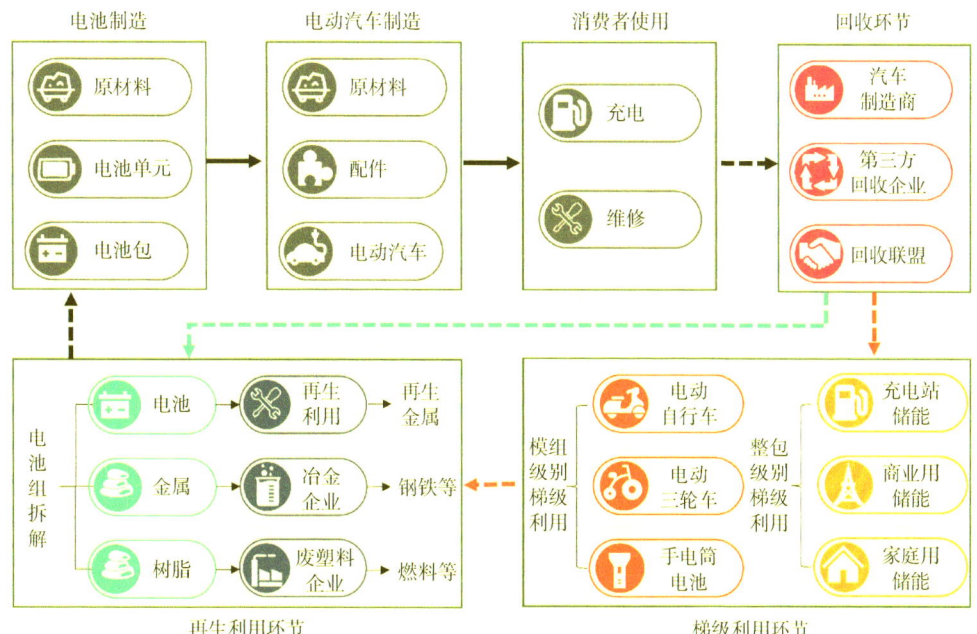

图 1-8 废旧动力电池回收与再利用的技术路线

池中,只有 5472 吨被回收,回收率仅为 7.4%[47]。目前,动力电池的回收模式尚处于积极的研究探索阶段,各种模式都各具优点和不足之处(表 1-4),并未出现一种明确的主导模式[48]。政府和企业仍需探索高效、合理且低碳的废旧动力电池回收模式。

表 1-3 与废旧动力电池回收利用相关的国家政策性文件

发布时间	文件名称	发布单位	相关内容
2016 年 12 月	《废电池污染防治技术政策》	环境保护部[1]	鼓励电池生产企业履行生产者延伸责任
2016 年 12 月	《生产者责任延伸制度推行方案》	国务院办公厅	电动汽车及动力电池生产企业应负责建立废旧电池回收网络
2018 年 1 月	《新能源汽车动力蓄电池回收利用管理暂行办法》	工信部等七部门	落实生产者责任延伸制度,汽车生产企业承担动力蓄电池回收的主体责任
2018 年 7 月	《新能源汽车动力蓄电池回收利用溯源管理暂行规定》	工信部	建立"新能源汽车国家监测与动力蓄电池回收利用溯源综合管理平台",对动力蓄电池生产、销售、使用、报废、回收、利用等全过程进行信息采集,对各环节主体履行回收利用责任情况实施监测
2019 年 10 月	《新能源汽车动力蓄电池回收服务网点建设和运营指南》	工信部	新能源汽车生产及梯次利用等企业应按照国家有关管理要求通过自建、共建、授权等方式建立回收服务网点

续表

发布时间	文件名称	发布单位	相关内容
2019年12月	《新能源汽车废旧动力蓄电池综合利用行业规范条件（2019年本）》	工信部	明确定义新能源汽车废旧动力蓄电池梯次利用和再生利用，细化和区分相关企业从事梯次利用和再生利用应满足的不同要求，并充分与已发布的新能源汽车动力蓄电池回收利用管理政策相衔接，强化企业在溯源管理及回收体系建设等方面能力
2019年12月	《新能源汽车废旧动力蓄电池综合利用行业规范公告管理暂行办法（2019年本）》	工信部	明确对符合《新能源汽车废旧动力蓄电池综合利用行业规范条件（2019年本）》的企业实行动态管理，对申请公告企业和已公告企业均提出要求，并强化事中事后监管
2020年10月	《新能源汽车产业发展规划（2021—2035年）》	国务院办公厅	完善动力电池回收、梯级利用和再资源化的循环利用体系……落实生产者责任延伸制度
2021年5月	《汽车产品生产者责任延伸试点实施方案》	工信部、科技部、财政部、商务部	按有关规定履行动力蓄电池回收利用溯源管理主体责任
2021年8月	《新能源汽车动力蓄电池梯次利用管理办法》	工信部等五部门	鼓励梯次利用企业与新能源汽车生产、动力蓄电池生产及报废机动车回收拆解等企业协议合作……鼓励动力蓄电池生产企业参与废旧动力蓄电池回收及梯次利用
2022年1月	《关于加快推动工业资源综合利用的实施方案》	工信部等八部门	推动产业链上下游合作共建回收渠道，构建跨区域回收利用体系。完善废旧动力电池回收利用体系

1）2018年组建生态环境部，不再保留环境保护部

表1-4　动力电池回收的商业模式概况

商业模式	模式定义	优点	缺点	代表企业
制造商回收模式	电池或汽车厂商直接对电池进行回收利用	回收方便	回收产品单一、规模较小、经济性较低	宁德时代、国轩高科
第三方回收模式	第三方回收企业对电池进行回收与转售	工艺成熟、专业性较强	须自主建立回收服务网络、回收费用高、运输存储难、再销售渠道限制	格林美、天奇股份
联盟（合作）回收模式	制造商与第三方回收企业进行合作	渠道多、影响力广、规模大	合作要求高	光华科技、北汽集团、中国铁塔

综上所述，亟须对电动汽车从生命周期视角进行管理，包括在扩散阶段有效推广电动汽车以及在回收阶段有效处理废旧电动汽车电池。本书立足我国电动汽

车发展现状，致力于深入研究和解决电动汽车在使用与退役过程中的关键问题，从多主体交互网络视角出发，梳理中国电动汽车政策发展演变情况，挖掘政策文本隐含的不同类型政策主题对电动汽车扩散的影响机制。然后从需求、供给双侧微观层面揭示复杂网络背景下消费者的购买决策制定和制造商的生产决策选择。接着结合中国电动汽车发展规划，从系统宏观涌现层面，讨论多主体交互影响下不同类型政策对电动汽车扩散的影响以及不同扩散程度对能源、环境和健康的影响。最后本书基于闭环供应链视角，根据动力电池"生产→装车→回收→梯级利用→材料回收"这一生命周期过程，从经济效益与排放效率角度探究如何选择动力电池闭环供应链最佳回收模式，并关注影响动力电池闭环供应链发展的因素（如碳交易机制、技术进步等），旨在为有效制定电动汽车扩散和动力电池回收政策提供依据，推动退补背景下电动汽车行业的顺利健康发展，提高废旧动力电池的回收与再利用水平，引导废旧动力电池回收体系朝着高效、低碳方向发展，从而为实现节能减排目标献计献策。

1.1.2 研究意义

电动汽车作为国家重点支持的战略性新兴产业，是助力实现中国碳中和目标的重要一环，推动电动汽车顺利扩散一直是理论研究和政策制定关注的重点。动力电池作为电动汽车的动力来源，其回收率直接决定电动汽车产业是否能够实现低碳、绿色、循环、高质量发展。通过对电动汽车生命周期的综合管理，可以最大限度地提高电动汽车的整体性能和可持续性，推进清洁能源交通的发展。本书构建了电动汽车扩散及动力电池回收的理论框架。通过政策文本挖掘结合实证分析探讨了电动汽车政策的演变和实施效果；从微观视角分别构建了基于消费者复杂网络的智能体（Agent）模型和基于制造商网络的演化博弈模型，揭示政策干预对电动汽车扩散的影响；从宏观系统层面分析多主体交互下的电动汽车扩散效果；基于"生产→装车→回收→梯级利用→材料回收"这一生命周期过程，从经济效益与排放效率角度探究如何选择动力电池闭环供应链最佳回收模式，并关注影响动力电池闭环供应链发展的因素，对于完善电动汽车政策措施、推动电动汽车顺利扩散、引导废旧动力电池高效低碳回收具有重要的理论借鉴意义和现实参考价值。这一研究成果有望为制定政策、改进技术和引导产业发展提供有力支持，促进电动汽车产业的可持续繁荣发展。

1. 理论意义

（1）丰富了政策干预下电动汽车扩散及扩散效果的理论研究。本书综合运用了利益相关者理论、复杂网络理论、政策学习理论、政策网络理论、消费者购买决策行为理论、演化博弈理论和系统动力学理论等公共政策学、消费者行为学、经济学等多学科分析方法，研究电动汽车扩散及扩散效果，并且构建了政策干预下电动汽车扩散及效果评估的理论框架。虽然尚不完善，但也从理论上初步揭示了电动汽车扩散的微观决策和宏观涌现机制，具有一定的创新意义。

（2）拓展了电动汽车政策文本分析的方法研究。传统电动汽车政策文本研究多为基于词频的内容分析。本书采用 TF-IDF 算法综合考虑词频和逆向文件频率挖掘政策文本的关键词，并通过 LDA 主题建模方法挖掘政策文本中的隐含主题，进一步通过计量实证分析不同政策主题对电动汽车扩散的影响，对拓展政策文本分析有一定的借鉴意义。

（3）有益于电动汽车扩散的方法研究。传统电动汽车扩散模型对主体之间的复杂网络关系和多主体交互动态关注不足。电动汽车扩散模型要么集中于微观决策，要么集中于宏观扩散，而对于主体之间的复杂网络关系和多主体交互动态缺乏进一步深入探究。微观层面，在需求侧本书基于具有态度和采纳两个属性的消费者网络，建立了考虑朋友态度和电耗信息作用的消费者购买电动汽车的决策模型。汽车制造商的生产决策博弈与制造商间的联系构成的网络拓扑结构密切相关，在供给侧本书将二者结合考虑，探究了网络拓扑结构下汽车制造商选择生产电动汽车的概率的演化情况。宏观系统层面，本书构建了基于多主体交互的系统动力学电动汽车扩散模型，有效扩展了电动汽车扩散的相关理论研究。

（4）促进了电动汽车扩散效果评估的研究。国内外关于政策干预下的电动汽车扩散的效果评估多侧重于整体层面，特别是对于健康效益，多从流行病学和毒理学角度来阐释环境健康病理学机理，几乎没有将电动汽车扩散效果评估置于多主体交互网络中进行系统动态研究的文献，导致对背后的经济社会政策等的影响机理不明。电动汽车扩散作为一个复杂系统，任何利益相关者的行为选择都会影响电动汽车扩散效果，且不同主体间相互影响。因此，本书构建了基于政府、消费者、电动汽车制造商和充电基础设施运营商的多主体交互的系统动力学模型评估电动汽车扩散对能源、环境和健康的影响，有助于丰富电动汽车扩散效果的研究。

（5）丰富了动力电池闭环供应链回收模式选择和影响因素的研究。过往研究很少将梯级利用和材料再生利用这两个环节同时纳入动力电池闭环供应链回收决策研究中，本书按照动力电池"生产→装车→回收→梯级利用→材料回收"这一生命周期过程，将动力电池闭环供应链简化为由动力电池生产企业、电动汽车制造商、电动汽车消费者、第三方回收企业以及梯级利用消费者参与的闭环，建立、对比并分析了电动汽车制造商回收、第三方回收企业回收以及电动汽车制造商与第三方回收企业混合回收这三种动力电池回收模式，从而得到动力电池闭环供应链最佳回收模式。此外，本书将碳交易机制、技术进步以及回收市场竞争程度作为影响动力电池闭环供应链的因素,研究如何在全新动力电池的产量、废旧动力电池的回收率与梯级利用率、碳排放量、社会福利这五个方面实现对动力电池闭环供应链的优化,以丰富现有关于影响动力电池闭环供应链的因素以及量化影响程度的衡量指标的研究。

2. 实践意义

(1) 为增强对中国电动汽车产业发展阶段的理解提供参考依据。制定合理的政策措施首先需要明确电动汽车产业的发展阶段。处于政府驱动阶段和进入市场驱动阶段适用的政策会有显著不同。因此,本书通过政策演化分析厘清电动汽车产业的发展阶段变化和驱动力演变,有助于增强对该产业的理解,为制定产业政策奠定基础。

(2) 为政府制定电动汽车产业政策提供方法支持和建议参考。科学的政策制定离不开科学的方法支撑。本书将电动汽车扩散研究下沉到微观层面,分别构建需求侧和供给侧消费者采纳与制造商生产决策模型,进一步从宏观层面构建多主体交互的系统动力学扩散模型,揭示不同主体的决策机制。为政府促进电动汽车产业发展、针对不同类型的主体制定有效的政策措施提供方法支持。此外,本书通过探究不同类型政策对电动汽车扩散的作用效果及对能源、环境和健康的影响,发现不同类型政策的作用效果存在显著差异。这些政策效果的研究,对于提高政策效率具有重要的政策意义,有助于决策者了解如何调整政策。

(3) 为汽车制造商生产销售提供决策依据。本书结合复杂网络和演化博弈方法构建了制造商生产决策的演化博弈模型,为制造商选择策略实现收益最大化提供现实决策依据。对消费者网络的微观消费者主体决策机制分析和仿真模拟的相关发现可以为汽车制造商制定有效的销售措施提供参考。

(4) 协助企业与政府推动动力电池产业链尽早达成"双碳"目标。当前国内动力电池回收市场与国家政策都在鼓励退役动力电池梯级利用与电池材料回收利用,因此本书的研究旨在通过构建一个涵盖从原材料获取到动力电池生产、电动汽车生产、退役动力电池回收、梯级利用电池组装、电池材料再生并回收(包括无法进行梯级利用的电池与梯级利用后的电池)的完整动力电池产业链流程,来探索和对比当前回收市场中的不同回收模式,以确定最佳回收模式,并根据动力电池回收过程中面临的诸如碳交易机制、梯级利用技术与材料回收利用技术、回收市场竞争的程度等因素的变化,为动力电池生产企业提供优化决策的参考,同时有关部门可以参考本书的研究结果鼓励在动力电池回收市场上运用高效的回收模式,并在适当的时机引入合理且有效的碳交易机制。

1.2 国内外研究现状

本节对电动汽车扩散和动力电池回收方面的国内外相关研究进行了文献综述。鉴于电动汽车的发展离不开政策的支持，本书对电动汽车相关的政策研究进行了回顾，包括政策内容挖掘以及政策效果评估。由于电动汽车扩散的本质是复杂社会中相互影响的微观个体决策的宏观涌现，故而分析了复杂网络中多主体的决策研究。微观层面的决策是自下而上的，宏观层面的扩散模型是自上而下的，有必要辨析不同模型的特点和适用性。电动汽车扩散不是孤立事件，会影响到能源、环境和健康，因此梳理了电动汽车扩散的综合效益的相关研究。如何高效且低碳地回收废旧动力电池成为亟待解决的问题，故本节聚焦于废旧动力电池回收模式的比较与选择以及影响动力电池闭环供应链发展的相关因素等方面的研究。下面从电动汽车政策类型和效果，多主体复杂网络决策，电动汽车扩散模型，电动汽车扩散对能源、环境和健康的影响，动力电池回收模式的比较与选择，动力电池回收的影响因素六个方面展开。

1.2.1 电动汽车政策类型和效果

中国蓬勃发展的电动汽车市场得益于政策支持，国家战略及相关政策作为核心驱动力对电动汽车产业发展起到了关键的引导与帮扶作用。国内外学者关于电动汽车政策的研究主要集中在对政策内容的挖掘以及针对不同主体的具体政策效果评估两个方面。

政策是政府发起的计划，有一定的目标、价值观和策略[49]，是政府行为的正式、系统、可追溯的记录，是政府调控和管理行为的真实"印记"，是政策分析的事实基础[50]。具体来说，它是政府在一定时期内为实现某些政治、经济和社会目标而采取的政治行动。政策目标是政策制定者意图的文字表示，而政策工具则是政策制定者为实现某个政策目标而采取的一系列政治行动和行为方式[50]。电动汽车政策的内容挖掘具体细分为根据专家学者的经验知识进行政策综述以及利用文本挖掘方法分析政策文本隐含知识两类。政策综述包括对政策发展历程、阶段特征、里程碑事件等的梳理，对数量特征、政策工具类别、政策关注重点变迁的分析[51]。政策内容梳理：Zhang 和 Bai 提出了一种政策依赖映射方法用于分析 2006—2016 年中国国家级和京津冀地区共 175 项政策间系统的联系[52]。Zhang 和 Qin 对 2010 年至 2016 年中国国家级、省级、市级有关部门出台的新能源汽车政策进行了对比研究，分析了这些政策的异同[53]。王洛忠和张艺君借助内容-结构-过程三维政策协同分析框架对中国新能源汽车产业政策的协同困境进行了详细阐述并提出了优化路径[54]。政策工具是达成具体政策目标的手段、方法和措施。政策工具类别分析：Xu 和 Su 提出生产者导向和消费者导向二分法[55]。Zhang 等根据电动汽车政策在电动汽车发展中的不同功能将其分为财务政策、基础设施促进政策和研发投资政策[56]。王静等结合经典的供给、需求、环境三分法和技术、资本、市场创新要素建立了 X-Y 维政策分析框架[57]。Dong 和 Liu 根据政府在新能源汽车产业发展中的角色将新能源汽车产业政策分为指导政策、支持政策和规范政策，并根据发布机构和文本效力级别对政策进行打分汇总，从而得出不同类型政策工具的强度[58]。Liu 等采用类似的方法分析了中国政府在 2006 年至 2018 年出台的新能源汽车相关政策的强度[59]。

政策文件是政策的"载体"，是政策科学研究人员研究政策主要内容、政策制定过程和政策工具的渠道。政策文件可以反映政府的政策行为，研究政策文件是追溯和观察政策过程的一个重要途径[60]。大多数领域的政策文件往往数量庞大，而且跨度较长，涉及许多不同的行为者。此外，政策文件之间的关系复杂且具有高度知识密集性特征，难以单独用定性方法分析[61]。文本挖掘（也称为文本数据挖掘和文本分析）的目的是分析文本文档（包括电子邮件、评论、报告和官方文档等），以便提取数据，将其转换为信息，并使其对各种类型的决策有用[62]。换句话说，文本挖掘的目标是从各种文本文档中提取知识和模式。一些常见的文本挖掘工作包括关键词提取或主题的分类和聚类、命名实体识别、信息提取等[62]。文本挖掘可以有效地处理非结构化信息，在浩瀚的政策文件中客观了解决策者关心的关键词的变化，把握政策发展脉络。现有研究多只根据词频这一单一维度提取关键词，如 Yao 和 Zhang 将出现频率高的词作为代表政策核心内容的关键词，对中国资源回收产业政策进行分析[63]。Peng 等利用词频通过词云可视化分析中国煤研究活动[64]。Zhou 等利用词频提取关键词，从政策主题、政策对象、产业链关键流程、相关措施四个维度描述中国新能源汽车产业的政策特征[65]。字词在文本中出现的次数越多，它的重要性就会越高；但在整个语料库中出现的次数越多，重要性会越低。本书综合考虑词频和逆向文件频率的价值，采用 TF-IDF 算法提取关键词。已有学者采取该方法用于专利信息挖掘[66,67]及期刊文献关键词提取[68,69]。

内化于政策文本中的政策理念会随着政治、经济、社会的不断发展而发生转变，与之对应的政策目标与政策主题也会随之发生变迁[70]。政策文本涉及的内容丰富且复杂，演化特征不易识别。复杂网络提供了一种直观的可视化途径，帮助分析对象之间的关系和结构特征，已被广泛应用于能源环境问题分析[71-73]。特别地，双层网络可以更有效地展现具有不同属性的对象之间的复杂关系。例如，它可以用于研究能源公司与股东之间的关系[74]、不同省份对太阳能发展的关注[75]、专利权人和他们的技术重点[76]、两层相互依赖的贷款网络[77]等。

一份政策文件通常不止一个主题。在大数据时代背景下，各级政府发布的文件不断更新，为了更加高效快捷地了解政策包含的信息，使用文本挖掘方法识别政策携带的信息非常有必要。主题挖掘是一种常用的基于一系列文档发现潜在主题的文本挖掘方法[78]。近年来主题模型快速普及的一个重要原因是，抽取的主题词汇易于理解，在模型复杂性和可解释性之间实现了很好的折中[79]。LDA 是一种从文本语料库中识别隐藏主题的流行方法，可以缩短人工确定隐含信息的时间、节省金钱成本。区别于预估条件概率分布的判别式模型，LDA 不需要预先进行人工标记，就可从初始文档中挖掘出潜在主题[80]。LDA 主题模型已被广泛用于文献[81, 82]、专利[83-85]、新闻[86]、报纸[87, 88]、微博[89, 90]等文本分析。政策文本有显著区别于前者的特征，表现为较强的严谨性、科学性、规范性、权威性[91]。已有部分学者尝试使用 LDA 主题模型分析政策文本中的隐含主题，包括对气候政策[92]、环境保护政策[91]、低碳城市政策[93]、科技创新政策[94]、光伏产业政策[95]等文本进行主题挖掘，然而使用 LDA 主题模型挖掘电动汽车政策隐含主题并用于量化分析的研究几乎没有。

针对不同主体的政策干预效果研究主要包括作用于电动汽车消费者、电动汽车制造商和充电基础设施运营商的政策研究。针对电动汽车消费者的政策研究以经济型政策手段为主，特别是购买补贴政策。学者对购买补贴政策的效果基本达成共识，赞同购买补贴政策是推动电动汽车产业发展的重要助力，如 Lin 和 Wu 通过对中国四个一线城市（北京、上海、广州、深圳）的调查分析，发现价格可接受性、政府补贴、车辆性能对受访者购买电动汽车意愿有显著影响[96]。Huang 和 Ge 同样基于问卷调查印证了该观点，他们发现产品认知度和货币激励政策措施对北京消费者购买电动汽车的意图产生了显著的积极影响[97]。Huang 和 Qian 基于离散选择模型的分析表明，中国二线城市的消费者通常对货币属性和收费服务敏感，三线城市的消费者比二线城市的消费者对购买价格和购买补贴更为敏感[98]。在退补大背景下，部分学者认为退补会引发电动汽车行业的巨大动荡，如 Wang 等基于系统动力学所得的仿真结果表明取消补贴将导致电动汽车销量急剧下降[99]。Breetz 和 Salon 通过分析美国 14 个主要城市的传统汽车、混合电动汽车和纯电动汽车的总拥有成本，发现联邦和州的激励措施对于提高纯电动汽车的成本竞争力是必要的，除非在最乐观的情况下，否则纯电动汽车在没有补贴的情况下进行成本竞争仍然具有挑战性[100]。也有学者认为逐步取消补贴的负面影响可以通过其他政策手段加以缓解[101]。Li 等借助线索效用理论和结构方程模型发现中国纯电动汽车市场很有可能会在没有政府补贴的情况下维持下去[102]。

成本是影响电动汽车普及的主要因素，虽然人们一直强调电动汽车的高购买价格，但也要考虑包括燃料在内的运营成本[103]。几乎所有降低运营成本或提高便利性的激励措施都能促使年轻消费者购买电动汽车[104]。Globisch 等基于 1003

名德国汽车司机的调查发现大多数汽车司机不愿意为可能使用的公共充电设施支付基本费用[105]。Soltani-Sobh 等认为电价、城市道路和激励是影响美国通勤者车辆燃料类型决策的有效因素,并通过敏感性分析发现电价是三个因素中影响最大的[106]。

除经济干预手段外,信息干预在促进电动汽车扩散的研究中逐渐得到重视。潜在消费者是否会采用新技术,可能会受到数字信息(如新闻、广告和社交媒体信息)、住在附近的邻居和采用新技术的朋友的影响[107]。当电动汽车等创新产品不能直接替代现有技术时,需要说服消费者做出改变[108]。Anania 等认为,人们在收到关于无人驾驶汽车的正面信息后,会变得更愿意购买无人驾驶汽车[109]。Manca 等探讨了同伴态度影响决策过程的机制,发现社会邻近性和更多的"创新开放"同伴会对消费者对电动汽车的偏好产生积极影响[110]。Kester 等提供了一个定性比较分析,开展了 227 个半结构化访谈,来自北欧地区 17 个城市 201 个机构的 257 名交通和电力专家,讨论电动汽车激励和政策机制背后的理由与论据并指出信息宣传的重要性,政府可以通过支持信息的传播来发挥政策作用,行业可以通过广告、品牌来提高知名度和大众的兴趣[111]。Cherchi 通过陈述选择实验发现,电动汽车性能不佳的信息构成了电动汽车市场增长的重大障碍[112]。

车辆限购是中国独有的针对机动车辆的行政管制政策[113],同样受到广泛关注。Ma 等发现新能源汽车市场份额与燃油汽车车牌限制政策之间存在积极的协整关系[114]。基于 2013—2014 年 41 个试点城市的数据,Wang 等同样发现燃油车牌照费是正向影响电动汽车销售的显著因素[115]。吴婧敏等认为消费者对燃油汽车仍有较强的黏性,导致单独实施限购政策的效果不显著[116]。

补贴和税收是作用于制造商的主要政策。当前学者认为政府补贴对企业研发投入主要存在两种影响:一种是正向影响,即激励效应,政府补贴会促使企业加大研发投入力度;另一种是挤出效应,指政府补贴行为反而会造成企业研发投入减少[117]。补贴又可以分为研发补贴和生产补贴,如电动汽车研发补贴能刺激企业增加研发投入[118]。姜彩楼等借助政府和企业间的演化博弈模型,发现当政府补贴高于临界值时有助于激励新能源汽车企业加大自主研发投入,否则车企会采取技术引进措施[119]。生产补贴政策具有良好的促进电动汽车市场扩散的作用[120]。立足于新能源汽车产业政策的特性,邵慰等把政府补贴划分为研发补贴和生产补贴,通过实证方法分别探究两类政策对新能源汽车企业研发的激励效果,得出研发补贴的激励效果远高于生产补贴,且两类补贴政策都符合边际效用递减规律[117]。

Zhang 等建议中国政府应模仿英国和法国的做法,奖励那些生产和销售低碳排放水平电动汽车的制造商,惩罚那些生产高碳排放水平汽车的制造商[121]。夏西强和徐春秋发现当低碳企业仅生产低碳产品时,碳税会提高低碳产品的收益,降低普通产品收益;若低碳企业同时生产低碳产品和普通产品时,政府实施碳税政策和不实施政策对两种产品的需求量无影响[122]。Liu 等指出汽车制造商生产电动汽车的概率与排放税上限正相关，与补贴上限负相关[123]。Chen 和 Hu 进一步指出相对于其他政策，动态税收和动态补贴能更有效地激励制造商选择生产低碳产品，且政府征收碳税比政府发放补贴更能促进低碳制造[124]。Yang 等利用斯塔克尔伯格（Stackelberg）模型发现对国产新能源汽车进行生产补贴和对进口新能源汽车实施关税政策能够有效增加国内新能源汽车在技术含量较低的情况下的市场份额[125]。

针对充电基础设施运营商的政策以补贴为主。尽管公共充电基础设施很重要，但其经济表现仍然受到许多问题的困扰，如高昂的初始成本、低利用率和低利润率。近年来，政府补贴逐渐从电动汽车购买补贴向充电设施补贴倾斜，电动汽车充电设施的补贴主要来自政府的一次性补贴[126]。Yang 等总结了中国不同地区充电设施建设的补贴政策，并基于成本收益理论发现，对于小功率快速充电的经济性来说，按投资额度的补贴形式要好于按功率的补贴形式；对于大功率快速充电模式，基于功率的补贴更有利于提高其投资经济性[126]。Zhang 等通过构建一个包含政府、充电基础设施运营商和消费者的三方博弈模型，发现在政府对运营商建设充电设施给予适当补贴的情况下，可以实现三方均获益[127]。类似地，岳为众等通过求解包含政府、运营商和用户的三方博弈模型发现政府补贴力度的增强有利于使充电基础设施运营商增加投资额和建设数量，进而可以提高用户采用电动汽车的意愿[128]。基于中国 88 个试点城市的数据，Qiu 等采用计量方法发现基础设施建设补贴对促进电动汽车销售具有积极作用[129]。

1.2.2 多主体复杂网络决策

电动汽车扩散是微观决策者相互作用、相互影响的宏观涌现[130]。不同的主体有不同的行为和利益诉求，政策依赖于多个行动者的行为来实现产业目标。电动汽车扩散过程受到政府、企业、消费者等多个利益相关者的共同影响。这种复杂性意味着在分析电动汽车扩散机制时，必须考虑不同行动者的角色和相互作用。电动汽车扩散的载体是复杂社会系统，在现实中个体间的接触并非全耦合或者完全随机，不同决策者之间的复杂联系构成了社会关系的拓扑结构。在复杂的社会环境中，不同激励下个体的行为选择往往会随着时间发生变化[131]。研究各种个体行为的有效工具是复杂网络，一般来说，复杂网络中的一个节点可以看作一个个体，一条边可以看作两个个体之间的关系。徐莹莹和綦良群发现扩散速度受网络规模的影响显著，扩散速度会随着网络规模的扩大而变慢[132]。Wang 和 Zheng 强调复杂网络的平均度和度分布等特征会影响低碳扩散，当消费者环保意识较低时，小世界网络能比无标度网络更有效地进行低碳扩散[133]。因此，电动汽车在复杂的社会系统中扩散时，既需要考虑网络中各成员的交互作用，又需要考虑网络拓扑结构本身对其扩散的影响。

一些学者探究了单一主要利益相关者在电动汽车扩散中的决策机制。消费者作为电动汽车的购买者，是电动汽车扩散过程的核心主体。从消费者决策视角来看，消费者可以通过社会互动获取信息和分享经验，从而降低潜在购买风险[134]。Moon 和 Lee 假设消费者希望通过比较每个决策选项的总拥有成本来决定何时购买以及购买哪种类型的车辆，使用实物期权方法对消费者的新车购买问题建模，并通过决策树描述消费者的决策规则：消费者必须决定是否用新的内燃机车或电动汽车替换旧车，或者是否通过使用现有汽车将购买新车的时间推迟一年。如果他决定等待，那么下一年的燃油价格将上升或下降。在观察到燃油价格的变化之后，消费者可以决定更换旧车，或者再次等待。相比之下，如果消费者决定在任何时间 t 用新内燃机车或电动汽车更换旧车，则决策问题结束[135]。考虑网络拓扑结构的影响，McCoy 和 Lyons 构建了一个基于智能体的创新扩散模型，将 Agents 置于不同类型的社会网络中，模拟爱尔兰家庭对电动汽车的接受情况[136]。Zhang 等基于决策机制和无标度社交网络，研究消费者大数据分析能力对互联网金融产品扩散的影响[137]。从汽车制造商决策视角，Kieckhäfer 等运用汽车市场模拟器（automotive market simulator，AMaSi）探讨了制造商对德国电动汽车市场扩散的影响，揭示了制造商对市场发展的强大杠杆作用，发现厂商的产品组合决策对电动汽车市场的发展具有重要影响[138]。Thies 等研究了制造商对电动汽车市场的影响机制，发现更激烈的竞争会使电动汽车拥有更大的市场份额，从而实现更高的减排[139]。特别地，考虑到网络拓扑结构的影响，Zhang 等使用博弈论在复杂网络中建立演化模型，分析市场导向政策如何通过企业间联盟影响制造商间绿色技术的传播[140]。张奇等利用复杂网络对电动汽车充电桩众筹融资市场进行建模，刻画了众筹投资者决策过程中的羊群效应[141]。

基于两个主体的交互视角，Wang 等运用博弈论探讨了政府与汽车制造商之间的互动关系，重点探讨了如何挖掘制造商的动机，以鼓励其采用先进技术制造新能源汽车[142]。Chen 和 Hu 分析了动态税收与静态补贴、静态税收与动态补贴、动态税收与动态补贴三种情景下政府与汽车制造商的演化行为[124]。秦宇兴分析了政府研发补贴政策与企业研发投入之间的关系，分别从降低电动汽车的市场价格、提高企业研发投入比例以及优化政府与企业总收益的目标出发，计算局中人的最优策略并对相关影响因素进行了分析[143]。左晓露等基于电动汽车充电设施投资对电动汽车需求的扩张效应，建立了充电设施投资市场中政府和私人企业投资的双寡头博弈模型[144]。Yu 等引入了序贯博弈模型来分析电动汽车投资者与电动汽车消费者之间的交互作用[145]。

还有一些学者研究了多方利益主体在电动汽车扩散中的相互作用，如 Zheng

等从社会福利最大化的角度,分析了电动汽车最优的生产决策和政府补贴[146]。孙晓华等通过建立异质性厂商和消费者的决策模型探讨充电基础设施建设对电动汽车市场培育的作用[147]。Sun等根据了消费者和制造商在决策中的个体异质性,建立了基于代理的仿真模型探讨消费者补贴和制造商补贴对电动汽车行业新技术发展的不同影响[148]。Shao等根据电动汽车制造商、汽油车制造商和政府这三个主要利益相关者的汽车市场,建立了涉及消费者低碳意识的非合作博弈模型,分析比较了补贴激励方案和价格折扣激励方案对电动汽车使用与社会福利的影响[149]。Zhang等建立了涉及政府、充电基础设施运营商和消费者三方利益的电动汽车充电服务费定价博弈模型,发现当政府对运营商建设进行适当补贴时,三方的利益均得到实现[127]。Huang等建立了企业、银行和政府合作的模型来探究绿色贷款与政府补贴对企业绿色创新活动的影响。其中,企业的目标是通过创新来实现利润的提高;银行需要对创新的效果进行评估,对绿色贷款的审批做出决策;政府希望通过提供补贴来提高环境质量[150]。这些研究对复杂网络的影响缺乏考量。

只有少数学者综合考虑复杂网络背景下多主体互动对电动汽车扩散的影响。Fang等将消费者分为三种类型,在考虑各充电站之间的竞争关系的小世界复杂网络框架下,建立了各充电站和加油站的时变需求演化博弈模型,研究结果证明了均衡动态补贴和税收政策对促进充电基础设施建设的优势[151]。

1.2.3 电动汽车扩散模型

以往研究开发了多种模型来分析、预测电动汽车的扩散情况,这些模型考虑政策、经济、技术、基础设施、消费者行为等方面。一般而言,这些研究使用三类建模方法,分别基于微观个体、群体和整体进行建模。这三类方法有不同的复杂性、优势和挑战,不同方法的优缺点和适用性如表1-5所示。

表1-5 电动汽车建模方法的优点、缺点和适用性的总结

研究对象	模型方法	模型分类	优点	缺点	适用性
微观个体	基于Agent的模型	自下而上[152]	可以在真实代理和虚拟代理之间进行直接的一对一映射[152]	(1)复杂性高[153];(2)模型估计对数据要求高[153];(3)无法定义系统的全局行为[154];(4)忽视了各种社会经济因素对个体的反馈作用[152]	(1)个体决策;(2)侧重于微观层面的交互作用[152];(3)适用于仿真动态系统[152]

续表

研究对象	模型方法	模型分类	优点	缺点	适用性
群体	离散选择模型	自下而上[155]	(1) 可以使用丰富的消费者偏好历史数据集来模拟未来的消费者偏好[153]; (2) 更易于处理、透明、复杂度低[153]	可能不存在历史数据,而必须间接地从假设、调查数据或消费者偏好研究的其他领域得出[153]	用于测量消费者在实际或模拟的市场竞争环境下如何在不同产品/服务中进行选择
群体	演化博弈模型	自上而下[156]	(1) 不要求参与人是完全理性的,也不要求完全信息; (2) 动态均衡	(1) 假设系统中所有个体以均匀混合的方式联系,但现实中个体间的接触并非全耦合或者完全随机的[132]; (2) 无法描述复杂系统中参与者之间的关系[157]	考虑微观个体在演化的过程中可以学习和模仿其他个体的行为
群体	系统动力学模型	自上而下[152]	高阶、多环和非线性的反馈结构	(1) 没有提供适当的方法来描述个体差异[152]; (2) 不能充分解释微观利益相关者的行为将如何影响突发的宏观现象[152]; (3) 无法有效描述对象之间的交互以及对象的空间位置特征[154]	纵向模拟系统动态行为[152]
整体	扩散模型和时间序列模型	自上而下[153]	易于实现,能够适应车辆技术或类似技术的历史趋势[153]	(1) 需要提前知道销售高峰期[153]; (2) 不能模拟存在竞争产品的产品扩散机制[153]; (3) 必须在模型之外估计每种车的最终市场潜力[153]	描述产品随时间推移的市场接受过程[153]

基于微观个体所建的模型最具代表性的是基于 Agent 的模型(Agent-based modeling,ABM),它是一种自下而上的方法。基于 Agent 的模型可以对消费者的行为进行建模,关注他们的个人目标、需求和驱动因素,有助于深入理解具有异质特征的决策行为[158]。基于 Agent 的模型能够模拟单个 Agent 的行为和交互,Agent 可以是消费者、制造商、政策制定者或燃料供应商[153]。基于 Agent 的模型的优势在于每个代理都有独特的需求、偏好、限制和特性,但这使得它非常复杂[153]。不少学者运用该方法探寻电动汽车扩散的微观决策机制,如 Sun 等建立了一个充分考虑决策中消费者和制造商个体异质性的 Agent 仿真模型,结果发现消费者补贴在促进电动汽车普及和技术突破方面比制造商补贴更有效[148]。Pagani 等采用一种新的基于 Agent 的仿真框架,结合已构建基础设施的高分辨率的数字模型,评估用户行为对电动汽车充电基础设施建设的影响[159]。Silvia 和 Krause 模拟了旨在

促使城市社区选择电动汽车的四种政策方案（通过补贴降低车辆购买价格，扩大当地公共充电网络，通过政府购买增加纯电动汽车在道路上的数量，以及这三种方法的混合），发现混合政策替代方案是鼓励城市社区选择纯电动汽车的最成功的方法[160]。

基于群体所建的模型最具代表性的是离散选择模型、演化博弈模型和系统动力学模型。离散选择模型也叫作基于选择的结合分析模型，是一种切实有效的技术模型。该模型基于实验设计，通过模拟要研究的产品/服务的市场竞争环境来衡量消费者的购买行为，从而了解消费者在不同产品/服务属性水平和价格条件下的选择。离散选择模型不是要衡量消费者的偏好，而是要了解消费者如何在不同的竞争产品中进行选择。采用该模型的分析是在消费者群体而非个人层面上进行的。由于缺乏对参数估计至关重要的客户偏好数据，在中国使用该方法的研究较少[9]。Zhang 等是为数不多的应用离散选择模型模拟中国几个城市（北京、上海、武汉、厦门、乌鲁木齐和秦皇岛）到 2030 年电动汽车采用情况的学者[161, 162]。他们发现，技术进步（以电池成本为代表）、充电条件和货币政策（如补贴和税收减免）等综合因素对电动汽车的采用有显著影响。Kim 等利用离散选择实验，根据消费者选择概率预测替代燃料汽车的市场份额，并估计市场份额随技术水平的预期变化。考虑技术水平变化的情景分析结果表明，电动汽车和燃料电池电动汽车的市场份额有望逐步增加，但很难实现韩国政府的扩散目标[163]。

源自生物进化论的演化博弈理论近年来被广泛应用于创新扩散的微观角度，即创新采纳决策机制研究。演化博弈理论的研究对象是随着时间变化的某一群体。应用演化博弈理论的目的是描述在动态过程中，游戏参与者如何在重复策略选择过程中调整他们的策略以适应当前的情况[164]。影响群体变化的因素既具有一定的随机性和扰动现象（突变），又有通过演化过程中的选择机制呈现出来的规律性。大多数演化博弈理论的预测或解释能力在群体选择的过程中通常具有一定的惯性。同时，这一过程也具有突变的力量，不断产生新品种或新特征。演化博弈理论在经济学领域主要认为微观个体可以在进化过程中学习和模仿其他个体的行为。一些学者已采用演化博弈理论寻找电动汽车的扩散路径，如 Liu 等通过建立汽车厂商与政府之间的演化博弈模型，分析政府征税和补贴对汽车厂商决策的影响以及对电动汽车产业动态趋势的影响[123]。Encarnação 等采用演化博弈理论，建立了一个基于政府、企业和消费者不同博弈者的策略互动模型，结果表明来自政府的公共监管是必要的，但不能保证电动汽车的完全扩散[165]。

演化博弈理论通常假设系统中所有个体以均匀混合的方式联系，即所有个体全部互相接触或者个体间随机接触。实际上个体之间的接触不是完全耦合的或完全随机的，许多系统嵌入社会系统中具有拓扑统计特征，并且它们的演化博弈与网络结构密切相关[132]。演化博弈可以描述集群内各主体间的相互作用，而复杂网络理论能为研究主体之间的演化博弈关系提供更符合集群实际拓扑结构的框架[166]。只有少数学者运用复杂网络演化博弈理论探索低碳策略的扩散情况，如 Fan 等研究了小世界网络背景下政府监督低碳补贴的最佳策略以及监管效率和监管稳定性问题[167]。徐建中等运用演化博弈理论研究有限理性下企业低碳创新合作行为网络演化机理，利用 MATLAB 仿真技术探究无标度网络载体上微观因素对低碳创新合作行为的影响[168]。

系统动力学模型是一种通过利用库存、流量、内部反馈回路，以及表函数和时间延迟，来分析复杂系统随时间变化的非线性行为的方法。在能源政策研究领域流行的原因在于它具有将宏观能源系统与政策制定过程和微观结构联系起来的优点[169]，其建模理念为有效地在定量的基础上捕获多维因果关系和反馈机制。已有一些学者运用系统动力学模型评估不同城市的交通移动政策。例如，Fontoura 等以圣保罗大都市区为例研究巴西政策对城市交通系统的影响，重点关注环境、经济和交通变量，发现政策实施对降低城市交通系统负外部性的重要性[170]。Jia 等评估了空气污染收费政策在不同情景下对 2011—2025 年北京市交通和碳排放的影响[171]。Gupta 等使用系统动力学模型检验碳税作为缓解手段是否可以有效减少印度公路客运中的 CO_2 排放[172]。

在系统动力学模型的应用方面，还有专门关于电动汽车的研究，如 Feng 等根据系统动力学模型仿真结果发现将社交商务纳入电动汽车的效用是促进电动汽车扩散的一种动力[173]。Benvenutti 等采用包括汽车存量和 CO_2 排放两个子模块的系统动力学模型对四种政策情景下 1980—2050 年车辆周转及其 CO_2 排放变化进行了预测[174]。这些研究没有考虑不同利益相关者决策的相互影响对电动汽车扩散的动态影响。Lee 等将消费者作为系统主体，考虑购买、使用、报废和回购多种行为，将系统动力学与消费者选择模型相结合，并阐述了动态循环市场渗透过程及其与宏观经济条件和政府政策的相互作用[175]。Liu 和 Xiao 构建了包括电动汽车成本子系统、燃油汽车成本子系统、R&D 子系统、投资子系统和碳排放权交易子系统在内的系统动力学模型，对直接和间接政策激励不同情景下中国电动汽车行业的发展进行了分析[169]。Kong 等提出了一个明确考虑政府、企业和消费者之间交互作用的系统动力学模型，基于多种情景分析政策对电动汽车扩散的影响[120]。

作为宏观整体模型，扩散模型和时间序列模型用一种关于一般市场扩散的理论来模拟消费者对某一产品的接受程度，并且它们通常包含产品代际的概念，以及市场潜力[153]。作为非聚合模型，扩散模型和时间序列模型不那么复杂，也没有 Agent 级的数据需求[176]，这些模型的优点是易于实现，能够适应车辆技术或类似技术的历史趋势。缺点是需要提前知道销售高峰期，这些模型不能模拟存在竞争产品时的扩散情况，并且必须在模型之外估计每辆车的最终市场潜力[153]。当电动汽车销售和消费者偏好的历史数据集不足以支持模型构建时就会产生重大的不确定性[153]。由于中国电动汽车销量在 2014 年前后开始大幅增长，模型构建的历史数据不足这一局限性在中国电动汽车市场中显得尤为突出[9]。此外，中国电动汽车销量的快速增长，很大程度上是由于强有力的购买补贴，这些补贴对纯电动汽车比对插电式混合动力汽车更有利。由于缺乏参数估计必不可少的客户偏好数据，关于中国的研究很少使用该方法[9]。

扩散模型和时间序列模型包括 Logistic 模型、Gompertz 模型、Bass 模型等，通过简化创新扩散的微观机制进而只关注创新的宏观扩散模式。基于微分方程的模型代表了整个种群在总体水平上的扩散过程[177]，这类模型没有考虑到潜在采纳者采纳决策的相互影响、相互作用的复杂性。Logistic 模型方面，Rietmann 等采用 Logistic 模型对五大洲 26 个国家/地区的电动汽车库存进行了长期预测[178]。Qian 和 Soopramanien 将 Gompertz 模型、Logistic 模型和 Bass 模型三种扩散模型应用于预测中国汽车销量，结果发现 Bass 模型是预测汽车销量的最佳模型，其次是 Logistic 模型和 Gompertz 模型[179]。Bass 模型方面，Benvenutti 等基于广义 Bass 模型、柯布-道格拉斯函数和学习曲线理论，建立了系统动力学模型来研究公共政策对巴西可替代燃料车辆长期扩散动态的影响[180]。龙子泉等将激励政策要素整合到 Bass 模型中，并建立了基于政策影响的修正模型，以分析政策对中国插电式混合动力汽车推广的影响[181]。Bass 模型及其变体是基于微分方程的模型，它们将扩散系统视为一个整体，但缺乏对个体异质决策过程进行建模的能力[182]。Bass 模型是一种现象学模型，无法反映创新扩散的潜在机制。一个典型的创新扩散轨迹是"S"形曲线，它反映了技术随时间的扩散速度。"S"形扩散模式是潜在采用者（本质上是决策者）之间交互作用的聚合结果[182]。

已有电动汽车扩散模型为本书提供了一定的方法上的支持。特别是，模型需要考虑到这样一个事实，即市场趋势不取决于任何单一决策者的行动，而取决于包括政府、消费者、制造商、基础设施供应商在内的多个决策者的行动、互动和反馈机制。根据上述综述可知，基于 Agent 的模型侧重关注微观 Agent 之间的交互活动，为 Agent 设置特定的采纳规则，可以分析不同 Agent 行为对系统行为的影响机制。演化博弈模型能够描述在动态过程中，游戏参与者如何在重复策略选择过程中通过学习和模仿其他个体的行为调整他们的策略进而达到稳定均衡。由此可见，基于 Agent 的模型和演化博弈模型适合用于分析电动汽车采纳过程中不同利益主体（有着较为明确的采纳规则与交互关系）之间的互动与博弈。电动汽车扩散不仅涉及个体的互动行为，还需要考虑系统要素之间如何通过信息反馈产生交互作用，以及交互作用对系统行为的影响。基于时间序列的传统方法的局限性在于，它们本质上是规定性的、线性的和机械性的，忽略了重要的反馈并过度依赖于非行为机制。因此，本书将采用基于 Agent 的模型、演化博弈模型和系统动力学模型构建电动汽车采纳与扩散的动态模型。

1.2.4 电动汽车扩散对能源、环境和健康的影响

电动汽车扩散对能源、环境和健康的影响是一个广泛关注的主题。电动汽车近年来得到极大支持的重要因素之一就是可以帮助解决中国交通运输业导致的日益严峻的能源、环境和健康问题。根据世界卫生组织的统计，每年有 420 万人死于与环境空气污染接触有关的健康问题，包括肺癌和心血管疾病[183]。电动汽车看起来很"清洁"，因为它们在行驶过程中不会产生 CO_2，但是考虑到上游的电源，对于电动汽车是否比燃油汽车清洁、是否有利于能源、环境和人类健康仍存在争议。

关于电动汽车对能源和环境的影响，学者通常借助生命周期评价方法将其放在一起考虑。部分学者仅考虑燃料生命周期，如 Choi 等对韩国可替代车用燃料的生命周期进行分析，发现内燃机-汽油、内燃机-柴油、内燃机-液化石油气、混合动力电动汽车、插电式混合动力电动汽车、纯电动汽车和燃料电池电动汽车的全国平均"井到轮"温室气体排放量相比，燃料电池电动汽车最小，其次为纯电动汽车[12]。Huo 等分析了中国和美国六个主要地区的电动汽车燃料循环排放情况，发现电动汽车可以显著降低美国加利福尼亚州和东北部各州的污染物排放，但是可能会增加中国三个地区和美国中西部各州的污染物排放[184]。

随着生命周期方法的成熟和数据库的完善，越来越多的学者综合考虑燃料生命周期和车辆生命周期，如 Wu 等基于生命周期综合评价模型和热排放成像系统模型，发现在我国 31 个省份中，26 个省份的 A 级纯电动汽车与内燃机汽车相比可以减少生命周期温室气体排放[13]。Zeng 等比较了中国 A 级纯电动汽车、插电式混合动力汽车和内燃机汽车的生命周期环境负担，发现与内燃机汽车相比，纯电动汽车和插电式混合动力汽车分别使全球变暖潜能值降低 23%和 17%，并在 2030 年持续减少[185]。Raugei 等结合一个紧凑型电池电动汽车生命周期模型，评估电动汽车可能在多大程度上有助于减轻英国对不可再生的一次能源的依赖（主要是进口），并对该车辆使用阶段的一系列电力供应替代方案进行了前瞻性能源分析。结果表明，英国紧凑型电池电动汽车的非可再生累积能源需求比其他类似内燃机车低约 34%。预计在未来的所有情况下，这一减少幅度将进一步扩大[14]。Petrauskienė 等评估了立陶宛 2015 年至 2050 年的电动汽车和传统燃油汽车的生命周期环境表现，发现纯电动汽车在电离辐射和化石消耗方面优于内燃机汽车，但内燃机汽车在气候变化、人类健康和金属消耗等方面具有优势[16]。

生命周期方法分析的通用功能单位是行驶一公里，通常只能在有限的短期范围内对系统的一部分进行分析，对于从长远的角度对整个系统进行全面分析，并评估系统变化的长期影响，还需要结合其他模型[186]，包括多区域投入产出模型[187, 188]、系统动力学模型[189]等。

电动汽车的健康效应也受到很多学者的关注，有侧重关注局部地区的，如 Lin 等

运用气象研究与预报模型-区域多尺度空气质量模型-环境效益图像与分析系统发现，推广使用电动汽车可显著改善台湾的空气质量，台湾北部、中部和南部相关的健康收益将达到433.5亿美元、434.4亿美元和435.4亿美元[190]。He和Jiang通过实证研究发现中国6个城市（北京、贵阳、广州、天津、杭州、深圳）的燃油汽车购车限制政策显著降低了城市空气中PM_{10}浓度，进一步计算出由于空气质量改善而避免的死亡人数为88 270人，获得的年健康收益约为8827万元[2]。Pan等使用高分辨率的气象研究与预报模型-稀疏矩阵算子内核排放系统-社区多尺度空气质量模型-效益映射与分析计划（weather research and forecasting-sparse matrix operator kernel emissions-community multi-scale air quality-benefits mapping and analysis program，WRF-SMOKE-CMAQ-BenMAP）空气质量和健康模型框架发现，推广使用电动汽车可以预防2040年休斯敦市区114—246例过早死亡[191]。Gai等运用高分辨率化学品运输模型并根据详细的运输和发电厂信息建立排放清单，发现即使在电动汽车能源效率和电力供应的最坏情况假设下（即所有新增电力消耗均由100%天然气供应），车辆电气化仍然可以给加拿大多伦多和哈密尔顿地区带来显著的健康和气候效益[192]。

也有学者综合考量国家和地区的差异，如Choma等得出电动汽车推广为美国带来了可观的空气质量改善和健康益处，但各大城市之间差异很大的结论[193]。Liang等采用权威的$PM_{2.5}$和O_3污染暴露的健康风险响应函数评估了电动汽车推广对人体健康的影响，并根据统计寿命价值和碳排放社会成本量化了电动汽车推广带来的全国及区域层面（京津冀地区、长三角地区、珠三角地区）健康与气候效益的货币化价值，发现更高的电动汽车渗透率可以协同实现更优的空气质量、更高的气候和健康效益[9]。这些研究多基于整体模型，缺乏从多主体互动的视角评估电动汽车效益的研究。

如何高效且低碳地回收废旧动力电池成为亟待解决的问题。本书研究的是动力电池闭环供应链回收模式的选择与优化问题，因此文献综述将聚焦于废旧动力电池回收、回收模式的比较与选择以及影响动力电池闭环供应链发展的相关因素等方面的研究。

1.2.5 动力电池回收模式的比较与选择

一个合理高效的闭环供应链体系对提高动力电池回收率是至关重要的。已有学者分别探讨了单一渠道的电池制造商回收[194]、电动汽车制造商回收[195]、电动汽车零售商回收[196]、第三方回收[197]、双渠道竞争回收[198]、三渠道竞争回收[199]等多种回收模式。动力电池回收的价值链是"回收—梯级利用—材料回收"[200]。大部分研究假设消费者产生的退役动力电池直接被回收商全部回收，不考虑梯级利用和电池材料再生回收。例如，刘娟娟等针对逆向回收过程，主要讨论两种情况，一是仅汽车制造商进行回收,汽车制造商从消费者手中回收,然后将回收的废旧动力电池卖给电池生产商,电池生产商进行再制造,再投放市场;二是电池生产商和汽车制造商同时进行回收,然后汽车制造商将回收的废旧电池卖给电池生产商,电池生产商进行再制造,再投入市场[201]。马亮等考虑由单个电动汽车制造商和单个新能源汽车零售商组成的二级新能源汽车闭环供应链,构建制造商单渠道回收、零售商单渠道回收、制造商与零售商之间实施成本分摊契约和责任分摊契约双渠道电池回收博弈模型[202]。龚本刚等考虑单一制造商、单一零售商以及单一第三方回收商组成的闭环供应链系统,三者都可进行回收活动[203]。Johari 和 Hosseini-Motlagh 提出了一种可持续的铅酸电池闭环供应链,包括一个再制造商、两个竞争零售商和两个竞争第三方回收者[204]。de Giovanni 认为电池闭环供应链由一个制造商和一个零售商组成,制造商生产新电池,并从零售商的商店中回收用过的电池,调查了零售商是否可以通过提供联合最大化激励措施来吸引制造商对绿色活动计划进行更多投资[205]。少部分研究尝试在逆向供应链中纳入梯级利用环节,如刘娟娟和马俊龙考虑了一个由单一制造商、单一回收商、单一梯级利用商、电动汽车消费者、梯级利用消费者(光伏企业、家庭储电用户等)和政府有关部门构成的动力电池闭环供应链,模型假设回收商对需要退役的动力电池进行回收,且将回收的动力电池分成高能量密度的动力电池和低能量密度的动力电池,回收商再将高能量密度的动力电池售卖给梯级利用商,梯级利用商将高能量密度的动力电池投向梯级利用市场进行再利用,根据梯级利用市场的反应决定自身的努力水平,并对梯级利用后的废旧动力电池进行回收,最后梯级利用商和回收商将回收的废旧动力电池全部交给电池制造商进行再制造[206]。Zhang 等构建了一个由动力电池制造商、零售商、梯级利用企业和第三方回收商组成的闭环供应链[200]。

值得注意的是,多数学者在构建动力电池闭环供应链回收模型时,所用目标函数仅考虑利润最大化。例如,Zhao 等探讨不同闭环供应链结构中的定价策略和政府补贴对投资废旧电池回收的激励作用以及对供应链利润的影响[207]。Tian 等研究在企业社会责任努力和需求不确定的情况下,动力电池行业闭环供应链的最优回收渠道选择[208]。Liu 和 Zhu 考虑一个利润最大化的闭环供应链,探讨了具有企业社会责任的回收商表现优异的激励策略[209]。Shen 等利用 Stackelberg 博弈模型分析了不同补贴对象对动力电池的定价,以及每个闭环供应链参与者的利润和利润分配比例变化[210]。也有部分学者除考虑经济目标外,还加入了消费者剩余[211]、社会福利[194, 195, 212]等目标。重复使用和回收电动汽车中的退役电池不仅具有显著的经济价值,而且可以减轻环境负担。尽管也有学者尝试将环境影响[211]、环境破坏值[199]纳入目标函数,但度量较为粗糙,部分学者也并不清楚环境影响的具体内涵。学者多采用生命周期评价方法评估某一类动力电池回收过程的温室气体排放等情况,包括锂锰氧化物[213]、镍钴锰[214]、锂镍钴铝氧化物[215]、磷酸铁锂[216]。Jiang 等证实牵引锂离子电池回收在减少碳排放、减轻对人类的危害以及缓解资源枯竭方面对磷酸铁锂和镍钴锰都具有可观的净环境效益[216]。Shu 等发现 28 千瓦时的镍钴锰电池和磷酸铁锂电池回收阶段的净温室气体排放分别为 -9.6×10^2 和 -3.0×10^2 千克 CO_2 当量[217]。Chen 等发现通过回收材料进行电池再制造的碳排放量比使用原材料生产电池的碳排放量低 51.8%[218]。Xiong 等量化了锂镍锰钴氧化物电池再制造对环境的影响和成本,并将其结果与用原始材料生产电池进行了比较,发现电池再制造的能源消耗和温室气体排放分别减少了 8.55%和 6.62%。从经济角度来看,电池再制造的潜在成本约节约 1.87 美元/千克[219]。Li 等进一步采用系统的荟萃(meta)分析方法,对不同的独立研究结果进行 meta 定量分析,发现处理 1 千克废旧动力电池最少的温室气体排放为 0.158 千克 CO_2 当量,最多的高达 44.59 千克 CO_2 当量,平均排放 7.863 千克 CO_2 当量[220]。

由表 1-6 可以看出,动力电池回收决策主要采用 Stackelberg 分散/集中决策模型。当博弈论应用于涉及碳交易机制、梯级利用技术、材料再生利用技术、碳减排技术以及回收市场竞争等多种影响因素下的废旧动力电池回收行业时,可能存在以下主要问题。一是废旧动力电池回收与再利用面临急速变化的市场环境(如技术进步、回收市场竞争愈发激烈等)与政府政策的调整(如碳交易机制的调整),此时博弈模型中的许多参数将发生变化,无法进行系统的分析。二是博弈论得出的最优结果是一个烦琐的表达式,结果并不直观。部分学者尝试将博弈论与系统动力学模型相结合来设计研究过程。Li 等将 Stackelberg 模型与系统动力学相结合,研究了押金返还机制对回收退役动力电池的影响[47]。He 和 Sun 基于演化博弈理论并结合系统动力学模型,从供给侧角度探讨了动力电池回收的生产者责任延伸机制,研究结果表明动态奖惩机制更有利于废旧动力电池的回收[221]。Kamyabi 等将系统动力学与数学规划相结合来优化铅酸动力电池闭环供应链[222]。

表 1-6 动力电池回收模式总结

来源	模式	主体	主要影响因素	决策目标	模型
文献[211]	(1)电池供应商回收;(2)电动汽车制造商回收	(1)电池供应商;(2)电动汽车制造商;(3)消费者;(4)第三方电池开发者	(1)新电池的单位生产成本;(2)再制造成本;(3)再制造所需的电池容量水平	(1)利润;(2)环境影响;(3)消费者剩余	(1)Stackelberg;(2)分散
文献[207]	(1)电池制造商回收;(2)电动汽车零售商回收;(3)第三方回收	(1)电池制造商;(2)电动汽车零售商;(3)第三方回收商	(1)给电池制造商的政府补贴;(2)给电动汽车零售商的政府补贴	利润	(1)Stackelberg;(2)分散和集中决策

续表

来源	模式	主体	主要影响因素	决策目标	模型
文献[200]	(1)电动汽车零售商和第三方共同回收 (2)电动汽车零售商与梯级利用企业共同回收 (3)第三方与梯级利用企业共同回收 (4)电动汽车零售商、第三方和梯级利用企业共同回收	(1)电池制造商 (2)电动汽车零售商 (3)消费者 (4)第三方回收商 (5)梯级利用企业 (6)政府	(1)动力电池回收商竞争系数 (2)消费者对动力电池回收价格的敏感系数 (3)废旧动力电池单元测试分级成本 (4)投资碳减排技术的成本效益系数 (5)碳交易价格 (6)市场需求对碳减排水平的敏感系数 (7)可梯级利用的废旧动力电池比例	(1)利润 (2)碳排放(仅考虑电池制造商)	(1)Stackelberg (2)分散
文献[198]	(1)电动汽车制造商与电动汽车零售商共同回收 (2)电动汽车制造商与第三方共同回收 (3)电动汽车零售商与第三方共同回收	(1)电动汽车制造商 (2)电动汽车零售商 (3)消费者 (4)第三方回收商	(1)第三方规模经济 (2)竞争激烈程度	利润	(1)Stackelberg (2)分散和集中决策
文献[208]	(1)电池制造商回收 (2)电动汽车零售商回收 (3)第三方回收	(1)电池制造商 (2)电动汽车零售商 (3)第三方回收商	(1)企业社会责任努力水平 (2)回收成本	利润	(1)Stackelberg (2)分散和集中决策
文献[209]	电动汽车零售商回收	(1)电池制造商 (2)具有企业社会 (3)责任的回收商 (4)没有企业社会 (5)责任的回收商 (6)消费者	(1)消费者环保意识 (2)原材料价格 (3)梯级利用率	利润	(1)Stackelberg (2)分散和集中决策
文献[210]	电池制造商回收	(1)电池制造商 (2)电动汽车制造商 (3)电动汽车零售商 (4)消费者	政府补贴	利润	(1)Stackelberg (2)分散
文献[199]	电动汽车制造商、电动汽车零售商、第三方同时回收	(1)电动汽车制造商 (2)电动汽车零售商 (3)第三方回收商	竞争强度	(1)利润 (2)消费者剩余 (3)环境破坏值 (4)社会福利	(1)Stackelberg (2)分散

续表

来源	模式	主体	主要影响因素	决策目标	模型
文献[197]	第三方回收	（1）电池制造商 （2）电动汽车制造商 （3）第三方回收商 （4）发电厂 （5）贵金属回收站 （6）消费者	（1）低容量废旧电池零售价格 （2）第三方回收商分摊的成本	利润	（1）Stackelberg （2）分散和集中决策
文献[223]	（1）电池制造商回收 （2）联盟回收 （3）第三方回收	（1）电池制造商 （2）联盟 （3）第三方回收商 （4）消费者	（1）回收率 （2）利润率 （3）回收价格	利润	（1）Stackelberg （2）分散
文献[194]	电动汽车制造商回收	（1）电动汽车制造商 （2）内燃机汽车制造商 （3）政府 （4）异质消费者	（1）奖惩 （2）补贴	（1）回收率 （2）社会福利（政府）	（1）Stackelberg （2）分散
文献[195]	电动汽车制造商回收	（1）电池制造商 （2）电动汽车制造商	（1）续航水平补贴 （2）一次性配额补贴	（1）利润 （2）社会福利	（1）Stackelberg （2）分散
文献[201]	（1）电动汽车制造商回收 （2）电池生产商和电动汽车制造商同时回收	（1）电池生产商 （2）电动汽车制造商 （3）消费者 （4）政府	（1）低碳环保税 （2）回收补贴 （3）成本分担比例 （4）收益共享比例	利润	（1）Stackelberg （2）分散和集中决策
文献[196]	电动汽车零售商回收	（1）电动汽车制造商 （2）电动汽车零售商 （3）消费者	（1）按回收量补贴 （2）按回收电池容量补贴	（1）利润 （2）消费者剩余 （3）社会福利	（1）Stackelberg （2）分散和集中决策
文献[224]	（1）电动汽车制造商回收 （2）电动汽车零售商回收 （3）电动汽车制造商和零售商同时回收	（1）电动汽车制造商 （2）电动汽车零售商 （3）消费者	回收成本系数	利润	（1）Stackelberg （2）分散
文献[212]	（1）电池制造商回收 （2）电动汽车制造商回收 （3）第三方回收 （4）电池制造商和电动汽车制造商同时回收 （5）电池制造商和第三方同时回收 （6）电动汽车制造商和第三方同时回收 （7）电池制造商、电动汽车制造商和第三方同时回收	（1）电池制造商 （2）电动汽车制造商 （3）第三方回收商 （4）消费者	（1）补贴 （2）押金退款 （3）奖惩政策	（1）利润 （2）社会福利	（1）Stackelberg （2）分散

1.2.6 动力电池回收的影响因素

关于动力电池回收的主要影响因素，现有学者主要探讨了政府补贴、奖惩、税收、生产者责任延伸制度、押金返还机制等政策的作用效果[224]。张川和陈宇潇研究了政府补贴、新电池与再制造电池在市场的不同占比对动力电池梯级利用闭环供应链的决策及协调的影响，结果表明：补贴能提高废旧动力电池的回收率与各参与者的利润，增大再制造电池的比例能提高废旧动力电池回收率[225]。刘娟娟和马俊龙通过对不同能量密度的废旧动力电池设计不同的批发价格来研究补贴不同对象对动力电池闭环供应链上各节点利润的影响[206]。楼高翔等对比了按回收量补贴与按回收电池容量补贴对废旧动力电池回收率的影响[196]。Lin 等通过建立退役动力电池双回收渠道 Stackelberg 博弈模型，分别研究了无政府监管、奖惩机制、押金返还机制以及奖惩机制与押金返还机制相结合这四种政府监管场景下废旧动力电池的回收情况，研究表明当同时实施奖惩机制与押金返还机制时，可以展现该退役动力电池回收模型的最佳环保性能，但会削弱经济性能[226]。Li 等以及 He 和 Sun 分别分析了押金返还机制与生产者责任延伸制度对回收退役动力电池的影响[47, 221]。

虽然电动汽车是清洁的，但它们的电池生产是高度碳密集型的，电池温室气体排放占电动汽车生产中温室气体排放的 60%[227]。为了减少碳排放，澳大利亚和美国等国家尝试设计碳交易机制来减少碳排放[228]，政府设定特定的减排目标，将免费的碳配额分配给纳入该机制的企业，企业依据其产生的碳排放量通过碳交易市场买入/卖出碳配额[229]。中国于 2011 年启动了碳排放权交易试点项目并于 2021 年 7 月正式开启全国碳排放交易体系[230]。碳交易机制影响了企业的生产、运营、回收、减排等决策，提升了企业利润，惠普、海尔、宝洁等企业已经将低碳与可持续发展纳入企业社会责任努力中[231]。Zakeri 等以及 Golpîra 和 Javanmardan 表示碳交易机制能够高效且低成本地实现碳减排[232, 233]。Xia 等的研究表明碳交易机制可以提高普通产品的单位零售价格，影响制造商的利润[234]。Yang 等通过分析得到了碳限额与交易政策下制造商的最佳回收模式[235]。Wang 等探究了碳排放权交易对制造商减排投资、供应链绩效以及社会福利的影响[236]。有学者也开始研究碳交易机制是如何影响动力电池闭环供应链的，Zhang 等通过对碳减排背景下退役动力电池收集和回收的闭环供应链进行分析得出结论：最优低碳水平、电动汽车市场回报率和所有成员的利润与初始碳排放量负相关，最优低碳水平随着碳交易价格的提高先升高后降低[237]。Sun 等表示碳交易价格决定了回收模式的经济性和碳减排潜力，适当的碳交易使制造商更倾向于生产再制造产品，减少自身的碳排放，这对社会和环境更有利[238]。Jiao 等基于演化博弈模型发现碳交易价格对促进废旧动力电池回收企业选择实施碳减排措施具有积极作用[239]。碳配额分配是碳配额交易机制实施过程中不可或缺的部分，且在提高企业利润和促进低碳技术扩散过程中发挥着重要作用，碳配额的高低是影响企业最优决策的关键要素，不同数量的碳配额会形成不同的最优决策和低碳技术扩散度[240]。刘培德等对比了碳配额交易机制和补贴机制下竞争企业低碳技术扩散度和利润，发现碳配额交易机制在促进低碳技术扩散的同时提高了企业利润，从而创造环境效益和经济效益"双赢"的局面[240]。

另外，碳减排技术在遏制碳排放方面起到了关键作用。对于制造商来说，碳减排技术投入可以解决碳限额与交易政策在降低碳排放方面有效性不足的问题，推动碳减排进程[241]。制造商采用清洁生产等碳减排技术来提高减排能力，缩短碳减排技术的滞后期，促进供应链碳减排[242]。因此，升级碳减排技术、改善资源配置是减少排放的适当策略[243]，同时低碳技术的转让与研发可以显著减排并减缓气候变暖，实现2℃以内温升控制目标[244]。回收与梯级利用技术以及材料再生利用技术也是提高动力电池回收率、降低碳排放的关键。改善梯级利用的关键技术，有助于提高退役电池的梯级利用效率[245, 246]；先进有效的电池材料再生利用技术能以较低成本最大限度地提高资源回收率[247]，推动动力电池行业可持续发展。已有研究侧重讨论如何通过先进的技术来高效地实现废旧动力电池的梯级利用，以及如何通过从废旧动力电池中回收更多电池生产所需的原材料来实现再生产再利用。Zhang 等经过研究发现一定条件下退役后的动力电池仍具有良好的放电能力，由退役电池组成的储能系统能满足电网的电力需求[248]。Lai 等对退役锂电池大规模梯级利用的关键技术进行研究，提出了一种多层次、多维的快速排序方法，从而能在较短时间内获得合适的经重新组合的电池组以适应不同的梯级利用场景[246]。梯级利用的关键技术之一是对退役锂离子电池的残值进行评估，一些检测技术被开发出来用于检测评估退役的电池，如超声波无损检测技术[249]、植入智能传感器[250]等。电池单体水平的梯级利用向模组化水平的梯级利用发展可以降低成本[246]。除此之外，随着电池技术的不断革新，电池材料再生利用技术也出现了新的变化。Harper 等讨论了废旧动力电池材料回收的三种技术，即湿法冶金、火法冶金和直接回收，并分析了直接回收在未来回收处理锂离子动力电池上的潜能[251]。基于有机酸的浸出技术与传统湿法冶金相比更加绿色环保且能实现高效回收[252]。生物浸出技术具有明显的经济效益与环境友好优势[253]。

同时，回收模式的选择必然绕不开回收主体间竞争所产生的影响。Xing 等的研究表明激烈的竞争将导致制造商和第三方回收商的预期效用降低[254]。Sun 等表示回收竞争系数影响了废旧动力电池最终回收价格的变化幅度[238]。李登峰等认为回收渠道之间激烈的竞争会损害供应链利润、消费者剩余和社会福利，回收商应选取合适的方式适度降低市场竞争程度[255]。类似的观点也得到了 Zhang 等的支持，即当回收竞争超过某一阈值时，联合回收模式处于劣势，应根据回收激励选择单渠道催收模式[237]。Zhang 等的研究结果表明，当回收渠道之间的竞争强度低于一定阈值，回收价格敏感系数高于一定阈值时，最优模式是零售商、第三方回收商和梯级利用企业同时参与[200]。否则，最佳模式是梯级利用企业与零售商或第三方回收商进行回收。较激烈的回收渠道竞争和较低的回收价格敏感系数减少了总回收量。刘娟娟等发现双渠道回收模式下的回收量和企业利润均高于单渠道回收模式下的回收量和企业利润，竞争回收有利于促进回收[201]。以上研究表明回收市场竞争程度将影响各回收参与者的回收量。

1.2.7 文献评述

综上所述，当前国内外关于电动汽车扩散与动力电池回收的有关研究已取得较为丰硕的成果，为本书的研究奠定了坚实的基础，但在以下方面仍存在一些不足。

（1）缺乏对电动汽车不同发展阶段驱动力的剖析。根据电动汽车的特点和产业发展的要求，中国政府已在逐步调整政策重点，政策处在不断学习和发展过程中。本质上，政策要么是政府控制的，要么是市场驱动的[65]。中国电动汽车市场的驱动力是如何演变的？是否已经进入市场驱动阶段？是能完全应对市场化的竞争还是仍然需要政府驱动型政策的继续扶持？现有研究对这些问题的关注不足。

（2）对利用文本挖掘方法分析大量电动汽车政策文本隐含主题的关注不足，并缺乏分析不同的政策主题对电动汽车发展的影响机制的研究。在大数据时代背景下，各级政府发布的文件不断更新，为了更加高效快捷地了解政策包含的信息，使用文本挖掘方法识别政策携带的信息非常有必要。已有研究更多关注定量指标，对于大量政策文本中隐含的信息关注不足。

（3）缺乏从多重属性复杂网络角度分析政策干预对考虑信息传递的电动汽车扩散微观决策机制的研究。从微观层面分析消费者态度和行为差异对是否购买电动汽车的影响的研究有待深入。虽然经济型政策和信息型政策均被证明是重要的干预手段，但考虑这两类政策对电动汽车采纳影响的综合研究较少。

（4）基于多主体交互模型在不同网络规模下对政策干预对制造商电动汽车生产决策影响的探讨不足。多数研究基于演化博弈分析两方博弈下电动汽车的扩散情况，但是利用复杂网络演化博弈模型综合考虑复杂网络的拓扑结构和制造商策略选择的研究较少。

（5）消费者、汽车制造商、基础设施运营商、政府等多主体交互背景下的电动汽车扩散情况有待探索。已有研究多基于宏观整体理解电动汽车扩散对能源、环境和健康的某方面的影响。政策效果评估具有多目标性和动态关联性等特点，从多主体互动视角，考虑主体之间存在的反馈、非线性的关系，全面评估政策干预下电动汽车扩散对能源、环境和健康的综合影响的研究有待进一步丰富。

（6）鲜有动力电池回收模型同时将梯级利用和电池材料再生回收这两个关键环节纳入考虑，这就导致关于动力电池闭环供应链的研究难以全面地模拟废旧动力电池回收体系，与现实情景产生了偏差。此外，现有研究多仅根据经济目标选择回收模型，缺乏对利润、碳排放环境效益的综合考虑。

（7）缺少对碳交易机制、技术进步、回收市场竞争程度影响因素的比较分析。已有研究主要仿真模拟政府政策对动力电池回收的作用效果，随着全国碳排放权交易市场的开放、回收技术的进步以及回收市场的完善，有必要探究如何通过碳交易机制与技术进步优化废旧动力电池的回收模式。

1.3 研究内容、研究方法与技术路线

1.3.1 研究内容

基于对现有文献的回顾以及对相关理论的阐述，本书拟从生命周期视角研究在扩散阶段如何有效推广电动汽车以及在回收阶段如何有效处理废旧电动汽车电池。基于多主体交互的网络视角分析政策干预下的电动汽车扩散情况，对电动汽车扩散带来的能源、环境和健康影响进行评估，并对电动汽车动力电池回收模式进行比较和优化分析。主要内容安排如下：①分析电动汽车的政策演化，厘清电动汽车产业的发展阶段和驱动力；②挖掘城市级电动汽车政策文本隐含主题并研究不同政策主题对电动汽车扩散的影响；③通过建立基于复杂网络的 Agent 模型和复杂网络演化博弈模型从微观层面剖析政策干预下消费者购买决策行为及制造商生产电动汽车的行为；④基于系统观运用多主体交互的系统动力学模型分析不同类型政策干预对电动汽车扩散的影响并评估电动汽车扩散对能源、环境和健康的影响；⑤按照动力电池"生产→装车→回收→梯级利用→材料回收"这一生命周期过程，构建并比较不同回收模式，基于最佳回收模式，引入碳交易机制、技术进步、回收市场竞争程度这几个因素来构建优化模型，探究如何优化动力电池闭环供应链最佳回收模式。

本书的章节安排如下。

第1章为绪论，首先介绍本书的研究背景，明确本书的研究意义。其次对相关研究进行文献梳理，主要从电动汽车政策类型和效果，多主体复杂网络决策，电动汽车扩散模型，电动汽车扩散对能源、环境和健康的影响，动力电池回收模式的比较与选择，动力电池回收的影响因素等方面进行综述。通过对已有文献的系统梳理与分析，找到本书的突破口。最后简述研究内容、研究方法与技术路线，给出本书的创新点。

第2章呈现了电动汽车生命周期管理理论框架。首先介绍了相关的理论基础，包括政策干预理论、政策学习理论、复杂网络理论、决策和扩散理论以及闭环供应链理论。其次详细阐述了电动汽车扩散及动力电池回收机制，包括基于多主体的电动汽车政策干预、电动汽车政策演化特征识别，从需求和供给双侧的微观视角介绍了基于复杂网络背景政策干预下消费者购买电动汽车的决策机制和制造商

生产电动汽车的决策机制，从系统的角度出发，基于系统动力学模型分析电动汽车扩散的能源、环境和健康效益，以及电动汽车动力电池的回收利用过程及模式。最后呈现了完整的研究框架。

第 3 章分析了中国电动汽车政策的演化情况。为探寻中国电动汽车市场是已经能够完全应对市场化的竞争还是仍然需要政府驱动型政策的继续扶持，该章结合文本挖掘和双层网络方法，构建了一个政策驱动力指数对 203 份电动汽车政策的主题、政策驱动力、机构合作情况以及核心机构关注的方向进行分析。

第 4 章利用 2011—2019 年 36 个电动汽车推广应用城市的年度数据，结合 LDA 主题模型和计量回归方法探究了城市级大量电动汽车政策文本的隐含主题及其对电动汽车销量的影响。

第 5 章基于具有态度和采纳两个属性的消费者网络，通过建立考虑朋友态度和电耗信息作用的消费者购买电动汽车的决策模型，探究经济型政策和信息型政策对电动汽车采纳率的影响。

第 6 章综合考虑政策对消费者效用和汽车制造商的利润的影响，通过构建复杂网络演化博弈模型探索在电动汽车不同发展阶段政府政策对电动汽车扩散的动态影响，并以中国最大的汽车制造商比亚迪为例进行仿真验证。

第 7 章基于消费者、电动汽车制造商、充电基础设施运营商和政府多主体交互的系统动力学模型探究了不同政策干预下的电动汽车扩散效果，并对电动汽车扩散带来的能源、环境和健康效益进行了综合评估。

第 8 章通过 Stackelberg 博弈求解了三种回收模式的最优结果与最优利润，结合最优利润、闭环供应链系统的碳排放情况以及闭环供应链稳定性进行分析比较，得到最佳回收模式。

第 9 章在最佳回收模式的基础上，引入碳交易机制、技术进步（梯级利用与材料再生技术、碳减排技术）等影响因素，采用 Stackelberg 博弈与系统动力学相结合的方式，根据废旧动力电池的回收率、废旧动力电池的梯级利用率、全新动力电池的产量、碳排放量与社会福利这五个指标，探究了这些因素对动力电池闭环供应链产生了哪些影响，最终根据模型比较的结果进行分析与总结。

第 10 章呈现了本书的主要研究结论，并结合中国电动汽车和动力电池回收产业发展现状给出相应的政策建议，同时展望了未来的研究工作。

1.3.2　研究方法

针对以上研究内容的特点和需要，本书综合采用了多种方法进行研究，主要分为两大类：理论分析和量化方法。具体而言，量化方法主要包括 TF-IDF 算法、复杂网络、LDA 主题模型、基于复杂网络的 Agent 模型、复杂网络演化博弈模型、系统动力学模型、Stackelberg博弈等方法。具体方法如下。

1. 理论分析

通过对国内外文献的回顾梳理，本书对电动汽车扩散和动力电池回收相关研究的现状进行了综述。基于对现有文献的梳理与分析，本书明确了电动汽车扩散和动力电池回收研究中尚存在的不足，并构建出电动汽车扩散及动力电池回收的理论框架，为后续的建模工作提供了理论依据。

2. 量化方法

1）TF-IDF算法

基于获取的电动汽车政策文件，本书利用TF-IDF算法，通过Python 3.7软件从每份政策文件中选择TF-IDF值最高的前10个词作为关键词，进一步删除与研究主题关系不大的词，整合意思相近的词，最终得到能够表达政策关注点和意图的关键词。

2）复杂网络

本书分别利用复杂网络中的共词分析方法构建政策关键词网络模型，用于分析电动汽车政策的演变情况；利用复杂网络中的机构合作网络构建电动汽车政策发文机构合作网络，并根据网络结构指标展示核心机构在合作网络中的角色；利用复杂网络中的社会网络构建消费者小世界网络模型和制造商小世界网络模型，反映现实世界中作为社会人的朋友联系。

3）LDA主题模型

根据LDA主题建模步骤，本书对搜集的城市级电动汽车政策语料库进行分词，去除停用词，构建词向量，之后利用gensim包构建电动汽车LDA主题模型，获得每年每个城市每份电动汽车政策文本的各主题得分和热词分布，直观展示各类政策主题的演变情况。

4）基于复杂网络的Agent模型

利用复杂网络模型构建具有态度和采纳两个属性的消费者网络。用节点表示不同类型的消费者，相互认识的消费者之间存在连边，态度和电耗信息沿边传递。在此基础上建立考虑朋友态度和电耗信息作用的消费者购买电动汽车的决策模型，从微观个体层面探讨经济型政策和信息型政策对电动汽车采纳率的影响。

5）复杂网络演化博弈模型

本书采用复杂网络演化博弈模型分析汽车制造商的行为选择，其中，用复杂网络模型构建了制造商网络，节点表示企业，连边表示企业之间存在联系。在此基础上建立博弈模型描述有限理性的汽车制造商在政府政策干预下的策略选择，试图发现在不同的电动汽车发展扩散时期，哪种政策的促进效果更好。

6）系统动力学模型

按照系统动力学模型的建模步骤，本书构建了基于多主体交互的电动汽车扩散系统动力学模型，绘制出相应的因果关系图，直观表述出各参与主体及其之间的反馈关系。并运用 Vensim 软件对模型进行仿真模拟分析，从系统量化视角考察不同类型政策对电动汽车扩散的影响及由此对能源、环境和健康产生的影响。本书基于 Stackelberg 博弈的动力电池闭环供应链模型，分析了不同回收模式下的均衡结果，并在此基础上，采用系统动力学模型分析研究碳交易机制、技术进步、回收市场竞争程度以及碳交易机制引入时机对动力电池闭环供应链的影响。

7）Stackelberg 博弈

本书以 Stackelberg 博弈与闭环供应链为理论基础，分别构建了电动汽车制造商回收、第三方回收企业回收以及电动汽车制造商与第三方回收企业混合回收这三种回收模式的动力电池闭环供应链。其中，由动力电池生产企业领导，电动汽车制造商与第三方回收企业跟随。通过对比均衡解，从利润、碳排放以及供应链稳定性角度出发，研究得到最佳回收模式。此后，在最佳回收模式的基础上，构建引入碳交易机制且由电动汽车制造商与第三方回收企业混合回收的动力电池闭环供应链模型，求解模型得到均衡解，以此为建立动力电池闭环供应链系统动力学模型的基础。

1.3.3 技术路线

基于研究问题和研究内容，本书将围绕以下思路展开研究：①构建电动汽车生命周期管理理论框架；②运用政策文本挖掘方法分析中国电动汽车政策的演化情况以及政策文本隐含主题对电动汽车扩散的影响；③利用微观仿真方法分别从需求侧和供给侧通过基于复杂网络的消费者购买电动汽车的决策机制和制造商生产电动汽车的决策机制分别探讨政策干预对电动汽车扩散的影响；④通过宏观模拟，利用基于多主体交互的系统动力学模型讨论作用于不同主体的政策对电动汽车扩散和扩散效果的影响；⑤结合 Stackelberg 博弈和系统动力学模型构建并比较不同回收模式，基于最佳回收模式引入碳交易机制、技术进步、回收市场竞争程度这几个因素来构建优化模型；⑥给出本书的研究结论和政策建议。完整的研究思路和技术路线如图 1-9 所示。

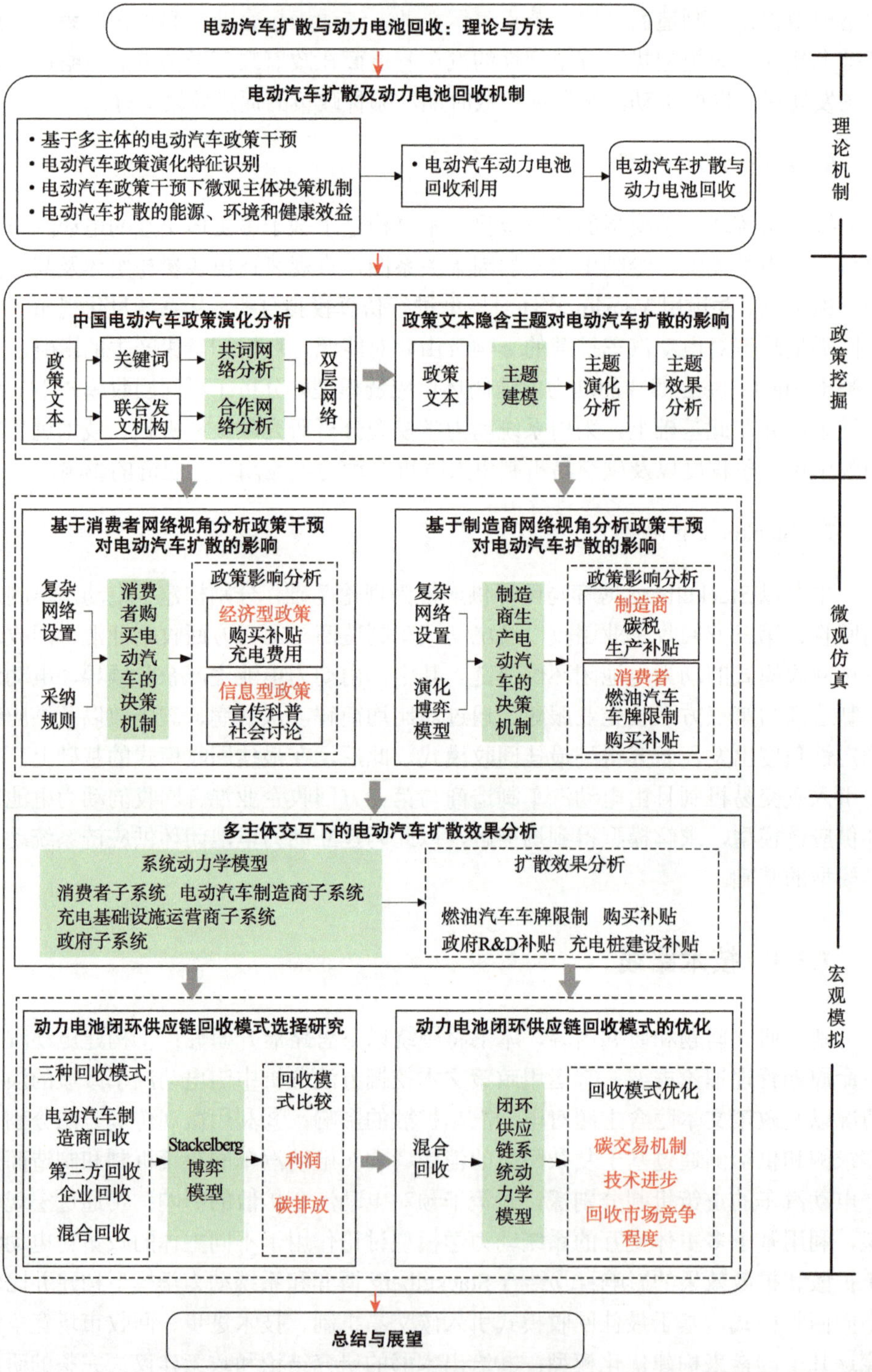

图 1-9 研究思路和技术路线

1.4 创 新 点

与现有的研究相比，本书的主要创新之处有以下几点。

（1）基于多主体交互网络视角构建了政策干预下电动汽车扩散及效果评估的分析框架。该框架首先对反映政策演化特征的关键词和主题进行挖掘，其次从微观个体层面揭示政策干预下需求侧和供给侧的消费者主体购买电动汽车的决策机制和汽车制造商主体选择生产电动汽车的决策机制，最后从宏观系统层面探讨了在消费者、电动汽车制造商、充电基础设施运营商和政府的互动作用下电动汽车的扩散情况，以及其对能源、环境和健康的影响机制，形成"政策演化分析—政策文本主题挖掘—消费者采纳决策—制造商生产决策—电动汽车扩散及效果分析—动力电池回收决策——动力电池回收模式优化"完整的逻辑线，为类似创新产品扩散及效果评估提供理论框架参考。

（2）结合文本数据和定量数据，客观度量、评价文本类型的电动汽车政策。已有研究多采用内容分析方法，用二元（有/无）方式简单表示政策强度。本书创新性地利用 LDA 主题模型得到每类政策主题的概率，客观度量大量电动汽车政策文本强度，并利用计量回归方法从城市层面评估政策强度对电动汽车推广的影响，实现电动汽车政策文本及其影响的量化分析。

（3）构建电动汽车消费者和生产企业微观主体的复杂网络决策模型。电动汽车扩散过程中微观个体行为间存在互动与反馈，但已有研究对主体之间的复杂网络关系和多主体交互动态关注不足。本书构建了基于复杂网络的消费者购买决策模型和制造商复杂网络演化博弈模型，分别从需求侧和供给侧探讨政策干预下消费者的购买行为和制造商的生产决策行为，有益于从微观层面打开电动汽车扩散的黑箱。

（4）综合评估了多主体交互下不同政策干预对电动汽车扩散的影响以及电动汽车扩散带来的能源、环境和健康效益。已有研究较少从多主体互动视角探讨电动汽车的扩散和扩散效果。本书建立了包括消费者、电动汽车制造商、充电基础设施运营商和政府在内的系统动力学模型，分析电动汽车扩散过程中多主体之间的交互影响，以及电动汽车扩散带来的能源、环境和健康效益，从系统的角度综合评估了电动汽车扩散的外部性。

（5）确定了考虑生命周期过程的废旧动力电池最佳回收模式。已有研究侧重关注梯级利用或材料回收，且在对比研究中也大多只注重利润而忽视了供应链的稳定性与碳排放。本书将动力电池"生产→装车→回收→梯级利用→材料回收"生命周期各环节纳入模型，以当前废旧动力电池回收市场上常见的回收主体为基础，从利润、供应链稳定性角度出发并结合碳排放视角对比得出三种回收模式中的最佳回收模式。

（6）比较分析了碳交易机制、技术进步以及回收市场竞争程度因素对动力电池回收的影响。与一些仅关注回收率、利润的研究相比，本书提供了丰富的指标，即废旧动力电池的回收率、废旧动力电池的梯级利用率、全新动力电池的产量、碳排放量和社会福利，来反映碳交易机制、技术进步以及回收市场竞争程度对动力电池闭环供应链的影响。本书不仅给出了优化动力电池闭环供应链的意见并解释了动力电池闭环供应链中系统演化是如何发生的，还提出了碳交易机制的最佳引入时机。

1.5 本章小结

本章为全书的绪论，对研究背景、内容、框架等进行了介绍。首先，本章概述了电动汽车行业发展现状，指明当前存在电动汽车渗透率仍不高的问题。电动汽车需求的增加导致废旧动力电池回收压力激增，回收问题亟待解决，选择高效且贴近现实情况的回收模式至关重要。其次，本章依据电动汽车行业发展存在的现实问题、电动汽车扩散及动力电池回收模式研究现状，提炼出本书的研究问题为电动汽车生命周期管理，包括电动汽车推广扩散和动力电池回收模式选择及其优化。在此基础上，围绕拟研究的问题，阐述了本书各章节的研究内容与研究方法，并给出详细的技术路线。最后，阐释了本书的创新之处。

第 2 章 电动汽车生命周期管理理论框架

电动汽车生命周期管理理论框架能够系统性地分析和优化电动汽车从推广到回收各个阶段的环境和经济影响,为电动汽车管理提供科学指导,从而实现高效、低碳、可持续发展。政府是推动电动汽车产业由弱变强的重要力量,消费者和制造商既是政策的客体,也是决定电动汽车能否顺利扩散的核心主体,政府对充电基础设施的关注也日益密切。政策对消费者、制造商和充电基础设施运营商等不同主体的影响机制存在差异,这些主体受到政策影响后会采取相应的行动并反馈给政府,进而改变政策的方向。那么,政府实施政策干预的依据有哪些?识别中国电动汽车产业发展阶段和政策文本隐含主题的理论基础是什么?不同类型政策对消费者购买决策和制造商生产决策的影响机制是怎样的?多主体交互影响下电动汽车如何扩散以及电动汽车扩散对能源、环境和健康的作用机制如何?电动汽车蓬勃发展引发电动汽车废旧动力电池回收利用难题。何种回收模式的效果最好?不同类型因素对动力电池回收的影响有何差异?这些都是亟待研究的关键问题。厘清这些问题能为后文的具体研究提供逻辑线索与理论支撑。因此,本章首先对核心概念进行界定,其次对相关理论进行阐述,最后对电动汽车生命周期管理理论机制进行详细分析。

2.1 核心概念界定

2.1.1 电动汽车

根据国务院 2012 年印发的《节能与新能源汽车产业发展规划(2012—2020年)》,新能源汽车是指采用新型动力系统,完全或主要依靠新型能源驱动的汽车,新能源汽车主要包括纯电动汽车、插电式混合动力汽车及燃料电池汽车。纯电动汽车、插电式混合动力汽车统称为电动汽车。纯电动汽车采用电力驱动车轮行驶,其储能动力源为蓄电池,电池向电机供电,带动电动机运转,实现汽车前行[256]。插电式混合动力汽车是指主要以传统汽车燃料为动力来源,以电力充电为辅助,配以电动机和发动机的汽车,如比亚迪秦和丰田普锐斯。由于插电式混合动力汽车是由内燃机动力和电力组成的,其续航里程和动力性可以达到内燃机的水平,并且可以利用现有的加油站加油,不需要依赖充电设施[257]。燃料电池汽车与纯电动汽车类似,都使用电池作为汽车的唯一能量来源,不同的是纯电动汽车采用蓄电池,通过充电的方式补充能源[258]。燃料电池汽车使用车载燃料电池装置产生电力,通过加气的方式补充能源。燃料电池是一种不燃烧燃料,直接以化学反应的方式将化学能转化为电能的发电装置。采用氢气作为燃料的燃料电池汽车,加气时间一般在 5 分钟以下,与传统汽车加油时间相当。

根据中国汽车工业协会的数据,2015—2020 年燃料电池汽车年销量占比最高仅为 0.2%。因此,本书中的电动汽车指纯电动汽车和插电式混合动力汽车,不包括燃料电池汽车。

2.1.2 生命周期管理

产品生命周期管理的概念最初被用来表示一个产品在公开市场上的演变过程,分为推广、成熟和衰退三个阶段[259]。20 世纪 80 年代,随着并行工程的引入,产品生命周期管理在制造工程领域逐步展开。它引发了产品生命周期管理过程的新划分,包括市场分析、产品设计、过程开发、产品制造、产品分销、产品使用、售后服务和回收。鉴于制造范式的不断转变,不同的研究者对产品生命周期管理有不同的解释[260]。Tao 等从数据收集的角度将产品生命周期管理分为九个阶段,即提出产品概念生成、产品设计、原材料采购、制造、运输、销售、利用、售后服务和回收/处置[261]。Wang 等将生命周期管理分为产品设计阶段、产品制造阶段和产品服务阶段三个阶段,并将每个阶段进一步划分为子阶段,其中产品设计阶段包括概念设计、实施方案设计、详细设计和试制,产品制造阶段包括物料供应、生产计划、制造、仓储/物流等子阶段,产品服务阶段包括不同的增值服务,如销售、利用、售后服务和回收[262]。

在已有研究定义的基础上,结合研究内容和目的,本书中的电动汽车生命周期管理涵盖电动汽车扩散和电动汽车回收两个阶段,原材料采购、产品设计等环节不在本书的范围内。本书引入电动汽车的生命周期管理旨在深入探讨和解决电动汽车在使用及退役过程中的关键问题,包括如何在扩散阶段有效推广电动汽车,以及如何在回收阶段高效处理废旧动力电池等问题。

2.1.3 电动汽车扩散

"扩散"源自物理学领域,它描述了物质随着时间的推移,逐渐在一定媒介中传播、蔓延或扩展的过程。这个概念反映了物质分子或粒子在浓度梯度作用下,通过随机运动的方式,自然趋向平衡状态的现象。扩散不仅在物理学中有重要应用,而且在化学、生物学、环境科学和工程领域等多个学科中都具有广泛的实际意义。之后，扩散的概念被引入创新研究领域，从而使得创新扩散概念得以提出。创新扩散是指创新在社会系统的参与者中随着时间的推移而传播的过程[263]。随后，学者从不同的角度对创新扩散的概念进行了界定。陈世香和牛一凡从政策创新的角度将创新扩散界定为一项政策创新通过政府间的沟通交流，被其他政府接受并加以实施的过程[264]。王雪冰认为技术创新扩散是新思想或新技术从创新来源传播到采用者或使用者，通过不断地学习和模仿，最终取代旧思想和技术的过程[265]。叶绮文从消费者视角出发，定义电动汽车市场扩散为：电动汽车作为新兴产品，通过顾客采纳及顾客间的交互行为，实现其市场份额随时间增长的过程[266]。

电动汽车扩散是指电动汽车在社会系统的参与者中随着时间的推移而"传播"的过程。由于电动汽车的采纳者可以是个人，也可以是企业或国家，因此对不同采纳者而言电动汽车扩散的具体内涵存在差异。对于个体而言，电动汽车扩散意味着更多的消费者选择购买电动汽车产品；对于企业而言，电动汽车扩散表示更多的制造商选择生产电动汽车；对于国家而言，电动汽车扩散指电动汽车的推广数量增加、市场占有率提高。

2.1.4 动力电池回收

电动汽车回收包括车身回收和动力电池回收两个主要方面。一方面，在车身回收过程中，废弃电动汽车的金属与塑料部件被分解、回收和重新利用，以减少废弃物产生和避免资源浪费。另一方面，动力电池回收主要针对电动汽车的退役电池。电池是电动汽车的"心脏"，电池系统占据了电动汽车成本的最大部分（约40%）[18]。因此，本书所指电动汽车回收为动力电池回收。退役的动力电池可以通过以下两种途径发挥其剩余价值：全新的动力电池能服务新能源汽车约 5—8 年，其剩余容量将降为 70%—80%，此时的动力电池由于容量下降已无法满足新能源汽车的正常行驶需求，对这类退役的电池进行电池组拆包、模块测试筛选并重组，可以得到满足于如储能领域的电池组，从而实现梯级利用；对于已经报废的动力电池或已经无法适用梯级利用场景的电池进行拆解与材料回收，实现电池生产材料的回收与再利用。

回收模式的建立和优化是规范废旧动力电池回收的关键环节，当前社会上也涌现了常见的三种回收模式，具体如下。

（1）模式一：电动汽车制造商为回收主体。电动汽车制造商可以利用现有汽车 4S 店、售后服务点建设回收服务网点进行电池替换和回收。

（2）模式二：第三方回收企业为回收主体。随着动力电池回收市场规模的逐步扩大，集中式回收与处理的规模效应逐步体现，因此第三方回收企业提供大规模系统解决方案成为可能。第三方回收企业一般有多年的回收运营经验，建立了相对稳定的回收网络，具有丰富的回收网点建设和物流运输管理经验。

（3）模式三：电动汽车制造商与第三方回收企业合作回收。由于电动汽车制造商实力有限，在实际执行时仅凭其个体来回收退役的动力电池会遇到许多困难，如投入资金有限导致动力电池回收能力有限，回收渠道较少导致回收率低、获得效益周期延长等。为了克服这些困难，可以引入第三方回收企业，发挥电动汽车制造商的网点优势与第三方回收企业的专业优势，优势互补，共同建立动力电池回收网络体系。例如，北汽集团、比亚迪、上汽集团等公司已经和格林美、中国铁塔等第三方回收企业开展了合作。

2.2 理论基础

2.2.1 政策干预理论

政策干预理论最早由美国著名经济学家约瑟夫·斯蒂格利茨首次提出，主要由市场失灵理论和政府的经济职能理论两部分构成[258]。政府是制定和实施政策的主体，承担着环境保护和可持续发展的社会责任。主要职能包括制定政策措施，规范引导其他主体的行为，实现社会福利最大化。市场和政府分别是市场资源配置的"看不见的手"和"看得见的手"。一个国家发展的关键是充分发挥二者在资源配置中的作用。当市场不能随着社会需求的变化而提供有效的供给，或者需求不能及时消化多余的供给时，政府应及时调整政策，促进供需平衡。

根据西方经济学的发展历程，公共政策理论起初就探讨了政府与市场的关系。以亚当·斯密为代表的古典经济学派的主要观点是支持"看不见的手"的作用，反对政府干预[267]。随着资本主义经济进入垄断阶段，新古典经济学派代表人物马歇尔、庇古等学者提供了政府微观干预的理论基础，主张实施公共政策的目的在于提升社会公共福利并强调政府的经济职能[267]。宏观经济学之父凯恩斯论述了政府宏观调控的必要性，充分认可政策在纠正市场失灵中的关键作用。垄断、外部性、公共产品和不完全信息是导致市场失灵的主要因素，也是政府干预私有经济行为的潜在原因[267]。

垄断会降低经济的整体运行效率，需要政府干预垄断行为[268]。外部性是指某一个体或群体的行为有害或有益于其他个体或群体，但是行为人本人并未承担该行为产生的有害/有利影响的成本/收益，而是均由社会承担。外部性包括正外部性和负外部性两种。正外部性指某一个体或群体的行为直接对其他个体或群体产生积极影响，而负外部性指产生消极影响。政府需要对外部性这种市场失灵造成的资源不合理配置进行干预。外部性在能源领域尤为突出，化石能源引发了严重的资源浪费和环境污染，具有负外部性。公共产品非排他性和非竞争性特点容易导致"搭便车"行为，降低市场运行效率。因此，部分公共品需要由政府来提供或者进行干预。不完全信息会造成拥有更多信息的一方处于优势地位，而拥有信息较少的一方处于劣势地位，具有优势地位的一方可以利用信息差牟利，这时就需要政府建立更加透明的信息机制。

2.2.2 政策学习理论

根据政策网络理论，政策网络是指在公共政策制定和实施过程中，政府与其他行动者围绕共同的信念和利益建立的正式和非正式联系[269]。根据网络成员的稳定性和约束性、与公众及其他网络的关联程度以及资源的特点，政策网络可分为五大类：政策社群、专业网络、府际网络、生产者网络和议题网络[270]。政策网络的关键在于组织间的结构性关系，而政策网络内部的决策过程实际上就是参与者相互交换各种资源的过程[270]。

20世纪70年代，政治学者借鉴心理学中的社会学习概念和组织理论中的学习理论，认为国家行为体的决策是一个社会学习过程，政治即学习[271]。之后，这一认识形成了政策学习理论，认为国家本身相对自主地通过学习来调整或改变自己的行为。例如，Heclo提出，政府对社会或环境刺激做出回应，产生由经验引起的相对持久的行为变化[272]。Hall明确将政策学习定义为政府根据过去政策的执行结果和新信息调整政策，从而更好地实现政府的最终目标[273]。豪利特和拉米什进一步总结了政策学习机制，区分了内生学习和外生学习：内生学习局限于小型和有限的政策网络，旨在优化政策情景或政策工具；外生学习是在更大且更重要的领域中进行的，学习重点在于对政策问题的认知和对政策目标的调整，这种学习起源于政策过程之外，影响着整个社会，它往往伴随着政策观念的变化，是一种社会学习[274]。政策学习往往表现为通过发布和实施政策文本，实现对政策理念和政策意图的持续改进[275]。政策工具是政府学习过程的产物，用于应对随着时间推移而出现的特定问题并适应不断变化的条件[276]。根据1.2.1节的文献梳理可知，分析政策文本的演变主要有两种方式，一种是政策关键词识别，一种是政策主题挖掘。

1. 政策关键词识别

政策关键词识别通常包括专家法和文本挖掘法两种。专家法需要有经验的专家从总体和宏观层面把握政策内容的复杂背景和核心思想[60]。专家选择关键词存在以下问题：专家法的应用成本是极其高的，特别是随着所需研究的政策文本数量的增长，人工成本和时间成本陡增[60]；专家法过度依赖专家的经验知识和分析能力，主观性很大；这就导致了第三个问题，即不能保证分析结果的重现性[277]。因此为弥补专家法的不足，许多研究者开始采用文本挖掘法提炼政策文本的关键词。识别关键词常用的文本挖掘法包括词频分析法、TF-IDF 算法等。

词频分析法能够统计揭示政策核心内容的关键词出现的频次，高频关键词可以表征政策制定者的关注重点。最早对词频进行定量研究的是美国著名语言学家齐普夫（Zipf），其于 1949 年提出的词频分布定律——Zipf 定律，被称为"最省力法则"，从而给词频分析方法提供了理论基础。

TF-IDF 算法是一种基于词袋模型用于提取关键词的方法，广泛应用于文本挖掘中，通过评估一个词对文本的重要性，可以提取其中的关键词[278]。TF-IDF 算法假设如果一个词很重要，则该词应重复出现在该文本中，而很少出现在其他文本中。

2. 政策主题挖掘

主题是一个专业词汇，表示文本语料库中词项的概率分布。通常，主题是隐性的和潜在的，其内含的语义需要通过词语的概率分布来呈现，因此主题也被称为隐含主题或潜在语义。在概率主题模型中，主题是指由与主题语义相关的单词列表及其权重组成的向量，词语与主题联系越紧密，条件概率就越大，否则条件概率就越小[279]。

LDA 主题模型是自然语言处理中主题挖掘的主流模型，可以从语料库中提取所有与文档相关的一系列主题，提供一种定量的方法来研究主题、观测主题的演变情况并描述文档之间的相似性[279]。如图 2-1 所示[279]，LDA 主题模型的拓扑结构框架图清晰展示了文档、主题和主题词三个层次之间的关系。从 LDA 主题模型提取的结果来看，每个主题都由主题词和词概率组成，并且词概率值表示词对主题的贡献程度。

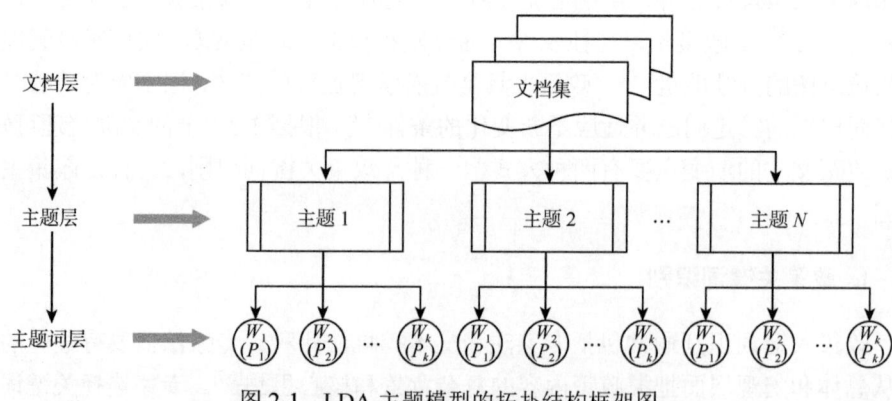

图 2-1　LDA 主题模型的拓扑结构框架图

在 LDA 主题模型的基础上，学者开始引入文本语料的时间信息，构建主题演化模型，研究主题随时间的演化规律。主题演化是指主题在交流过程中逐渐变化的现象，这些变化包括主题时空趋势、旧话题的消失、新话题的出现，以及一个主题向另一个主题的扩散或融合。主题演化具有"遗传性和变异性"的特征。"主题遗传"是指主题交流过程中具有一定程度的稳定性，"主题变异"是指主题交流过程具有一定的差异性。

2.2.3 复杂网络理论

复杂网络理论的起源可以追溯到 18 世纪，当时瑞士数学家欧拉（Euler）研究了一个名为"七桥问题"的问题[280]。这个问题涉及坐落在东普鲁士的柯尼斯堡（今俄罗斯加里宁格勒），该城分布在两个岛屿和两个岸边，而这些地点通过七座桥相连。问题是，是否存在一种方式可以穿越每座桥一次且仅一次，最后回到出发地点。欧拉将这个问题抽象为数学图论的形式，创造了图论的基础概念，这些概念后来成为复杂网络理论的基础。欧拉的解决方法是将地点（节点）和桥（连边）用图的形式表示，形成一种被称为欧拉图的结构。他发现如果一个欧拉图中节点的度（与之相连的边的数量）都是偶数，那么可以找到一种方式穿越每条边一次且仅一次。如果节点的度是奇数，那么就无法找到这样的路径。这个简单的问题推动了后来复杂网络理论的发展，自然界和人类社会中存在各种各样的复杂系统，特别是在科学信息技术迅猛发展的支持下，涌现出包括食物链网络、神经网络等生物网络系统，道路交通、航空交通等交通领域网络系统，以及专利引用、论文合著等专家学者合作网络系统。诸如此类的复杂系统都可以抽象为由节点和连边构成的复杂网络，其中节点表示实际复杂系统中的个体，节点间的连边表示个体间已有的关系。复杂网络成为描述复杂系统中个体间相互作用关系的一种重要方法[281]。

1. 复杂网络主要结构指标

复杂网络结构指标是衡量网络特征的典型方法，是分析复杂网络中主体行为和网络要素间关联关系演化的重要手段，可以反映网络的基本特征和演变情况。研究复杂网络的主要结构指标包括加权度、网络密度、平均路径长度、平均聚类系数和模块度分析。将不同个体构成的网络结构记为 $G=(V, E)$，其中 $V=\{v_i\}$ 代表网络中的个体节点，E 中的元素 e_n 代表个体节点 v_i 和 v_j 之间的连边。假设网络中所有的连边都是无向的，如果个体 i 和个体 j 之间有联系（包括贸易合作关系、朋友关系等），则 $(v_i, v_j)=1$，否则 $(v_i, v_j)=0$。

（1）加权度。加权度用于描述某一个体与其他个体的合作交流程度。加权度高的个体更易获得资源和信息，拥有更大的权力及对其他个体更强的影响力。个体 i 的加权度定义如下：

$$WD_i = \sum_{j \in N_i} w_{ij} \tag{2.1}$$

其中，N_i 为个体 i 的邻居个数；w_{ij} 为个体 i 和个体 j 之间的连接数。

（2）网络密度。网络密度是网络中实际存在的连接数与可容纳的连接数上限的比值，通常被用来反映网络节点（不同主体）之间连接的紧凑程度。主体之间的互动越频繁，网络密度就越大。

$$D = \frac{L}{N(N-1)} \tag{2.2}$$

其中，N 为网络节点数；$N(N-1)$ 为有向网络的最大连接数；L 为实际连接数。

（3）平均路径长度。平均路径长度用于反映异质性主体间的沟通难易程度和资源传递效率。两个个体 i 和 j 之间的距离 d_{ij} 定义为连接这两个个体的最短路径上的边数。网络的平均路径长度 L 定义为任意两个个体之间的距离的平均值，即

$$L = \frac{1}{\frac{1}{2}N(N+1)} \sum_{i \geq j} d_{ij} \tag{2.3}$$

其中，N 为网络节点数。

（4）平均聚类系数。平均聚类系数用于衡量网络中节点邻居之间相互连接的程度。若个体 i 的度为 k_i，则个体 i 的聚类系数 C_i 为其 k_i 个邻居之间实际存在的连接数 E_i 与可能存在的最多连接数 $k_i(k_i-1)/2$ 的比值。网络的平均聚类系数为网络中所有个体聚类系数的均值，即

$$C = \frac{1}{N} \sum_{i=1}^{N} C_i \tag{2.4}$$

$$C_i = \frac{E_i}{k_i(k_i-1)/2} = \frac{2E_i}{k_i(k_i-1)} \tag{2.5}$$

（5）模块度分析。模块度用来衡量一个社区的划分是不是相对较好的。一个相对较好的结果是在社区内部节点的相似度较高，而在社区外部节点的相似度较低。

$$Q = \frac{1}{2m} \sum_{vw} \left(A_{vw} - \frac{k_v k_w}{2m} \right) \delta(c_v, c_w) \tag{2.6}$$

其中，A_{vw} 为网络中节点 v 和节点 w 之间的连接关系，连接为 1，否则为 0；k_v 和 k_w 分别为点 v 和点 w 的度；c_v 和 c_w 分别为点 v 和点 w 所在的两个社区；如果 v 和

w 在一个社区，即 $c_v=c_w$，则 $\delta(c_v,c_w)$ 为 1，否则为 0；m 为网络中边的总数。

2. 经典网络模型

在对现实世界不同领域的大量复杂系统的网络拓扑结构进行研究后，根据网络模型研究的发展顺序，人们总结出规则网络、随机网络、小世界网络和无标度网络四类主要的网络模型。

（1）规则网络。规则网络是最简单的网络模型，规则网络中各元素间的关系可以用规则的结构表示，即网络中任意两个节点之间的联系满足既定的规则，通常每个节点的近邻数目是一样的[282]。规则网络的典型特征是平移对称性，即每个节点的度和聚类系数均相同[282]。大多数规则网络表现为较长的平均路径长度和较大的聚类系数，因此无法反映现实复杂系统的异质性和动态增长性[282]。

（2）随机网络。随机网络是规则网络的极端对立面。考虑到现实中很多网络结构并不是严格规则的，为了更好地反映实际情况，20世纪50年代末，匈牙利科学家保罗·埃尔德什（Paul Erdös）和阿尔弗雷德·雷尼（Alfréd Rényi）提出了经典的随机网络。随机网络是指节点完全随机连接而成的复杂网络[282]。随机网络由于其简单和随机连接的特点迅速被广泛接受，从20世纪60年代开始到1998年小世界网络提出之前，该网络一直是研究复杂网络的基本网络[282]。尽管随机网络的平均路径长度较短，但是没有很明显的集聚特征。

（3）小世界网络。现实世界中的复杂网络一般既不是完全规则网络，也不是完全随机网络，而是介于二者之间，具有较大的聚类系数和较强的小世界特性（即较短的平均路径长度）两个典型特征[281]。为构建同时兼具上述两个典型特征、更加符合实际的复杂网络，邓肯·瓦茨（Duncan Watts）和斯蒂文·斯特罗加茨（Steven Strogatz）在1998年提出了著名的WS小世界网络模型，这类网络具有较短的平均路径长度和较大的聚类系数，表现出较好的凝聚力，便于信息的快速传播。

（4）无标度网络。区别于随机网络和小世界网络的泊松（Poisson）度分布形式，于1999年被提出的无标度网络的节点度服从幂律分布，即网络中存在节点度很大的中心节点，呈现特殊的"长尾现象"。在这样的网络中存在少数影响力较大的中心节点，这些节点占有网络中的绝大多数关系，从而会对网络产生较大的影响；而大部分节点却只拥有很少的连接关系。

2.2.4 决策和扩散理论

1. 消费者购买决策行为理论

从狭义上理解，消费者购买决策是指消费者仔细评估产品或服务的属性，并选择和购买可以满足特定需求的产品的过程。从广义上理解，消费者购买决策是指在一定购买动机的控制下，对两个或多个备选方案进行分析、评估、选择和实施最佳购买计划以满足特定需求的过程。这是一个系统的决策过程，包括确定需求、搜集信息、选择和实施购买方案以及购后评估等步骤。

图 2-2 呈现了消费者购买决策行为过程，共包括五步。一是需求确认。当消费者对某产品产生需求时就已经开始了购买行为。当消费者意识到缺少某种产品时就意味着形成了需求动机，这种意识可能源于某种外界刺激，也可能源于消费者内在的心理或生理活动。二是信息搜集。消费者在确认需求后，会主动搜集与目标产品相关的资料与信息，从中寻找最符合需求的目标产品。这一阶段消费者会尽可能搜集相关信息，保证有尽可能充分且可靠的方案可选。搜集的信息包括产品的性能、价格、质量、评价、外观等。三是方案评估。完成信息搜集后，消费者会对这些信息从自身偏好、经济水平、产品满意度等方面进行全面分析和评估，并且产生一套独有的评估准则。方案的评估标准因消费者的社会人口统计属性的不同而有差异，异质性消费者可能对相同产品产生不同认知。四是购买决策。购买决策环节是最关键的环节，只有做出正确的购买决策才能实现消费者个人效用最大化。五是购后行为。使用产品后，消费者将评估产品，将实际性能与预期性能进行比较，并对产品的满意程度存储在脑中。如果满意度高于预期，则可能会重复购买，反之则可能会给予差评。消费者购买后的体验不仅会决定其会不会重复购买，还会通过口碑效应对有联系的潜在消费者的购买决策行为产生影响[283]。

图 2-2 消费者购买决策行为过程

2. 生产决策理论

生产决策理论是指在生产领域中企业关于生产什么、生产多少以及如何生产的决策理论，包括如何利用生产能力，如何处理亏损产品，是否选择进一步加工产品，以及如何确定生产批次等[284]。生产决策是企业根据业务战略目标和内外部经营环境确定企业的生产方向、生产目标、生产策略以及生产计划的过程，涵盖工艺决策、设备决策、产品成本决策、生产类型和选址决策等[284]。

在经济学中生产决策理论用来解释一个企业决定其销售的每种商品（"产出"或"产品"）的产量，以及使用的劳动力、原材料、固定资本货物等（"投入"或"生产要素"）的数量。这个理论包含了一些最基本的经济学原理，其中包括商品价格与用于生产商品的生产要素的价格（或工资、租金）之间的关系，以及商品价格与生产、使用的生产要素的数量的关系。

企业对其生产活动所做的各种决策可以分为三个层次，这三个层次的复杂性不断增强。第一层包括在给定规模和设备的工厂中生产给定产量的决策，涉及短期成本最小化问题。第二层包括决定在任何给定的工厂生产最有利可图的产品的数量，涉及短期利润最大化问题。第三层包括确定最有利可图的规模和设备的工厂，涉及长期利润最大化问题。

3. 创新扩散理论

一项创新技术只有得到推广和广泛应用，才能对经济和社会发展产生影响[140]。埃弗雷特·罗杰斯（Everett M. Rogers）于 1962 年提出的创新扩散理论是最古老的社会科学理论之一。该理论用于解释随着时间的推移，一种思想或产品是如何获得动力并通过特定的人群或社会系统进行传播/扩散的。这种扩散的最终结果是人们作为社会系统的一部分，采纳了新的观念、行为或产品。采纳意味着个体做的事情与以前不同（即购买或使用新产品，获得并执行新行为等）。

创新扩散的五个关键要素分别是创新、采纳者、传播渠道、时间和社会系统。创新是一个宽泛的范畴，任何被采纳者视为新颖的想法、实践或物品都可以被视为创新，并可作为研究对象。采纳者可以是个人，也可以是组织（企业、学校、医院等）、社交网络中的集群或国家。传播渠道允许信息从一个单元传输到另一个单元。创新很少被立即采纳，时间对于采纳创新是必不可少的。社会系统是外部影响（大众媒体、组织或政府职责）和内部影响（强或弱的社会关系、与舆论领袖的距离）的结合。社会系统中有许多角色，并且它们的组合代表了对潜在采纳者的总体影响。

创新的采纳与扩散并非瞬间完成的。根据罗杰斯的创新扩散理论，创新的传播呈现出一种"S"形曲线，这意味着在开始阶段，采纳速度较慢，当接近中间阶段时，采纳速度会加快，但在接近饱和点时会再次减缓。这一过程包含五类创新采纳者，分别是创新者（愿意冒险尝试的人，占比 2.5%）、早期采纳者（受人尊敬的领袖，占比 13.5%）、早期大众（理性思考者，占比 34%）、晚期大众（持怀疑态度者，占比 34%）和落后者（守旧者，占比 16%）。罗杰斯在创新扩散过程中根据时间顺序将创新者的决策过程分为认知、说服、决策、实施和确认五个阶段，并指出采纳者的结果会影响其他人对创新的决策，具体的创新采纳决策过程模型如图 2-3 所示[285]。这五个阶段也清晰地表明，个人或组织对创新的采纳是一个渐进的过程，而非瞬间完成的。此外，创新被采纳的速度取决于创新技术特性，包括相对优越性、可观察性、可试验性、复杂性和与现有方式的兼容性，这些特性共同影响了一项创新被采纳的可能性。

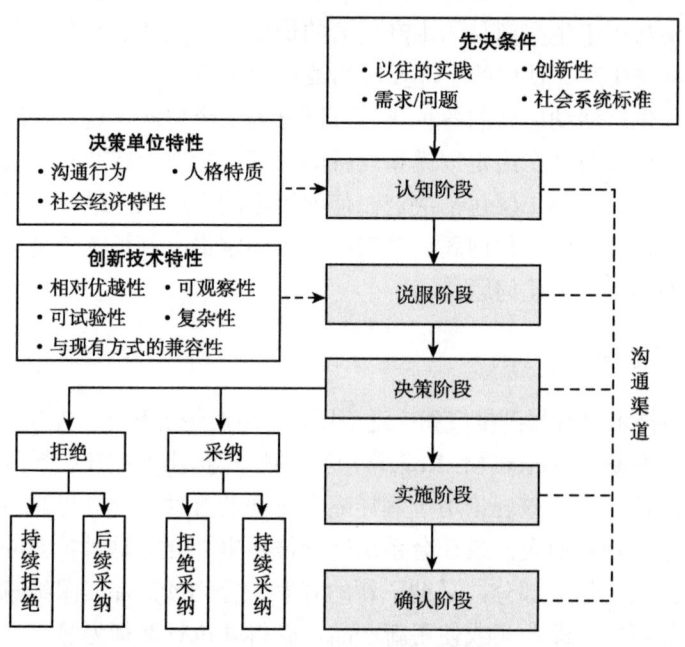

图 2-3　创新采纳决策过程模型

4. 基于 Agent 的模型理论

基于 Agent 的模型作为一种科学方法论被提出,最早可追溯至 20 世纪八九十年代人们对经济学、社会科学及工程领域中广泛存在的复杂系统和复杂现象的探索[286]。借助计算机平台,基于 Agent 的模型允许在一个人工搭建的虚拟环境中创建若干具有自治性和异质性等特征的、"活"的主体(active Agents),这些主体之间以及主体同它们赖以生存的环境之间彼此交互作用,进而在系统的宏观层次上涌现出较为复杂的现象及规律。据此,基于 Agent 的模型能够帮助研究者在微观个体行动和宏观结果之间建立起"纽带",并且使得开展一系列低成本、可控的计算实验分析和研究成为可能。基于 Agent 的模型的独特优势就在于它能够为研究者提供一种复杂的思想实验工具,基于特定问题假设,通过开展仿真实验并对仿真数据进行深入细致的分析,来实现对微观个体行为的精细刻画、微观-宏观双层次交互反馈乃至多场景叠合转换等,帮助验证乃至构建和发展出新的理论假说,从而帮助丰富和发展既有的理论,因而该模型成为制定政策的参考依据。

基于 Agent 的模型是一类用于模拟自主个体或集体实体的行动、行为和交互的计算模型,其目标是探索单个 Agent 或行为类型对整个系统的影响。Agent 是试图实现一系列目标的独立单位,可以是国家、居民、车辆等[287]。基于 Agent 的模型建立在自主性和异质性 Agent 的重复交互基础上,每个 Agent 根据一组特定的规则进行决策。Agent 在重要特征上彼此不同,包括其对技术和环境的态度、对信息的反应以及人口统计。Agent 受目标驱动,可以相互影响,从环境中学习,并适应不断变化的环境和新信息[160]。

更高层次的系统产生于较低层次子系统的交互行为。或者说,宏观尺度的状态变化是由微观尺度的 Agent 行为产生的。基于 Agent 的模型模拟多个 Agents 的行为和交互,试图模拟整个系统的行为并预测复杂现象的模式。Agent 的行为是独立的,但是对环境、系统的聚合属性和其他 Agents 做出反应。通常假定 Agent 是有限理性的,按照自己的利益行事。Agent 也可以通过学习避免以前失败的决定,而偏爱成功的决定。Agent 还可以适应,即根据系统的属性改变行为。

一个基于 Agent 的模型包括:①以特定模型规模(粒度)和类型指定的 Agent;②决策启发式,通常由现实世界中的人口普查和调查提供信息;③学习或适应规则;④Agent 参与的一种程序,如取样、移动、交互;⑤既能影响 Agent 又能被 Agent 影响的环境[287]。

5. 复杂网络上的演化博弈理论

博弈论是研究理性个体在交互过程中做出最优决策的一门科学。经典博弈论假设参与者是完全理性的,但个体通常只能做到有限理性。演化博弈理论融合了传统博弈理论和演化动力学的思想,旨在研究博弈参与者在互动决策和学习模仿情景下的动态行为。该理论基于人的不完全信息和有限理性的假设,为研究创新扩散提供了一种新的方法。复杂网络上的演化博弈核心要素包括复杂网络、博弈和更新规则。和传统博弈论相比,其更注重生物个体和族群在演化的动态过程中所发生的策略改变。此外,经典博弈论和演化博弈理论对于均衡的界定也不同。经典博弈论关注的是纳什均衡,在纳什均衡中,任何人都没有动力改变自己的策略。演化博弈理论中有一个演化稳定策略的概念,该策略表达的是当种群中全部个体都采取该策略的时候,少数具有突变策略的个体无法入侵该种群。

根据 2.2.3 节的介绍可知,复杂网络能够有效地描述复杂系统的结构和功能,节点表示个体,连边表示个体之间的交互关系。复杂网络上的演化博弈理论是研究结构种群上合作演化和策略竞争的一种非常有用的方法。自从 1992 年马丁·诺瓦克(Martin A. Nowak)和罗伯特·梅(Robert May)开创性地研究了空间方格网络上的合作演化之后,复杂网络上的合作演化和博弈动力学逐渐成为研究的热点。复杂网络上的演化博弈理论适用于分析博弈主体行为在动态演化过程中的变化[288]。图 2-4 呈现了复杂网络上的演化博弈的动力学过程[289],其中复杂网络上的每个节点表示一个个体,节点的状态(A 或 B)指代个体的策略,边代表个体之间的交互关系,个体之间的交互用博弈刻画。个体与所有邻居个体进行博弈,依据个体策略和收益矩阵计算收益。一般地,个体的总收益是该个体在所有交互中获得的收益累积之和。网络上个体的策略依据适者生存的进化原则进行更新，其中收益高的个体的策略有更大的可能被采纳，而收益低的个体的策略会逐渐被淘汰。整个系统不断演化，直到进入一个稳定的状态。

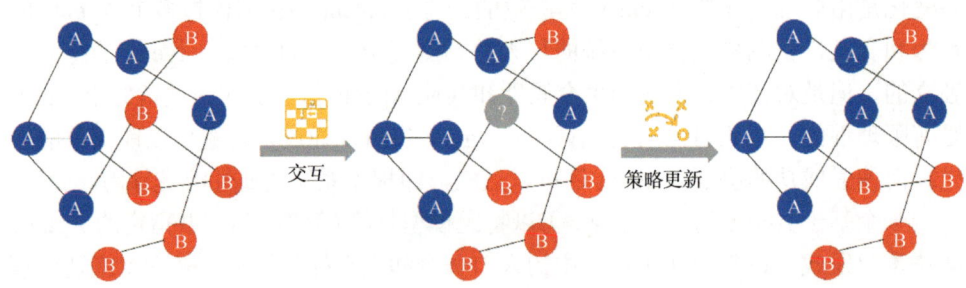

图 2-4　复杂网络上的演化博弈的动力学过程

6. Stackelberg 博弈

博弈论，又被称为对策论，通常用于研究不同实体之间的决策行为以及这些决策行为相互影响所产生的结果。它是现代运筹学的一个重要分支，近年来广泛应用于经济、军事、国际关系等多个领域。博弈论的核心目标是解决各方之间的利益分配和协调问题。尽管博弈论的思想在中国古代已经出现，如战国时期的"田忌赛马"和兵法家孙武所著的《孙子兵法》都体现了博弈论的一些思想，但它的系统化和理论化发展直到近代才真正成熟。在近代，博弈论受到了许多学者和专家的重视并得到了拓展（图 2-5），从而使博弈论的理论框架不断得以巩固和完善。

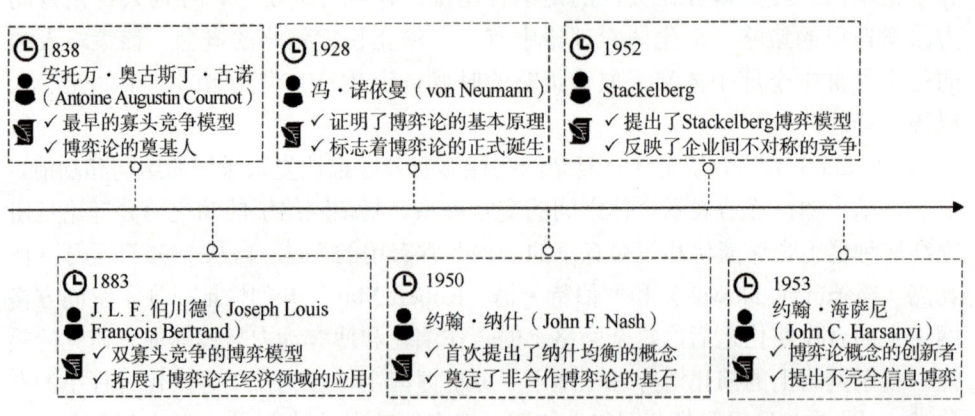

图 2-5　博弈论发展历程

根据合作和动态两个关键概念，通常可以将博弈分为四种不同类型：合作静态博弈、合作动态博弈、非合作动态博弈和非合作静态博弈。在合作与非合作博弈的划分中,一个关键点是看各个决策主体是否能够达成共识和合作来分配利益。合作博弈的特点是各主体更加注重共同体的整体利益,他们通常致力于最大化整体的利益,内部通常存在着稳定的利益分配或者合作协议,这使得他们形成了一个更加团结的决策者团队。相反,在非合作博弈中,各个决策主体之间没有可靠的协议或共识,他们没有共同的目标,每个个体都追求自身的最大利益,不太关注整体的利益,这强调了个体决策的理性最优性。另一个关键点是基于博弈的时间序列,即动态与静态博弈的不同。在动态博弈中,决策主体之间的决策存在时间上的先后顺序,后继者的决策通常会受到前驱者决策的影响,他们会制定战略以最大化自身利益,同时考虑前驱者的选择。与之相对,静态博弈中,决策主体几乎同时做出决策,互相不知道对方的选择,他们只能根据当前的情况做出最佳决策。

还可以根据参与博弈的主体之间拥有的信息程度对博弈进行分类,通常分为完全信息博弈和不完全信息博弈。在完全信息博弈中,各博弈主体拥有完全透明的信息,他们了解对方的战略、反应以及内部情况,这意味着他们可以根据这些详尽的信息来做出决策。相反,在不完全信息博弈中,博弈主体对于其他参与博弈的成员的战略、反应以及内部情况了解不充分,存在较大的不确定性。在这种情况下,他们只能依赖有限的信息和一般的情况来做出决策,因为他们无法获取完整的对手信息。这增大了博弈的复杂性,因为决策必须基于不完整的信息和假设。

博弈论通常包括五个关键要素,即局中人、策略空间、收益、规则和均衡,其中前三个被认为是基本要素,这些要素是博弈分析的基础,而规则和均衡则进一步塑造了博弈的特性。

局中人:局中人是博弈中的实际决策主体,通常是理性的经济参与者,追求自身的利益最大化。他们是博弈过程中的核心决策者。

策略空间:策略空间是指局中人根据其自身条件和目标选择的所有可能决策的集合。这些决策是局中人可以采取的行动或战略。

收益:收益是指局中人在采取特定策略后,所获得的结果或回报,这可以是正的(收益),也可以是负的(损失)。决策者的目标通常是最大化其收益。

规则:规则定义了博弈的操作方式,包括确定决策的时间顺序、允许的行为方式,以及最终的决策实施后的结果。规则为博弈过程提供了秩序和结构。

均衡:均衡是指在博弈过程中,各个局中人的策略相互影响并达到一种平衡状态。在均衡状态下,没有参与者有动机单方面改变其策略,因为这不会使其更好地达到其目标。均衡是博弈的最终结果,它反映了各方之间的互动和博弈过程的最终状态。

本书主要采用的是 Stackelberg 博弈理论的研究方法。Stackelberg 博弈是经济学中的一种战略博弈,用博弈论的术语来说,这场博弈的参与者是领导者和追随者,他们在数量上进行竞争,Stackelberg 博弈的领导者有时被称为市场领导者。

Stackelberg 博弈决策过程中,某一参与者将拥有主导决策权,是一种涉及多个决策者的分层决策过程的非合作博弈,且其博弈的顺序是序贯的。首先,有两个及以上相对独立的参与者进行决策,并且各参与者都有自己的决策变量;其次,各参与者的决策往往都是可以互相影响的;再次,博弈系统是主从关系,不同决策者处于不同的层级具备不同等的权利,处于高层级的决策者拥有相对更大的权利,高层级决策者可以根据其决策的目标控制低层级决策者,但低层级决策者也会影响到高层级决策者的决策;最后,由各个博弈方共同决定的最终决策基本上是各个博弈方都相对满意的结果。

简单的 Stackelberg 博弈数学模型为

$$\max_{x} Z(x, y)$$
$$\text{s.t. } G(x, y) \geqslant 0 \quad (2.7)$$
$$x \in X = \{x : F(x) \geqslant 0\}$$

$$\max_{y_i} z_i(x, y)$$
$$\text{s.t. } g_i(x, y) \geqslant 0 \quad (2.8)$$
$$y_i \in Y_i = \{y_i : k_i(y_i) \geqslant 0\}, \quad i = 1, \cdots, p$$

其中,$G(x,y)$ 为领导者的约束条件;X 为领导者的决策变量集;$F(x)$ 为领导者决策变量的可行域约束;$g_i(x,y)$ 为第 i 个追随者的约束条件;Y_i 为第 i 个追随者的决策变量集;$k_i(y_i)$ 为第 i 个追随者决策的可行域约束;$x \in X \in R^{n_1}$ 和 $y_i \in Y_i \in R^{n_2}(i=1,\cdots,p)$ 分别为领导者决策变量与追随者第 i 个决策变量;Z 和 z_i 分别为领导者与第 i 个追随者的目标函数。首先领导者会确定一个价格 x,其次追随者会根据领导者的这个定价来决定自己的定价 y_i,以使自己的利益最大化。领导者知道追随者的反应函数,可以根据追随者制定的价格来调整其价格 x,以最终实现其自身利益最大化。

7. 系统动力学理论

系统动力学是一种使用存量、流量、内部反馈回路、表函数和时间延迟来理解复杂系统随时间变化的非线性行为的方法,由麻省理工学院的杰伊·莱特·福里斯特(Jay Wright Forrester)教授于 20 世纪 50 年代中期创立,是一种自上而下的信息反馈方法,本质是具有高阶、多环和非线性的反馈结构。系统动力学模型是一种成熟的可视化、分析和理解复杂动态反馈的方法。它既能准确描述定量变量之间的因果关系,又能正确定义定性变量。作为一种研究复杂系统行为的方法,系统动力学主要用于研究系统中的内部机制以及复杂信息反馈。它允许系统内利益相关者之间进行交互,并且能够适应时间维度上的反馈和动态。系统动力学模型在模型粒度上介于基于 Agent 的模型和时间序列模型之间。尽管系统动力学模型没有描述模型中的具体异质性，但从进一步的敏感性分析中可以观察到由群体内潜在异质性引起的模型行为变化。它还允许对模型行为进行全局定义。系统动力学模型可以用来研究不同情况下的动态演化过程，其哲学基础是还原论。还原论是一个将复杂的实体、概念或现象分解成最小组成部分的过程；它可以把想法转化为简单的形式。系统动力学模型有助于洞察现实世界系统的未来行为。当政策改变时，系统动力学模型有助于测试现实世界系统的行为和响应。系统动力学模型的总体目标是增强对现实世界系统的了解，而不是准确地预测。

系统动力学模型的建模过程和仿真步骤如图 2-6 所示[290]。在建立系统动力学模型之前，有必要对系统进行综合分析和思考并提炼待研究的问题。之后，需要清楚地确定研究的目的和系统的边界。根据系统的特点，梳理因果关系，分析反馈机制，设置内部反馈结构，定义主要变量。基于变量之间的数学方程，构建系统动力学模型。在模型建立之后，对模型的有效性进行测试。如果模型可靠且令人满意，则可以对模型进行进一步模拟和分析。如果模型验证结果不令人满意，则需要返回对模型进行修改和调整，直到模型令人满意为止。最后一步，根据仿真结果，提出相应的解决方案和政策建议。

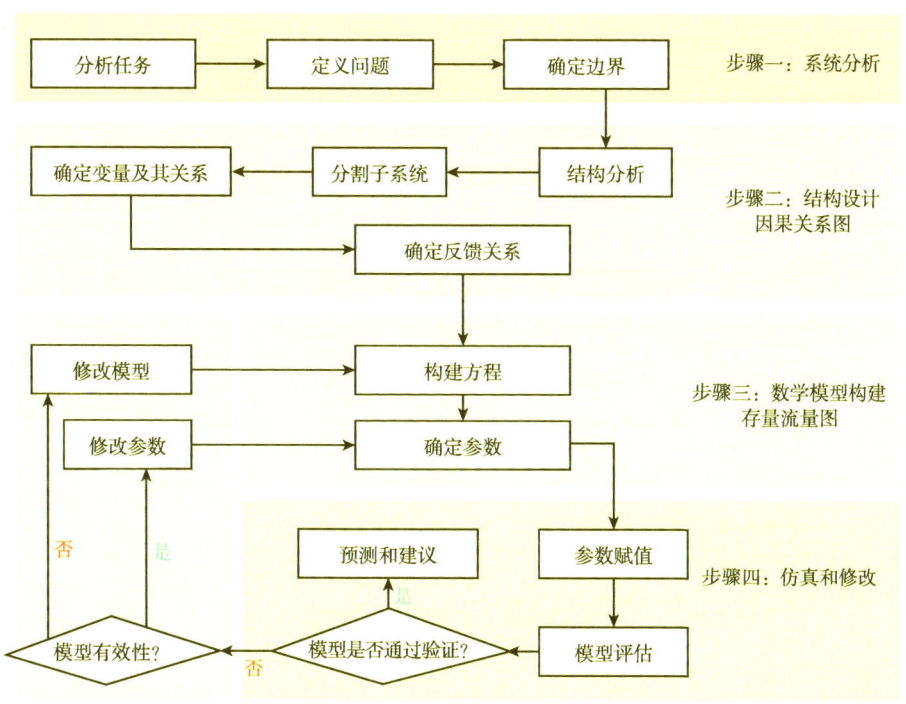

图 2-6 系统动力学模型的建模过程和仿真步骤

2.2.5 闭环供应链理论

要理解闭环供应链就绕不开逆向供应链。逆向供应链是指为了回收消费者手中使用过的废旧产品而进行的一系列活动，其目的在于合理处置或再利用相应的废旧品。逆向供应链的组成与传统正向供应链相似，但物流、信息流、资金流在相互关联的参与者之间反向运行，更大的不同在于消费者决定了逆向供应链中产品的供应，废旧产品在数量、质量等方面都存在高度的不确定性。因此，逆向供应链的复杂性高于传统正向供应链。随着研究的深入，学者发现正向供应链与逆向供应链是存在内在联系的，最终闭环供应链理论被提出，即闭环供应链是指企业从采购到最终销售的完整供应链循环，包括产品回收与生命周期支持的逆向物流。

除了传统供应链涉及的问题以外，闭环供应链还需要考虑产品使用后的回收与处理，其结构一般是由正向与逆向相结合构成的闭环结构，除涉及正向供应链中的采购、生产、销售等环节之外，还包括逆向供应链中的产品回收、产品处理、产品维修、产品再制造以及产品再销售等步骤。图 2-7 所示的是闭环供应链的一般结构，有的节点企业在正向供应链中是供应方，而在逆向供应链中，又可能成为需求方，制造商不但可以通过正向渠道向消费者销售新产品，而且可以通过逆向渠道回收废旧产品。因此闭环供应链是从传统供应链"原材料供应→生产→消费"的开循环过程转变成了"原材料供应→生产→消费→回收→再制造"的闭循环过程，最终呈现出"从源头到汇点，再由汇点到源头"的特征，延长了产品的生命周期，实现了产品的生命周期管理，推动产品及整个供应链系统的效益达到最大。

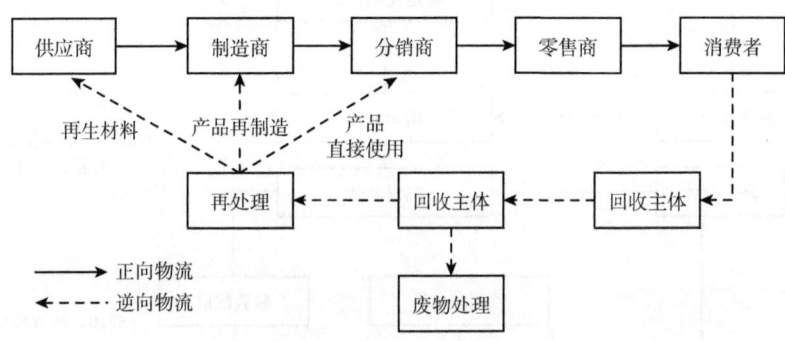

图 2-7 闭环供应链的一般结构

2004 年，Savaskan 等在其研究中总结了三种基础的闭环供应链回收模式[291]，如图 2-8 所示。

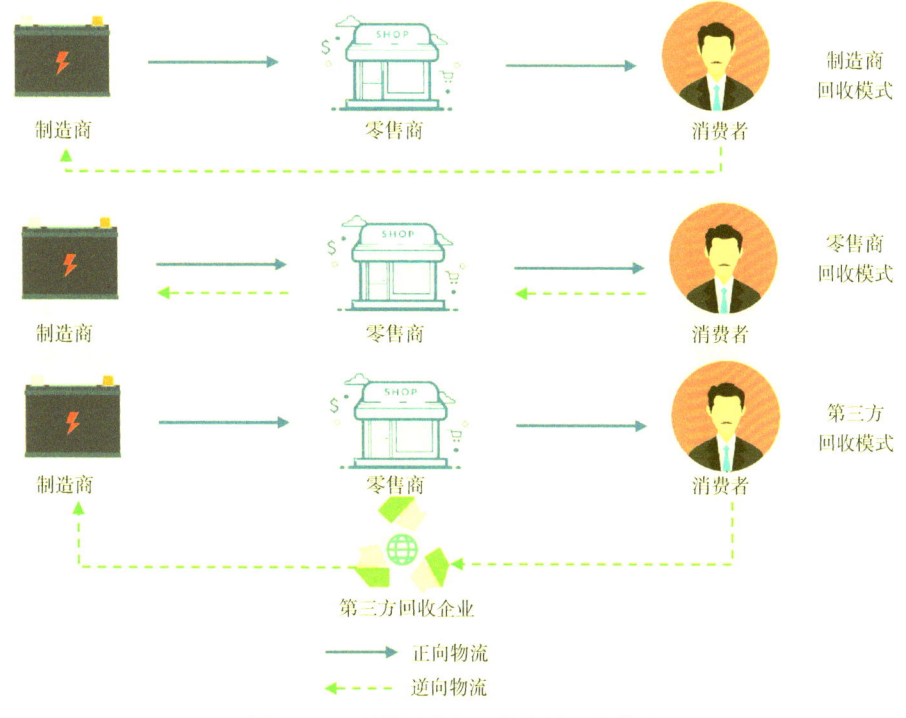

图 2-8 三种基础的闭环供应链回收模式

制造商回收模式（M）：该回收模式下，制造商将生产完成后的产品经由零售商销售至消费者，使用后的产品将会直接由制造商进行回收。这就要求制造商自建回收系统，并对回收的废旧产品进行再制造与再销售。

零售商回收模式（R）：该回收模式下，制造商只参与生产与再制造流程。制造商生产的产品经由零售商售至消费者，而后制造商会将产品回收业务委托给零售商来经营，在这一过程中制造商会向零售商支付一定的费用。

第三方回收模式（3P）：该回收模式下，第三方回收企业将负责回收废旧产品，制造商可以集中精力来开展产品的研发、设计、生产等核心业务。第三方回收企业需要具备产品设计、制造等方面的专业基础以及完善的回收渠道与流程，同时回收的产品需要达到一定的数量，从而具有规模性。

以上三种回收模式是基于 20 世纪 90 年代中期 IBM、HP（惠普）、Xerox（施乐）等企业在废旧产品回收业务中的经验总结形成的。由于行业之间的差异、产品的不同以及原材料稀缺程度的差别等，在现实的回收市场上存在更多的回收模式，这是值得研究、探讨与总结的，从而做好充足的准备来应对环境与资源危机以及实现"双碳"目标。

2.3 电动汽车扩散及动力电池回收机制

2.3.1 基于多主体的电动汽车政策干预

1. 电动汽车政策干预理论

外部性的存在是市场失灵的重要原因之一,补贴是解决市场失灵问题的重要手段[292]。首先,电动汽车的消费和产业发展都具有一定的正外部性。与传统的燃油汽车相比,消费者购买电动汽车可以帮助减少温室气体排放,改善生态环境,具有消费的外部经济性[292]。同时,电动汽车产业属于高技术的战略性新兴产业,企业研发电动汽车技术,会产生技术溢出效应,从而使得技术创新成果的私人收益远远小于社会收益,产生正外部性,如果技术创新企业得不到任何补贴,则会打击企业进行技术创新的积极性[292]。此外,化石燃料的价格并不代表由污染而造成的真实成本,这使它们看起来比可替代燃料更经济;传统车企也可能会垄断市场,阻止新的电动汽车车企进入[293]。多重市场失灵的存在导致在完全自由竞争的情况下难以实现资源的最优配置和帕累托最优,使得政府需要对电动汽车扩散给予政策支持和干预。

其次,电动汽车拥有公共品特质[294],该特点也为政策干预提供依据。相比于燃油汽车,当电动汽车处于不具备成本优势阶段时,消费者购买电动汽车产生的节能减排效益对全社会均有益,但是个人边际成本高于社会边际成本。因此当消费者所获得的收益小于成本时,其不会有足够的动力购买电动汽车。对于企业而言也存在类似影响,如果公共品全部由企业或者私人提供,当收益不足以弥补成本时,政府需要进行政策干预,从而保障公共品的顺利供给[267]。

最后,电动汽车作为一种战略性新兴产业,在发展初期需要高投入且具有高风险。电动汽车产业的电池储能、安全、续航等问题的改善和解决均需要巨额研发资金支持,即使已经攻克技术难题,随后的投产、销售渠道建立、售后保修站点建设均需持续投入资金[294]。这对于实力不是很强的企业来说,所需承担的投资风险过大。如果消费者对电动汽车的接受程度不高,电动汽车的销售量不高,即使是实力较强的电动汽车生产企业,也会面临资金链压力以及与传统汽车相比竞争力不足的风险。

2. 政策干预类型

1)作用于消费者

对于消费者的政策干预,主要包括经济型、信息型和行政干预三类,其中经济型政策主要指购买补贴、充电费用，信息型政策包括宣传科普和社会讨论，而行政干预政策是指燃油汽车车牌限制政策。在影响总拥有成本的所有参数中，原始购买成本的影响最大[295]。购买补贴和燃油汽车车牌限制政策这两种政策是中国促进电动汽车扩散采用的最主要且有效的手段[101, 296]。购买补贴直接作用于消费者，具备终端补贴优势，对市场的干扰相对较小。购买补贴通过消费补贴改变消费者固有的消费习惯，让消费者接受新产品，提高电动汽车产业的市场销量[297]。购买补贴政策对电动汽车扩散的影响在于该政策通过收入效应和替代效应影响消费者的购买选择[292]。收入效应是指在货币收入不变的情况下，某种商品价格变化对其需求量的影响。替代效应是指实际收入不变的情况下某种商品价格变化对其替代品需求量的影响。由于补贴后电动汽车的购买成本下降，根据收入效应，消费者在未增加名义收入的情况下对电动汽车的购买力增强；根据替代效应，消费者在可以替代和承受的范围内会偏向于购买价格相对更低的产品。在收入效应和替代效应的共同影响下，购买补贴政策干预下消费者对电动汽车的需求量会上升。中国的居民用电价格远低于大型工业用电价格，显而易见的是，对于相同的充电能量，私家车用户在家中充电的总充电费用要比在公共商业站点充电的费用低[298]。Borlaug等比较了电动汽车与传统燃油汽车的燃料成本，证明在15年的汽车使用寿命时间里，电动汽车可节省数千美元的燃料成本[103]。和购买补贴类似，更加低廉的电价也通过降低生命周期拥有成本促使消费者购买电动汽车。

创新扩散和社会网络理论均认为，个人的决策并非在社会真空中发生的，个人所处的社会网络会影响他们的态度、行为和采纳决定[299]。商品宣传力度越大，就会越频繁地出现在消费者视线里，进而可以提高消费者对商品的认同度[283]。社会网络中早期采纳者扮演着向未采纳者分享可信的知识和信息的重要角色。大量研究发现人际沟通对鼓励采纳具有重要性和有效性，在社会网络中，与早期采纳者建立联系的未采纳者可以通过接受有说服力的人际关系信息而受益[300]。个人保持的关系（也称为联系）的数量是传播创新信息的一个重要变量[299]。

中国是唯一一个通过行政命令来控制燃油汽车车辆牌照供应的国家[114]。燃油汽车车牌限制政策是指政府在一定时期内发放车牌号，消费者通过摇号或竞买的方式取得车牌号，通过提高时间成本和车辆上牌费用来限制中国主要城市的燃油汽车购买总量，间接增加消费者对电动汽车的需求。Qian等基于中国不同城市一千多名受访者的调查发现，除了政府补贴外，与燃油汽车车牌限制政策相比，电动汽车的免费牌照政策对消费者更有吸引力[301]。有学者发现车辆限购政策对中国消费者的影响大于购买补贴政策[101]。

2）作用于制造商

作用于制造商的政策主要包括两类：一类是以激励为主要手段的补贴政策，

另一类是以惩罚为主要手段的税收政策。其中，政府给予制造商的补贴又可以细分为生产补贴和研发补贴。电动汽车生产补贴的补贴对象是汽车，即企业申报完整车型，政府批准后对汽车销售与生产环节按量补贴[117]。研发补贴的补贴对象是技术而非汽车[117]。研发补贴是政府为了激励企业加大技术创新投入力度，提升自主创新能力而直接针对技术研发给予的资金支持。研发补贴的主要目的是鼓励企业研发安全、稳定、长续航里程的电动汽车，有效引导电动汽车市场由依赖补贴走向独立竞争[302]。其具体包括技术改造专项资金、专利申请资助经费、科技创新资金、科研项目申请的财政补贴等多种形式[297]。一方面，政府补贴具有资源属性，制造商运用补贴资金加快研发速度、提高生产效率、获取由此带来的收益，进而弥补亏损、降低竞争风险[292]。另一方面，政府补贴还具有信号属性。政府补贴是政府针对国家重点支持产业中具有良好业绩和市场前景的企业给予补贴的行为。企业获得政府补贴的数额能够反映出政府对企业所处行业前景的认可程度，获得政府补贴的企业更易获得外界的融资和社会认可[303]。政府与制造商之间的信息不对称容易导致制造商对补贴政策形成依赖，出现逆向选择风险，致使一些企业将技术创新资金挪作他用或开展技术创新活动只求速度和体量而不求质量；同时补贴政策还容易引发低水平的重复创新，导致技术创新的低端锁定[304]。

因为电动汽车具有正外部性，所以政府给予财政补贴和产业支持。与此相对的燃油汽车是电动汽车的替代品，具有负外部性，也应当通过负补贴予以引导。碳税政策可以改变企业的行为，避免产能上的惩罚，对控制温室气体排放、刺激低碳技术创新、优化产业结构具有重要意义。

3）作用于充电基础设施运营商

2019年中国公用桩车桩比为7.3:1[128]。和成熟普及的加油站相比，充电基础设施不足成为制约电动汽车产业发展的短板之一。尽管公共充电基础设施十分重要，但其建设存在资金成本高、利用率低、盈利能力低等问题[305]。Schroeder 和 Traber 对德国公共充电站的经济评估表明，由于电动汽车渗透率低，投资额高，公共充电站很难盈利[306]。基础设施建设工期长且费用昂贵，在短期内实现可观收益的难度巨大，仅依靠运营商力量远远不够。鉴于此，政府已认识到加快建设充电基础设施的紧迫性和必要性，并从相关标准制定、设施布局规划及财政补贴等多方面着手加强配套基础设施的建设[307]。其中，最主要的政策手段为给予充电基础设施运营商补贴。周锐采用2015—2018年省级月度数据，借助双重差分方法探讨不同类型产业政策对充电基础设施发展的影响，发现补贴政策可以显著促进充电基础设施的建设，并且按投资额进行补贴的政策优于按功率进行补贴的政策[268]。

2019年印发的《关于进一步完善新能源汽车推广应用财政补贴政策的通知》明确指出，地方应完善政策，过渡期后不再对新能源汽车（新能源公交车和燃料电池汽车除外）给予购置补贴，转为用于支持充电（加氢）基础设施"短板"建设和配套运营服务等方面。政府补贴政策已经呈现由补车转向补桩的趋势。政府给予运营商补贴，减轻运营商投资建设的压力，促进充电基础设施完善，间接刺激并引导消费，克服由充电能力不足和里程焦虑造成的消费者选择困难，进而提高电动汽车的扩散率。

3. 电动汽车扩散的参与主体

不难看出，2.3.1 节所述的不同类型的政策干预均是以各参与主体为载体来发挥作用的，即各参与主体采取的不同行为将会对电动汽车扩散的效果产生影响[307]。政策参与主体是政策效用发挥的关键因素，识别政策参与主体是政策分析不可或缺的一环[308]。根据利益相关者理论，在分析电动汽车扩散的政策效用时，必须明确不同行动者的角色和作用。这些主体有自己的偏好、行为和目标。这种复杂性意味着在调查政策（尤其是多个政策）的效果时，需要考虑不同参与者之间的响应和交互。若只从一个行动者的角度进行考虑，则无法打开政策机制的黑箱[120]。电动汽车市场主要涉及政府、消费者、电动汽车制造商和充电基础设施运营商四方主体。

政府通过综合运用不同类型的政策为电动汽车产业发展提供有利的制度环境，涉及整个产业链的资源分配与战略规划，从而对电动汽车制造商、消费者和充电基础设施运营商产生影响，发挥着不可替代的引导作用[307]。同时，政府制定的政策也需要依赖电动汽车制造商、消费者和充电基础设施运营商对电动汽车扩散发挥影响[309]。政府的主要职责包括向电动汽车制造商提供补贴以及征收碳税，向消费者提供电动汽车购买补贴，通过示范宣传深化消费者对电动汽车的认识，并实施燃油汽车车牌限制政策以及向充电基础设施运营商提供充电桩建设补贴。

处于需求侧的消费者对电动汽车扩散起到拉动作用，消费者会综合考量政府政策、电动汽车性能和可用的充电桩数量后决策购买行为。同时，个体消费者之间的社会网络效应也不容忽视。已有电动汽车消费体验的用户往往会向身边的潜在消费者分享其使用行为及使用评价，而该行为起到的作用将通过社交网络得以放大，进一步影响到更大范围内潜在消费者的采纳意愿[307]。

电动汽车制造商是电动汽车的供应者，其研发和设计能力以及制造水平决定着电动汽车的性能，如安全性、可靠性、外观设计等[307]。电动汽车制造商会根据政府税补政策和消费者购买电动汽车的情况决定电动汽车的生产研发投入和生产策略，并通过观察模仿其他电动汽车制造商的策略来获取最大利益。

充电桩是电动汽车的互补品，充电基础设施运营商根据政府补贴策略和电动汽车保有量情况决定充电基础设施的建设数量，进而影响电动汽车扩散。电动汽车市场中的每个主体都不会孤立做决策，而是试图基于其他玩家的行动最大化自己的效用。

2.3.2 电动汽车政策演化特征识别

根据 2.2.2 节介绍的政策学习理论可知，政府会根据外在社会环境条件的变化对政策进行相应的学习并做出调整，即政策会随着时间的推移而发生演变[310]。电动汽车政策是涉及不同的领域，包含多种政策工具的综合体系。电动汽车政策隐含的主题是多元动态的，并非单一或静止的。没有一种电动汽车政策具有普适性，能够在任何阶段均适用且能解决所有问题。各类政策具有各自的特点，并无优劣之分[311]。政府需要根据电动汽车的发展阶段选择相适应的政策工具，政策工具会对电动汽车产业的发展产生动态差异影响，二者相互作用，动态演进。

在不同阶段政府关注的侧重点不同。如图 2-9 所示，电动汽车产业发展的初期阶段，相比于成熟的燃油汽车，电动汽车存在价格高、安全性不高、续航里程不足、充电基础设施不完善等诸多难题。处于这一阶段的电动汽车尚未直接面向私人消费者，政府为推动电动汽车产业化，主要以补贴方式扶持企业研发。随着电动汽车市场的成熟，以及消费者对电动汽车的熟悉度和接受程度的提高，政府会改变对电动汽车的政策偏好，所运用的政策工具也会相应发生变化。从侧重生产环节的补贴逐渐过渡到侧重消费环节的补贴。待电动汽车市场进一步成熟后，政府只扮演"守夜人"的角色，逐渐减少政策干预。

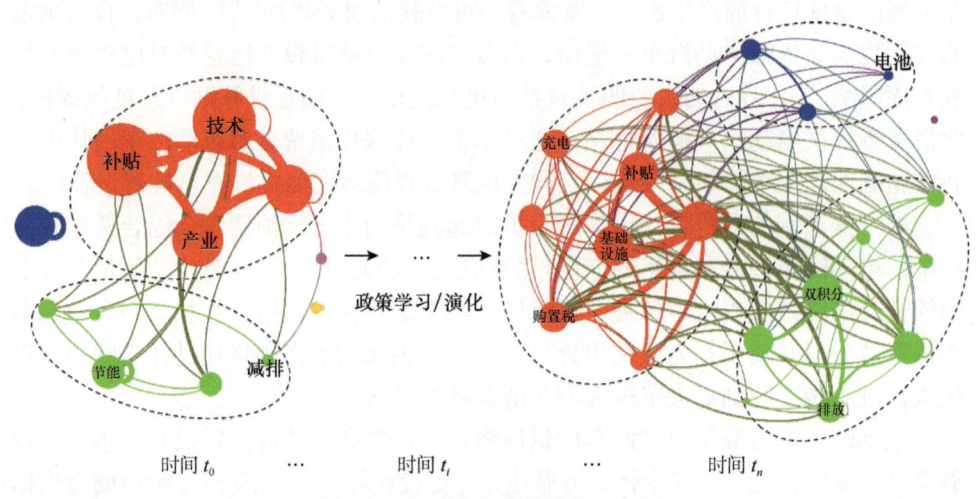

图 2-9 电动汽车政策演化示意图

政策文件作为政府治理国家的重要工具，通常由多个政府机构共同起草，因此往往会有多个共同签署人。由于这些机构在职能、资源和目标上存在差异，在文件中往往呈现不同的侧重点，因此，政府的不同部门内部也有各自的偏好，各部门综合权衡后发布电动汽车政策。

政府颁布的电动汽车政策通常包含若干重点，即电动汽车政策文本呈现多中心状态[51]。相同的政策主题可能会分布在不同的政策文本中，同一个政策文本也可能有多个不同的政策主题[312]。例如，同一年份多份电动汽车政策的主题可能均为通过补贴等措施促进私人消费者消费，同一份政策文件可能既包括消费者购买补贴政策，又包括促进充电基础设施建设的主题。政策关键词是概括政策文本核心内容的特征词汇，可以反映政策热点并揭示政策发展动向[313]。关键词的选择直接影响政策文本的分析结果。关键词的概率分布可以构成政策主题，进一步反映一段时间内政府制定的政策的核心内容。政策的演变反映在政策文本关键词和主题的变化中。进行关键词挖掘和主题分析，有助于掌握电动汽车政策演变的特征，可以增进对电动汽车产业发展方向的认识。

2.3.3 电动汽车政策干预下微观主体决策机制

1. 政策干预下消费者购买电动汽车的决策机制

高价格、高风险、低市场需求以及低消费者认知是新兴产品的普遍特征。电动汽车产业也属于战略性新兴产业的一种，因此电动汽车同样具备新兴产品的一般特征[113]。事实上，相比于燃油汽车，虽然同类型电动汽车的购买价格较高，但电动汽车在使用环节的成本较低[113]，然而消费者在进行购买决策时，往往过于关注购买价格而忽视生命周期成本，导致消费者的有限理性成为电动汽车采纳障碍之一。电动汽车的扩散效果还与消费者的不完全信息有关，这是因为知识和经验是新技术传播的重要因素，潜在消费者会通过学习确信新技术的优越性，在学习过程中观察他人对新技术的采用[314]。政府通过相应的政策工具可以减轻甚至消除这些障碍对电动汽车推广的影响，从而提高电动汽车采纳率，达到加快电动汽车扩散速度的目的[113]。

货币激励是促进消费者购买电动汽车的重要方式，其中购买补贴的作用尤为突出。成本是影响电动汽车效用的最重要的因素，人们在购买电动汽车时会更加关注成本和补贴政策[315]。相比同系列燃油汽车，更高的购置价格影响了电动汽车市场扩散，购买补贴在很大程度上减少了消费者的成本支出，弥补了电动汽车在竞争市场中的价格劣势，刺激了消费者的购买意愿。充电费用同样是影响电动汽车生命周期成本的一个重要因素。

网络中的信息传输对消费者购买电动汽车的决策至关重要。潜在消费者是否会采用一种新技术，可能会受到数字信息（如新闻、广告和社交媒体）、住在附近的邻居和采用新技术的朋友的影响[107]。来自复杂社交网络的朋友的信息比来自汽车制造商的信息更可靠[316]，是产品真实性能的反映。消费者可以通过社会互动获得信息并分享他们的经验,以降低潜在的购买风险[134]。作为一个有限理性的个体,人们会尝试在现实生活或汽车论坛上从朋友那里收集产品反馈信息。积极的网络信息可以促进潜在消费者采用电动汽车,但消极的网络信息可能导致产品声誉受损,从而阻碍消费者购买电动汽车。基于绿色行为的异质扩散模型,Li 等发现控制负面信息的扩散有利于绿色行为的传播[317]。因此,电动汽车制造商和政府将采取各种措施改善电动汽车的用户体验。

如图 2-10 所示,考虑消费者对电动汽车的看法以及消费者是否购买电动汽车,网络中有四种类型的消费者:[采纳,积极]、[采纳,消极]、[未采纳,积极]、[未采纳,消极][318]。一方面,异质消费者的效用会受到不同类型的政策干预的影响,包括经济型政策和信息型政策;另一方面,社交网络中朋友态度会影响未采纳者的态度,电耗信息会影响未采纳者的效用,从而全面影响消费者的决策[318]。只有态度积极,净效用为正,消费者才会决定购买电动汽车[318]。此外,个体决策是一个动态的过程。随着时间的推移,消费者会根据自己掌握的信息改变态度和行为。

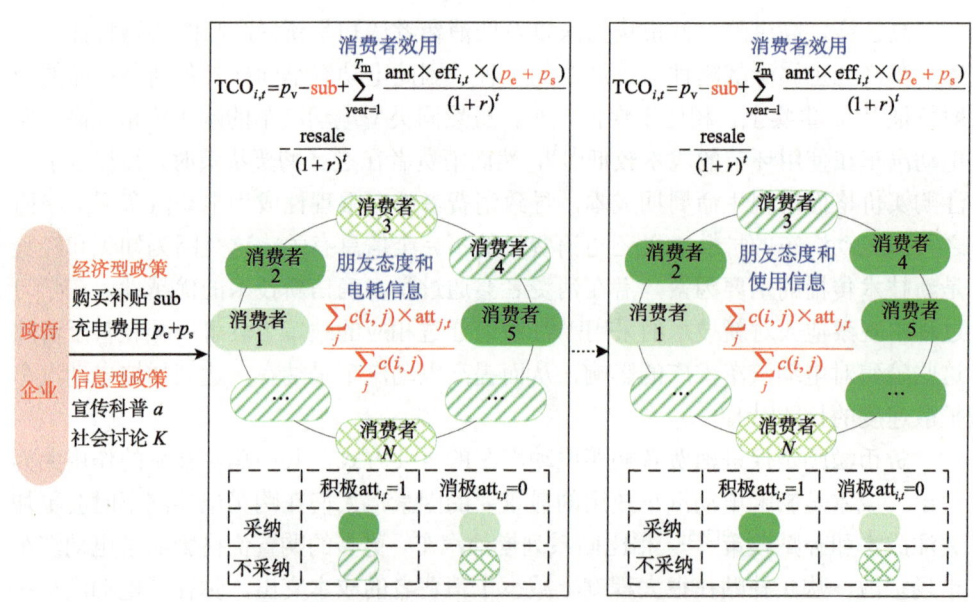

图 2-10 基于复杂网络的消费者决策机制示意图

sub 为单辆电动汽车的购买补贴;p_e 和 p_s 分别是电动汽车充电的电价以及服务费;p_v 为单辆电动汽车的车企建议售价;amt 为年平均行驶里程;eff 为实际每公里电耗量;resale 为单位电动汽车的再售价格;r 为贴现率;T_m 为电动汽车生命周期年限;TCO 为消费者购买电动汽车的净效用;a 为初始状态中持积极态度的消费者比例;K 为与左右相邻节点连接的个数;att 为二元变量,表示消费者对电动汽车的态度;$c(i,j)$ 为节点 i 和节点 j 的连接关系

2. 政策干预下制造商生产电动汽车的决策机制

消费者购买行为会受到需求侧政策和制造商生产策略的影响，制造商生产行为也会受到供给侧政策和消费者购买行为的影响。需求侧政策主要面向消费者，直接驱动产品创新，决定消费者购买电动汽车的意愿，包括燃油汽车车牌限制政策和购买补贴等政策。结合 2.3.1 节的介绍可知，燃油汽车车牌限制政策是中国用来解决交通拥堵和空气污染问题而通过牌照管制限制燃油汽车购买数量的一种政策工具，燃油汽车车牌限制政策通过行政干预资源分配，降低消费者对燃油汽车的需求，从而使汽车市场供求之间不平衡。燃油汽车车牌限制政策抑制燃油汽车购买需求被证明是增加新能源汽车市场份额的格兰杰原因[319]。购买补贴可以减轻潜在消费者的负担，从而创造需求，实现商业化。

同样，以企业为主体的供给侧政策也可以用来调节、引导和调整企业的生产经营战略，包括生产补贴政策和碳税政策。生产补贴在一定程度上可以弥补市场资源配置的缺陷，解决投资不足问题，促进企业开展研发活动。此外，在电动汽车产业发展初期，市场反应较为冷淡，观望者居多，而电动汽车生产补贴政策的执行给制造商发出了明确的促进电动汽车产业发展的积极信号，在电动汽车产品处于高投入、低收益的起步阶段，补贴政策提高了企业加大研发资金和人力成本投入的积极性，成为产业启动的有力杠杆之一[320]。

由 2.2.4 节阐述的复杂网络上的演化博弈理论知识可知，制造商选择生产电动汽车或燃油汽车的决策不是孤立和静止的，还受到有联系的其他制造商的决策的影响。制造商作为智能的主体，会进行观察和学习从而提高自己的收益。若有联系的其他制造商选择的策略对应的收益比自己高，则其会采纳更高收益对应的策略；若有联系的其他制造商选择的策略对应的收益比自己低，则其会维持自己的原有策略。

图 2-11 展示了复杂网络中电动汽车制造商生产决策机制[321]。博弈模型描述了政府政策下有限理性制造商的策略选择，复杂网络模型描述了制造商之间的相互作用。作为博弈主体，一方面，制造商的决策将受到政府政策和异质性消费者需求等外部因素的影响；另一方面，博弈收益将受到与之有直接联系的制造商在复杂网络中的策略的影响。制造商通过权衡生产电动汽车和燃油汽车的效益来决定是否采纳生产电动汽车的策略，这将最终决定电动汽车是否能够扩散。本书将在第 6 章详细探讨需求侧针对消费者的燃油汽车车牌限制政策和购买补贴政策以及供给侧的碳税政策、生产补贴政策共四种政策对不同规模网络中电动汽车扩散的影响，并考察在不同发展时期，哪种政策更有效。

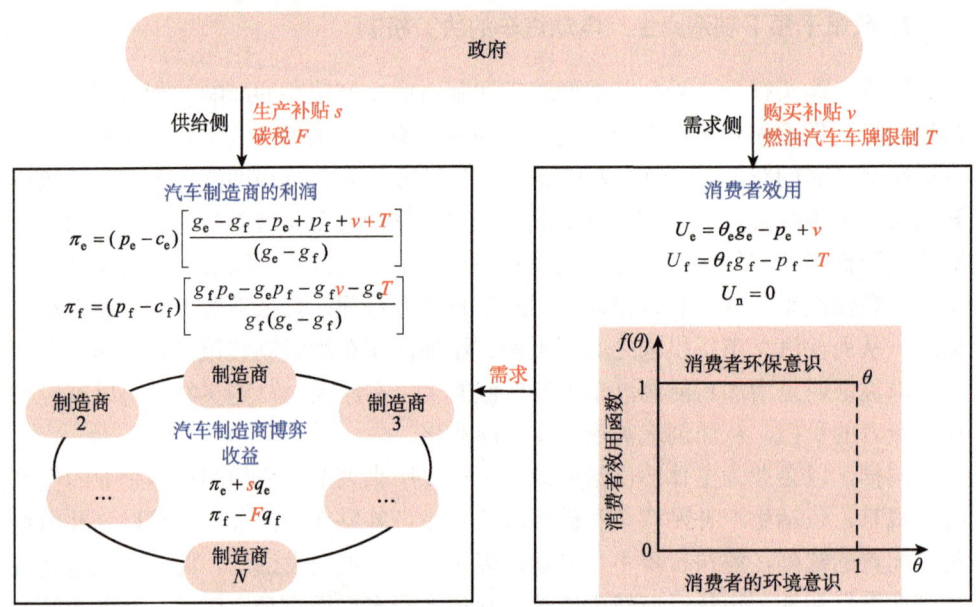

图 2-11 复杂网络中电动汽车制造商生产决策机制

π_e 和 π_f 分别为汽车制造商生产电动汽车和燃油汽车的利润；p_e 和 p_f 分别为电动汽车和燃油汽车的单位销售价格；c_e 和 c_f 分别为电动汽车和燃油汽车的单位生产成本；g_e 为电动汽车的环境友好程度；g_f 为燃油汽车对环境的影响；v 为电动汽车购买补贴对消费者效用的影响；T 为燃油汽车车牌限制政策对消费者效用的影响；F 为对汽车制造商每生产一辆燃油汽车征收的碳税；s 为政府给予电动汽车制造商的单位产量的补贴；U_e、U_f 和 U_n 分别为消费者购买电动汽车、燃油汽车以及什么都不购买的净效用；θ_e 和 θ_f 分别为购买电动汽车、燃油汽车的消费者环保意识

2.3.4 电动汽车扩散的能源、环境和健康效益

1. 电动汽车扩散对能源、环境和健康的影响机制

尽管电动汽车行驶过程中是零排放的，但学者就其整个生命周期对环境的影响尚未达成共识。电动汽车的一些环境影响已从使用阶段转移到车辆和电力的生产阶段。根据图 2-12 展示的电动汽车和燃油汽车简化构造示意图[322]，燃油汽车使用的汽油来源于传统化石燃料，而电动汽车的电力来源于更加多样化、清洁化、低碳化的太阳能、风能、水电等可再生能源。《十四五》可再生能源发展规划》指出，2030 年非化石能源消费占比达到 25%左右和风电、太阳能发电总装机容量达到 12 亿千瓦以上。由此可见，电动汽车具有很大的节能减排潜力。

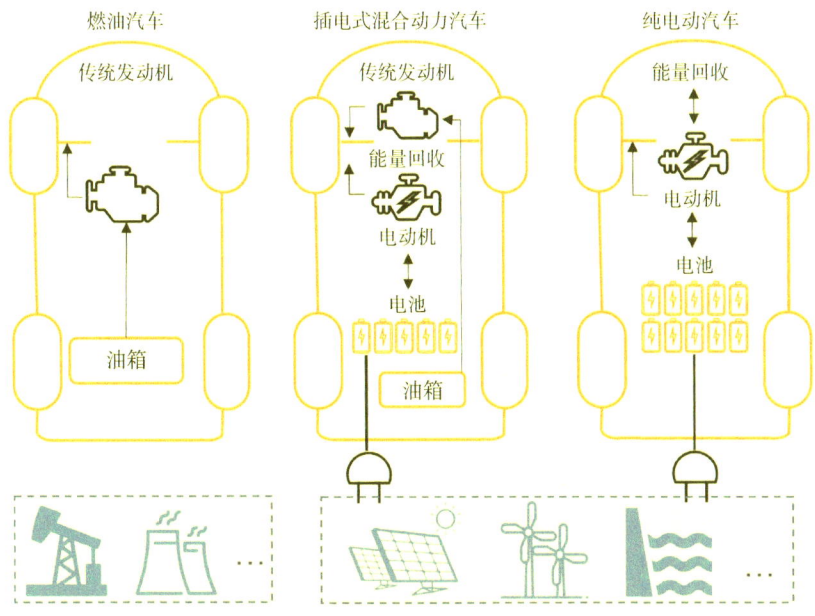

图 2-12　电动汽车和燃油汽车简化构造示意图

大规模发电转换为电能的效率远远高于燃油转化为动能的效率。根据图 2-12，电动汽车使用过程中，行驶时消耗电量，静止时几乎很少耗电，刹车还能回收，所以能量损耗很低。燃油汽车只要发动机点燃之后就一直运行，无论是在等红灯时还是在刹车时，发动机都在运行，此外发动机热量也存在巨大损耗。

自 2014 年以来，中国许多城市在生态环境部的组织下进行细颗粒物（$PM_{2.5}$）的源解析工作，结果表明道路车辆的尾气排放是当地 $PM_{2.5}$ 的主要来源，在北京、广州、杭州和深圳等城市，机动车排放均是当地 $PM_{2.5}$ 的最大来源，占 20%～40%[323]。机动车排放的尾气被人体吸入后，通过毒理学响应会对人体健康产生危害，进而缩短人类寿命。根据世界卫生组织的统计，每年有 420 万人死于与环境空气污染接触有关的健康影响，包括肺癌和心血管疾病[183]。

电动汽车能否改善城市空气质量同样存在争议。相比于燃油汽车，电动汽车使用期间的零排放可以降低 $PM_{2.5}$ 排放浓度，进而有利于人体健康[326]。持反对意见的研究者认为电动汽车是减少污染物排放的昂贵途径[324]。电动汽车补贴政策的实施将在有限的预算下消耗大量资源，从而挤压政府对其他环保项目的投资，最终不利于城市环境的改善[325]。总的来说，学者对电动汽车是否具有健康效益存有争议，原因是支持者关注使用阶段，而反对者则关注不清洁的能源生产阶段以及其他环境健康政策的资金挤出。因此，在以燃煤发电为主的中国，推广电动汽车能否实现节能减排及利于人民健康值得进一步探讨。

2. 电动汽车扩散子系统的关系

系统动力学模型为研究电动汽车扩散的一种常用仿真方法，结合该模型的特点，对其在本书中的适用性进行分析[326]。

（1）系统动力学模型可以描述系统动态行为与演变过程，从而体现电动汽车扩散系统的动态性。电动汽车扩散过程是一个长周期过程，系统中的要素随时间以及系统信息的反馈而变化，如电动汽车成本会随着技术进步降低，充电桩数量也会随着充电基础设施运营商资金的投入和市场规模的增长而增加。使用流量与存量数据对电动汽车扩散系统中电动汽车成本、充电桩数量等重要变量的状态进行记录，有助于发现和分析消费者购买电动汽车的行为模式及电动汽车市场扩散的机制。

（2）系统动力学模型有助于厘清电动汽车扩散系统的内部复杂关系。电动汽车扩散系统涉及许多因素，如消费者购买行为、电动汽车属性、制造商研发行为等，并且这些因素间存在相互作用以及多种信息反馈。如果使用计量分析方法，则需要处理大量的复杂数据，并且很难找到系统行为的内在原因。系统动力学模型旨在分析系统结构与因果反馈，可以帮助厘清电动汽车扩散系统的内部机理。

（3）系统动力学模型能够较好地解决电动汽车扩散中存在的非线性和延迟关系问题。系统中各要素间的关系不全是线性的、即时的，如购买补贴是非线性的表函数，产学研合作则呈现幂函数关系。

（4）系统动力学模型能够应用于存在数据缺失情况的研究。系统动力学模型的结果取决于系统内部的因果关系和信息反馈机制，而不是完全依赖于历史数据。电动汽车产业属于战略性新兴产业，所能获取的公开数据较少。利用系统动力学方法可以对模型进行仿真，通过设置仿真参数，可以从因果关系中观察和推断系统的演化过程。

（5）系统动力学模型可以助力电动汽车推广策略的制定。面对政府资金投入较多与电动汽车市场扩散缓慢的冲突，分析政策制定的最优策略，向政府提供有效的政策建议是本书的主要目标之一。系统动力学被称为"战略与决策实验室"，利用仿真可以分析不同情景下的系统行为，进而有利于提高电动汽车扩散程度。

电动汽车扩散系统是一个受到不同主体相互影响的复杂系统。系统内变量的关系和相互作用决定系统功能与行为。系统动力学分析系统行为建立在系统中各因素相互作用的基础上，并假定系统外部环境变化不给系统行为带来本质影响[327]。要明确电动汽车扩散系统运行机制，首先需要明确各子系统之间的关系。根据 2.2.1 节的知识，不同类型的政策通过作用于消费者、电动汽车制造商和充电基础设施运营商等主体，共同促进电动汽车的扩散。政府政策是电动汽车扩散不可缺少的助推器，电动汽车扩散可以带来能源、环境和健康效益，共同构成政府子系统。

同时，消费者是电动汽车扩散的终端环节，其购买行为的发生需要政策的干预、制造商的产品保障和能够满足充电需求的基础设施。制造商的研发投入取决于国家的政策导向和消费者的需求。充电基础设施运营商对充电桩是否有投资建设意愿取决于市场上是否有足够数量的电动汽车。因此，电动汽车扩散复杂系统可以具体划分为政府子系统、消费者子系统、电动汽车制造商子系统、充电基础设施运营商子系统四大子系统，各个系统之间相互影响，协调发展，共同构成电动汽车扩散复杂系统（图2-13）。

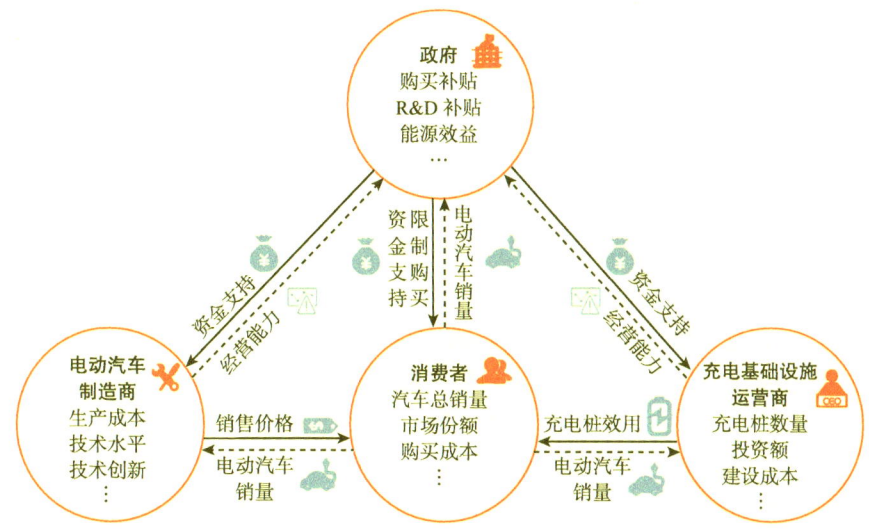

图 2-13 四大子系统关系分析框架

具体而言，政府子系统主要衡量政府的净收益。这里的净收益是电动汽车扩散带来的能源、环境和健康效益减去政府对不同主体的补贴支出。政府作为总指挥，需要综合衡量电动汽车产业的财政支出和效益。如果净效益为负，则意味着对电动汽车产业的投入成本过高，电动汽车并没有实现节能减排且有益于人体健康的综合社会目标。反之则说明政府对电动汽车产业的支持是有益于社会整体发展的。

消费者子系统是包括电动汽车生命周期成本、燃油汽车生命周期成本和市场份额的系统。该系统以电动汽车保有量和燃油汽车保有量为状态变量。电动汽车保有量取决于电动汽车的新车销量和报废量。影响电动汽车新车销量的一个很重要的因素是电动汽车生命周期成本。电动汽车生命周期成本取决于购买补贴、制造商建议零售价、充电基础设施效用、电价等，这使消费者子系统和政府子系统、电动汽车制造商子系统、充电基础设施运营商子系统联系起来。

电动汽车制造商子系统通过研发投入降低制造成本，从而决定电动汽车的零售价。研发投入强度取决于制造商的收益和政府的研发投入，其中制造商的收益又和电动汽车的销量紧密相关,这使电动汽车制造商子系统和消费者子系统、政府子系统联系起来。

充电基础设施运营商子系统通过新建充电桩缓解消费者充电难和里程焦虑的问题。新建充电桩的数量又取决于政府补贴政策的支持和电动汽车市场份额,这使充电基础设施运营商子系统和消费者子系统、政府子系统联系起来。

2.3.5 电动汽车动力电池回收利用

电动汽车需求爆炸式增长给动力电池回收与梯级利用行业带来了机遇,发展动力电池回收和梯级利用产业在充分利用资源与防治环境污染的同时也产生了客观的经济收益与投资价值。退役的动力电池可以通过梯级利用和再生利用两种途径发挥其剩余价值(图 2-14)。动力电池的梯级利用是指电池容量下降到 80%以下的电池经过拆解、检测、筛分、重组等多个流程后,应用于对储能等电池性能要求较低的领域,实现废弃动力电池的梯级利用。对退役动力电池组在测试柜中进行评估后,将合格的电池组有效地拆卸成电池单元和其他部件,然后持续测试电池单元并在合格时将其拆卸成单个电池,之后诊断和测试电池单元的性能。根据电池容量、内阻、自放电率对电芯进行分类后,根据产品型号和所需性能对容量合格的电芯进行分组重组和二次集成,使其成为梯级利用的产品。再生利用是指对废旧动力电池进行拆解、破碎、分选、材料修复或冶炼等处理,进行资源化利用的过程[328]。再生利用通过火法冶金、湿法冶金以及物理回收等技术回收钴、锂、镍等多种高价值的金属,技术发展相对成熟,产业化程度高。

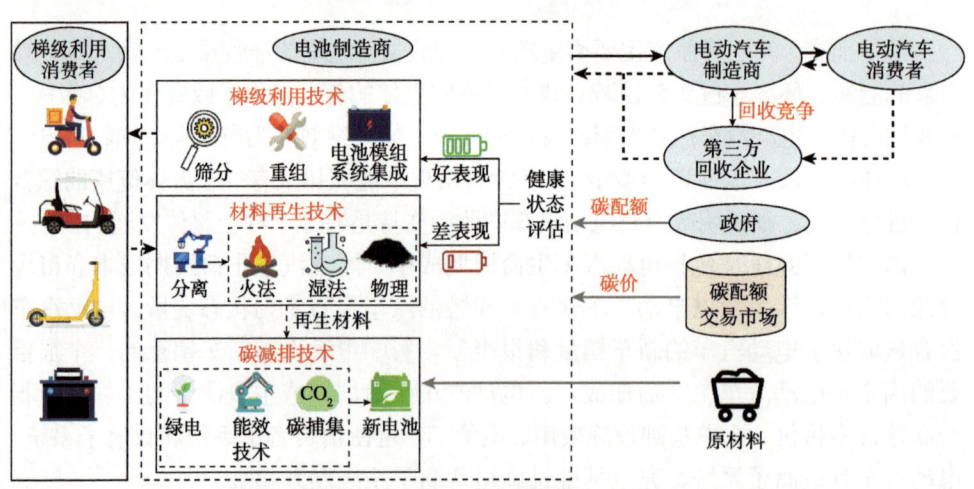

图 2-14 动力电池回收利用机制

技术进步在动力电池制造领域发挥了重要作用,通过提高生产效率、降低人力成本、优化供应链管理、节能和降低次品率来降低生产成本,从而最终提高企业收益。对于电池制造商来说,根据回收利用的独特性质,实现最大化利润主要依赖梯级利用技术、材料再生技术和碳减排技术。相比于直接做废弃处理,电动汽车制造商将性能较好的回收电池出售给梯级利用者(如能源存储设备制造商、再生能源项目承包商、电网服务提供商等),可以增加额外的收入。高水平的梯级利用技术使电池制造商能够更充分地利用电池的性能和价值。动力电池中包含许多宝贵的锂、钴、镍等材料,这些原材料价格通常波动较大,而且供应有时会受限制。材料再生技术,如火法回收、湿法回收和物理回收,允许将废旧电池中的有价值的材料重新投入生产,有助于降低电池制造成本,减少原材料采购开支,从而提高制造商的收益。动力电池制造过程通常需要消耗大量能源、排放CO_2。根据Temporelli等对不同技术和年龄电池的研究综述,与电池生产阶段相关的每千瓦时电池容量的温室气体排放量可能在53千克CO_2当量/千瓦时到300千克以上[329]。采用可再生能源、节能设备和技术、能源回收技术、碳捕集等碳减排技术,可以减少对额外能源的需求、提高生产效率、减少材料浪费,从而降低电池制造商的生产成本。

碳交易机制因其低成本和高效益、全面性和灵活性被视为控制温室气体排放与促进低碳技术推广的重要政策工具。利用这一机制,政府设定了特定减排阶段的排放目标,并在涉及的企业之间分配碳配额。然后,企业之间根据各自的碳配额持有量和减排成本进行交易。政府实施碳交易机制的主要目的是通过碳配额交易形成价格信号,引导企业的减排行为,特别是促进企业采用低碳技术,最终在全社会范围内以最低成本实现减排目标。碳交易机制与传统金融市场虽然在实践形式上相似,但有着本质的不同,因为企业之间除了交易碳配额外,还可以调整产量或采用低碳技术进行碳减排,这两个决定直接影响到碳配额市场的需求和供给。如果制造商获得了免费碳配额,这意味着他们可以在一定程度上绕过碳交易市场,降低碳排放成本。这可以降低生产成本,提高企业的竞争力,尤其是在碳价格较高的市场中。较低的碳交易价格意味着制造商可以以较低的成本购买所需的碳配额,这可以帮助降低碳排放成本。

此外回收商之间的竞争也会影响电池制造商的收益。动力电池的制造需要大量的稀有金属和材料,如锂、镍、钴等。回收商之间的竞争可能导致这些原材料的价格波动,从而直接影响到电池制造商的成本。如果某一回收商在市场上占据主导地位,则其可能对供应链产生较大影响,包括对电池制造商的价格设定和供应稳定性的影响。不同的回收商可能采用不同的技术和方法进行动力电池的回收。竞争激励回收商进行技术创新,提高回收率并降低成本。如果一家回收商能够开发出更先进的回收技术,则其可能能够提供更具竞争力的回收服务,吸引更多的客户,这可能会导致其他回收商失去市场份额。竞争激烈的市场可能迫使回收商提供更具竞争力的回收价格和服务，这可以降低电池制造商的回收成本，进而提高利润。

2.4 研究框架

通过2.2节和2.3节的梳理，根据多主体政策框架可知，电动汽车扩散过程中的主要主体有政府、消费者、电动汽车制造商和充电基础设施运营商，不同主体之间存在相互联系和动态影响。由于电动汽车产业尚不能和燃油汽车产业完全竞争，因此政府仍发挥关键作用。政府是电动汽车政策的制定者和文件的发布者，构建政策文件关键词网络并分析网络演化可以识别政策热点并揭示政策发展动向；对政策主题进行建模不仅可以揭示政策中的隐含主题，还可以进一步分析不同隐含主题对电动汽车扩散的影响。

从一个新兴产品出现到整个产业发展壮大，中间存在一个关键核心环节，即消费者对该产品的认可与采纳。只有当产品在市场中成功扩散后，才能形成整个产业的发展需求。消费者行为决策受到的社会网络的影响相比其他主体更加突出。消费者采纳行为不仅受到政府不同类型政策的影响，而且受到朋友态度和已购买电动汽车者的评价的影响。

供给侧和需求侧是一枚硬币的正反面，是平行的关系，无论是何种方式的电动汽车政策，最终都通过影响消费者或者生产者的决策行为实现电动汽车扩散。需求离不开供给的保障，供给又取决于市场需求。汽车制造商除了考虑消费者需求外，还会考虑政府政策，选择利润最大化的策略。此外，处于复杂网络中的智能主体会不断学习，动态调整自己的策略，使收益最大化。

区别于微观主体视角的电动汽车采纳研究，扩散研究主要从宏观层面观察电动汽车在市场上的渗透过程。通过系统动力学模型可以刻画不同主体间的动态交互影响以及预测电动汽车的扩散情况，帮助我们站在不同主体角度寻找扩散过程中的有利策略。进一步，相比于燃油汽车，鉴于能源来源不同以及汽车工作原理的区别，电动汽车扩散会影响能源、环境和人类健康。

随着新能源汽车保有量的不断增加，早期车型的电池也迎来了退役潮。为最大化利用退役动力电池剩余价值，电池制造商按照先梯级利用后再生利用原则以实现利润最大化，但电动汽车制造商回收、第三方回收企业回收和混合回收三种回收模式下的闭环供应链中各主体利润、系统利润和系统碳排放会有所区别，受碳交易机制、技术进步和回收市场竞争程度等因素的共同影响。

综上，本书按照"政策演化分析—政策文本主题挖掘—消费者采纳决策—制造商生产决策—电动汽车扩散效果分析—动力电池回收决策—动力电池回收模式优化"的逻辑构建了完整的电动汽车生命周期管理逻辑框架（图2-15），第3—9章逐一对上述分析开展具体研究。

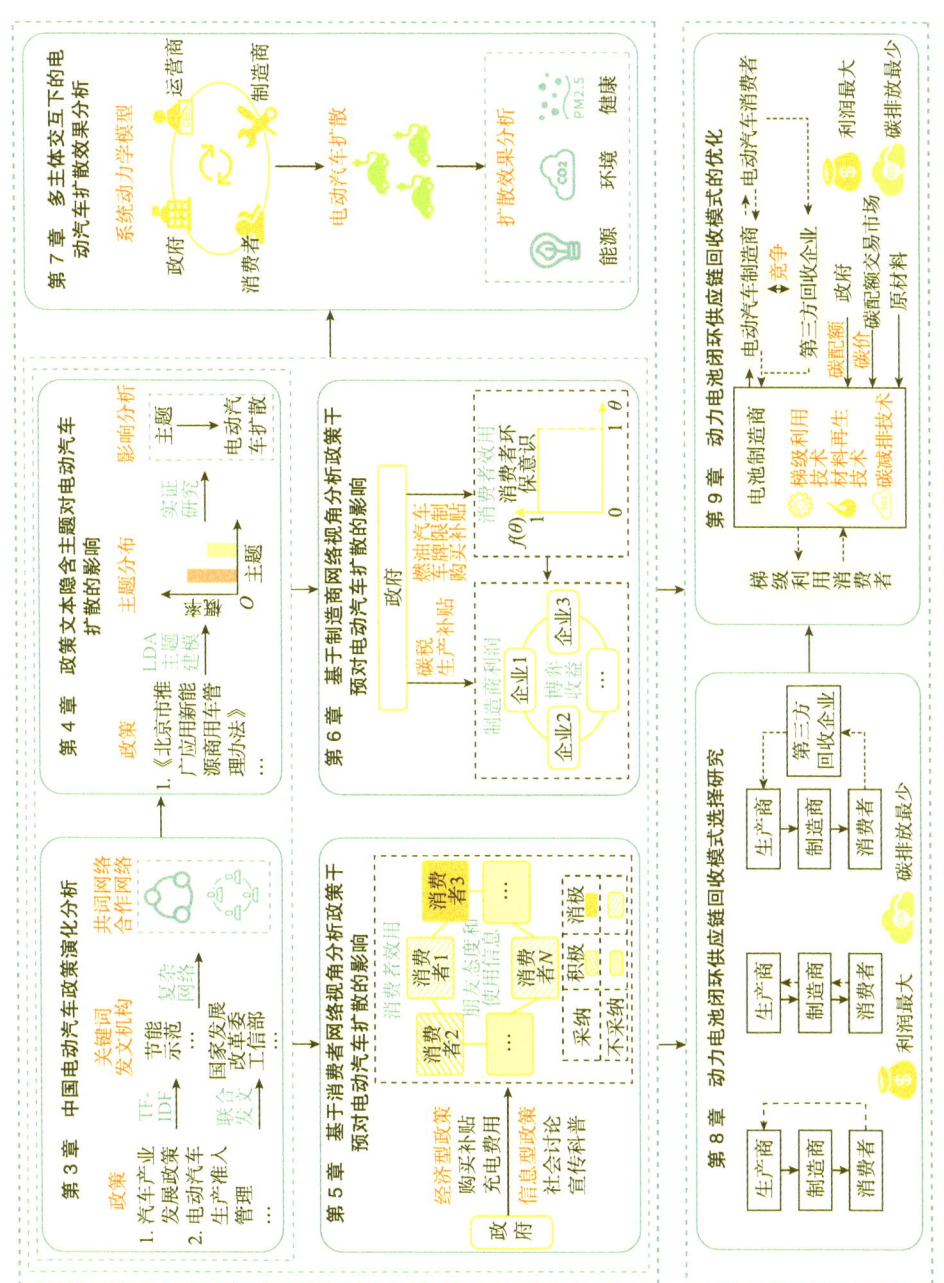

图2-15　电动汽车全生命周期管理逻辑框架

2.5 本章小结

本章首先界定了核心概念，介绍了电动汽车生命周期管理相关的政策干预理论、政策学习理论、复杂网络理论、决策和扩散理论、闭环供应链理论等主要理论基础知识。其次逐一阐述电动汽车政策干预理论、类型和电动汽车扩散的参与主体，电动汽车政策演化特征识别，政策干预下消费者购买电动汽车的决策机制和制造商生产电动汽车的决策机制，电动汽车扩散的能源、环境和健康效益，以及电动汽车动力电池回收利用。最后综合各部分研究内容的内在关系，按照"政策演化分析—政策文本主题挖掘—消费者采纳决策—制造商生产决策—电动汽车扩散及效果分析—动力电池回收决策—动力电池回收模式优化"的逻辑构建了完整的电动汽车生命周期管理逻辑框架，为后文的量化分析提供理论依据。

第 3 章　中国电动汽车政策演化分析

中国电动汽车产业的发展离不开政策的支持，探讨政策对电动汽车扩散的影响的前提是对电动汽车政策的发展演化有清楚的认识。结合 2.2.2 节政策学习理论、2.2.3 节对复杂网络主要结构指标的介绍以及 2.3.2 节电动汽车政策演化特征识别，本章对中国电动汽车政策的演化进行了系统梳理，根据关键词网络的演变分析电动汽车政策驱动力的变化，建立政策发文机构合作网络讨论政策存在的问题，最后探讨核心机构关注的政策主题。本章有助于增强对第 4—7 章关于政策影响电动汽车扩散及扩散效果评估的理解和认识。

3.1　问题描述

电动汽车产业为国家支柱性产业，政府已出台一系列政策全方位支持电动汽车产业的快速发展。政策文本是描述决策者意图和行为的客观凭证。政策的合理性、有效性和配套性是电动汽车产业发展的关键力量。在电动汽车产业从零逐渐发展壮大的过程中，中国电动汽车市场的驱动力是如何演变的？是否已经进入市场驱动阶段？是能够完全应对市场化的竞争还是仍然需要政府驱动型政策的继续扶持？识别这些问题对于准确把握中国电动汽车产业发展趋势、制定政策以及平衡利益相关者的选择具有重要意义。关键词是政策核心内容的体现，可用于揭示政策发展动向。关键词的选择直接影响政策文本的分析。文本挖掘可以有效地处理非结构化信息，在浩瀚的政策文件中客观了解决策者主要关心的关键词的变化，把握政策发展脉络。本章通过关键词提取、共现矩阵构造及双层网络可视化方法应用，对电动汽车政策演化进行了详细的讨论和分析，试图探寻各机构在不同时期对电动汽车政策关注点的变化趋势。

3.2　方　法

3.2.1　TF-IDF 算法

TF-IDF，即"词频-逆向文件频率"，由 TF 和 IDF 两部分组成。$TF(i)$ 表示词 i 在当前文本中的词频，$IDF(i)$ 为包含词 i 的文本在所有文本中出现的频率。

如果词 i 比较少见,但是它在这份文件中多次出现,那么它很可能就反映了该文件的特性,它正是所需要的关键词。

TF 和 IDF 具有互补优势。TF 可以识别重要的单词,但它包含大量普通单词。IDF 可以识别领域特定的术语。因此,联合的 TF-IDF 算法是一种有效的方法,可以识别出电动汽车政策文件中所描述的有意义的特定领域关键字,同时避免通用术语[330]。具体计算公式如下:

$$\text{TF-IDF}(i) = \text{TF}(i) \times \text{IDF}(i) \tag{3.1}$$

$$\text{IDF}(i) = \log \frac{N}{N(i)+1} \tag{3.2}$$

其中,N 为政策文本的总数;$N(i)$ 为政策文本中包含词 i 的文本总数。

3.2.2 共词与社会网络分析

1. 关键词网络构建

本书所使用的共词分析方法是一种起源于20世纪70年代末的内容分析方法,由于易于操作且适用性强,该方法已被广泛用于不同领域的趋势、热点和主题演化研究[63]。本书从每份政策文件中选择 TF-IDF 值最高的前 10 个词作为关键词,进一步删除与研究主题关系不大的词,整合意思相近的词。根据共词分析方法,利用每对关键词在相同政策文件中出现的次数构建共词矩阵(在同一份政策文件中多次出现,只算 1 次)。

2. 机构合作网络构建

联合发布政策能够反映具有不同职能的政府部门之间的协调和合作关系[61, 331]。因此,运用机构合作网络可以有效识别电动汽车政策核心机构的演变。参照 Sun 和 Cao 构建政府机构合作网络的方法[332],如图 3-1 所示,若 A 文件由 1、2、3 三个政府机构联合发布,B 文件由 4 和 3 两个政府机构联合发布,C 文件由机构 3 单独发布,则四个政府发文机构形成四对网络联系,分别是 1-2、1-3、2-3、4-3。

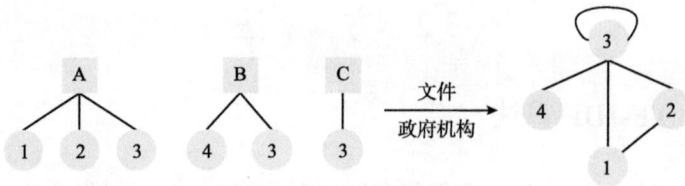

图 3-1 机构合作网络构建

以及机构 3 形成的环。根据一段时期内每对机构联合发文数构建电动汽车政策机构合作网络。该无向有权网络中线的宽度表示各机构共同签署政策文件的次数，或反映决策过程中每一对机构之间合作关系的深度[332]。合作广度和合作深度两个指标用于衡量电动汽车政策发文机构之间的合作强度[333]。

1）合作广度

本书用度数表示一个机构的合作广度，记 D_i 为机构 i 的度。一个机构的合作机构数量越多，表明该机构在电动汽车政策上协调其他政府机构的能力越强。

2）合作深度

加权度用于描述与其他机构联合发文的总次数，表示合作深度。合作次数越多，意味着该机构与其他政府机构的合作交流程度越深。机构 i 的加权度定义如下：

$$\mathrm{WD}_i = \sum_{j \in N_i} w_{ij} \tag{3.3}$$

其中，N_i 为机构 i 的邻居个数，w_{ij} 为机构 i 和机构 j 之间的连接次数。

3）合作强度

用合作深度与合作广度的比值来表示机构 i 的合作强度，衡量该机构与其他政府机构合作的平均次数，记为 AD_i，定义如下：

$$\mathrm{AD}_i = \frac{\mathrm{WD}_i}{D_i} \tag{3.4}$$

3. 双层网络构建

根据 Guan 等构建双层网络的方法[75]，本书用政府机构和关键词在所有政策文本中的共现次数构造双层网络矩阵。基于上述构造的双层网络矩阵，借助 Gephi 软件中相关的社区算法可视化功能，绘制不同时期电动汽车政策网络图。

3.2.3 政策驱动类型

政府和市场是推动电动汽车产业发展的重要外部力量。对于任何类型的政策工具，目标主体都是由政府或市场竞争选择的。政府驱动是一种由上而下的推动力，政府是政策的发动者和组织者，由政府选择政策工具的目标主体[55]。政府依据国家经济社会发展规划进行统一的产业化布局，市场仅仅起到补充的作用。典型的政府主导政策包括电动汽车补贴、税收优惠、政府购买、基础设施配置、限行、限购等，这些政策均由政府选择实施对象、标准、数量，且具有强制性。

市场驱动是一种由下而上的拉动力，市场在资源配置中起主导作用，生产要素的流动取决于经济主体的自主选择。目标主体是通过市场机制而不是政府权力来选择的[55]。虽然有政府的干预，但是政府的作用仅仅体现在宏观层面。代表性的电动汽车产业市场驱动工具包括碳排放权交易[334]、"双积分政策"（即《乘用车企业平均燃料消耗量与新能源汽车积分并行管理办法》）[335]，具有资源配置通过价格机制实现而不是通过行政干预实现的特征。

表 3-1 解释了对中国电动汽车产业政策工具进行分类的基本原理。进一步地，本书构建了政策驱动力指数 DI_i，用政府驱动的政策工具度数和与市场驱动的政策工具度数和来表示电动汽车 i 发展阶段的驱动类型，如果 DI_i 大于 0.5，则表示该阶段为政府驱动，反之为市场驱动。

$$DI_i = \frac{\sum_{j \in M_i} G_{ij}}{\sum_{j \in M_i} M_{ij} + \sum_{j \in M_i} G_{ij}} \quad (3.5)$$

其中，M_i 为 i 发展阶段的政策工具；G_{ij} 为 i 发展阶段政府驱动的 j 政策工具度数；M_{ij} 为 i 发展阶段市场驱动的 j 政策工具度数。

表 3-1　中国电动汽车产业政策工具的驱动类型分类

政策工具	政府驱动	市场驱动	理由
试点	☆		政府选择试点城市
示范	☆		政府选择示范区
政府采购	☆		政府决定与谁签订采购合同
补助	☆		政府决定谁获得补助
税收减免	☆		政府决定谁享受税收减免
准入	☆		政府决定谁进入市场
政府和社会资本合作	☆		政府决定谁为社会资本合作对象
信贷		☆	适用于所有对象
融资		☆	适用于所有对象
碳排放权交易		☆	适用于所有对象
"双积分政策"		☆	适用于所有对象

3.3 数据来源

在我国，销售的新能源汽车基本上都是电动汽车。根据中国汽车工业协会的数据，2015—2020 年燃料电池汽车年销量占比最高仅为 0.2%。因此，本章使用关键词"新能源汽车""电动汽车""插电式混合动力汽车"从北大法宝数据库搜集电动汽车产业政策。北大法宝数据库汇编了 1949 年以来我国颁布的公共政策[63]，已被众多学者用于研究政策演变[336-338]。本章使用以下标准筛选政策[339]：一是所选取的政策为全国性政策，仅选取中央政府发布的政策文本，因为地方政策通常是中央政策的延续，且由于较大的差异性和不均衡性，地方政策权力等级低于中央政策，会导致对国家和地方政策难以同步分析[340]；二是与电动汽车主题高度相关，仅是泛泛提及的不予采用；三是主要选取正式类型的政策文本，如法律法规、规划、办法、通知、意见等。根据这些标准，本章最终获得 1999—2020 年 9 月共 203 份电动汽车政策文件。

机构名称采用 2018 年 3 月国务院机构改革方案公布后的名称。机构改革带来职能变迁，如果现有机构承担了先前发布该文件的机构的职能，本章将文件归于当前机构，否则将文件归于功能消失的初始发文机构[332]。例如，中国银行保险监督管理委员会①继承了中国保险监督管理委员会和中国银行业监督管理委员会的职责，因此 2018 年 3 月之前由中国保险监督管理委员会和中国银行业监督管理委员会发布的文件全部归于中国银行保险监督管理委员会。

基于获取的电动汽车政策文件，本章通过 Python 3.7 软件使用 jieba 分词库进行分词。jieba 分词库是优秀的第三方中文分词库，对中文有强大的分词能力，且支持自定义词典。对于"的""了"和标点符号等无用词，本章通过添加停用词表进行了清理，并通过自定义词典对一些错误的分割结果进行了修正。

3.4 结果与讨论

3.4.1 电动汽车政策概况

1. 电动汽车政策数量

从图 3-2 中可见 1999—2020 年 9 月共 203 份国家级电动汽车政策文件的数量分布情况。2009 年启动节能与新能源汽车示范推广试点工作之前的政策数量较少，且增长速度缓慢，之后呈明显上升趋势。2009—2011 年出现一个小增长期。

---

① 2023 年组建国家金融监督管理总局，不再保留中国银行保险监督管理委员会。

2012 年开始出现政策数量回落趋势,但很快恢复增长趋势,特别是 2016 年政策密集发布,数量上达到顶峰。政策数量的增长表明电动汽车产业发展受到越来越高的重视。

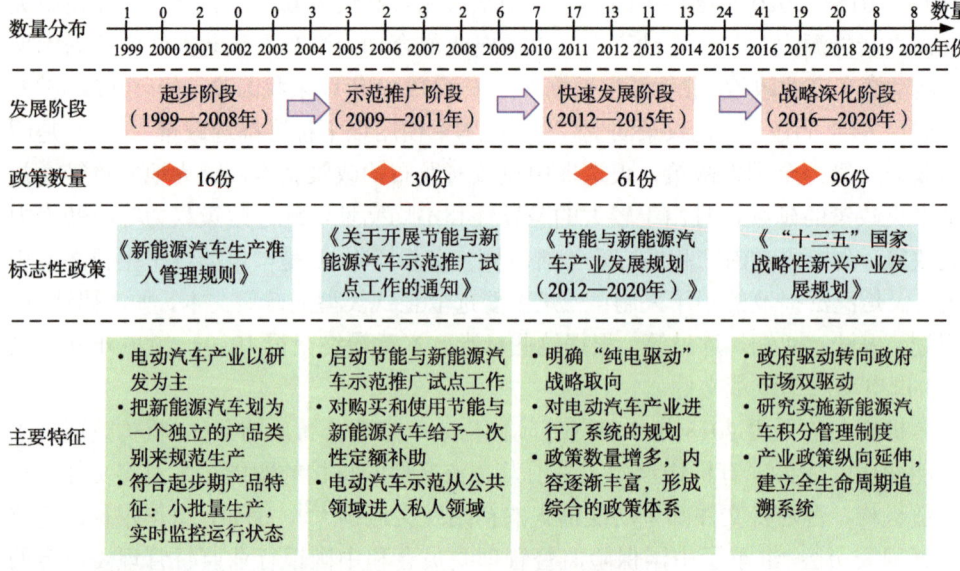

图 3-2 电动汽车政策阶段划分

2. 时期划分

对政策阶段的划分,多以某项关键政策文件的发布或某个重大事件的发生为标准[63]。结合学者研究与对所搜集政策文本的系统梳理[55],根据具有里程碑特征的关键事件,本书将电动汽车产业发展分为四个阶段,分别是起步阶段(1999—2008年)、示范推广阶段(2009—2011年)、快速发展阶段(2012—2015年)和战略深化阶段(2016—2020年),如图 3-2 所示。2009 年以前电动汽车产业以研发为主,处于起步阶段。2007 年发布的《新能源汽车生产准入管理规则》,正式把新能源汽车归为一个独立的产品类别,意味着新能源汽车从研发进入投产阶段。最早生产出来的新能源汽车主要集中在公共领域的一些示范推广项目,如 2008 年奥运会上接送运动员的电动客车,部分城市小规模购买的电动出租车和电动公交车,其示范意义大于实际应用。这一时期电动汽车符合起步期产品特征,即只能进行小批量生产,在批准的区域、范围和条件下进行示范运行,并以适当的方式对全部车辆的运行状态进行实时监控。

2009 年中国启动节能与新能源汽车示范推广试点工作,《关于开展节能与新能源汽车示范推广试点工作的通知》提出在 13 个城市开展节能与新能源汽车示范推广试点工作。同时,财政部和科技部印发了《节能与新能源汽车示范推广财政补助资金管理暂行办法》，对试点城市相关公共服务领域示范推广单位购买和使用节能与新能源汽车给予一次性定额补助，由此拉开了电动汽车补贴时代的序幕。随后一系列政策相继发布，推动电动汽车示范从公共领域进入私人领域。

三年之后，公共部门电动汽车部署目标仅实现了一半；更糟的是，私人消费者购买目标只完成了10%，电动汽车市场份额仅为0.06%，大多数城市表现不佳[55]。在总结、反思示范推广项目经验的基础上，国务院印发《节能与新能源汽车产业发展规划（2012—2020年）》，系统规划了技术路线、主要目标、保障措施等，且该文件明确提出了"纯电驱动"的主要战略取向，可以视为中国电动汽车产业发展的最高纲领性文件，具有重要的指导意义[55]。

2016年是"十三五"规划的开局之年，《"十三五"国家战略性新兴产业发展规划》明确要求研究实施新能源汽车积分管理制度，表明了以市场机制引导电动汽车产业发展，以及从战略高度构建可持续发展新模式的决心。

总体来看，2009年之前可以说是中国电动汽车产业的起步阶段，以研发为主。2009—2011年为示范推广的补贴时代，2012—2015年为快速发展阶段，有了一定市场规模和产业基础。2016—2020年，随着政策法规的日益严格，行业对技术质量的要求不断提高，新的商业模式应运而生，此阶段为战略深化阶段。

3.4.2 电动汽车政策主题的转变

关键词可以简洁有效地体现政策文本的核心内容。分析不同时期政策关键词的转变既可以从微观层面明晰决策者意图，又可以从宏观层面了解电动汽车政策演进规律与发展路径，从而实现主题揭示。

1. 起步阶段（1999—2008年）

如图3-3（a）所示，此阶段中国尚未形成独立完整的政策体系，"生产""技术""安全""产业化"是加权度值最高的关键词，电动汽车政策集中于强调关键零部件的技术研发与生产制造，还未建立起完整的产业链。与该产业相关的发展举措主要散落在与"可再生能源""高技术产业"等相关的政策文件中。例如，《当前优先发展的高技术产业化重点领域指南（2001年度）》提出选择有条件的汽车厂改建双燃料汽车整车装配生产线，随后的《汽车产业发展政策》强调积极开展电动汽车、车用动力电池等新型动力的研究和产业化。这些政策缺乏明确的目标和相应的配套支持，实际指导作用不足。政策措施方面仅关注到了产业链上游企业生产准入，《新能源汽车生产准入管理规则》首次对新能源汽车企业及产品的生产准入管理做出明确规定。

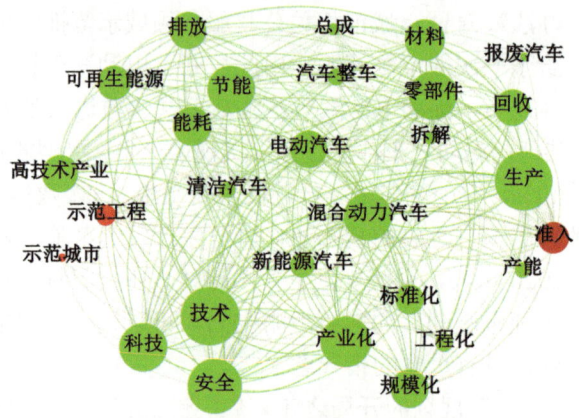

(a)起步阶段(1999—2008年)

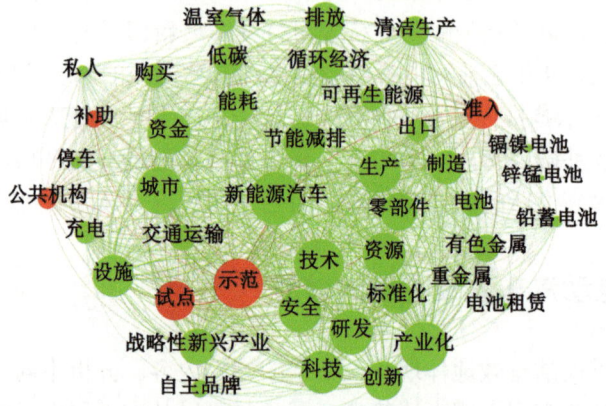

(b)示范推广阶段(2009—2011年)

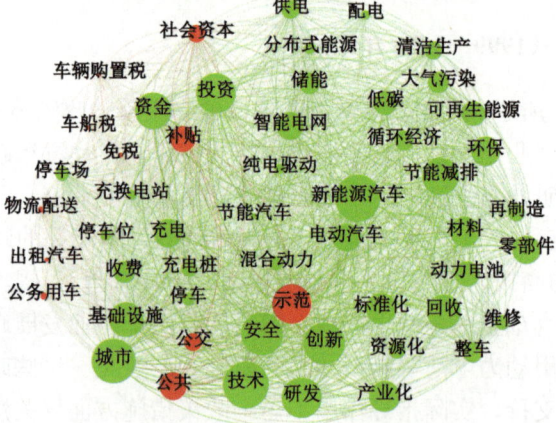

(c)快速发展阶段(2012—2015年)

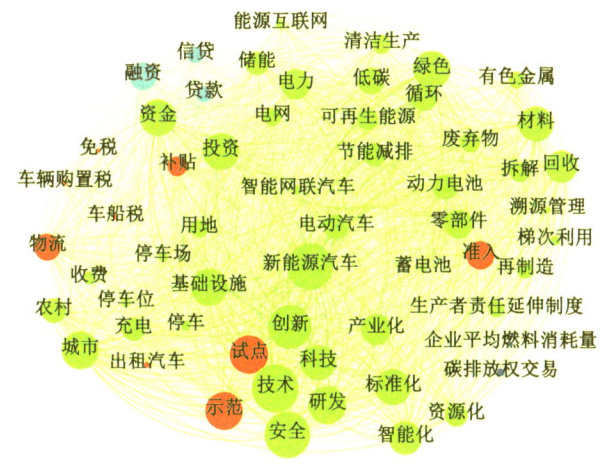

(d) 战略深化阶段（2016—2020年）

图 3-3　电动汽车政策关键词网络

绿色节点表示关键词，红色节点表示政府驱动政策工具，蓝色节点表示市场驱动政策工具

2. 示范推广阶段（2009—2011年）

相比于起步阶段，示范推广阶段涌现出许多新的特征。如图3-3（b）所示，政策主题不仅关注电动汽车的研发创新，且突出重要零部件及示范推广配套基础设施，产业链从零部件生产延伸到用户购买。例如，出现了"镉镍电池""锌锰电池""铅蓄电池"等围绕电池的核心关键词，以及"私人""购买"等消费者层面的关键词。2011年工信部印发的《电池行业清洁生产实施方案》提出对涉重金属电池企业全面实施清洁生产审核。此外，2009年财政部、科技部印发的《关于开展节能与新能源汽车示范推广试点工作的通知》提出，以财政政策鼓励在公交、出租、公务、环卫和邮政等公共服务领域率先推广使用节能与新能源汽车，对推广使用单位购买节能与新能源汽车给予补助。随后，《关于扩大公共服务领域节能与新能源汽车示范推广有关工作的通知》《关于开展私人购买新能源汽车补贴试点的通知》相继印发，新能源汽车示范推广城市从零到有，涵盖领域从公共交通领域发展到私人购买领域。

这一时期政策措施从单一企业生产准入政策发展为综合政策。新能源汽车作为战略性新兴产业可以享受政府研发生产扶持。"公共机构""交通运输"关键词的出现表明电动汽车示范推广阶段在公共领域开启，而政府采购是电动汽车市场启动的关键。政府作为公共交通领域的购买主体，直接通过增加需求促进企业生产，同时提高电动汽车的产品熟悉度，进而消除消费者对新兴产品的不安心理。"补助"是激励早期市场消费者购买电动汽车的一种重要措施。为推动私人购买电动汽车，2010年，财政部、科技部、工信部和国家发展改革委联合印发《关于开展私人购买新能源汽车补贴试点的通知》，规定政府按3000元/千瓦时给予补助。此外，地方财政安排一定资金，重点对充电基础设施建设和电池回购予以支持。

3. 快速发展阶段（2012—2015年）

如图3-3（c）所示，政策主题和措施相比上一阶段均更加丰富，并出现特有的政策主题。产业链从原材料延伸到"回收""再制造"。自从《节能与新能源汽车产业发展规划（2012—2020年）》明确"纯电驱动"的新能源汽车主要战略取向，一系列配套政策相继出台。其中引人注目的政策主题为"智能电网""储能""分布式能源"。智能电网与储能系统相结合，增大了需求弹性，同时也切断了生产和消费的同时性，支撑了电动汽车作为移动负荷接入电网的发展。

除继续实施补贴政策外，"社会资本""车船税""车辆购置税"等工具丰富发展，形成综合的政策体系。这一阶段，市场主体逐渐从购买公共交通工具、公务用车的政府扩展到"物流配送""出租汽车"等领域的商业运营公司，且公共采购从需求侧降低市场的不确定性的任务也变得具体。2014年印发的《关于加快新能源汽车推广应用的指导意见》明确规定了政府机关及公共机构购买的新能源汽车的占比目标，并要求逐年扩大应用规模。公共充电站数量的增加对电动汽车的扩散有显著正向影响[341]。充电基础设施政策已从指导性意见转为明确具体目标。《关于印发电动汽车科技发展"十二五"专项规划的通知》《电动汽车充电基础设施发展指南（2015—2020年）》相继设置明确的充电基础设施建设目标。

4. 战略深化阶段（2016—2020年）

根据图3-3（d），"动力电池""蓄电池"仍然是重点关注的主题。此外，政策主题中出现了"智能网联汽车""能源互联网"等新兴名词。产业链强调溯源管理，且《生产者责任延伸制度推行方案》首次从政策层面确立生产者责任延伸制度推行方案。

"十三五"时期，电动汽车呈现新的发展模式。该阶段最突出的特点是出现"碳排放权交易""企业平均燃料消耗量"市场驱动政策，通过价格机制而非行政政策干预，节约资源配置的时间和成本，实现节能减排目标。2016年印发的《"十三五"控制温室气体排放工作方案》将建设和运行全国碳排放权交易市场作为重要的低碳发展目标任务，这为发挥市场配置资源的决定性作用和推动电动汽车产业的快速发展助力。2017年公布的"双积分政策"意味着积分交易机制的建立。

除了政府税补和社会资本之外，电动汽车的投资和消费还通过"信贷""融资"等市场化经济手段得到支持。2017年印发的《关于调整汽车贷款有关政策的通知》助力提升汽车消费信贷市场供给质效。

3.4.3 政策驱动力转变分析

图 3-4 展示出各阶段主要政策工具和驱动力。结合图 3-3 展示的电动汽车政策关键词网络可知，从起步阶段到战略深化阶段，政策组合手段更加丰富且适用范围更加多样化。政策工具从最初的单一生产准入和示范推广，发展到包括补贴、税收、社会资本以及市场驱动的融资、信贷等多种手段。同时，政策的适用范围也从主要针对政府机构的公务用车和公交车，扩展到包括出租车、环卫车、物流车、机场通勤车和公安巡逻车等全方位的公共购买领域。

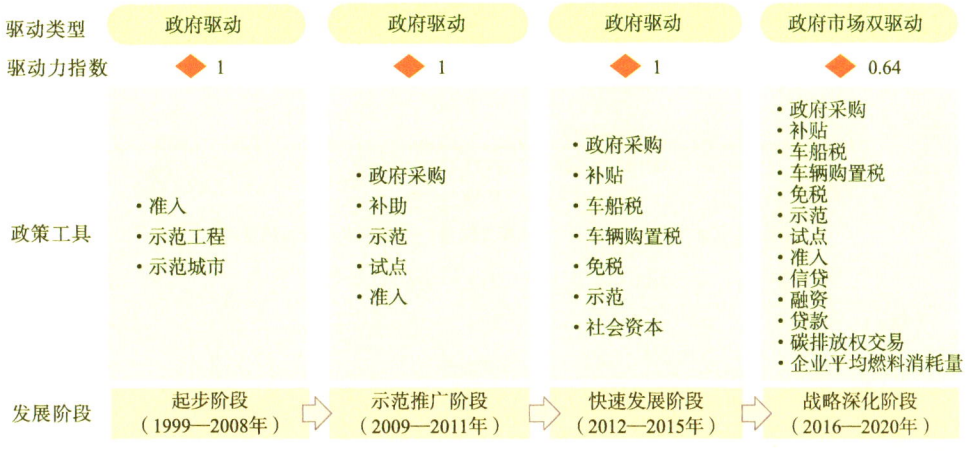

图 3-4 各阶段主要政策工具和驱动力

由驱动力指数可知，前三阶段由政府驱动，即政府主导电动汽车产业生产规模、消费者税补标准、基础设施数量。战略深化阶段出现以碳排放权交易为代表的市场驱动工具，即基于价格机制，由市场调节电动汽车生产销售。该阶段仍离不开政府扶持，且政策驱动力仍大于市场驱动力，这表明虽然电动汽车产业从政府驱动朝市场驱动转变，但尚处于政府市场双驱动阶段，并未实现完全由市场驱动。

自 2017 年起，国家加快了电动汽车的市场化步伐。"双积分政策"全面推行，补贴大幅退坡，取消新能源汽车外资股比限制等一系列政策的出台令国内的电动汽车企业倍感压力。如图 3-5 所示，2019 年受补贴退坡影响，全年电动汽车销量出现首次下滑。特别在 2020 年初暴发的新冠疫情的影响下，电动汽车产业进一步受到打击。从图 3-6 展示的 2019 年 1 月至 2020 年 9 月每月电动汽车销量情况可以发现，从 2019 年 7 月起，电动汽车销量同比增速连续 12 个月为负。2020 年的前三个月同比降幅均超过 50%。在延长补贴、继续免征购置税等刺激政策的影响下，2020 年 7 月电动汽车销量实现 2020 年以来的首次增长。由此可见政府驱动的政策工具仍是推动电动汽车产业发展的关键。电动汽车购置补贴的完全退出是必然趋势。首个外资独资的特斯拉超级工厂已对中国电动汽车车企造成巨大压力。

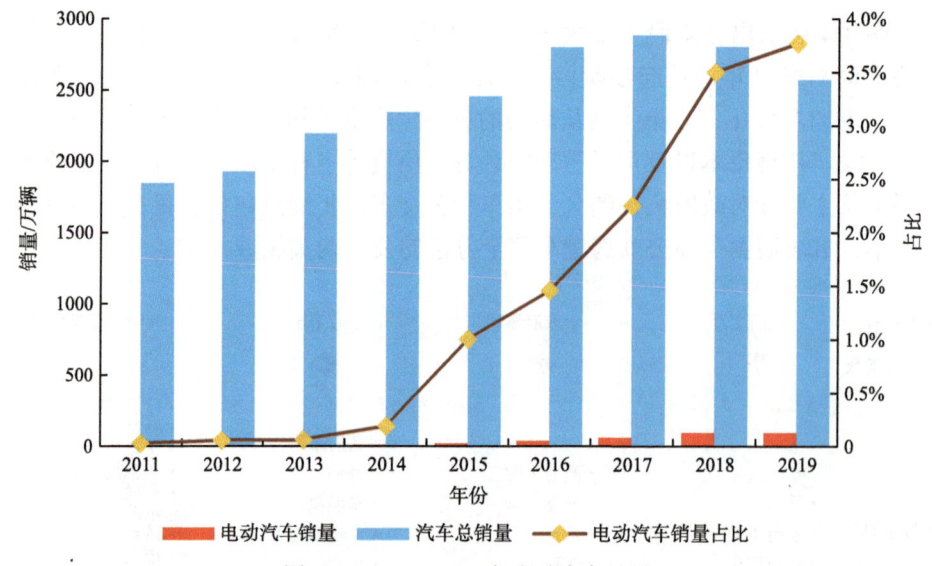

图 3-5 2011—2019 年电动汽车销量

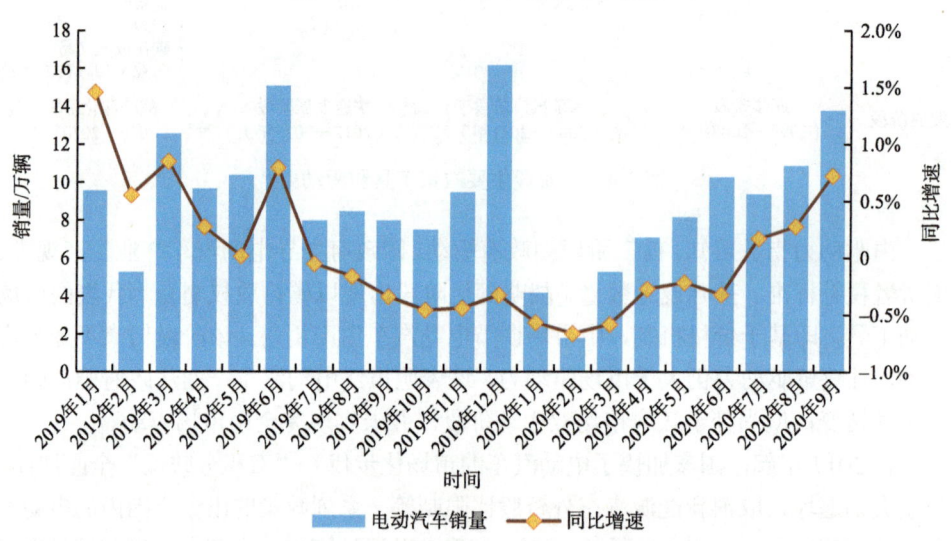

图 3-6 2019—2020 年电动汽车月销量

2023 年 12 月发布的《工业和信息化部关于 2024—2025 年度乘用车企业平均燃料消耗量与新能源汽车积分管理有关事项的通知》规定，2024 年度、2025 年度的新能源汽车积分比例要求分别为 28%和 38%，表明"双积分政策"要求逐年提高，会进一步促进积分市场化交易。面对以政府市场双驱动为特征的发展时期，可以预见未来电动汽车将进一步朝市场化方向发展，这对于电动汽车产业发展来说既是机遇又是挑战，依赖政府补贴维持发展或不能满足消费者需求的车企将被市场化机制淘汰。尽管中国电动汽车产业已经进入政府市场双驱动阶段，但到完全由市场驱动还有很长的路要走。政府驱动政策的退出步伐应放缓，用适度的政策支持保障电动汽车产业的平稳过渡。

3.4.4 电动汽车政策核心决策机构分析

1999—2020年，已有31个政府机构参与电动汽车政策制定。基于社会网络分析，利用合作网络图（图3-7）描述31个政府机构在电动汽车政策领域的合作关系，直观反映合作关系中较为活跃的机构。连接线越粗，表明两个机构合作的频率越高。从参与电动汽车政策制定的机构数量来看，1999—2008年参与机构数目为14个，2016—2020年增长到26个。表明电动汽车政策受到更广泛的重视，需要更多职能部门的配合。政策制定机构间连线的增加表明不同部门间的合作也在加强。

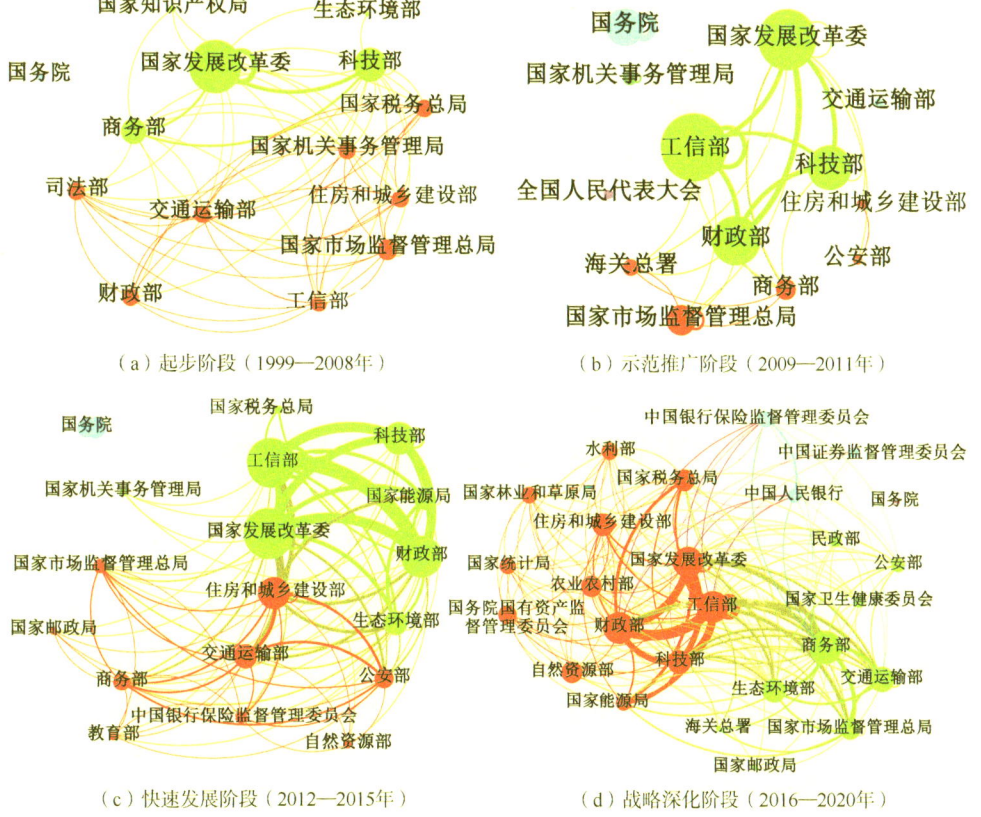

图 3-7 核心机构合作网络演化

不同颜色代表不同的社区

图 3-8 通过能够充分反映网络拓扑结构变化的经典指标展现核心机构合作的态势。其中，平均度和平均加权度分别反映各机构平均合作伙伴数量和平均合作次数。可以看出从起步阶段到战略深化阶段，参与电动汽车政策制定的机构数持续增加，各机构间的互动程度显著提高，但是这种合作关系仍停留在数量的增加上，合作效率比较低下。体现网络中机构间紧密度的网络密度、平均聚类系数指标呈下降趋势，同时，反映沟通难易程度和资源传递效率的平均路径长度指标呈上升趋势，表明跨部门协作的协同机制仍有优化空间，需进一步强化信息互通与资源整合效能。

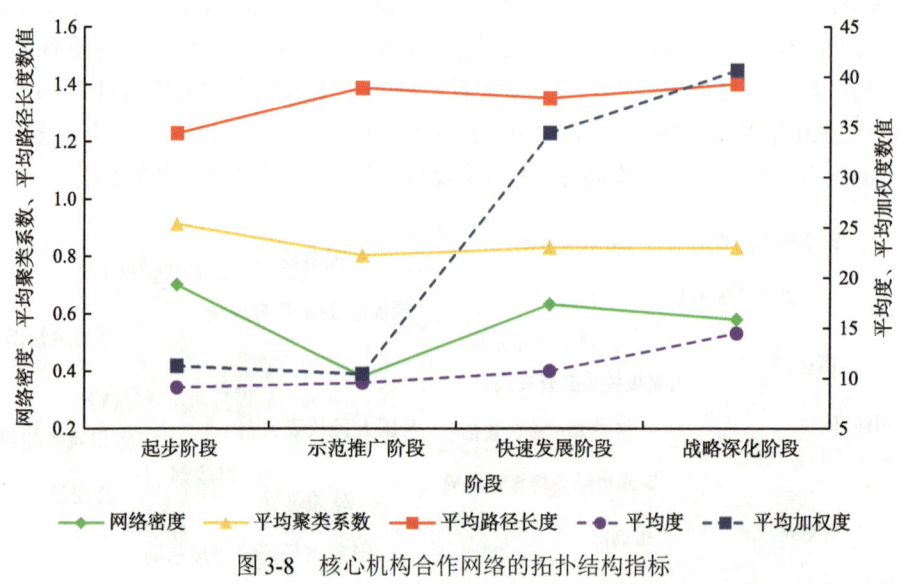

图 3-8 核心机构合作网络的拓扑结构指标

图 3-9 选取不同发展阶段合作广度排名前四的机构来展示核心机构在合作网络中的角色，合作强度越高的机构节点越大。起步阶段，合作广度最高的为科技部和国家发展改革委，处于网络的核心位置。科技部的主要职能包括拟订国家基础研究规划、政策和标准并组织实施，组织协调国家重大基础研究和应用基础研究，牵头组织重大技术攻关和成果应用示范。这与该阶段电动汽车产业处于起步阶段，以基础研究为主的特点相呼应。与科技部合作最紧密的机构为国家发展改革委与商务部。国家发展改革委推进可持续发展战略，负责节能减排的综合协调工作。商务部与电动汽车产业相关的职责为监管进出口。除了以上机构，国家市场监督管理总局作为核心，与交通运输部、财政部等机构协同合作，共同促进电动汽车产业的顺利发展。

在接下来的示范推广阶段，国家发展改革委是合作广度最高的机构，它与科技部、工信部、财政部的关系最为紧密。快速发展阶段，国家发展改革委、住房

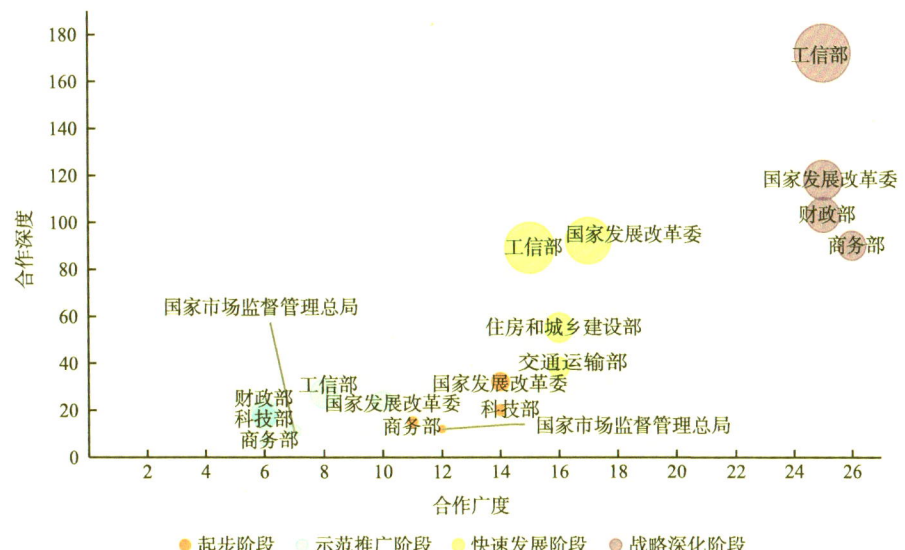

图 3-9 核心机构在合作网络中的角色

和城乡建设部、交通运输部、工信部是合作广度最高的机构。该阶段基础设施建设迅猛发展,充电桩、充电站的规划布局都需要交通运输部以及住房和城乡建设部的配合。工信部、财政部、科技部和国家发展改革委掌握了丰富的经济资源与行政资源,仍是合作最紧密的联盟。战略深化阶段,形成商务部、工信部等多局部核心主体态势,电动汽车产业的分工更加细化。总体合作网络接近多主体均衡型。值得注意的是,电动汽车产业历经基础技术研发、示范推广、产业化发展,从政策扶持到初步的市场引导,唯一一个在四个时期均处于核心地位的机构为国家发展改革委,它与电动汽车产业相关的职能为制定综合政策和组织示范工程。这意味着可持续发展是不变的主题。此外,除起步阶段国家发展改革委是合作强度最高的机构外,此后的阶段中工信部均为合作强度最高的机构,意味着工信部与其他机构合作的延续性较好。

3.4.5 核心机构关注的政策主题分析

基于机构-关键词双层网络,可以从两个维度探索属性不同的对象和它们之间的关系。相比于只有一种节点类型的网络,双层网络有助于识别不同的对象进而获取更加丰富的信息。[75] 图 3-10 展示了电动汽车产业不同发展阶段核心机构关注的政策主题网络的变化,其中红色节点表示机构,绿色节点表示关键词,节点的大小表示加权度值的大小。总体而言,随着电动汽车产业的发展,参与的机构和涉及的关键词增加,且联系也更加复杂。

（a）起步阶段（1999—2008年）

（b）示范推广阶段（2009—2011年）

第 3 章　中国电动汽车政策演化分析

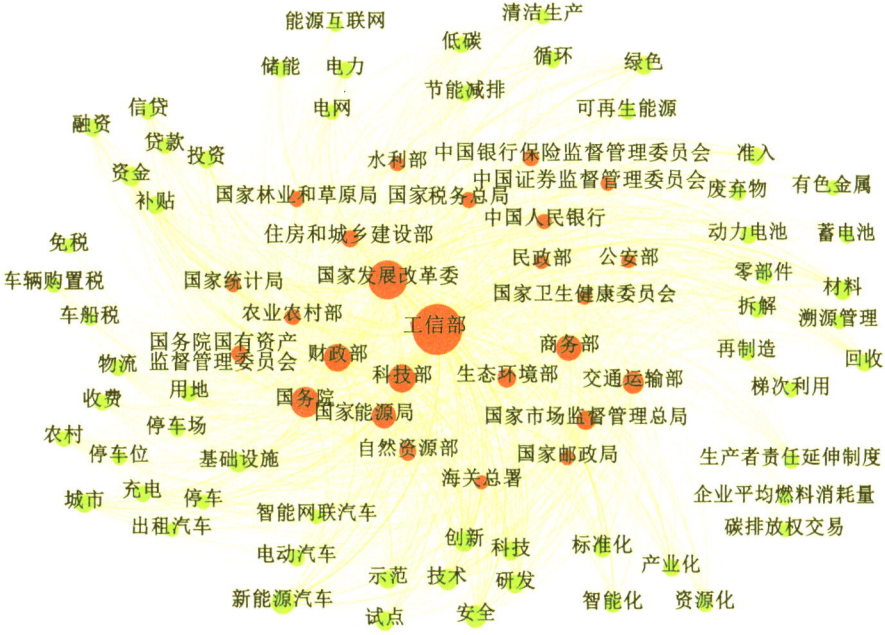

（c）快速发展阶段（2012—2015年）

（d）战略深化阶段（2016—2020年）

图 3-10　核心机构关注的政策主题网络

尽管核心机构关注的政策主题网络持续波动演进，但核心机构关注的政策主题存在很多相似之处。例如，"技术""可再生能源"在不同阶段都是共同关注的话题，但每个阶段核心机构的侧重点存在差异。起步阶段合作广度前四的核心机构共同关注的热点为"生产""技术""能耗"；示范推广阶段合作广度前四的核心机构共同关注的热点为"示范""生产""产业化"；接下来的两个阶段共同关注的热点转变为"技术""城市""公共"以及"安全""技术""创新"。这与每个阶段的特点吻合，同时也反映出私人领域购买电动汽车并没有达到理想水平。尽管市场主体从政府主导的公共交通发展到民营或国营主导的货物流通，又发展至商业运营公司主导的商业运营领域，但都属于城市公共交通领域。公共交通领域的市场规模毕竟有限，电动汽车大规模普及的基础必须是以私人用户为主体。由于2020年初新冠疫情对汽车行业造成巨大冲击，电动汽车销量断崖式下跌，为振兴疫后车市，农村地区才在战略深化阶段被初次关注。相比于城市，刚受到关注的农村电动汽车市场还没有成熟配套的基础设施。2019年底中国农村常住人口仍占39.4%，布局农村这一具有巨大潜力的市场需要政府和车企统筹推进。

双层网络中，新涌现的"碳排放权交易""企业平均燃料消耗量"等市场工具加权度值很小，表明它们受到的政府机构的关注程度非常有限，且与未来电动汽车产业长足发展息息相关的"储能""电网"也没有引起足够的重视。这都是政策制定需要加强关注的方面。

3.5　本章小结

电动汽车具有节能减排、实现汽车产业转型升级的重大战略意义。识别电动汽车产业政策工具的演变，探究政策发展方向有助于其健康发展。本章综合运用文本挖掘和双层网络分析方法探究电动汽车产业政策演变，得到如下主要结论。

（1）根据发展特征，电动汽车产业发展分为四个阶段，分别是起步阶段（1999—2008年）、示范推广阶段（2009—2011年）、快速发展阶段（2012—2015年）和战略深化阶段（2016—2020年）。2009年启动节能与新能源汽车示范推广试点工作之前，政策数量较少，之后呈明显上升趋势。特别是2016年政策密集发布，数量上达到顶峰，政策数量的增长表明电动汽车发展受到越来越多的重视。

（2）电动汽车产业从政府驱动转变为政府市场双驱动。现阶段电动汽车产业仅依靠市场力量不能达到可持续发展状态，仍需要政府驱动政策支持，且政策驱动力仍大于市场驱动力。起步阶段、示范推广阶段和快速发展阶段的驱动力指数为1，即电动汽车产业发展前三阶段由政府驱动，政府主导电动汽车产业生产规模、消费者税补标准、基础设施数量。战略深化阶段驱动力指数为0.64，出现以碳排放权交易和"双积分政策"为代表的市场驱动工具,即基于价格机制,由市场调节电动汽车的生产销售。

(3) 对政府机构合作的分析表明,电动汽车政策的制定和实施具有典型的协同特征。参与机构数量以及合作关系的广度和深度都随着电动汽车产业的发展不断提高。这种合作关系仍停留在数量的增加上,合作效率比较低下。跨部门协作的协同机制仍有优化空间,需进一步强化信息互通与资源整合效能。在四个阶段始终处于核心地位的机构为国家发展改革委。除起步阶段,在其余阶段工信部均为合作强度最高的机构,意味着工信部与其他机构合作的延续性较好。

(4) 核心机构关注的政策主题网络持续波动演进,关注的主题与电动汽车每个阶段的特点相吻合。私人领域购买电动汽车并没有达到理想水平,新冠疫情影响下,农村地区在战略深化阶段被初次关注。新涌现的"碳排放权交易""企业平均燃料消耗量"市场工具,以及"储能""电网"主题受到的关注有限。

第4章 政策文本隐含主题对电动汽车扩散的影响

本书第 3 章分析了电动汽车政策的演化，发现电动汽车产业从政府驱动转变为政府市场双驱动，且政策驱动力仍大于市场驱动力。政府力量的重要性使得有必要进一步深入探究政策更加丰富的信息。政府使用关键词往往只考虑到单个知识节点的统计特征。LDA 主题模型抽取的主题以词向量的形式表示，并且每个词的概率通过统计推断进行估计，每个词对主题语义信息的贡献度一目了然。因此，本章利用 LDA 主题模型挖掘政策文本隐含的主题，并进一步通过计量方法实证研究其对电动汽车扩散的影响。

4.1 问题描述

大量电动汽车政策文本包含哪些主题？如何识别出这些主题？不同的政策主题对电动汽车发展的影响机制如何？准确识别这些问题有助于把握电动汽车政策的动向以及了解政策的作用机制。尽管一些试点城市的电动汽车激励政策是类似的，但地方电动汽车激励政策的效果可能有所不同，从城市角度探讨激励政策对电动汽车销售的有效性具有重要意义。已有少数学者从城市层面探究影响电动汽车销量的因素，但是样本时间跨度较短，集中于 2—4 年[129, 342, 343]。大多数信息（超过 80%）是以文本形式存储的[344]。这些研究关注的主要是定量指标，对于大量政策文本中隐含的信息关注不足。

随着自然语言处理技术的发展，将文本数据与定量数据结合成为必然趋势。探究影响电动汽车推广的成因不仅需要考虑各地经济发展水平、人口统计等结构化数据，也需要利用大量政策文件中隐含的非结构化文本数据。综合文本主题和量化指标的研究较少，尤其是在能源政策领域几乎没有相关研究。例如，Chen 等将 LDA 主题模型和本体论结合，对二手交易市场的商家信誉度进行分类判断[345]；Korfiatis 等使用结构化主题模型分析航空公司乘客的在线评论，将提取的主题与数字特征相结合，发现这种方法可以提高对乘客满意度的预测准确性[346]。这些研究为本章分析政策文本隐含主题对电动汽车销量的影响奠定了基础。本章结合文本数据和定量数据，利用 LDA 主题模型和计量模型从城市层面探究了大量政策文本隐含的主题及其对电动汽车扩散的影响。

4.2 方 法

4.2.1 LDA 主题模型

结合 Song 和 Suh[347]及 Altaweel 等[348]的研究中关于 LDA 主题模型的图示(图 4-1),给定政策文本集,利用 LDA 主题模型可得到每份政策文本的主题分布,以及每个主题的词分布。

基于获取的电动汽车政策文件,首先本章通过 Python 3.7 软件使用 jieba 分词库进行分词。对于"的""了"和标点符号等无用词,本章通过哈尔滨工业大学停用词表、百度停用词表、四川大学机器智能实验室停用词库、中文停用词表进行了清理,并通过自定义词典对一些错误的分词结果进行了修正。其次本章使用 gensim 包实现 LDA 主题建模。有效应用主题建模方法的一个常见问题是选择适当数量的主题数。选择太少会产生过于宽泛的主题,而选择过多会导致许多主题高度相似[349]。学者对如何确定这些参数尚未达成共识[350]。许多学者根据历史经验确定主题的数量[79,351]。从表 4-1 中可以发现,已有文献中大多数学者将电动汽车政策划分为 3 类。因此,本章结合已有文献对电动汽车政策的划分,最终确定政策主题数为 3。此外,每个主题选择 15 个隶属度最高的关键词。

表 4-1 电动汽车政策类别划分

数量	类别名称	来源
2	1) 供给侧政策 2) 需求侧政策	[99, 129]
3	1) 研发 2) 充电基础设施及服务设备投资 3) 车辆税收抵免或退税	[350]
3	1) 战略与投资政策 2) 市场激励政策 3) 法规与标准	[351]
3	1) 财政政策 2) 基础设施提升 3) 研发投资	[56]
3	1) 供给侧政策 2) 需求侧政策 3) 环境侧政策	[308, 352]
3	1) 指导政策 2) 支持政策 3) 规范政策	[58]
4	1) 生产 2) 购买 3) 使用 4) 充电基础设施	[115]
4	1) 新能源汽车购买(传统补贴或免税) 2) 研发补贴 3) 充电基础设施投资 4) 配套成本降低(免费停车,低价收费)	[353]
5	1) 试点政策 2) 基础设施促进政策 3) 财政补贴 4) 税收政策 5) 研发投资	[354]

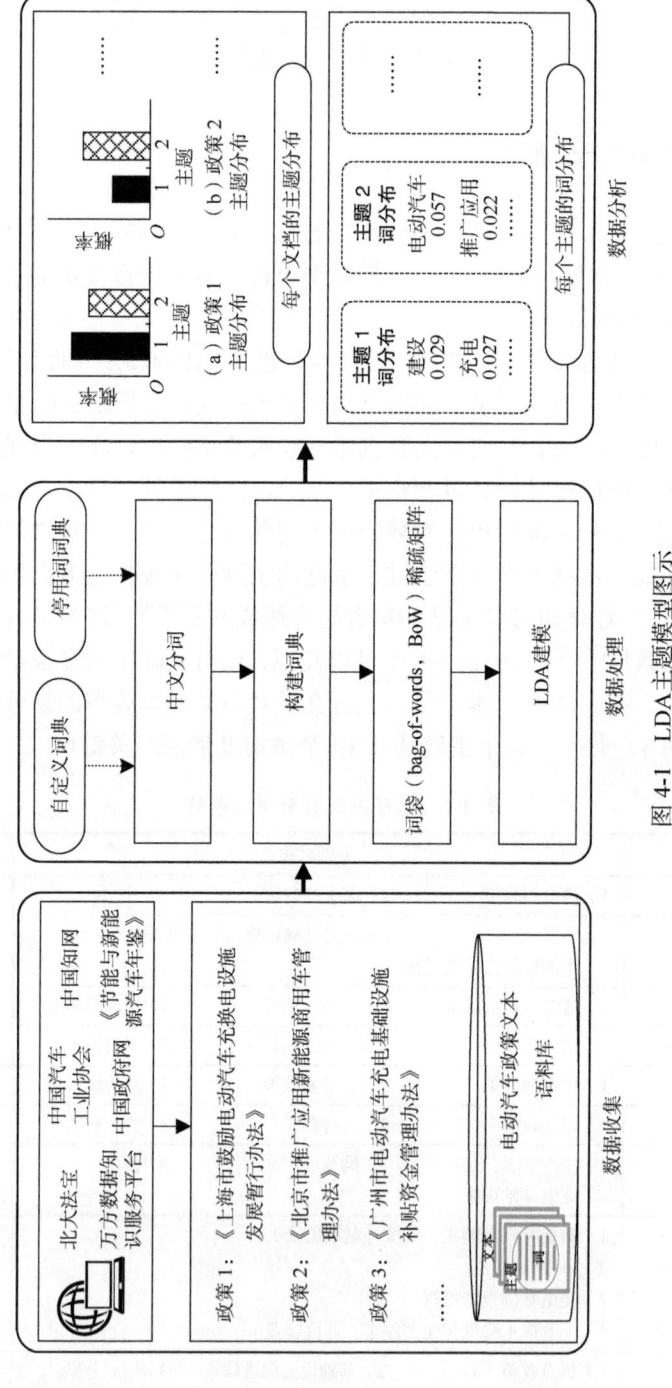

图 4-1 LDA 主题模型图示

4.2.2 计量模型

本章通过 F 检验来确定是采用混合普通最小二乘法（ordinary least square method，OLS）回归还是采用变截距模型，利用豪斯曼（Hausman）检验判断是采用固定效应模型还是采用随机效应模型。F 检验结果的 P 值远小于 0.01，因此，拒绝原假设，接受备择假设，即选用变截距模型。Hausman 检验结果的 P 值为 0.0000，远小于 0.01，因此本章选择固定效应模型作为最终模型。

式（4.1）和式（4.2）分别给出了研究电动汽车政策总强度和子类政策强度与电动汽车销量关系的面板数据模型。$Sale_{it}$ 为城市 i 第 t 年电动汽车年度销量；α 为截距项；β 为自变量系数；$\gamma_1, \gamma_2, \gamma_3, \gamma_4$ 为控制变量的系数；μ_i 为城市固定效应，φ_t 为时间固定效应；ε_{it} 为随机扰动项。

$$\ln Sale_{it} = \alpha + \beta Pol_{it} + \gamma_1 \ln Tp_{it} + \gamma_2 \ln Pop_{it} + \gamma_3 \ln Di_{it} + \gamma_4 \ln Cha_{it} + \mu_i + \varphi_t + \varepsilon_{it} \quad (4.1)$$

$$\ln Sale_{it} = \alpha + \beta Topic_{it}^k + \gamma_1 \ln Tp_{it} + \gamma_2 \ln Pop_{it} + \gamma_3 \ln Di_{it} + \gamma_4 \ln Cha_{it} + \mu_i + \varphi_t + \varepsilon_{it} \quad (4.2)$$

4.3 数据和变量

4.3.1 被解释变量

$Sale_{it}$ 指城市 i 第 t 年电动汽车年度销量。数据来源于《节能与新能源汽车年鉴》。

4.3.2 解释变量

Pol_{it} 指城市 i 第 t 年电动汽车政策总强度，用各城市每年发布的电动汽车政策数量表示。本章使用关键词"新能源汽车""电动汽车""插电式混合动力汽车"从《节能与新能源汽车年鉴》、各市政府网站以及广泛用于政策研究的权威数据库（北大法宝、中国汽车工业协会、万方数据知识服务平台、中国知网）搜集电动汽车政策 719 份。已有众多学者利用这些数据库进行政策分析[63,357,358]。

本章使用以下标准筛选政策：一是与电动汽车主题高度相关，仅是泛泛提及的不予采用；二是政策文本类型方面，主要选取正式类型的法律法规、规划、办法、通知、意见等。

$Topic_{it}^k$ 指城市 i 第 t 年 k 类电动汽车政策强度，用政策 k 的得分表示。

4.3.3 控制变量

Tp_{it} 指城市 i 第 t 年技术进步水平，用电动汽车专利申请量表示（包括发明专利、实用新型专利、外观设计专利）。从国家知识产权局网站采用"关键词=（新能源汽车 OR 电动汽车 OR 插电式混合动力汽车）"的方式搜集研究期间被研究城市的电动汽车专利申请量。Ma 等发现技术进步对新能源汽车扩散的影响大于经济补贴政策[114]。

Pop_{it} 指城市 i 第 t 年人口密度。人口密度是电动汽车采纳的一个重要因素。Li 等利用 2010 年至 2015 年的面板数据，研究了 14 个国家/地区的电动汽车需求，发现人口密度可以显著影响电动汽车的需求[359]。

Di_{it} 指城市 i 第 t 年城镇居民人均可支配收入。具有更高购买力水平的消费者更易购买电动汽车[343]。

Cha_{it} 指城市 i 第 t 年充电桩数量。充足的充电桩数量可以降低消费者对电动汽车的充电焦虑。增加充电桩数量有助于促进消费者购买电动汽车[360]。

本章运用 36 个电动汽车推广应用城市 2011—2019 年的数据构建面板回归模型。36 个城市分别是北京、天津、大连、上海、宁波、合肥、芜湖、郑州、新乡、武汉、襄阳、长沙、广州、深圳、海口、成都、重庆、昆明、西安、唐山、杭州、金华、绍兴、湖州、厦门、南昌、东莞、沈阳、长春、南京、苏州、南通、盐城、扬州、贵阳、遵义。选择这 36 个城市作为样本城市是因为：根据各地新能源汽车推广应用方案申报情况，财政部、科技部、工信部、国家发展改革委分别于 2013 年 11 月、2014 年 1 月发布了两批新能源汽车推广应用城市（群）名单，共 88 个城市入选。本章基于 88 个试点城市搜集数据。在这个过程中，本章发现一些城市的数据不足，如果这些城市的数据缺失太多，则本章将其排除在样本之外。如果有少量数据缺失，则本章使用插值的方法来补充，最终发现有 36 个城市的数据是可用的，从而被包含在样本中。

本章之所以关注这个时间段，是因为 2009 年启动"十城千辆"工程①开始推动消费者购买电动汽车，并在 2011 年启动了该项目的主要激励措施。2011 年之前，每个城市的激励政策都很少，因此没有必要将 2011 年之前的数据包括在内[361]。此外，考虑到 2020 年后新冠疫情对市场的影响，为保证分析的准确性，本章选取的数据截止到 2019 年。

本章假设所有变量的正向变动均对电动汽车销量有促进作用，各变量定义如表 4-2 所示。

---

① "十城千辆"工程，即十城千辆节能与新能源汽车示范推广应用工程。

表 4-2 变量定义

变量类型	变量名	定义	来源	单位
被解释变量	$Sale_{it}$	城市 i 第 t 年电动汽车年度销量	《节能与新能源汽车年鉴》	辆
解释变量	Pol_{it}	城市 i 第 t 年电动汽车政策总强度	北大法宝 中国汽车工业协会 万方数据知识服务平台 中国知网 各市政府网站 《节能与新能源汽车年鉴》	—
	$Topic_{it}^{k}$	城市 i 第 t 年 k 类电动汽车政策强度	作者计算	—
控制变量	Tp_{it}	城市 i 第 t 年的技术进步水平	国家知识产权局	项
	Pop_{it}	城市 i 第 t 年人口密度	国家统计局 《中国城市统计年鉴》	万人
	Di_{it}	城市 i 第 t 年城镇居民人均可支配收入	各城市统计年鉴 国民经济和社会发展统计公报	元
	Cha_{it}	城市 i 第 t 年充电桩数量	《节能与新能源汽车年鉴》	个

4.4 结果与讨论

4.4.1 LDA 主题模型结果

表 4-3 呈现了不同主题的热门词及概率分布。从第一行可以看出有 147 个政策文本的最大可能主题为主题 1，307 个为主题 2，265 个为主题 3，即 42%以上的政策文本的最大可能主题为推广补贴。

LDA 主题模型给出了每个政策文本在 3 个主题上的概率分布。本章以北京市为例，展现 2014 年电动汽车政策中不同隐含主题强度的计算结果。如表 4-4 所示，北京市 2014 年共发布了 5 份电动汽车政策，每份政策在 3 个主题上的概率和为 1。北京市 2014 年 5 份政策文本隶属主题 1 到 3 的概率和分别为 0.249 537、3.379 669、1.370 794，即北京市 2014 年电动汽车生产支持政策强度为 0.249 537，推广补贴政策强度为 3.379 669，充电运营政策强度为 1.370 794。所有电动汽车政策的总强度为 3 类政策强度之和，即总强度为 5。北京市 2014 年的电动汽车政策总强度也就是政策发布数量。

表 4-3 不同主题的热门词及概率分布

项目	主题1（147个）	主题2（307个）	主题3（265个）
热门词及概率分布	发展（0.023）	新能源汽车（0.058）	建设（0.028）
	企业（0.018）	推广应用（0.023）	充电（0.021）
	汽车（0.012）	企业（0.022）	设施（0.019）
	产业（0.012）	资金（0.018）	电动汽车（0.015）
	重点（0.010）	补贴（0.017）	充电基础设施（0.013）
	支持（0.009）	车辆（0.014）	规划（0.010）
	新能源汽车（0.009）	补助（0.014）	单位（0.008）
	建设（0.009）	生产（0.012）	充电桩（0.008）
	零部件（0.008）	单位（0.009）	停车场（0.007）
	项目（0.008）	充电（0.008）	城市（0.007）
	加快（0.007）	销售（0.008）	公交（0.006）
	整车（0.007）	财政补贴（0.008）	工作（0.006）
	推进（0.006）	政策（0.008）	运营（0.006）
	技术（0.006）	财政局（0.008）	推进（0.006）
	提升（0.006）	标准（0.007）	服务（0.006）
政策取向	生产支持	推广补贴	充电运营

表 4-4 北京市 2014 年电动汽车政策强度

政策	主题			主题和
	主题1	主题2	主题3	
政策1	0.015 110	0.881 339	0.103 551	1
政策2	0.000 463	0.535 798	0.463 739	1
政策3	0.190 151	0.093 753	0.716 096	1
政策4	0.043 198	0.870 009	0.086 793	1
政策5	0.000 615	0.998 770	0.000 615	1
政策和	0.249 537	3.379 669	1.370 794	5

从图 4-2 展示的三类电动汽车政策强度变化情况可以看出，总体而言推广补贴政策是三类政策中强度最大的，表明各试点城市主要以通过购买补贴、车辆购置税减免、政府采购等推动需求侧购买为主要激励措施促进电动汽车的销售。充电运营和生产支持政策强度整体呈现上升趋势，并且和推广补贴政策强度的差距逐渐缩小。这表明各城市的政策重点开始从财政补贴、示范推广转向支持基础设施运营和提升核心技术水平，更加关注电动汽车产业的长期健康发展。

图 4-2 三类电动汽车政策强度变化

值得注意的是,2013 年之前,生产支持政策的强度最大,其次为推广补贴政策,充电运营政策的强度最小。2013 年之后,推广补贴政策的强度上升为第一位,充电运营政策次之,生产支持政策的强度排名最后。这表明 2013 年是各试点城市政策偏好的拐点。

4.4.2 计量模型结果

1. 政策总强度对电动汽车销量的影响

根据 4.4.1 节的结果可知,2013 年前后三类电动汽车政策强度的排序发生了明显变化。因此本章引入一个虚拟变量 Year。2013 年之前,Year=0;2013 年之后,Year=1。进而分析使 2013 年试点城市政策偏好发生变化的原因。

考虑到政策效果可能存在时滞效应,本章综合考察当期及滞后期政策总强度对电动汽车销量的影响。本章主要考虑二期时滞,通过保持适当的时间以确保政策效用得到充分发挥,并防止过时。结果如表 4-5 所示,其中 Pol_t、Pol_{t-1} 和 Pol_{t-2} 分别为市级政府在第 t 年、$t-1$ 年和 $t-2$ 年发布的电动汽车政策总强度。从结果可以发现,当期政策总强度显著促进电动汽车销量增长,而 Pol_{t-1} 和 Pol_{t-2} 未能通过显著性检验。这表明电动汽车市场会迅速对各市发布的政策做出响应,但受政策强度滞后期的影响不显著。

表 4-5 政策总强度对电动汽车销量的影响

变量名称	模型 1	模型 2	模型 3
常数项	11.94 (0.54)	12.30 (0.60)	−6.53 (−0.30)
Pol_t	0.12*** (3.57)		
Pol_{t-1}		0.03 (1.10)	
Pol_{t-2}			0.02 (0.49)
Year	4.23*** (3.11)	3.88*** (3.67)	—
lnTp	0.32** (2.30)	0.29* (1.78)	0.27 (1.64)
lnPop	0.19 (0.11)	0.79 (0.46)	1.66 (0.92)
lnDi	−1.17 (−0.69)	−1.65 (−1.10)	−0.24 (−0.17)
lnCha	0.29*** (3.32)	0.38*** (4.37)	0.39*** (4.09)
调整后的 R^2	0.87	0.87	0.84

*、**、***分别表示在10%、5%、1%的显著性水平下通过检验，括号内的数字为 t 值

由于仅当期政策总强度显著正向影响电动汽车销量，因此本章只关注模型1。可以发现虚拟变量 Year 对电动汽车销量有显著促进作用。通过政策回顾发现，可能是因为国务院于2013年9月印发的《大气污染防治行动计划》对电动汽车产业产生了深远影响，一系列限行、限购、补贴政策随之相继发布，加快了节能减排的进程。各试点城市迅速跟进，发布了地方的大气污染防治规划，加大了对购买电动汽车的资金支持和补贴力度，助推电动汽车产业的发展。这意味着试点城市的政策偏好变化使得2013年后三类电动汽车政策强度排序改变，使得推广补贴政策强度跃升第一，充电运营政策强度的排名上升至第二位。

基于以上分析发现在控制其他影响因素不变的情况下，电动汽车政策总强度每提高1%时，电动汽车销量平均增加0.12%。除政策强度因素，充电桩数量和技术进步水平均显著正向影响电动汽车销量。其中，控制其他影响因素不变的情况下，当充电桩数量增加1%时，电动汽车销量平均增加0.29%，这和已有学者的研究结论一致[115,362]。技术进步水平提高1%时，电动汽车销量平均增加0.32%。这表明拥有更高电动汽车技术进步水平的城市，更有利于电动汽车的推广，Dong 和 Liu

的研究同样证明了这一点[58]。

2. 不同类型政策的强度对电动汽车销量的影响

根据前文的分析，电动汽车政策被划分为三类，但不同类型政策的强度对电动汽车销量的影响机制仍不明晰。本章假设所有不同类型政策的强度均对电动汽车销量有促进作用，但长期的补贴可能会助长电动汽车厂商的依赖症，如研发突破的松懈，低标准的扩张，以及整个汽车行业产能过剩风险的不断增大[363]。本章进一步探究推广补贴政策强度是否对电动汽车销量存在倒"U"形影响。由上文结果可知，仅当期政策总强度显著正向影响电动汽车销量。因此，接下来考虑当期不同类型政策的强度对电动汽车销量的影响。

回归结果如表4-6中模型1所示，推广补贴和生产支持政策强度当期显著正向影响电动汽车销量。推广补贴政策强度每提高1时，电动汽车销量平均增加15%。这是因为推广补贴政策主要包括降低消费者购买成本、规定政府采购电动汽车、强制规定公共交通工具中电动汽车的占比等措施，均可以立竿见影地提高电动汽车销量。模型2的结果表明推广补贴政策强度对电动汽车销量存在倒"U"形影响。推广补贴强度过高反而会抑制电动汽车的推广。这可能是因为推广补贴政策强度过高易导致生产企业利益短视，诱使生产企业为了获得更多的补贴扩大产能，而不是提高电动汽车的质量。这在2016年集中爆发的"骗补"事件中充分体现。

表4-6 不同类型政策的强度对电动汽车销量的影响

变量名称	模型1	模型2
常数项	9.53 (0.44)	10.89 (0.53)
主题1	0.20** (2.69)	0.21*** (2.72)
主题2	0.15** (2.21)	0.58*** (3.82)
主题2^2		−0.10*** (−3.35)
主题3	−0.02 (−0.20)	0.01 (0.07)
Year	4.19*** (3.16)	3.96*** (3.51)
lnTp	0.32** (2.30)	0.29** (2.22)

续表

变量名称	模型 1	模型 2
lnPop	0.21 (0.12)	0.08 (0.04)
lnDi	−0.94 (−0.57)	−0.99 (−0.70)
lnCha	0.28*** (3.26)	0.29*** (3.47)
调整后的 R^2	0.87	0.87

、*分别表示在 5%、1%的显著性水平下通过检验，括号内的数字为 t 值

生产支持政策强度每提高 1 时，电动汽车销量平均增加 21%。生产支持政策主要包括从事前沿技术研发的资金支持、招商引资、创新补贴、项目贷款贴息、重点龙头企业奖励、土地优惠、人才引进补贴等。生产支持政策越强的城市其相应的电动汽车产业发展水平越高，为制造商增加电动汽车续航里程、提高安全性能、降低生产成本等提供了政策和资金保障，进而提高了制造商的积极性和信心。Zhang 等通过对中国首批 13 个电动汽车示范推广城市进行问卷调查发现，电动汽车的性能属性是影响消费者是否接受电动汽车的最重要的指标，而不是经济效益[363]。Dong 等通过对中国城市家庭进行问卷调查发现，相比于价格，消费者更加关注电动汽车的续航能力[315]。《2018 年全球电动汽车发展指数》显示，中国电动汽车发展指数在行业和市场两个层面均处于首位，但真正体现电动汽车实力的技术排名较靠后，所以中国电动汽车技术水平仍处于"大而不强"阶段。当前生产支持政策在三类政策中强度最低，各城市应对生产支持政策给予更多的关注和支持。

充电运营政策强度对电动汽车销量不存在显著影响。这可能是因为中国鼓励充电基础设施建设的政策相对滞后。2014 年 7 月，《国务院办公厅关于加快新能源汽车推广应用的指导意见》印发，这是首份鼓励充电基础设施建设的政策[114]。之后地方政府才提出专门的充电基础设施建设运营政策。充电基础设施是电动汽车的互补产品，充电运营政策的支持至关重要。各城市应不断加大基础设施建设力度并改善电动汽车使用环境。

4.4.3 鲁棒性分析

为了确定政策强度对电动汽车销量的影响，本章进行了稳健性检验。在之前的面板模型中（表 4-5），本章将各城市每年发布的电动汽车政策数量作为政策总强度的代理变量检验了它对电动汽车销量的影响。本节使用一个虚拟变量代理政

策强度。虚拟变量 Pol_t =1 表明城市第 t 年发布了电动汽车政策，Pol_t =0 表明没有发布。鲁棒性检验结果如表4-7所示。表4-7中政策总强度在模型1中用电动汽车政策发布总数表示，在模型2中用虚拟变量表示。虽然这两个模型中的系数不可避免地存在一些变化，但变量总体显著性保持一致。这一检验不仅验证了政策总强度的稳健性，也证实了各城市的政策确实对电动汽车销量产生了积极的影响。

表4-7 政策总强度的鲁棒性检验结果

变量名称	模型1	模型2
常数项	11.94 （0.54）	10.64 （0.50）
Pol_t	0.12*** （3.57）	0.60*** （2.81）
Year	4.23*** （3.11）	4.75*** （3.83）
lnTp	0.32** （2.30）	0.25 （1.68）
lnPop	0.19 （0.11）	1.07 （0.62）
lnDi	−1.17 （−0.69）	−1.62 （−1.06）
lnCha	0.29*** （3.32）	0.28*** （3.26）
调整后的 R^2	0.87	0.87

、*分别表示在5%、1%的显著性水平下通过检验，括号内的数字为 t 值

4.5 本章小结

作为推动经济可持续发展的重要战略性新兴产业，电动汽车顺利推广对减轻能源和环境压力以及推动中国汽车产业转型升级具有重要战略意义。特别是在当前经济下行压力下电动汽车产业发展严重受挫，如何制定行之有效的政策促进电动汽车产业健康发展至关重要。综合考虑定量数据和文本数据，本章利用LDA主题模型和计量回归方法从城市层面探究大量政策文本隐含的主题及对电动汽车推广的作用，得出以下主要结论。

（1）电动汽车政策文本隐含主题可分为生产支持、推广补贴和充电运营三类。42%以上的政策文本的最大可能主题为推广补贴。根据历年三类电动汽车政策强

度变化情况发现推广补贴政策是三类政策中强度最大的。充电运营和生产支持政策强度与推广补贴政策强度的差距逐渐缩小。2013年是各试点城市政策偏好的拐点。

（2）电动汽车政策总强度的增大显著提高电动汽车销量。2013年后三类政策偏好的变化对电动汽车销量有显著促进作用。不同类型政策的强度对电动汽车推广的影响存在差异。推广补贴政策强度对电动汽车销量存在倒"U"形影响。其他影响因素不变的情况下，生产支持政策强度每提高1时，电动汽车销量平均增加21%。充电运营政策强度对电动汽车销量不存在显著影响。

第 5 章 基于消费者网络视角分析政策干预对电动汽车扩散的影响

根据第 3、4 章的分析结果，中国电动汽车产业仍处于政府市场双驱动阶段，且政策驱动力仍大于市场驱动力。此外，政策文本隐含主题对电动汽车销量有显著促进作用。这是基于政府主体的视角，从宏观层面对不同类型政策的整体效应的分析结果。政府制定电动汽车政策的最终目的是促进每个消费者个体接受电动汽车，产生购买行为。因此，探究每个消费者如何受到电动汽车政策影响、如何做出决策行为，有助于打开电动汽车政策作用的黑箱，从微观层面理解电动汽车是如何扩散的。结合 2.3.3 节对政策干预下消费者购买电动汽车的决策机制的分析，本章基于消费者网络视角分析政策干预对电动汽车扩散的影响。

5.1 问题描述

在现实生活中具有社会属性的个体往往并不是孤立的，而是与其他个体、组织等联系在一起的。个体之间的联系构成社会关系的拓扑结构，从而形成一个内部相互关联的群体[364]。由于有限理性和信息的不全面，社会互动对个体的决策和行为选择具有重要作用。社会互动是指社会成员（个体与个体、个体与群体、群体与群体）通过信息传播相互依存的动态过程[130]。消费者可以通过社会互动获取信息和分享经验从而降低潜在购买风险[134]。每个消费者都是异质性的，朋友采取某策略的收益更高，并不代表自己采取该策略可以获得相同的效果。因此，更重要的是获取相关电耗信息，从而根据自身条件判断成本收益情况，做出更加合适的选择。区别于之前主要集中于行为模仿的研究，本章在消费者决策过程中考虑朋友态度和电耗信息对决策制定的影响。

在中国，经济激励政策是刺激电动汽车产业发展的最主要的政策手段，也是被最广泛研究的政策。虽然经济型政策和信息型政策均被证明是重要的干预手段，但目前考虑这两类政策对电动汽车扩散影响的综合研究较少。本章基于态度和采纳两个属性的消费者网络，通过建立考虑朋友态度和电耗信息作用的消费者采纳（购买）电动汽车的决策模型，探究经济型政策和信息型政策对电动汽车采纳率的影响。

5.2 方　　法

5.2.1 消费者网络构建

1. 消费者属性

在当前网络和信息化消费环境下，消费者对电动汽车产品的采纳与其他产品一样，会受到已采纳消费者的影响。考虑到消费者对产品的态度和采纳间存在差距，即消费者可能对电动汽车持有积极态度，但受到经济预算、里程焦虑、不够完善的充电设施等因素的影响，其对电动汽车仍处于"观望"状态，并未实际采纳；或者消费者可能已采纳电动汽车，但是在实际使用过程中发现产品表现与预期相差甚远，产生巨大心理落差，继而对电动汽车的态度从积极转为消极。因此本章假设每个消费者具有两个属性：态度和采纳。态度属性表示消费者对电动汽车的看法，具有两种状态，分别是积极和消极。采纳属性表示消费者是否购买电动汽车，同样具有两种状态，分别是采纳和不采纳。因此，如图 5-1（a）所示，网络中共有四种类型的用户：[采纳，积极]、[采纳，消极]、[不采纳，积极]、[不采纳，消极]，分别表示已采纳电动汽车的消费者对电动汽车的态度为积极、已采纳电动汽车的消费者对电动汽车的态度为消极、未采纳电动汽车的消费者对电动汽车的态度为积极、未采纳电动汽车的消费者对电动汽车的态度为消极。

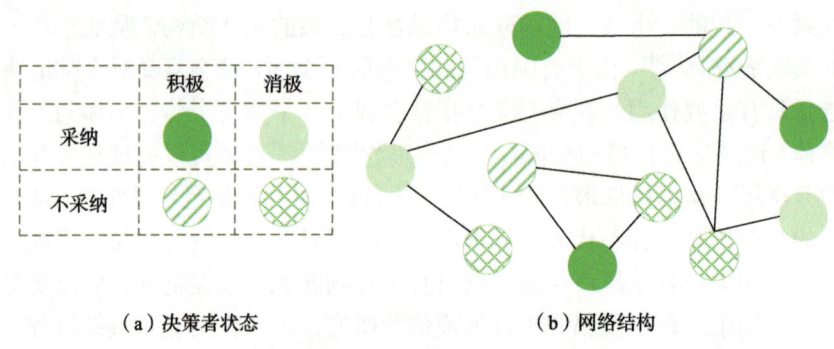

图 5-1　消费者网络构建

2. 网络模型

快速发展的互联网社会背景下，潜在消费者可以通过线上交流或者现实交流与已经采纳电动汽车的消费者进行互动，获取已采纳者对电动汽车的态度和电耗信息，进而为自己的购买决策提供参考。不同地区异质性消费者的沟通距离很"近"，这种社会网络关系呈现出小世界特征。因此，本章采用纽曼-瓦茨

（Newman-Watts，NW）小世界模型表示这种社会互动关系。借鉴 Li 等关于融资市场中企业社会网络的研究[365]，图 5-1（b）描述了消费者的网络结构，不同类型的消费者用不同节点表示，相互认识的消费者之间存在连边，态度和电耗信息沿边传递。

5.2.2 电动汽车购买的决策机制

受 Wang 等关于促进住宅光伏发展研究的启发[366]，本章构建的社会网络中不同类型消费者的决策机制如图 5-2 所示。受到天气、路况、驾驶习惯等因素的影响，电动汽车的实际电耗通常大于汽车厂商提供的官方电耗数据。因为官方发布的续航里程是在严苛条件下测得的，实际行驶中很难达到这些条件。更高的电耗意

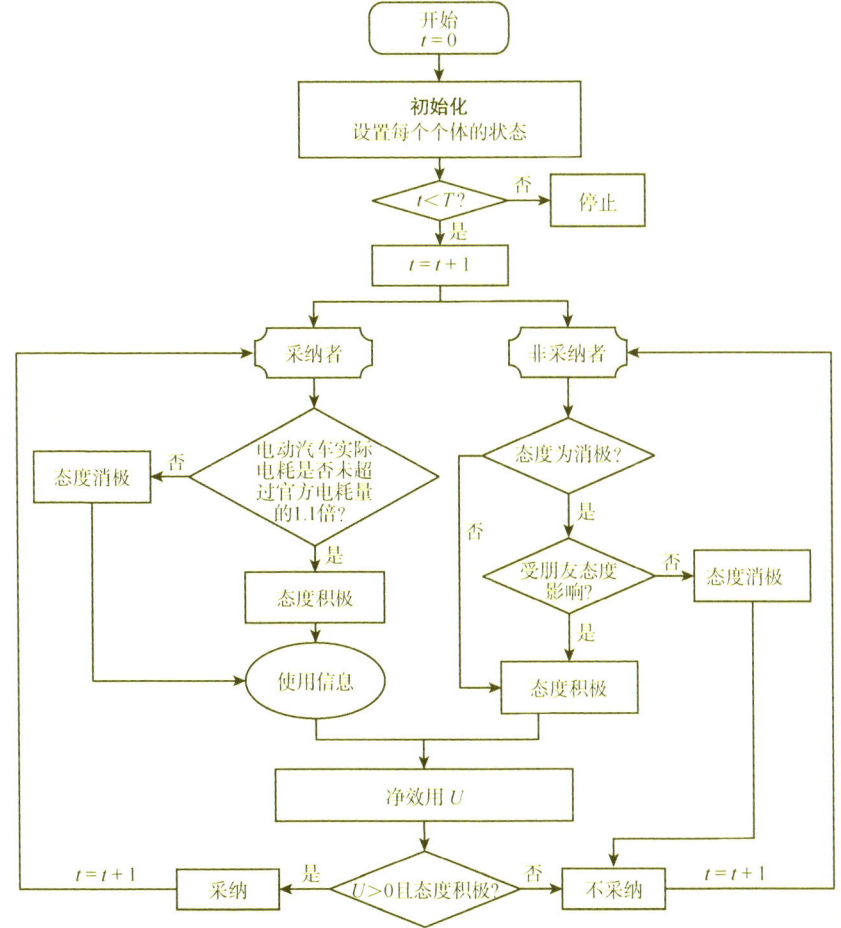

图 5-2　社会网络中不同类型消费者的决策机制示意图

t 为时间步；T 为最大时间步

味着更高的充电频率以及需要支出更多的使用成本,会给车主带来使用不便和经济的双重负担。因此,若第 t 周期内电动汽车的实际电耗量高于官方电耗量,且在官方电耗量的 1.1 倍以内(<110%),则已采纳者认为在可接受范围内,会对电动汽车持有积极态度。当实际电耗量超过官方电耗量的 1.1 倍时,已采纳者对电动汽车的态度则会转为消极,已采纳者的态度和电动汽车实际电耗信息会对朋友中未采纳者的决策造成影响。

对于异质性的未采纳者,既存在对电动汽车持积极态度的决策者,也存在持消极态度的决策者。若初始态度为消极,但受到了朋友态度的影响(认识的朋友中有一半及以上的态度为积极),则态度会转为积极,否则保持不变。对于未采纳电动汽车的消费者,只有当态度为积极且净效用 U 大于 0 时才会选择采纳。

1. 采纳规则

消费者的态度属性使用二进制变量 att 表示,$att_i=1$ 和 $att_i=0$ 分别代表态度积极和态度消极。本章采用二进制变量 d 表示社会网络中消费者的采纳属性,$d_i=1$ 和 $d_i=0$ 分别表示消费者 i 已采纳和未采纳。采纳是一种吸收状态,一旦采纳,不可逆转[136, 367]。消费者行为变化的规则如式(5.1)所示:

$$d_{i,t} = \begin{cases} 1, & d_{i,t-1}=1 \\ 1, & d_{i,t-1}=0, \text{ att}_{i,t}=1, U_{i,t}>0 \\ 0, & \text{其他} \end{cases} \quad (5.1)$$

考虑到支付意愿水平减去电动汽车的总拥有成本的剩余越大,消费者购买电动汽车的可能性越高,本章采用 Sun 等关于消费者购买电动汽车净效用的计算方法[148],如式(5.2)—式(5.6)所示:

$$U_{i,t} = \text{WTP}_{i,t} - \text{TCO}_{i,t} \quad (5.2)$$

$$\text{WTP}_{i,t} = \alpha \times (\text{range}_{i,t} - \text{minrange}) + \beta \quad (5.3)$$

$$\text{range}_{i,t} = 1/\text{eff}_{i,t} \times \text{size} \quad (5.4)$$

$$\text{TCO}_{i,t} = p_v - \text{sub} + \sum_{t=1}^{T_m} \frac{\text{amt} \times \text{eff}_{i,t} \times (p_e + p_s)}{(1+r)^t} - \frac{\text{resale}}{(1+r)^t} \quad (5.5)$$

$$\text{resale} = (1-\text{de})^{T_m} \times p_v \quad (5.6)$$

其中,$U_{i,t}$、$\text{WTP}_{i,t}$ 和 $\text{TCO}_{i,t}$ 分别为消费者 i 在时期 t 的净效用、支付意愿和电动汽车的总拥有成本;$\text{range}_{i,t}$ 为消费者 i 在时期 t 的实际续航里程,由实际每公里耗电量 $\text{eff}_{i,t}$ 和电池容量 size 共同决定;β 和 α 分别为消费者对市场最低要求的续航里程 minrange 的支付意愿（即最低支付意愿）以及实际续航里程每超过 minrange 一公里愿意增加的支付。

电动汽车的总拥有成本包含三部分：电动汽车的实际购买价格（单辆电动汽车的车企建议售价 p_v 减去单辆电动汽车的购买补贴 sub），电动汽车生命周期内的使用成本，以及再售价格。amt 为年平均行驶里程；T_m 为生命周期年限；r 为贴现率；p_e 和 p_s 分别为充电电价以及充电服务费。电动汽车的再售价格 resale 由使用年限、折旧率 de 和单辆电动汽车的车企建议售价综合决定。

2. 态度转变规则

已采纳者对电动汽车的态度会随着实际体验的变化而变化。若第 t 周期内电动汽车的实际电耗量高于官方电耗量，且在官方电耗量的 1.1 倍以内（<110%），已采纳者都认为是可以接受的，会对电动汽车持有积极态度。若电耗量超过官方电耗量的 1.1 倍，已采纳者对电动汽车的态度则转为消极。鉴于实际难以获取态度转变阈值，因此本章将在结果与讨论部分进一步分析采纳率对态度转变阈值的敏感性。

未采纳者对电动汽车的态度转化由其朋友的整体态度情况决定。当与未采纳者 i 相连的所有朋友中有一半及以上的朋友态度为积极时，未采纳者 i 对电动汽车的态度会转为积极，否则保持消极。设定 $c(i,j)$ 是一个二进制变量，$c(i,j)=1$，0 分别表示消费者 i 和消费者 j 之间有/无联系。

$$\text{att}_{i,t} = \begin{cases} 1, & \dfrac{\sum_j c(i,j) \times \text{att}_{j,t}}{\sum_j c(i,j)} \geq 0.5 \\ 0, & \text{其他} \end{cases} \tag{5.7}$$

3. 电耗信息

相比于难以实现的官方电耗水平，决策者对已购买电动汽车的朋友的实际电耗数据的信任程度更高。因此，若一个未采纳者的朋友中有已经购买电动汽车的车主，则他会根据朋友的实际电耗信息（所有朋友中已采纳者的平均电耗）进行决策。当朋友中没有已购买电动汽车的车主，则其只能采信官方电耗数据。

$$\text{eff}_{i,t} = \begin{cases} \dfrac{\sum_j c(i,j) \times \text{eff}_{j,t} \times d_{j,t}}{\sum_j c(i,j) \times d_{j,t}}, & \sum_j c(i,j) \times d_{j,t} > 0 \\ \text{default}, & \sum_j c(i,j) \times d_{j,t} = 0 \end{cases} \tag{5.8}$$

其中，$eff_{j,t}$ 为朋友 j 在时期 t 的实际每公里电耗量；default 为汽车制造商提供的电耗数据，即官方每公里电耗量。

5.3 数据来源与情景设置

5.3.1 数据来源

1. 消费者数据

根据中国汽车工业协会统计的数据，2018 年中国电动汽车销量占汽车整体销量的 4.5%[367]。假设网络中有 1000 个消费者，其中 4.5% 的消费者对于电动汽车的初始状态为已采纳，即初始状态中已采纳者的比例 b=0.045，剩余消费者的初始状态为未采纳。根据 Cheng 等关于消费者邻居数量的设置[130]，假设每个个体初始时与左右相邻节点连接的个数为 6，即 K=6。随机化加边概率 P=0.1。

对某一特定对象或特定行为的正面或负面评价即为态度，是一种心理体验，且个人对特定技术的态度是对使用该技术的意愿的最佳预测因素[368]。因此，本章用学者调研得到的消费者对电动汽车的购买意愿衡量其态度状态。Sovacool 等通过调查我国 23 个省级行政区划（其中包括 4 个直辖市、5 个自治区和 2 个特别行政区）潜在电动汽车用户的购买意向，发现 47.3% 的参与者表示相对于传统（内燃机）汽车，更愿意购买电动汽车[369]。Lin 和 Wu 在中国四大一线城市（包括北京、上海、广州和深圳）进行了一项调查，56.2% 的被调查者表示愿意购买电动汽车[96]。综合不同学者的研究成果，本章假设社会网络中有一半消费者对电动汽车的初始态度为积极，另一半为消极，即初始状态中持积极态度的消费者比例 a=0.5。

根据能源与交通创新中心 2016 年发布的《中国电动汽车消费者购买偏好调查分析》[370]，相对于参照基准（传统汽车），受访者对于车辆续航里程为 240 公里的纯电动汽车的支付意愿减少 3.7 万元。根据各车企官网提供的市场指导价，与比亚迪元同级别燃油车型的平均官方建议零售价为 9.24 万元（https://chejiahao.autohome.com.cn/info/3301104/）。因此本章设 minrange =240 公里，最低支付意愿为 5.54 万元。

Huang 和 Qian 对中国二三线城市的离散型选择模型进行分析，发现续航里程每增加一公里，消费者支付意愿增加 500 元[98]，即 α =500。

2. 汽车数据

作为中国最大的电动汽车制造商，比亚迪新能源汽车销量已经连续 10 年

（2014—2023年）夺得全国第一，连续四年（2015—2018年）夺得全球第一。2018年比亚迪全年销售新能源汽车247 811辆，占新能源汽车市场份额的19.73%[367, 371]。因此本章选择新能源汽车引领者比亚迪作为分析中国消费者购买电动汽车决策的案例。其中，对于纯电动汽车，2018年6月至2019年5月，比亚迪销量最好的车型为比亚迪元电动汽车[372]，本章选择价格处于中间档的比亚迪元电动汽车智联领潮型作为消费者购买的车型对象。

根据2019年印发的《关于进一步完善新能源汽车推广应用财政补贴政策的通知》中规定的补贴标准，该款车工况法纯电动续驶里程为410公里，可以获得中央政府补贴2.5万元[373]，补贴前建议售价为14.49万元[374]。电池容量为53.22千瓦时，可得百公里电耗量约为13千瓦时，即default =0.13千瓦时/公里。鉴于车企提供的核心零部件保修期为8年，因此假设8年后电动汽车会被再出售。根据全德汽车俱乐部对16款电动汽车的测试结果，百公里电耗实测值比官方数据平均高36.1%[375]，因此假设消费者实际每公里电耗量eff 服从均匀分布U（default，default×1.4）。

根据Diao等的研究[376]，本章设贴现率r=0.06，折旧率de =0.2。Diao等假设年平均行驶里程为12 000公里[376]，但考虑到消费者的异质性，本章设年平均行驶里程服从正态分布N（12 000，6400）。

北京市充电基础设施保有量全国第一，且涉及电动汽车充电设施的政策最为完善[377]。因此本章参照北京市发布的充电收费标准。根据《中国电动汽车充电基础设施发展年度报告（2016—2017版）》，北京市在平段时收取的充电电价为0.695元/千瓦时，充电服务费为0.8元/千瓦时。相关参数设置如表5-1所示。

表5-1 参数设置

符号	定义	值	单位	设置依据
N	社会网络中消费者的数量	1 000		文献[367]
K	与左右相邻节点连接的个数	6		文献[130]
P	随机化加边概率	0.1		本书假设
b	初始状态中已采纳者的比例	0.045		文献[367]
a	初始状态中持积极态度的消费者比例	0.5		文献[96、369]
minrange	市场最低要求的续航里程	240	公里	文献[370]
β	最低支付意愿	5.54	万元	文献[370]
α	实际续航里程每超过minrange 一公里愿意增加的支付	500	元	文献[98]
p_v	单辆电动汽车的车企建议售价	14.49	万元	文献[374]
sub	单辆电动汽车的购买补贴	2.5	万元	文献[373]

续表

符号	定义	值	单位	设置依据
size	电池容量	53.22	千瓦时	文献[373]
default	官方每公里电耗量（工况法）	0.13	千瓦时/公里	文献[373]
eff	实际每公里电耗量	$U(0.13, 0.182)$	千瓦时/公里	文献[375]
T_m	生命周期年限	8	年	文献[373]
amt	年平均行驶里程	$N(12\,000, 6\,400)$	公里	文献[148, 376]
p_e	充电电价	0.695	元/千瓦时	文献[377]
p_s	充电服务费	0.8	元/千瓦时	文献[377]
r	贴现率	0.06		文献[376]
de	折旧率	0.2		文献[376]

5.3.2 不同类型的政策方案设置

为了观察促进电动汽车采纳的不同经济型政策和信息型政策对消费者购买电动汽车决策的影响，本章模拟了政府和企业实施的四种政策措施下的电动汽车采纳情况。不同类型政策对电动汽车采纳率的影响机制如图 5-3 所示。其中，经济型政策通过改变电动汽车的总拥有成本来影响消费者的净效用，从而影响电动汽车的采纳率。在信息型政策方面，加强宣传科普，提高初始状态中持积极态度的消费者比例，提高未采纳者持积极态度的可能性，从而提高电动汽车的采纳率。通过增加朋友的数量，社会讨论不仅会影响净效用，还会影响持积极态度的消费者的数量，进而综合影响电动汽车的采纳率。

1. 购买补贴

电动汽车购买补贴完全退出是必然趋势，在此背景下，政府给予消费者的购买补贴设置为 sub =2.5, 2, 1.5, 1, 0.5, 0（万元）。

2. 充电费用

《中国电动汽车充电基础设施发展年度报告（2016—2017 版）》指出，在公共区域充电根据不同的时段，有三种充电方案，分别为：尖峰，1.0044 元/千瓦时，服务费 0.8 元/千瓦时；平段，0.6950 元/千瓦时，服务费 0.8 元/千瓦时；低谷，0.3946 元/千瓦时，服务费 0.8 元/千瓦时。此外，用户可以选择在家充电。根据北京市人民政府公布的北京市居民生活用电电价表，居民用电分为三档，本书选择中间的二档，即假设用户在家充电的电价为 0.53 元/千瓦时。

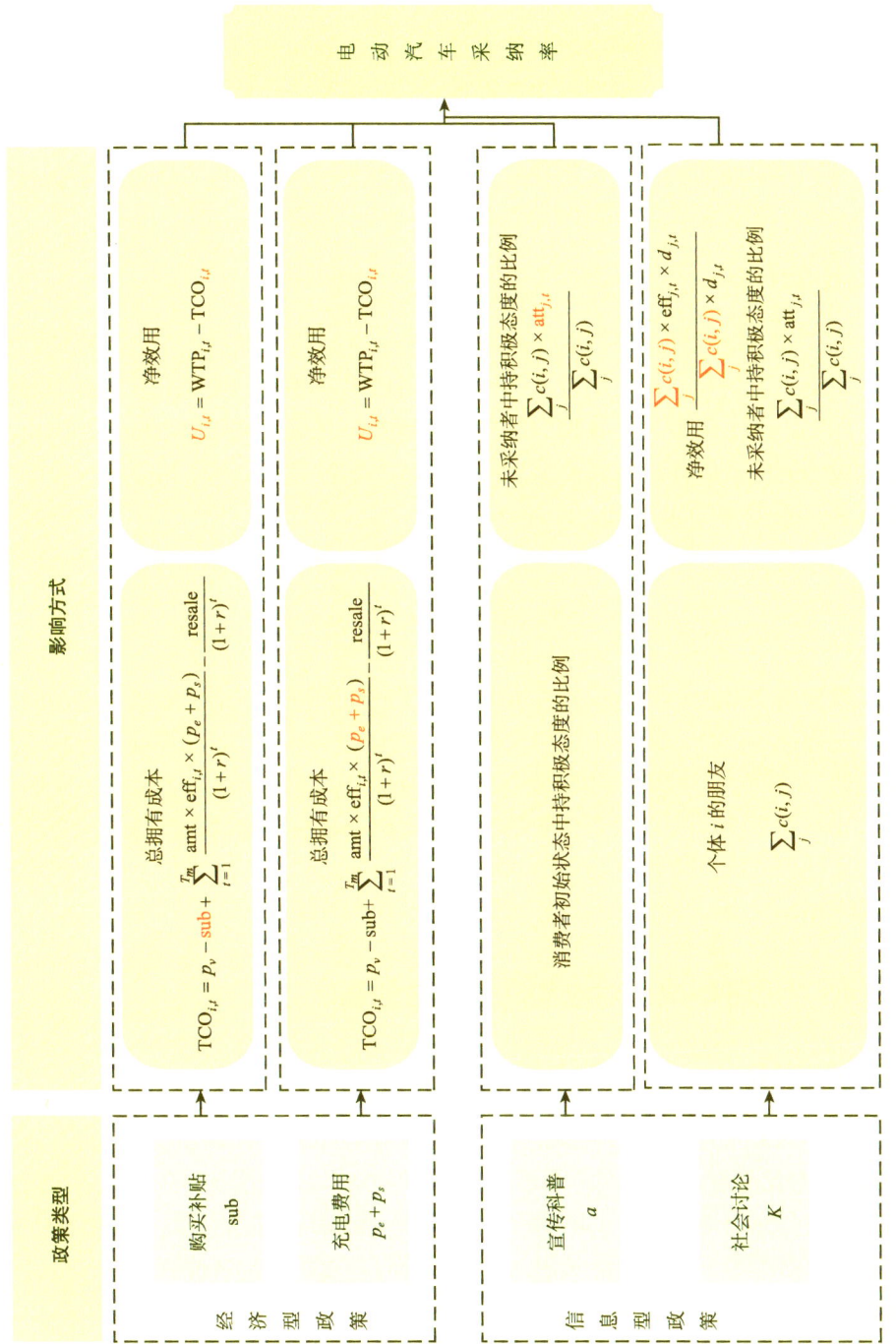

图 5-3 不同类型政策对电动汽车采纳率的影响机制

3. 宣传科普

政府和车企可以通过网络、数字电视等各类新媒体形态向用户宣传购买电动汽车的经济和环保价值，从而改变消费者对电动汽车这一新兴产品（相对于传统燃油汽车）的消极看法。随着宣传时长的增加、频率的提高，社会网络中对电动汽车持有积极态度的消费者比例也会提高。假设不同宣传科普力度下初始状态中持积极态度的消费者比例分别为 a=0.2, 0.3, 0.4, 0.5, 0.6, 0.7。

4. 社会讨论

互联网使不同地区消费者的沟通更加便捷。人们可以通过汽车之家论坛、买车网等渠道共享信息，未采纳者从而可以获得已采纳者的电耗信息。这种沟通越频繁、顺畅，未采纳者可以认识的朋友数量越多，获得的电耗信息就会越丰富。本章假设不同的政府促进社会讨论强度下网络中每个节点与左右相邻的各 $K/2$ 个节点相连，K 分别为 4, 6, 10, 20, 50, 100。

5.4 结果与讨论

本章使用 Python 3.7 软件对社会网络中不同政策情景下消费者购买电动汽车的决策过程进行仿真。据《中国传统燃油车退出时间表研究》，在市场手段和政策手段的共同推动下，中国有望在 2050 年以前实现传统燃油汽车全面退出。因此仿真周期设置到 2050 年，观察在传统燃油汽车退出的趋势下电动汽车能否成为汽车产业的支柱。考虑到消费者购买电动汽车的净效用计算以年为单位，因此决策更新假设为相同频率，本模型中的时间更迭期设置为 1 年。

5.4.1 经济型政策对电动汽车扩散的影响

1. 购买补贴对电动汽车采纳率的影响

图 5-4（a）呈现了不同的购买补贴政策对电动汽车采纳率的影响。随着补贴金额从 2.5 万元降至 0，电动汽车的最高采纳率从 0.944 下降至 0.045，下降了 0.899。值得注意的是完全退补情景下电动汽车采纳率只能保持当前的扩散率 0.045，不会增加新的电动汽车采纳量。这是因为完全退补时，电动汽车总拥有成本大于支付意愿，导致消费者的净效用为负值，故消费者不会选择采纳电动汽车。因此在其他经济技术水平不变的情况下，当前中国完全退补非常不利于电动汽车产业的发展。保持较低的补贴力度，即单辆电动汽车给予消费者 0.5 万元补贴，可促进电

动汽车扩散率达到 0.764。这既可以减轻政府财政负担，又可以有效地促进电动汽车产业发展。

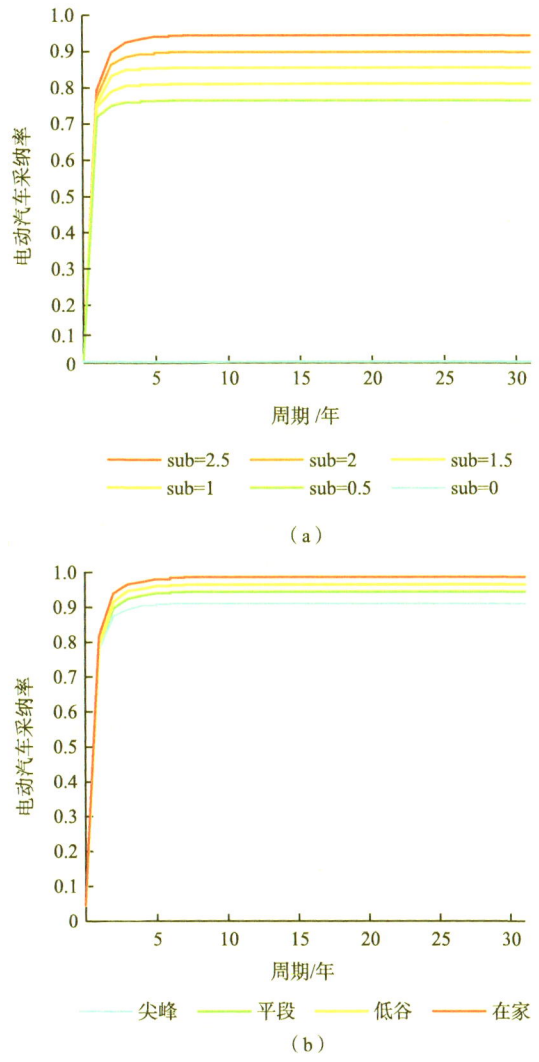

图 5-4　购买补贴和充电费用对电动汽车采纳率的影响

2. 充电费用对电动汽车采纳率的影响

不同充电方案对电动汽车采纳率的影响如图 5-4（b）所示。尖峰、平段、低谷以及在家四种方案下的最高采纳率分别为 0.911、0.944、0.964、0.986，不同充电方案下采纳率的最大差异为 0.075。四种方案中最高的采纳率对应的情景为消费者选择在家为电动汽车充电。由于没有充电服务费，且家庭用电相较于商业用电更加便宜，因此在家充电方案中电动汽车采纳率最高，但是消费者在家充电受到充电基础设施配置以及充电时间两方面的制约。根据中国电动汽车充电基础设施促进联盟 2019 年 4 月发布的《2018—2019 年度中国充电基础设施发展年度报告》，2018 年以来，私人充电桩配建率维持在 68%左右。对于私家车车主来说，他们会面临一些实际困境，如旧社区没有专用的停车位，社区容量有限，难以满足新充电桩的电力需求等，导致无法成功安装私人充电桩。此外，区别于公共充电桩以快充为主的特点，私人充电桩以交流慢充为主，直流快充为辅，充电时间较长。

5.4.2　信息型政策对电动汽车扩散的影响

除了普遍实施的经济型政策，信息型政策干预也对电动汽车扩散产生了显著影响。本章主要考虑两类信息型政策，分别是加强宣传科普提高持积极态度的消费者比例和鼓励社会讨论增加个体朋友数量，从而丰富可获得的电耗信息。

1. 宣传科普对电动汽车采纳率的影响

图 5-5（a）展示了不同宣传科普力度对电动汽车采纳率的影响。随着政府/企业增大对电动汽车的宣传科普力度，初始状态中持积极态度的消费者比例从 0.2 提高到 0.7 时，电动汽车最高采纳率从 0.412 提高到 0.968。这是因为未购买者的朋友中对电动汽车持积极态度的人数越多，对未购买者态度的影响越大，使得该决策者从消极态度转为积极态度的可能性也就越大。

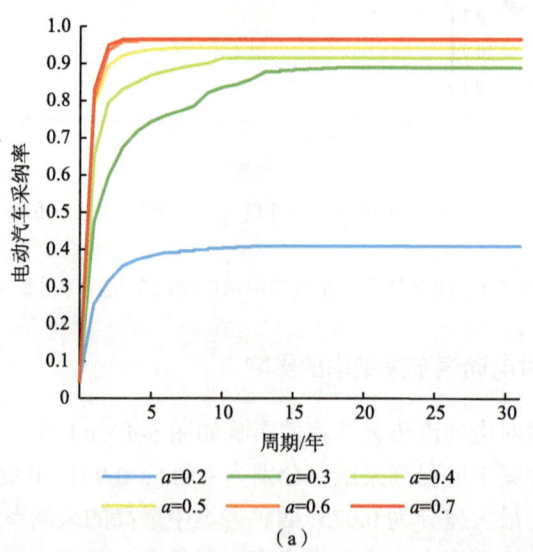

(a)

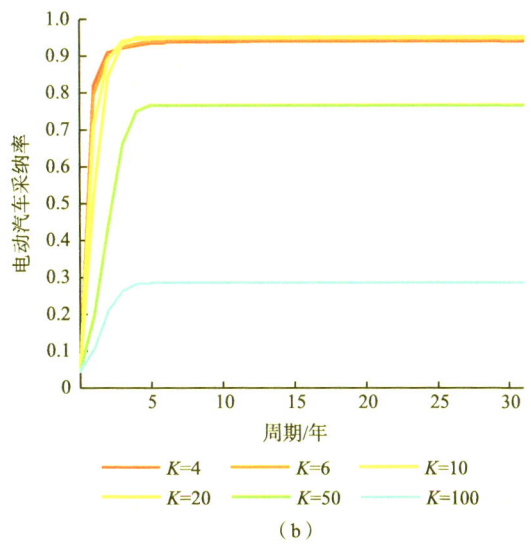

图 5-5　宣传科普和社会讨论对电动汽车采纳率的影响

同时需要注意到宣传科普的力度和电动汽车采纳率并不是线性关系，随着宣传科普力度的提高，其对电动汽车采纳率的促进效果会变弱。持积极态度的消费者比例从 0.2 提高到 0.3，电动汽车采纳率提高了 0.479，但是当持积极态度的消费者比例从 0.6 提高到 0.7 时，电动汽车采纳率仅提高了 0.003。由此可以得出，宣传科普可以促进电动汽车采纳率的提高，但是这种促进效果超过一定的阈值时会减弱。

2. 社会讨论对电动汽车采纳率的影响

鼓励社会讨论增加个体朋友数量对电动汽车采纳率的影响如图 5-5（b）所示。当朋友个数较少，即主要是面对相识的邻居时，朋友数量的增加有利于电动汽车采纳率的提高。例如，网络中个体与左右相邻节点连接的个数从 4 增加到 20 时，电动汽车采纳率从 0.940 提高到 0.951。当朋友数量非常多，即主要通过汽车之家论坛、买车网等渠道认识时，朋友数量的增加反而阻碍电动汽车扩散。例如，网络中个体与左右相邻节点连接的个数从 20 增加到 100 时，电动汽车采纳率从 0.951 降至 0.286。这表明鼓励社会讨论具有两面性，需要谨慎使用该政策。现有研究多侧重于研究社会网络对电动汽车采纳率的积极作用，如 McCoy 和 Lyons 发现即使总体的采纳率很低，但轻微的同伴效应可能会使某些地区出现大量的电动汽车采纳者[136]。这是因为 McCoy 和 Lyons 构建个体效用函数时，群体影响和社会规范均与已采纳者的数量有关，且正向影响个体效用。本章考虑了已采纳者的态度（积极或消极）和电耗信息对未采纳者的影响，所以得出的结论不同。

本章中电动汽车采纳率之所以在不同政策情景下都是在 7 年左右快速达到稳

定是因为未采纳者的朋友在初始状态中持积极态度的比例最高。电动汽车实际电耗量大多数大于官方公布的电耗量，朋友中持消极态度的比例提高，造成朋友对未采纳者的影响逐渐降低，越来越难以转变未采纳者的态度。

5.4.3 两种经济型政策对电动汽车采纳率的交互影响

除单独探讨每种政策措施的效果外，本章进一步讨论对电动汽车采纳率均具有促进作用的两种经济型政策的联合作用，并分析异质性消费者不同的态度转变阈值对电动汽车采纳率的影响。

图 5-6 展示了两种经济型政策（以充电方案代表充电费用）交互影响下的电动汽车采纳率，可以发现两种经济型政策联合实施的效果突出。例如，在家充电且购买补贴为 2.5 万元情景下时，电动汽车采纳率为 0.986，约是尖峰充电且完全退补情景下电动汽车采纳率（0.045）的 22 倍。

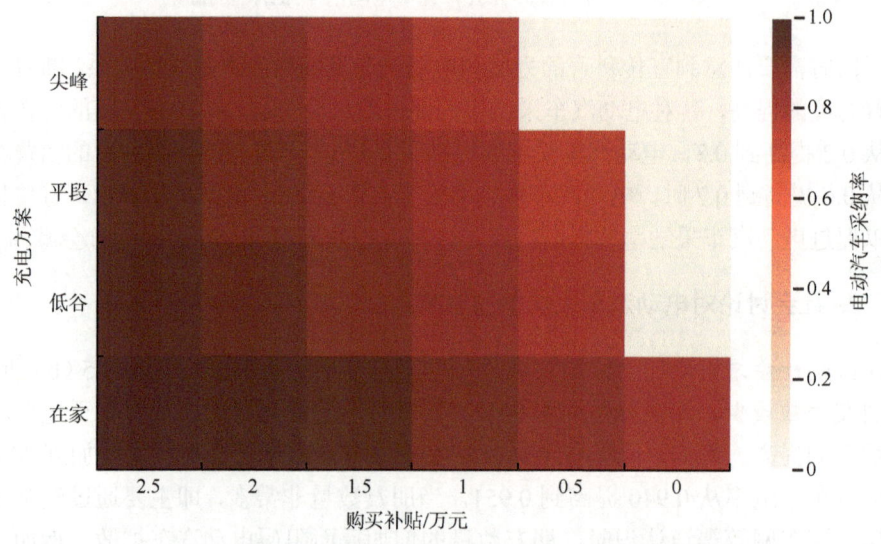

图 5-6 两种经济型政策交互影响下的电动汽车采纳率

相同充电方案下，随着退补力度的增强，电动汽车采纳率随之下降，且消费者对购买补贴的敏感性随着电价的下降而降低。例如，在尖峰充电方案下，当购买补贴从 2.5 万元降至 0 时，电动汽车采纳率从 0.911 降至 0.045，下降了 0.866，而在家充电方案下，购买补贴从 2.5 万元降至 0 时，电动汽车采纳率从 0.986 降至 0.808，下降了 0.178，降低幅度仅约为尖峰充电方案下的 1/5，表明在家充电时电动汽车采纳率受退补政策的影响最小。鉴于当前四种充电方案下购买补贴政策对促进电动汽车采纳率的提高仍具有一定的作用，因此政府可放缓退补步伐，继续释放购买补贴政策的潜力。另外，政府应当积极鼓励消费者选择在家给电动汽车充电，不仅要向消费者宣传在家充电相对于其他充电方案具有节约成本的优势，更需要加快居民生活区充电基础设施的建设，减轻消费者的充电焦虑。

5.4.4 电动汽车采纳率对态度转变阈值的敏感性分析

上述各情景分析均基于未采纳者态度转变阈值为 0.5，即当与未购买者相连的所有朋友中有一半及以上的态度为积极时，该决策者的态度会转为积极，否则保持消极。不同的阈值代表着消费者不同的风险偏好。若态度转变阈值很低，表明该决策者是风险偏好型，朋友中持积极态度的比例较低即可使得该决策者的态度从消极转为积极。若态度转变阈值很高，表明该决策者为风险厌恶型，只有绝大多数朋友的态度为积极时，朋友态度才会起作用。

此外，已采纳者对电动汽车的使用感知也存在异质性。基础情景中当实际电耗超过官方电耗的 1.1 倍时，已采纳者的态度会变为消极。异质性消费者对电耗感知存在差异，有的消费者非常关注电耗使用情况，而有的消费者对电耗信息偏好较弱，即存在不同的可接受范围。因此本书通过设置不同的已采纳者态度转变情景观察电动汽车采纳率对态度转变阈值的敏感性。

图 5-7 表明电动汽车采纳率对风险厌恶型消费者更加敏感，即未购买者是风险厌恶型时，相比于风险偏好型和风险中立型，电动汽车采纳率呈现显著下降趋势。例如，当态度转变阈值小于 0.5 时，电动汽车采纳率几乎不受态度转变阈值的

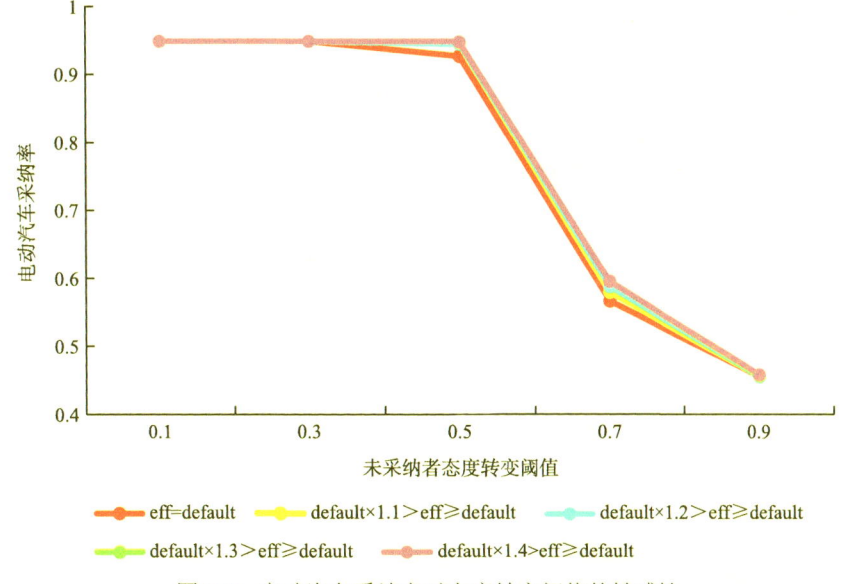

图 5-7 电动汽车采纳率对态度转变阈值的敏感性

影响。当态度转变阈值大于 0.5 时，消费者的风险厌恶程度越高，电动汽车采纳率降低幅度越明显。另外，当已采纳者对电动汽车实际电耗心理接受范围变广，即持有积极态度的条件放宽时，风险中立型和风险厌恶型的消费者中选择采纳电动汽车的人数增多，但这种促进作用非常微弱。

5.5 本章小结

电动汽车产业作为战略性新兴产业，对减轻能源和环境压力以及振兴汽车产业具有至关重要的意义。退补背景下，如何缓解消费者焦虑情绪，继续保持电动汽车顺利被消费者广泛采纳至关重要。本章基于具有态度和采纳两个属性的消费者网络，通过建立考虑朋友态度和电耗信息作用的消费者购买电动汽车的决策模型，探究经济型政策和信息型政策对电动汽车采纳率的影响，得出以下主要结论。

（1）购买补贴和充电费用政策联合实施对电动汽车采纳率的影响显著，消费者对购买补贴的敏感性随着电价的下降而降低，即选择在家充电时，电动汽车采纳率受到退补政策的影响最小。

（2）增强宣传科普力度能够通过提高初始状态中持积极态度的消费者比例来促进电动汽车采纳率提高，随着宣传科普力度的增大，消费者网络中持积极态度的人数比例从 0.2 提高到 0.7，电动汽车最高采纳率从 0.412 提高到 0.968，但是这种促进效果超过一定的阈值时会减弱。

（3）鼓励社会讨论对电动汽车扩散的影响具有两面性。当朋友个数较少，即主要是面对相识的邻居时，朋友数量的增加有利于电动汽车采纳率的提高，但当朋友数量非常多，即主要通过汽车之家论坛、买车网等渠道认识时，朋友数量的增加反而阻碍电动汽车扩散。

（4）电动汽车采纳率对风险厌恶型消费者更加敏感，即未采纳者是风险厌恶型时，相比于风险偏好型和风险中立型，电动汽车采纳率呈现显著下降趋势。已采纳者对电动汽车实际电耗心理接受范围的增大会微弱地促进风险中立型和风险厌恶型的消费者采纳电动汽车。

第6章 基于制造商网络视角分析政策干预对电动汽车扩散的影响

需求侧和供给侧是促进电动汽车顺利扩散的一体两面。需求侧方面,第 5 章基于消费者网络视角从微观层面探讨不同类型政策干预下消费者的购买行为选择。同样地,有必要从微观层面探究每个制造商是如何进行生产决策的。结合 2.3.3 节对政策干预下制造商生产电动汽车的决策机制的分析,本章基于制造商网络视角分析政策干预对电动汽车扩散的影响。

6.1 问题描述

税收和补贴是政府推动电动汽车产业发展的两个重要途径,但目前很难评估税收和补贴哪个政策更加有效。尤其是对于作为汽车生产主体的制造商来说,在各种内外部因素的影响下,他们如何做出决策仍是一个值得深入探讨的问题。本章采用复杂网络演化博弈方法探索税收和补贴政策对中国电动汽车产业发展的影响,用复杂网络模型刻画制造商之间的交互作用,用博弈模型描述理性的汽车制造商在政府政策下的策略选择,试图发现在不同的电动汽车发展扩散时期,税收和补贴哪种政策的促进效果更好。

6.2 复杂网络演化博弈模型

6.2.1 小世界网络构建

在快速发展的互联网社会背景下,企业之间的联系日益紧密,体现出小世界特征。本章中所指企业具有一般性,即企业之间不存在严重的异质性。因此采用 Fan 等关于复杂网络的设置,认为小世界网络比无标度网络更加适合本章的研究问题[167]。由企业构成的小世界网络结构记为 $G=(V, E)$,其中 $V=\{v_i\}$ 代表网络中的企业节点,E 中的元素 e_{ij} 代表企业节点 v_i 和 v_j 之间的连边。假设网络中所有的连边都是无向的,如果企业 i 和企业 j 之间有联系,则 $(v_i, v_j)=1$,否则,$(v_i$,

v_j）=0。考虑到 WS 小世界模型构造算法中的随机化重连过程有可能会破坏网络的连通性，而 NW 小世界网络并不改变原有节点的连边，其通过引入捷径加强网络之间的联系。现实中，企业的网络联系特征与 NW 小世界网络更为接近[378]。因此本章采用 NW 小世界模型，用"随机化加边"取代 WS 小世界模型构造中的"随机化重连"。NW 小世界模型构造算法如下[379]。

（1）考虑一个含有 N 个节点的最近邻耦合网络，它们围成一个环，其中每个节点都与它左右相邻的各 $K/2$ 个节点相连，K 是偶数。

（2）以概率 P 在随机选取的一对节点之间加一条边。其中，任何两个不同节点之间至多只能有一条边，并且每一个节点都不能有边与自身相连。

6.2.2　博弈模型构建

汽车市场中，汽车制造商的行为会受到内因和外因的影响，如生产成本、消费者购买意愿、政府政策等。消费者购买行为会受到自身偏好、汽车价格和政府政策的影响。政府的政策制定同样会考虑到消费者和汽车制造商的行为，从而实现社会福利最大化的目标。由此可见，政府、汽车制造商和消费者任何一方的行为都不是孤立的，而是相互影响的。根据 Liu 等的研究，设电动汽车的环境友好程度为 g_e，燃油汽车的环境友好程度为 g_f，满足 $g_e > g_f > 0$[123]。消费者的环保意识为 θ，且 θ 服从[0，1]均匀分布。假设电动汽车的单位生产成本为 c_e，燃油汽车的单位生产成本为 c_f，且 $c_e > c_f > 0$；电动汽车和燃油汽车的单位销售价格分别为 p_e，p_f，$p_e > p_f > 0$；生产电动汽车和燃油汽车的利润分别为 π_e，π_f。

为了促进电动汽车产业的发展，政府实施了多种政策促进电动汽车的生产和消费，同时影响电动汽车的供给和需求。供给侧方面，政府为生产电动汽车的制造商提供补贴，因燃油汽车相对于电动汽车排放更多的 CO_2 而对生产燃油汽车的制造商征收碳税，从而激励汽车制造商生产电动汽车。本章设定政府给予电动汽车制造商的单位补贴为 s，对汽车制造商每生产一辆燃油汽车征收的碳税为 F。需求侧方面，政府为消费者购买电动汽车提供补贴对消费者效用的影响为 v。同时政府对燃油汽车的购买采取抑制政策，燃油汽车车牌限制政策对消费者效用的影响为 T。

1. 消费者效用

根据 Liu 等关于消费者净效用的计算[123]，得出三类消费者的效用函数及电动汽车和燃油汽车的需求函数：

$$U_e = \theta_e g_e - p_e + v \quad (6.1)$$

$$U_f = \theta_f g_f - p_f - T \quad (6.2)$$

$$U_n = 0 \quad (6.3)$$

其中，U_e、U_f 和 U_n 分别为消费者购买电动汽车、燃油汽车以及什么都不购买的净效用；θ_e 和 θ_f 分别为购买电动汽车、燃油汽车的消费者的环保意识。由式（6.1）和式（6.2）得到购买一辆电动汽车和一辆燃油汽车的边界，使用 θ_e 表示此边界，即 $\theta_e = \dfrac{p_e - v - p_f - T}{g_e - g_f}$。由式（6.2）和式（6.3）得到购买一辆燃油汽车和什么都不购买的边界，使用 θ_f 表示，即 $\theta_f = \dfrac{p_f + T}{g_f}$。$0 \leqslant \theta_f \leqslant \theta_e \leqslant 1$ 表示异质性消费者的不同行为，当 $\theta \in [\theta_e, 1]$ 时，消费者会购买电动汽车；当 $\theta \in [\theta_f, \theta_e)$ 时，消费者会购买燃油汽车；当 $\theta \in [0, \theta_f)$ 时，消费者什么都不购买。

对于电动汽车，需求量 $q_e = 1 - \theta_e$；对于燃油汽车，需求量 $q_f = \theta_e - \theta_f$，由此得出电动汽车和燃油汽车的需求函数：

$$q_e = \frac{g_e - g_f - p_e + p_f + v + T}{g_e - g_f} \quad (6.4)$$

$$q_f = \frac{g_f p_e - g_e p_f - g_f v - g_e T}{g_f (g_e - g_f)} \quad (6.5)$$

2. 汽车制造商的利润

所有的汽车制造商的目标是实现利润最大化，汽车制造商生产电动汽车和燃油汽车的利润函数如下：

$$\pi_e = (p_e - c_e) \left(\frac{g_e - g_f - p_e + p_f + v + T}{g_e - g_f} \right) \quad (6.6)$$

$$\pi_f = (p_f - c_f) \left(\frac{g_f p_e - g_e p_f - g_f v - g_e T}{g_f (g_e - g_f)} \right) \quad (6.7)$$

3. 政府干预下汽车制造商的收益

每个参与主体有两个纯策略，即汽车制造商的策略包括生产电动汽车和生产燃油汽车。如果汽车制造商选择生产电动汽车，除获得正常的生产利润外，还会由于生产更加清洁环保的产品获得政府提供的单位补贴 s。如果汽车制造商选择生产燃油汽车,政府将会在其原有利润基础上对其每生产一辆燃油汽车征收碳税F。汽车制造商在不同纯策略下的收益支付矩阵如表 6-1 所示,且初始汽车制造商生产电动汽车的概率为 x。

表 6-1 收益支付矩阵

		汽车制造商 2	
		电动汽车	燃油汽车
汽车制造商 1	电动汽车	π_e+sq_e,π_e+sq_e	π_e+sq_e,π_f-Fq_f
	燃油汽车	π_f-Fq_f,π_e+sq_e	π_f-Fq_f,π_f-Fq_f

如要实现汽车制造商的最优反应策略为生产电动汽车,需满足 $\pi_e+sq_e \geqslant \pi_f-Fq_f$,进而求得政府对汽车制造商的税补政策以及燃油汽车车牌限制政策强度和政府对消费者购买电动汽车的补贴对消费者效用的影响的临界值:

$$F \geqslant \frac{(p_f-c_f)(g_f p_e-g_e p_f-g_f v-g_e T)-g_f(p_e-c_e+s)(g_e-g_f-p_e+p_f+v+T)}{g_f p_e-g_e p_f-g_f v-g_e T}$$
(6.8)

$$s \geqslant \frac{(p_f-c_f-F)(g_f p_e-g_e p_f-g_f v-g_e T)+g_f(c_e-p_e)(g_e-g_f-p_e+p_f+v+T)}{g_f(g_e-g_f-p_e+p_f+v+T)}$$
(6.9)

$$T \geqslant \frac{(p_f-c_f-F)(g_f p_e-g_e p_f-g_f v)-g_f(p_e-c_e+s)(g_e-g_f-p_e+p_f+v)}{g_f(p_e-c_e+s)+g_e(p_f-c_f-F)}$$
(6.10)

$$v \geqslant \frac{(p_f-c_f-F)(g_f p_e-g_e p_f-g_e T)-g_f(p_e-c_e+s)(g_e-g_f-p_e+p_f+T)}{g_f(p_e-c_e+s+p_f-c_f-F)}$$
(6.11)

当大于或等于这一临界值时,汽车制造商的最优反应策略为生产电动汽车,否则汽车制造商的最优反应策略为生产燃油汽车。这一条件将用于之后在仿真部分讨论政府政策下汽车制造商的行为。

6.2.3 小世界网络中制造商策略的演化机制

在每轮博弈中,所有节点与它的每个邻居进行一次博弈,并将收益累积。本章采用费米演化规则[380],即博弈个体 i 更新自身博弈策略时,他随机地选择一个

自己的邻居 j 进行收益比较，个体 i 在下次博弈时采取邻居 j 的策略的概率为

$$p_{(i \leftarrow j)} = \frac{1}{1 + \exp\left[(U_i - U_j)/k\right]} \quad (6.12)$$

其中，U_i 和 U_j 分别为个体 i 和 j 在此次博弈中所获得的累积收益；k（$k \geqslant 0$）描述了噪声效应，这意味着允许个体进行非理性的选择，也就是说那些收益较低的个体的策略仍有较小的概率被比其收益高的个体所采用。本章中的噪声指的是汽车制造商是有限理性者，制定决策时无法获得所有的信息，且环境中存在会对决策造成干扰的不可控的因素。参考以往研究，取 $k=0.1$[381,382]。每轮博弈后，所有玩家同步更新策略。仿真结果中的每个数值是相同参数条件下 50 次实验结果的平均值。

6.3 数 据 来 源

本章同样选择新能源汽车引领者比亚迪作为分析中国电动汽车产业的案例。Fan 和 Dong 提供了新能源汽车比亚迪 e6 和相同系列的燃油汽车 M6 的生产成本与销售价格数据，设电动汽车的单位销售价格 p_e 为 33.98 万元，单位生产成本 c_e 为 25 万元，燃油汽车的单位销售价格 p_f 为 12.89 万元，单位生产成本 c_f 为 5.54 万元[271]。根据 Liu 等的研究[123]，设初始汽车制造商生产电动汽车的概率 $x=0.1$，电动汽车的环境友好程度 $g_e=0.9$，燃油汽车的环境友好程度 $g_f=0.72$。

2018 年印发的《关于调整完善新能源汽车推广应用财政补贴政策的通知》中对消费者购买电动汽车的补贴进行了调整。比亚迪 e6 的综合续航里程可达 450 公里，按照补贴标准一辆电动汽车可获得补贴 $v=5$ 万元。Zhang 等研究发现燃油汽车车牌限制政策相对于电动汽车购买补贴政策，可以更强有力地影响消费者的电动汽车购买意愿。因此，本章设燃油汽车车牌限制政策对消费者效用的影响 $T=0.06$[383]。

2015 年麦肯锡咨询公司的《加速中国电动汽车发展》报告数据显示，中国政府近年来用于支持新能源汽车发展投入的资金约 370 亿元，其中支持新能源汽车研发投入约 80 亿元、新能源汽车补贴及税后减免支出 180 亿元、充电基础设施建设等方面投入 110 亿元。因此设政府给予制造商生产电动汽车的补贴约为消费者购买补贴的 0.45 倍，即 $s=2.25$ 万元。

根据 2017—2018 年 8 个试点城市的配额价格，参照交易处于中间价格水平的深圳和重庆的成交价格，设置碳价为 30 元/吨。Wu 等使用生命周期评价方法计算了纯电动汽车和普通燃油汽车（包括车辆的原材料获取、车辆零部件加工、整车组装、维修使用循环，以及燃料开采、精炼、运输、分配和使用）的温室气体排放，得出 2020 年考虑电源和发电技术进步的情景下，整个生命周期一辆纯电动汽

车相对于一辆普通燃油汽车减少 3.1 吨 CO_2 排放[384]。因此对汽车制造商生产一辆燃油汽车征收的碳税是 93 元，即 $F=9.3\times10^{-3}$ 万元。仿真初始值如表 6-2 所示。

表 6-2　仿真初始值

参数	N	K	P	k	x	g_e	g_f	v	T	p_e	p_f	c_e	c_f	s	F
值	100	4	0.3	0.1	0.1	0.9	0.72	5	0.06	33.98	12.89	25	5.54	2.25	9.3×10^{-3}
单位								万元		万元	万元	万元	万元	万元	万元

6.4　结果与讨论

6.4.1　税补政策对电动汽车扩散的影响

1. 碳税政策对电动汽车扩散的影响

图 6-1 展示了不同网络规模下碳税政策对电动汽车扩散的影响。碳价分别为中国低水平碳价（10 元/吨，红线所示）、中等水平碳价（30 元/吨，绿线所示）、高水平碳价（50 元/吨，紫线所示），欧盟碳价（109 元/吨，蓝线所示），挪威碳价（438 元/吨，黑线所示）。总体而言，不同网络规模下随着碳税水平的提高，电动汽车扩散程度随之提高。由此可见政府加大对燃油汽车制造商的征税力度有利于提高电动汽车扩散程度。这是因为碳税的增加使得汽车制造商生产燃油汽车的收益降低，当生产燃油汽车的收益低于生产电动汽车时，更多的汽车制造商会采取生产电动汽车策略。此外，规模越大的网络对碳税水平的敏感性越强，即随着网络中汽车制造商数量的增加，同等碳税水平下电动汽车的扩散程度相应提高。这是因为网络中汽车制造商成员的增加，一方面使得单个汽车制造商邻居的数量增加，更多的邻居数量会提高博弈的累积收益，从而使得网络中具有资源优势的汽车制造商的策略被更多的企业模仿。另一方面，由于可选学习对象增多，企业的策略学习及更新效率将会更高。这与 Wang 和 Zheng 的结论一致，他们从网络特征和消费者环保意识的角度探讨了企业的低碳战略选择，揭示了加强行业内企业之间的联系有助于低碳战略的传播[133]。

中国有 257 家汽车制造商，较符合网络规模为 300 个节点的情景[385]。现阶段汽车制造商网络规模下，当前碳税水平（9.3×10^{-3} 万元）可以促使电动汽车扩散率达到 0.82。根据《中国新能源汽车产业发展报告（2017）》，2016 年中国新能源乘用车行业市场化竞争加剧导致产业集中度下降，排名前三的新能源乘用车生产企业销量占新能源乘用车总销量的 56%，同比下降 10 个百分点。前五大新能源乘用车整车制造企业销量合计占市场总销量的 75.53%。其余百家车企的市场份额不到 5%，

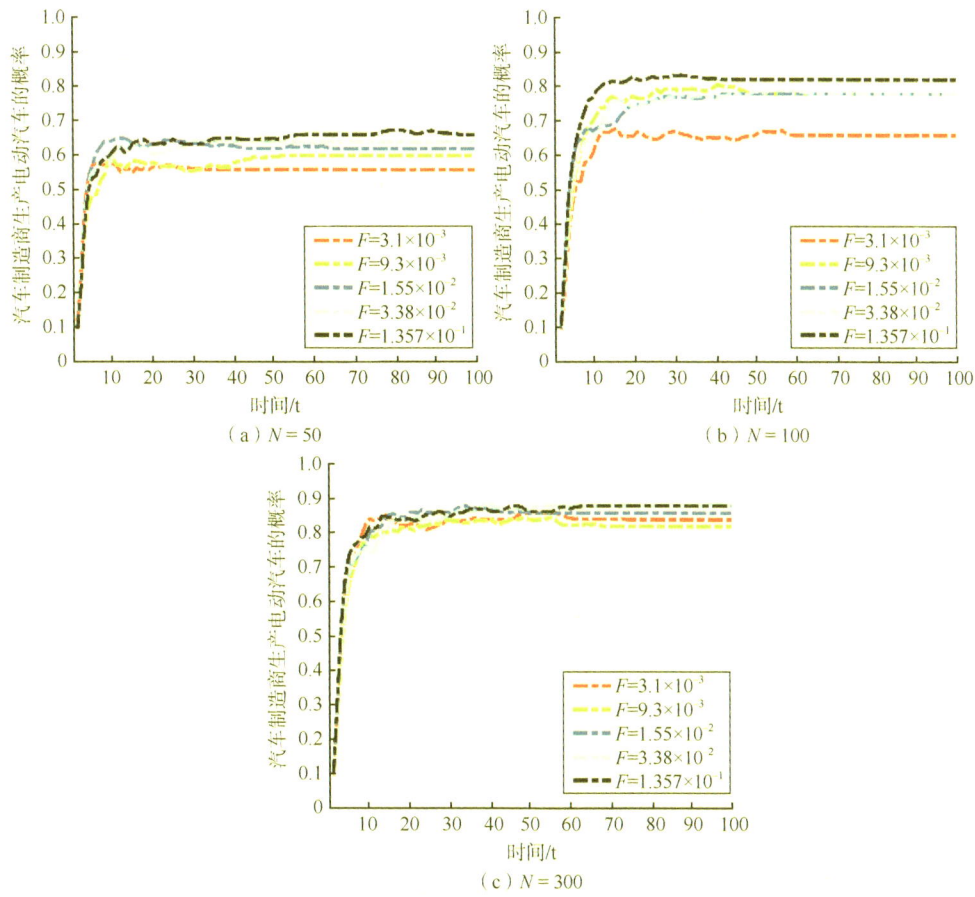

图 6-1　不同网络规模下碳税政策对电动汽车扩散的影响

致使汽车产量参差不齐，骗补不断。在政策红利驱使下，各类资本进驻电动汽车产业。2016 年后获得国家发展改革委生产资质的 15 家车企仅 6 家有车在售，多数车企成了"僵尸企业"。欧美日汽车行业发展初期也曾出现过"百家争鸣"，最后发展成为世界一流车企的仅为几大汽车集团。因此，随着中国电动汽车市场的成熟，政策导向逐渐转向市场竞争，车企规模将呈现缩小趋势。汽车制造商规模从 300 家精减到 50 家时，在 9.3×10^{-3} 万元的碳税水平下，电动汽车扩散率下降到 0.6。

值得注意是，不同碳税水平下电动汽车扩散程度并无显著差异，碳价从 10 元/吨提高到 438 元/吨，电动汽车扩散程度仅提高 0.04—0.16。GDP 损失和碳价呈现线性关系，碳价提高会导致 GDP 损失增加[386]。因此，仅依靠提高碳价来提高碳税水平并不能实现显著提高电动汽车扩散程度的目的。碳税由碳价和一辆电动汽车相对于燃油汽车在整个生命周期中减少的碳排放量两部分决定。中国电源结构中煤电占主导地位，未来只有通过改善电动汽车的电源结构、改进发电技术、提高电能利用效率、减少电动汽车相对于燃油汽车生命周期碳排放,才能实现更有效地促进电动汽车扩散。

2. 生产补贴政策对电动汽车扩散的影响

当前政府对汽车制造商生产一辆电动汽车给予的补贴为 2.25 万元,分别观察补贴力度为当前水平的 1/2 和 1—4 倍时电动汽车扩散情况。如图 6-2 所示,总体而言,不同网络规模下随着对生产电动汽车制造商的补贴力度的增大,电动汽车扩散程度随之提高。这是因为随着政府对汽车制造商生产电动汽车补贴力度的加强,汽车制造商可以部分弥补电动汽车生产中研发、基础设施和技术转让费等回收周期较长的投资,从而增加收益,提升制造电动汽车的积极性。此外,规模越大的网络对补贴力度的敏感性越强,即相同补贴力度下随着网络中汽车制造商数量的增加,电动汽车扩散程度提高。

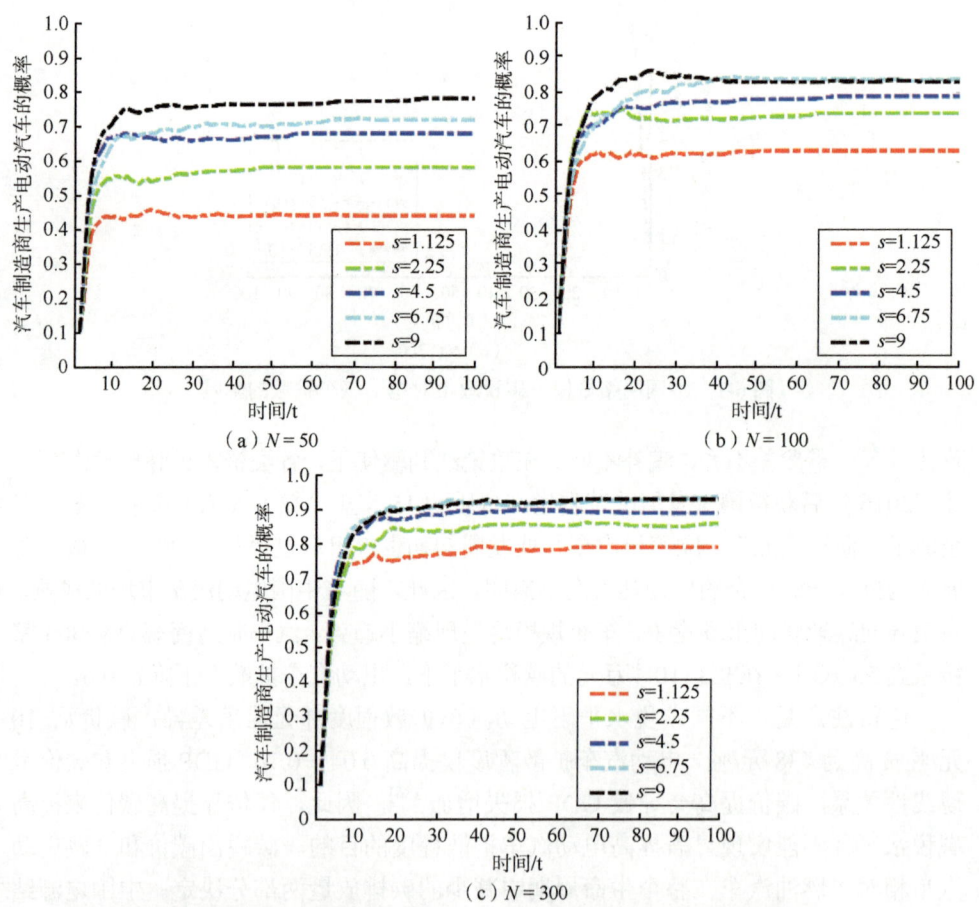

图 6-2 不同网络规模下生产补贴政策对电动汽车扩散的影响

在当前汽车制造商网络规模下，2.25 万元的补贴力度可以促使电动汽车扩散率达到 0.86。补贴力度达到 9 万元时，电动汽车扩散程度为 0.94，仅提高了 0.08。由此可知 2.25 万元的补贴力度比较合理，巨额补贴可能会给国家带来沉重财政负担却不能显著提高电动汽车扩散程度。当汽车制造商规模从 300 家下降到 50 家时，同等补贴力度下对电动汽车扩散的促进效果减弱。鉴于车企规模的缩小，政府可给予汽车制造商较高的补贴（9 万元）用于研发投入，提高核心技术水平，维持电动汽车的高水平扩散。

值得注意的是，无论是生产补贴政策还是碳税政策，在不同的网络规模下均无法促进电动汽车充分扩散，即无法实现电动汽车扩散率达到 100%。这一发现得到了 Encarnação 等的支持，他们的研究结果表明，政府监管是必要的，但不足以确保电动汽车充分普及[165]。可能有以下方面的原因。首先，一些地方政策在一定程度上影响电动汽车市场的健康发展，导致市场竞争不够公平自由，进而可能影响市场的平衡调节和技术创新。此外，除了补贴政策外，一些非补贴性政策优惠本地企业，限制外地企业[354]。其次，消费者存在路径依赖，不轻易接受新事物，难以把对环境的正外部性转化为短期内对自己没有好处的行为[121]。此外，电动汽车产业具有较高的进入壁垒，前期需要庞大的资金投入用于技术研发、厂房建设、专利购买等，而且资金回收周期较长，市场中无法轻易涌入新进入者。短期内原本生产燃油汽车的汽车制造商难以抛弃多年的资产设备投入完全转向生产电动汽车。最后，电动汽车产业发展需要多方共同协作，仅靠碳税和补贴政策难以促进电动汽车充分扩散，需从基础设施、非货币激励、电动汽车技术创新等多方面促进电动汽车产业发展。

6.4.2 燃油汽车车牌限制和购买补贴政策对电动汽车扩散的影响

1. 燃油汽车车牌限制政策对电动汽车扩散的影响

6.4.1 节从供给侧研究了政府对汽车制造商的碳税和补贴政策对电动汽车扩散的影响。进一步地，从需求侧探究燃油汽车车牌限制和购买补贴政策对电动汽车扩散的影响。当满足式（6.10）的条件时，求得汽车制造商选择生产电动汽车和燃油汽车收益相等的情况下燃油汽车车牌限制政策对消费者效用影响的临界值，即 $T=0.0358$。当燃油汽车车牌限制政策对消费者效用影响的程度高于、约等于、小于这一临界值时观察汽车制造商的行为。图 6-3 呈现了不同网络规模下燃油汽车车牌限制政策对消费者效用的影响程度对电动汽车扩散的影响。

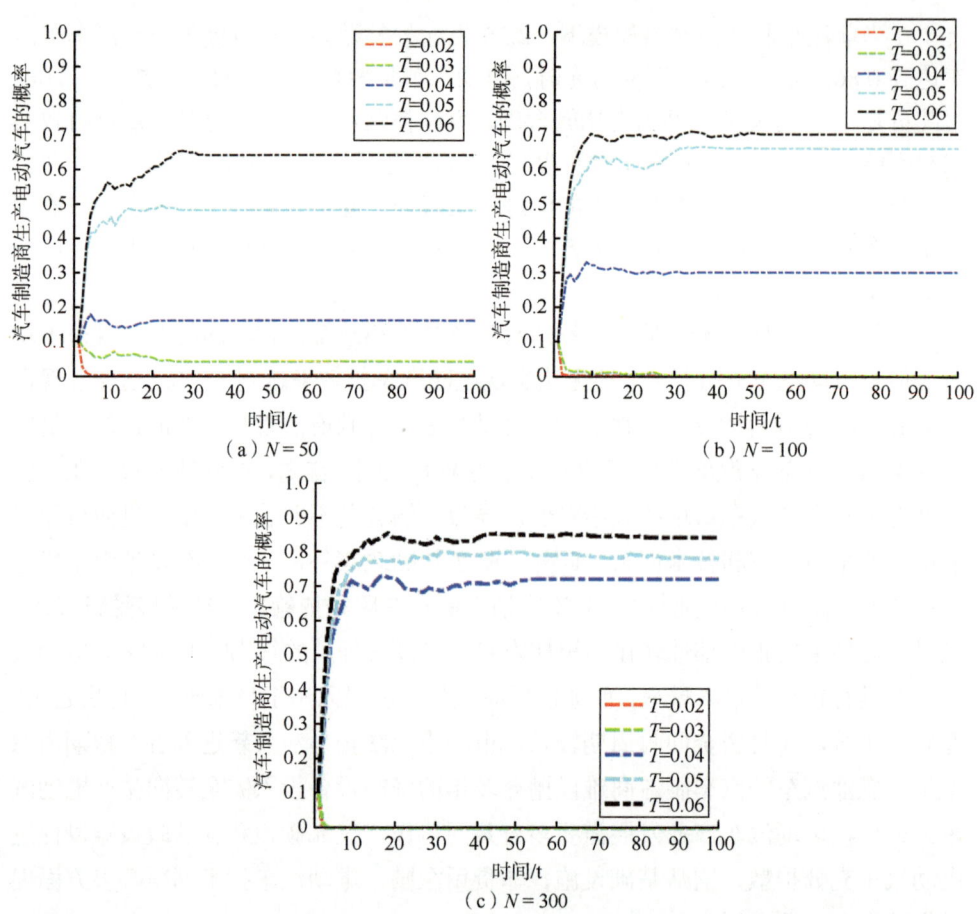

图6-3 不同网络规模下燃油汽车车牌限制政策对消费者效用的影响程度对电动汽车扩散的影响

总体而言，不同网络规模下随着燃油汽车车牌限制政策对消费者效用影响程度的加强，电动汽车扩散程度随之提高。当燃油汽车车牌限制政策对消费者效用影响程度低于 0.04 时，燃油汽车车牌限制政策对消费者的效用基本没有影响，且汽车制造商生产燃油汽车的收益大于生产电动汽车的收益，因此汽车制造商生产电动汽车的概率逐渐下降。在燃油汽车车牌限制政策对消费者效用影响程度大于或等于 0.04 时，更加严格的燃油汽车车牌限制政策使消费者购买燃油汽车的效用显著降低，且汽车制造商生产电动汽车的收益大于生产燃油汽车的收益，因此电动汽车扩散程度提高。此外，规模越大的网络对燃油汽车车牌限制政策对消费者效用的影响程度越敏感。在燃油汽车车牌限制政策对消费者效用影响程度大于或等于 0.04 的情景下，随着网络规模的扩大，电动汽车的扩散程度也随之提高。

中国当前汽车制造商规模下燃油汽车车牌限制政策对消费者效用的影响为 0.06，电动汽车扩散率可以达到 0.84。虽然燃油汽车车牌限制政策对电动汽车扩散的促进效果明显，但在实施燃油汽车车牌限制政策的城市，电动汽车也逐渐受到车牌制约。北京市公布的《关于 2018 年小客车指标总量和配置比例的通告》明确指出，2018 年小客车指标年度配额为 10 万个，其中普通指标额度 4 万个，新能源指标额度 6 万个。可见北京市政府授予新能源汽车（主要是纯电动汽车）的牌照多于传统燃油汽车。北京市 2016 年有 550 万辆车，只有 180 万辆车有停车位，伴随着严重的交通拥挤和泊车问题[387]。鉴于北京市存在无法容纳如此多汽车的困难，即使燃油汽车车牌限制政策可以显著促进电动汽车扩散，也不会大量增加新能源汽车指标额度。这个困境同样存在于上海市、广州市、深圳市等具有人口稠密特征的主要汽车市场。并且限制车牌不是长久之计，以抑制消费者需求为代价只能减少汽车增量，无法真正减少存量。完善公共交通设施，合理安排线路，提高汽车的使用成本，而不是抑制汽车购买需求才是关键。

2. 购买补贴政策对电动汽车扩散的影响

当满足式（6.11）的条件时，求得汽车制造商选择生产电动汽车和燃油汽车收益相等的情况下消费者购买电动汽车补贴的临界值，即 $v=2.34$。观察消费者购买电动汽车补贴高于、约等于、小于这一临界值时汽车制造商的行为。图 6-4 显示了不同网络规模下购买补贴政策对电动汽车扩散的影响。

不同网络规模下随着政府对消费者购买电动汽车补贴额的提高，电动汽车的扩散程度随之提高。此外，规模越大的网络对电动汽车购买补贴政策越敏感，即同等购买补贴力度下，随着网络中汽车制造商数量的增多，电动汽车扩散程度相应提高。政府对消费者购买一辆比亚迪 e6 的补贴为 5 万元，在这一补贴水平下，电动汽车扩散率为 0.84。随着退补政策的落实，电动汽车扩散水平呈现下降趋势，这一点在小规模汽车制造商网络中尤其明显。当退补 20%，即消费者补贴为 4 万元时，在 50 个制造商的小规模网络中电动汽车扩散率仅为 0.36。

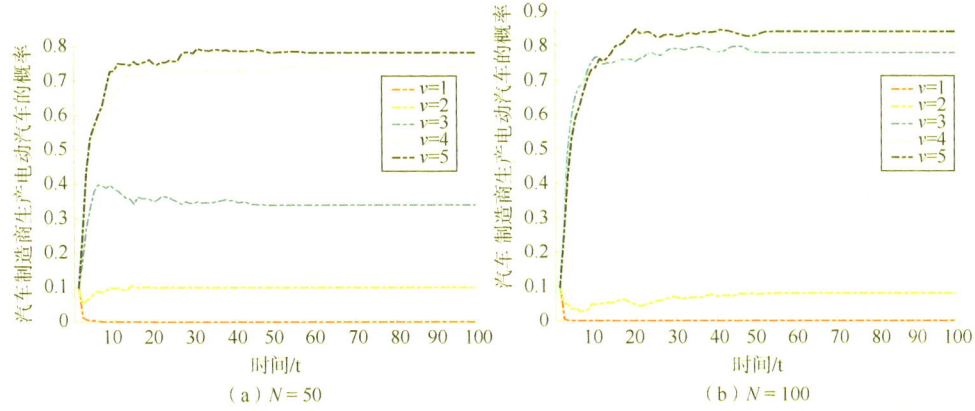

（a）$N=50$ （b）$N=100$

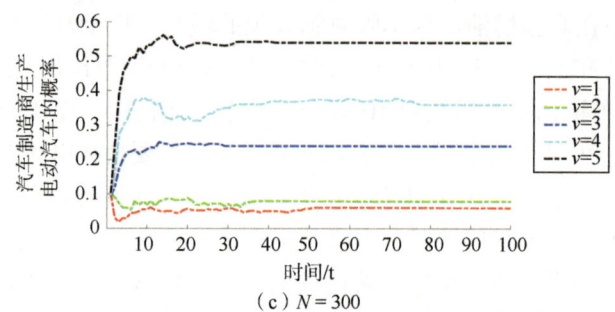

（c）$N = 300$

图 6-4　不同网络规模下购买补贴政策对电动汽车扩散的影响

政府对消费者购买电动汽车给予补贴的政策是有效的，但是不可持续。虽然直接向每个购买电动汽车的消费者给予固定金额的补贴是最广泛使用的补贴激励方案[149]，但是大量的货币激励会给国家财政带来巨大负担。随着电动汽车扩散率的提高，中国政府已经明确提出退补计划。因此，在逐渐加大退补力度后，政府政策侧重点应从买车优惠过渡到用车优惠，政策集中于电动汽车充电基础设施、续航里程和电池使用寿命等可持续发展方面，从而不断提高消费者购买电动汽车的积极性。

同时注意到，燃油汽车车牌限制政策和购买补贴政策均不能促进电动汽车扩散程度达到100%，不同于Liu等的研究结果（政策力量对消费者需求的影响可以使电动汽车充分扩散）[123]。因为他们通过建立政府和汽车制造商之间的演化博弈模型，分析了碳税和补贴政策对汽车制造商决策的影响及电动汽车产业的动态趋势，但没有考虑现实世界中汽车制造商之间无法充分联系，社会联系具有特定性和局限性，每个汽车制造商都拥有自己的联系网络，与其邻域内的主体发生联系和作用[166]。这也是本章对已有文献的贡献所在。

综合需求侧和供给侧补贴政策发现，政府对制造商生产一辆电动汽车补贴2.25万元或对消费者购买一辆电动汽车补贴5万元可分别促使电动汽车扩散率达到0.86和0.84。当汽车制造商网络规模经过市场竞争实现资源整合优化达到50家时，给予制造商2.25万元补贴时电动汽车扩散率为0.58，给予消费者补贴5万元时电动汽车扩散率为0.54。由此可见，对比需求侧补贴，供给侧补贴对电动汽车扩散的促进效果更好。这一结论与Tian等的结论相似，他们认为对制造商的补贴比对消费者的补贴更能促进绿色供应链管理在中国制造商中的扩散[385]。此外，供给侧补贴可以用于研发电动汽车的核心技术，提高产品质量，而需求侧补贴没有从根本上改善用户体验，只适用于电动汽车发展初期。

6.4.3 敏感性分析

在一定程度上，尽管参数设置不可避免地具有主观性，但敏感性分析有助于研究在不同重要参数设置下结果的变化[169]。因此，本章提出一些方案来探讨不同网络规模下电动汽车扩散对不同变量的敏感性。敏感性分析采用四个变量：制造商的碳税和生产补贴水平、燃油汽车车牌限制和购买补贴水平。

如图 6-5 所示，本节模拟了参数分别增大 5% 和 10%，以及减小 5% 和 10% 的场景。结果表明，在不同规模的网络中，电动汽车扩散对政策水平的敏感性存在显著差异。随着网络规模的扩大，电动汽车扩散的变化范围变小，但波动幅度变得更大，甚至不规则。这表明随着网络中汽车制造商数量的增加，电动汽车扩散潜力得到了极大的利用，均衡差异逐渐缩小。结果部分也验证了这一点。在 Wang 和 Zheng 的研究中，他们同样发现，当网络的平均度超过某一阈值时，低碳战略扩散态势的均衡差显著缩小[133]。

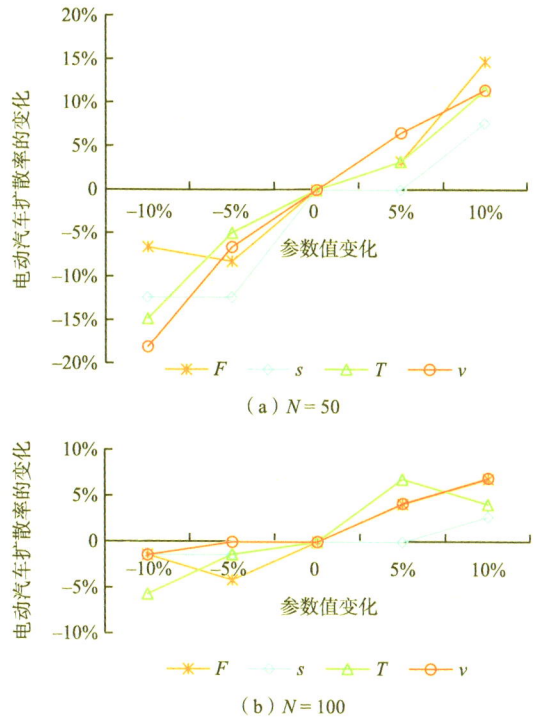

（a）$N = 50$

（b）$N = 100$

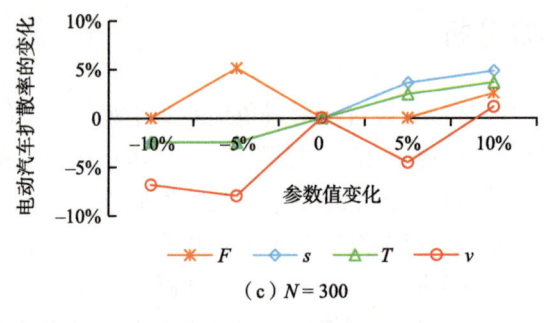

(c) $N=300$

图 6-5　参数敏感性分析

6.5　本章小结

电动汽车替代燃油汽车可以有效减轻能源和环境压力，如何有效地促进电动汽车扩散是政府和学界普遍关心的问题。本章运用复杂网络演化博弈方法探究作为经济激励的主要工具，税补政策对电动汽车扩散的影响。得到如下主要结论。

（1）现阶段汽车制造商网络规模下，供给侧的政府税补政策效果显著，可分别促进电动汽车扩散率达到 0.82、0.86。燃油汽车车牌限制和购买补贴是需求侧的有效政策，均可促进电动汽车扩散率达到 0.84。随着网络中汽车制造商数量的增加，相同政策力度下电动汽车扩散程度随之提高。

（2）相比于消费者购买补贴政策，汽车制造商生产补贴政策对电动汽车扩散的促进效果更好。政府对制造商生产一辆电动汽车补贴 2.25 万元或对消费者购买一辆电动汽车补贴 5 万元可分别促进电动汽车扩散率达到 0.86、0.84。经过市场竞争实现资源整合优化，汽车制造商网络规模为 50 家时，给予制造商 2.25 万元补贴时电动汽车扩散率为 0.58，给予消费者 5 万元补贴时电动汽车扩散率为 0.54。

（3）无论是对汽车制造商的税补政策还是燃油汽车车牌限制和购买补贴政策均不能实现电动汽车充分扩散。因此，要使电动汽车被全面接受还需要综合运用多种政策措施。

第7章 多主体交互下的电动汽车扩散效果分析

第3、4章的研究为了解中国电动汽车产业发展阶段、政策演变做了铺垫，第5、6章分别基于复杂网络探讨了政策干预对需求侧和供给侧主体的消费与生产决策选择的影响，为从微观层面了解消费者和制造商的行为决策奠定了较为坚实的基础，本章将在第3章至第6章工作的基础上，从系统宏观层面综合考虑不同主体的交互作用，分析不同类型政策对电动汽车扩散的影响并评估扩散效果。

7.1 问题描述

电动汽车扩散是一个复杂的动态过程，不能仅依靠某个单一主体，而应取决于包括政府、消费者、电动汽车制造商和充电基础设施供应商在内的多个主体的行为选择、互动和反馈机制[388]。虽有部分学者开始关注电动汽车扩散中不同主体间存在的非线性、复杂、反馈关系，但是这些研究缺乏对充电基础设施运营商行为决策的关注。电动汽车与其充电网络之间的关系属于互补关系，如计算机与互联网、移动电话与应用程序。互补商品的主要特点是消费者必须同时购买，才能获得最大的利益。如果错过其中的一种，消费者不仅无法获得最大的消费利益，而且可能会因不便而放弃购买或转而购买其他替代品[389]。

先前的政策研究倾向于研究不同的政策工具如何能够单独鼓励消费者使用电动汽车。如果研究人员忽视了不同类型政策工具之间的相互作用及其对政策目标的影响，他们可能会对如何加速推动电动汽车的扩散提出过于简化和零散的建议[390]。电动汽车扩散对能源、环境和健康的影响是一个广泛关注的主题。电动汽车近年来受到极大支持的重要因素之一就是能够帮助解决中国交通运输业日益严重的能源环境问题。已有研究较少对电动汽车扩散带来的能源、环境和健康效果进行综合评估。不同于通常只能在有限的短期范围内分析部分系统的生命周期评价方法，系统动力学模型特别适合在长期范围内对整个系统进行全面的分析，并评估系统中变化的长期影响。因此，本章建立包括政府、消费者、电动汽车制造商和充电基础设施运营商在内的系统动力学模型，分析电动汽车扩散过程中多主体之间的交互作用，探究不同政策干预下的电动汽车扩散程度，并对电动汽车扩散带来的能源、环境和健康效益进行综合评估。

7.2 多主体交互的系统动力学模型

本节采用系统动力学模型模拟中国电动汽车扩散情况。结合 2.2.4 节的分析，该模型由四个主要子系统组成（图 7-1）：消费者子系统，通过市场份额研究来描述市场扩散的演化过程；电动汽车制造商子系统，用于描述制造商在政府和消费者的影响下通过研发投入提高技术水平进而降低电动汽车生产成本的情况；政府子系统，从政府视角描述政府对电动汽车市场的总补贴以及电动汽车扩散带来的能源、环境和健康效益情况；充电基础设施运营商子系统，描述了运营商投资建设充电桩的决策情况。

7.2.1 消费者子系统

消费者子系统基于消费者效用来对汽车的市场份额进行建模，这在文献中得到了广泛的应用[146, 149, 391]。在这个模块中，消费者是否会选择购买电动汽车取决于车辆的环境友好程度、生命周期成本、燃油汽车车牌限制政策以及配套的基础设施效用。根据 Liu 等关于消费者净效用的计算[123]，得出三类消费者的效用函数：

$$U_{EV} = \theta_{EV} g_{EV} - LCC_{EV} + U_C \tag{7.1}$$

$$U_{FV} = \theta_{FV} g_{FV} - LCC_{FV} - T_{FV} + U_G \tag{7.2}$$

$$U_{NO} = 0 \tag{7.3}$$

其中，U_{EV}、U_{FV} 和 U_{NO} 分别为消费者购买电动汽车、购买燃油汽车以及什么都不购买的净效用；g_{EV} 和 g_{FV} 分别为电动汽车和燃油汽车的环境友好程度；θ_{EV} 和 θ_{FV} 分别为购买电动汽车和燃油汽车的消费者环保意识；LCC_{EV} 和 LCC_{FV} 分别为电动汽车和燃油汽车的生命周期成本（总拥有成本）；U_C 为来自充电基础设施的消费者效用，随着充电基础设施的保有量（total amount of charging infrastructure，TAC）的增加而增大；U_G 为加油站带来的消费者效用，假设加油站数量恒定，因此是一个常数；T_{FV} 为燃油汽车车牌限制政策的实施力度。当 U_{EV} 等于 U_{FV} 时，消费者购买一辆电动汽车获得的效用等于购买一辆燃油汽车获得的效用。由式（7.1）和式（7.2）得到购买一辆电动汽车和一辆燃油汽车的边界，使用 θ_{EV} 表示此边界，即 $\theta_{EV} = \dfrac{LCC_{EV} - U_C - LCC_{FV} - T_{FV} + U_G}{g_{EV} - g_{FV}}$。由式（7.2）和式（7.3）得到购买

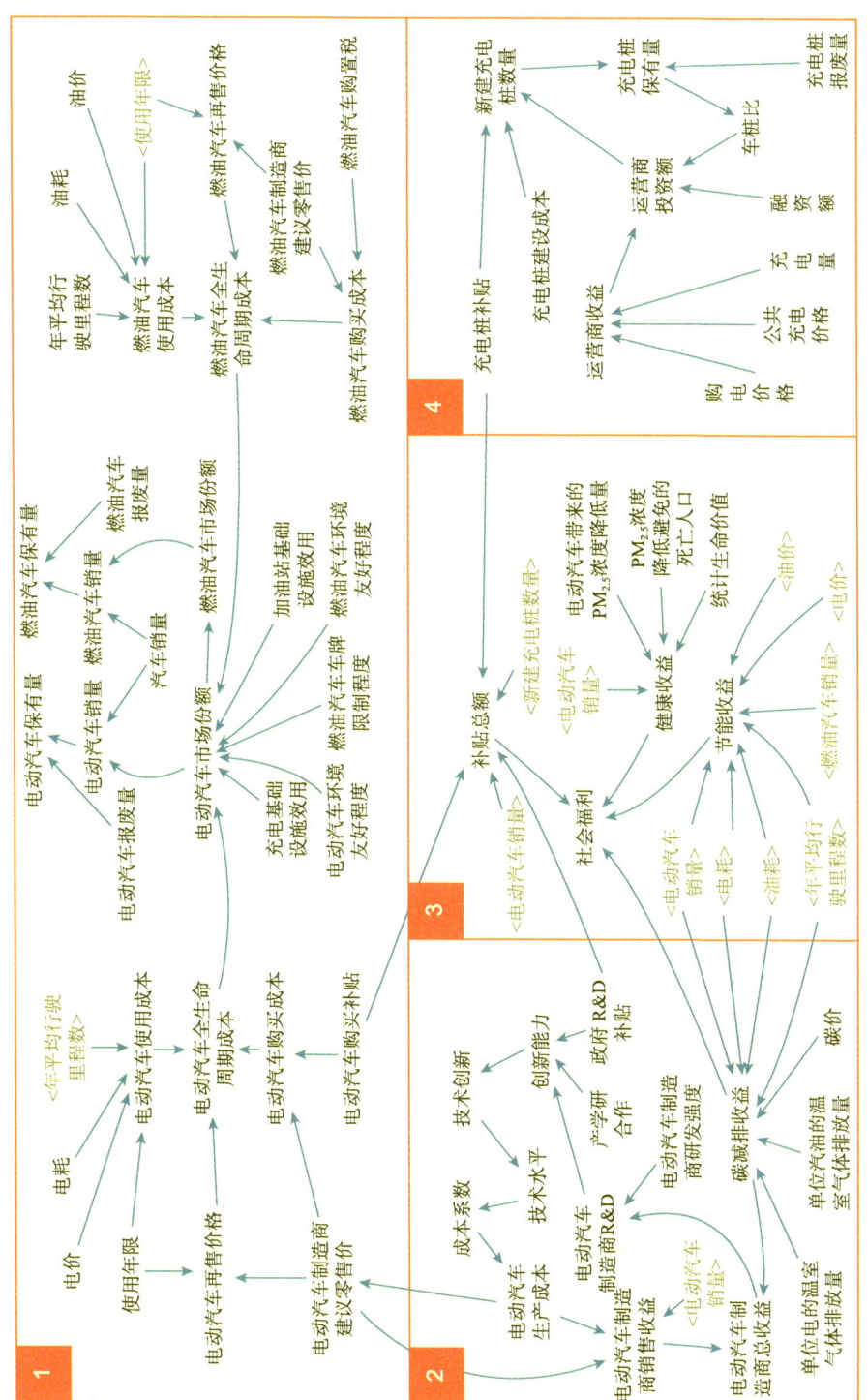

图 7-1 系统动力学模型的因果关系图
1. 消费者子系统 2. 电动汽车制造商子系统 3. 政府子系统 4. 充电基础设施运营商子系统

一辆燃油汽车和什么都不购买的边界,使用 θ_{FV} 表示,即 $\theta_{FV} = \dfrac{LCC_{FV} + T_{FV} - U_G}{g_{FV}}$。
$0 \leqslant \theta_{FV} \leqslant \theta_{EV} \leqslant 1$ 表示异质性消费者的不同行为,当 $\theta \in [\theta_{EV}, 1]$ 时,消费者会购买电动汽车;当 $\theta \in [\theta_{FV}, \theta_{EV})$ 时,消费者会购买燃油汽车;当 $\theta \in [0, \theta_{FV})$ 时,消费者什么都不购买。

因此,在想要购买汽车的消费者群体中,电动汽车和燃油汽车的销量占比,即电动汽车的市场份额(market share of EV,MRE)和燃油汽车的市场份额(market share of FV,MRF)如式(7.4)、式(7.5)所示:

$$MRE = \frac{1 - \theta_{EV}}{1 - \theta_{FV}} \tag{7.4}$$

$$MRF = \frac{\theta_{EV} - \theta_{FV}}{1 - \theta_{FV}} \tag{7.5}$$

电动汽车总量(total amount of EV,TAE)由电动汽车年销量(annual sales volume of EV,ASE)和年报废量(annual retirement volume of EV,ARE)共同确定[120]。ASE 由汽车总销量(total sales of vehicle,TSV)和 MRE 决定。ARE 由 TAE 和电动汽车报废率(retirement rate of EV,RRE)决定。燃油汽车的计算过程与电动汽车的相同。

$$TAE = INTEG(ASE - ARE, TAE_{initial}) \tag{7.6}$$

$$TAF = INTEG(ASF - ARF, TAF_{initial}) \tag{7.7}$$

$$ASE = TSV \times MRE \tag{7.8}$$

$$ASF = TSV \times MRF \tag{7.9}$$

$$ARE = TAE \times RRE \tag{7.10}$$

$$ARF = TAF \times RRF \tag{7.11}$$

其中,TAF 为燃油汽车总量(total amount of FV);ASF 为燃油汽车年销量(annual sales of FV);ARF 为燃油汽车年报废量(annual retirement volume of FV);RRF 为燃油汽车报废率(retirement rate of FV);$TAE_{initial}$ 和 $TAF_{initial}$ 分别为电动汽车初始总量和燃油汽车初始总量。

电动汽车的总拥有成本包含三部分:电动汽车的实际购买价格 PC_{EV}(电动汽车制造商建议零售价格 $MSRP_{EV}$ 减去政府给消费者的购买补贴 PS),电动汽车生命周期内的使用成本 OC_{EV} 以及电动汽车再售价格 RV_{EV}。

$$LCC_{EV} = PC_{EV} + OC_{EV} - RV_{EV} \tag{7.12}$$

$$PC_{EV} = MSRP_{EV} - PS \tag{7.13}$$

$$OC_{EV} = \sum_{year=1}^{T_m} \frac{AAM \times EF_{EV} \times p_e}{(1+r)^{year}} \qquad (7.14)$$

$$RV_{EV} = \frac{(1-DR)^{T_m} \times MSRP_{EV}}{(1+r)^{year}} \qquad (7.15)$$

$$p_e = 0.2 \times p_p + 0.8 \times p_h \qquad (7.16)$$

其中，AAM 为年平均行驶里程；EF_{EV} 为单位行驶里程的耗电量；DR 为折旧率；T_m 为汽车的使用年限；r 为贴现率；p_e 为电动汽车的充电电价；p_p 和 p_h 分别为在公共充电桩和私人充电桩充电的电价。电动汽车再售价格由汽车的使用年限、折旧率和电动汽车制造商建议零售价格综合决定。消费者在公共场所充电的可能性为20%，80%的消费者选择在家充电[169]。

燃油汽车的总拥有成本包含三部分：燃油汽车的实际购买价格 PC_{FV}（燃油汽车制造商建议零售价格 $MSRP_{FV}$ 加上车辆购置税 PT_{FV}），燃油汽车生命周期内的使用成本 OC_{FV} 以及燃油汽车再售价格 RV_{FV}。

$$LCC_{FV} = PC_{FV} + OC_{FV} - RV_{FV} \qquad (7.17)$$

$$PC_{FV} = MSRP_{FV} + PT_{FV} = (1+r_{PT})MSRP_{FV} \qquad (7.18)$$

$$OC_{FV} = \sum_{year=1}^{T_m} \frac{AAM \times EF_{FV} \times p_g}{(1+r)^{year}} \qquad (7.19)$$

$$RV_{FV} = \frac{(1-DR)^{T_m} \times MSRP_{FV}}{(1+r)^{year}} \qquad (7.20)$$

其中，r_{PT} 为燃油汽车的购置税率；EF_{FV} 为单位行驶里程的耗油量；p_g 为油价。燃油汽车再售价格由汽车的使用年限、折旧率和燃油汽车制造商建议零售价格综合决定。

7.2.2 电动汽车制造商子系统

电动汽车制造商的总收益 TRM_{EV} 来源于电动汽车销售总收益 TRS_{EV} 和碳交易总收益 TRC[120]。

电动汽车销售总收益由电动汽车制造商建议零售价格 $MSRP_{EV}$、电动汽车生产成本 C_{EV} 和电动汽车年销量 ASE 共同决定。其中电动汽车制造商建议零售价格 $MSRP_{EV}$ 在电动汽车生产成本的基础上根据预期利润率 EPR 确定。

电动汽车制造商在碳交易市场中出售电动汽车相较燃油汽车所减少的碳排放

量,从而获得碳交易收益。

$$TRM_{EV} = TRS_{EV} + TRC \tag{7.21}$$

$$TRS_{EV} = (MSRP_{EV} - C_{EV}) \times ASE \tag{7.22}$$

$$MSRP_{EV} = C_{EV}(1 + EPR) \tag{7.23}$$

$$TRC = (ASF \times AAM \times EF_{FV} \times CO2_{FV} - ASE \times AAM \times EF_{EV} \times CO2_{EV}) p_{carbon} \tag{7.24}$$

其中,EF_{FV} 和 EF_{EV} 分别为单位行驶里程的耗油量和耗电量;$CO2_{FV}$ 和 $CO2_{EV}$ 分别为单位行驶里程每升汽油的温室气体排放量和每千瓦时电的温室气体排放量;p_{carbon} 为单位碳价格。

根据 Liu 和 Xiao 的研究[169],电动汽车生产成本受到成本系数 CC_{EV} 的影响。技术水平 TL 取决于它的初始值以及技术创新 TI。技术创新 TI=创新能力 IC×技术水平 TL。创新能力 IC 通过政府研发 GRD、电动汽车制造商研发 MRD 和产学研合作 IUR 进行预测。电动汽车制造商研发取决于电动汽车制造商的总收益和研发强度 $rate_{R\&D}$。

$$C_{EV} = CC_{EV} \times 200\,000 \tag{7.25}$$

$$CC_{EV} = \begin{cases} 0.80, & TL > 1 \\ 0.82, & 0.95 < TL \leqslant 1 \\ 0.84, & 0.90 < TL \leqslant 0.95 \\ 0.86, & 0.85 < TL \leqslant 0.90 \\ 0.88, & 0.80 < TL \leqslant 0.85 \\ 0.90, & 0.75 < TL \leqslant 0.80 \\ 0.92, & 0.70 < TL \leqslant 0.75 \\ 0.94, & 0.65 < TL \leqslant 0.70 \\ 0.96, & 0.60 < TL \leqslant 0.65 \\ 0.98, & 0.55 < TL \leqslant 0.60 \\ 1.00, & TL \leqslant 0.55 \end{cases} \tag{7.26}$$

$$TL = INTEG(TI, TL_{initial}) \tag{7.27}$$

$$TI = IC \times TL \tag{7.28}$$

$$IC = (GRD + MRD) \times IUR \tag{7.29}$$

$$MRD = TRM_{EV} \times rate_{R\&D} \tag{7.30}$$

其中,$TL_{initial}$ 为技术水平初始值。

7.2.3 政府子系统

政府推动电动汽车扩散的目的是实现社会收益最大化。总社会收益 π_G 由能源效益 π_{Energy}、环境效益 $\pi_{Environment}$、健康效益 π_{Health}、对消费者的购买补贴、对电动汽车制造商的研发补贴和对充电基础设施运营商的充电桩建设补贴共同决定。

能源效益 π_{Energy} =燃油汽车年销量（ASF）×年平均行驶里程（AAM）×单位行驶里程的耗油量（EF_{FV}）×油价（p_g）-电动汽车年销量（ASE）×年平均行驶里程（AAM）×单位行驶里程的耗电量（EF_{EV}）×电动汽车的充电电价（p_e）。

环境效益 $\pi_{Environment}$ =燃油汽车年销量（ASF）×年平均行驶里程（AAM）×单位行驶里程的耗油量（EF_{FV}）×单位行驶里程每升汽油的温室气体排放量（$CO2_{FV}$）-电动汽车年销量（ASE）×年平均行驶里程（AAM）×单位行驶里程的耗电量（EF_{EV}）×单位行驶里程每千瓦时电的温室气体排放量（$CO2_{EV}$）×p_{carbon}。

健康效益 π_{Health} =电动汽车年销量（ASE）×单位电动汽车降低的 $PM_{2.5}$ 浓度（PM）×单位 $PM_{2.5}$ 浓度降低可避免的平均死亡率（ADR）×总人口（TP）×每个人的统计生命价值（SL）。

$$\pi_G = \pi_{Energy} + \pi_{Environment} + \pi_{Health} - ASE \times PS - GRD - ANBC \times SOP \quad (7.31)$$

$$\pi_{Energy} = ASF \times AAM \times EF_{FV} \times p_g - ASE \times AAM \times EF_{EV} \times p_e \quad (7.32)$$

$$\pi_{Environment} = (ASF \times AAM \times EF_{FV} \times CO2_{FV} - ASE \times AAM \times EF_{EV} \times CO2_{EV}) p_{carbon} \quad (7.33)$$

$$\pi_{Health} = ASE \times PM \times ADR \times TP \times SL \quad (7.34)$$

7.2.4 充电基础设施运营商子系统

充电桩总量 TAC 由充电桩年新建量 ANBC 和充电桩的年报废量 ARC 共同确定。充电桩年新建量 ANBC 由运营商投资额 OI 与充电桩的实际建设成本（建设成本 F-充电桩建设补贴 SOP）决定。充电桩的年报废量 ARC 由充电桩总量 TAC 和充电桩的报废率 RRC 决定。

运营商投资额由运营商收益 TRO 和融资额 FAO 决定。车桩比越大，说明市场对充电桩的需求程度越高，运营商的投资意愿就越强。运营商以购电价格向国家电网购电，以电动汽车充电价格向电动汽车消费者售电。因此，运营商收益取决于在公共场所充电的电价与购电价格的差额（$p_p - p_c$）以及电动汽车消费者年充电量（CV）。

$$TAC(t) = \text{INTEG}(ANBC - ARC, TAC_{initial}) \quad (7.35)$$

$$ANBC = OI / (F - SOP) \quad (7.36)$$

$$ARC = TAC \times RRC \quad (7.37)$$

$$OI = \begin{cases} TRO \times 0.3 + FAO, & TAE/TAC \leq 2 \\ TRO \times 0.5 + FAO, & 2 < TAE/TAC \leq 3 \\ TRO \times 0.8 + FAO, & TAE/TAC \geq 3 \end{cases} \quad (7.38)$$

$$TRO = (p_p - p_c) \times CV \quad (7.39)$$

$$CV = TAE \times AAM \times EF_{EV} \times 0.2 \quad (7.40)$$

其中，$TAC_{initial}$ 为充电桩初始总量。

7.3 数据来源和政策设置

7.3.1 主要参数设置

本章主要采用三种方法完成数据采集和主要参数设置。首先，尽可能采用电动汽车行业的公开出版物，以确保参数设置的合理性，包括《中国统计年鉴》《国民经济和社会发展统计公报》《中国生态环境状况公报》等出版物，以及国务院、工信部、中国汽车工业协会、公安部交通管理局等政府官网网站。

其次，通过对已有文献的梳理，设置相关参数的数值。Wu 等采用中国汽车行业的第一个、主要的生命周期数据库—中国汽车生命周期数据库（China Automotive Life Cycle Database，CALCD），并考虑到电力结构优化、发电技术先进、热电联产规模扩大，比较了 2010 年、2014 年和 2020 年不同情景下电动汽车和传统燃油汽车的生命周期温室气体排放[384]。因此本章采用了该文献中的电动汽车和传统燃油汽车的温室气体排放数据。

最后，采用回归等方法对历史数据进行计算得到相关参数。Gompertz 模型能够将汽车产业的发展纳入国家的宏观经济发展体系之中，已被广泛用于汽车保有量预测[120, 392]。因此本章利用 Gompertz 模型预测中国未来汽车保有量。系统动力学模型中的主要参数显示在表 7-1 中。

表 7-1 系统动力学模型中的主要参数

变量名	数值	单位	来源
电动汽车报废率	IF THEN ELSE（（Time–2010）<=7, 0, 0.05）		[169]
燃油汽车报废率	0.05		[169]
电动汽车的环境友好程度	0.9		[123]

续表

变量名	数值	单位	来源
燃油汽车的环境友好程度	0.72		[123]
燃油汽车车牌限制政策的程度	0.05		[120]
预期利润率	15%		[169]
购买补贴	WITH LOOKUP（Time，（[（2015，0）-（2035，60 000）]，（2015，54 000），（2016，48 600），（2017，38 880），（2018，38 880），（2019，29 160），（2020，26 244），（2021，20 995.2），（2022，14 696.6），（2023，0），（2024，0），（2025，0），（2026，0），（2027，0），（2028，0），（2029，0）（2030，0），（2031，0），（2032，0），（2033，0），（2034，0），（2035，0）)）	元	国务院官网
年平均行驶里程	12 000	公里/年	[376]
电耗	WITH LOOKUP（Time，（[（2015，0）-（2035，1）]，（2015，0.197 9），（2016，0.193 6），（2017，0.189 3），（2018，0.185 0），（2019，0.180 7），（2020，0.176 4），（2021，0.172 1），（2022，0.167 8），（2023，0.163 5），（2024，0.159 2），（2025，0.154 9），（2026，0.150 6），（2027，0.146 3），（2028，0.142 0），（2029，0.137 7），（2030，0.133 4），（2031，0.129 1），（2032，0.124 8），（2033，0.120 5），（2034，0.116 2），（2035，0.111 9）)）	千瓦时/公里	[384，393]
贴现率	0.06		[376]
折旧率	0.2		[376]
公共充电桩充电的电价	1.495	元/千瓦时	[318]
私人充电桩充电的电价	0.53	元/千瓦时	[318]
燃油汽车制造商建议零售价格	$200\,000\,(\text{Time}-2009)^{-0.1}$	元	[169]
油耗	WITH LOOKUP（Time，（[（2015，0）-（2035，1）]，（2015，0.078 2），（2016，0.076 2），（2017，0.074 2），（2018，0.072 2），（2019，0.070 2），（2020，0.068 2），（2021，0.066 2），（2022，0.064 2），（2023，0.062 2），（2024，0.060 2），（2025，0.058 2），（2026，0.056 2），（2027，0.054 2），（2028，0.052 2），（2029，0.050 2），（2030，0.048 2），（2031，0.046 2），（2032，0.044 2），（2033，0.042 2），（2034，0.040 2），（2035，0.038 2）)）	升/公里	[384，394]
油价	6.5	元/升	[99]
电动汽车制造商研发强度	0.05		[169]
产学研合作	$0.3\,(\text{Time}-2009)^{0.15}$		[169]
技术水平初始值	0.51		[169]

续表

变量名	数值	单位	来源
政府 R&D 补贴	1.4	亿元	[302]
购电价格	0.39	元/千瓦时	[395]
充电桩的建设成本	57 850	元/个	[395]
充电桩的建设补贴	10 000	元/个	[396]

2015 年是中国新能源汽车规模化发展的元年，同时也是基础设施规模化发展的元年。《新能源汽车产业发展规划（2021—2035 年）》提出，到 2025 年，新能源汽车新车销售量达到汽车新车销售总量的 20%左右，到 2035 年，纯电动汽车成为新销售车辆的主流。鉴于截至 2020 年底，燃料电池汽车的累计销量仍不足万辆。因此可以将《新能源汽车产业发展规划（2021—2035 年）》中 2025 年新能源汽车新车销售量的目标作为电动汽车销量的目标。为探究这一目标能否实现，本章重点研究 2015—2035 年电动汽车行业的发展。以 2015 年为基准年，将 2015—2020 年的数据作为历史验证，时间步长为 1 年。

7.3.2　现实性检验

为了进一步检验模型模拟参数设置的真实性和可靠性，以中国 2015 年至 2020 年电动汽车销量和保有量为例进行验证。根据 Sun 等的研究，如果模拟误差小于 10%，则通常认为模拟结果是可以接受的[397]。在这项研究中，模拟结果与变量的实际值之间的最大误差为 9.3%（图 7-2）。现实性检验结果表明系统动力学模型的模拟结果和实际情况具有显著的一致性。因此该模型是可用的。

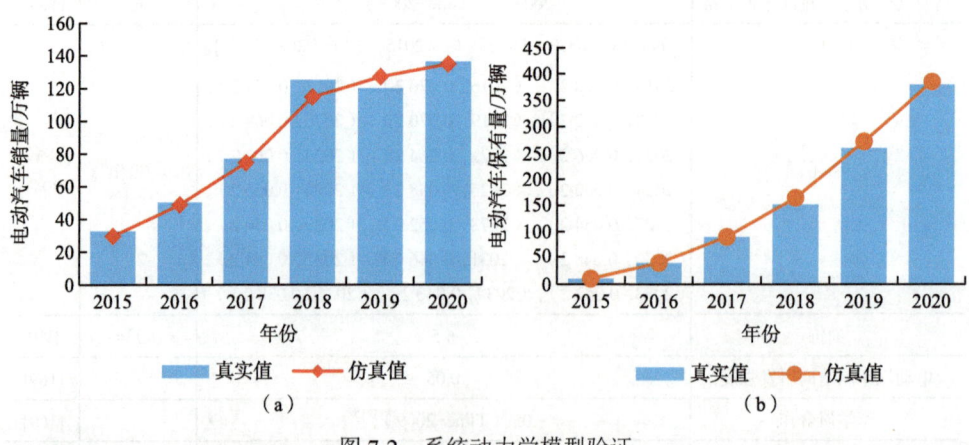

图 7-2　系统动力学模型验证

7.3.3 敏感性分析

在一定程度上,虽然参数设置难免具有主观性,但敏感性分析有助于研究不同重要参数设置下结果的变化[169]。考虑到影响电动汽车市场份额的因素,本章选取了公共充电的电价和油价,分析电动汽车市场份额对不同电价和油价水平的敏感性。

本书将电价分为三个层次:低电价(-5%)、中度电价(基准)和高电价(+5%)。图 7-3 的结果表明,高电价会制约电动汽车产业的发展,但影响程度一般有限。当公共充电桩充电价格上涨或下跌 5%时,到 2035 年电动汽车市场份额将下降 0.12%或增加 0.01%。同样地,也将油价分为三个级别:低强度(-5%)、中强度(基准)和高强度(+5%)。从图 7-4 中可以看出,2035 年电动汽车市场份额将在

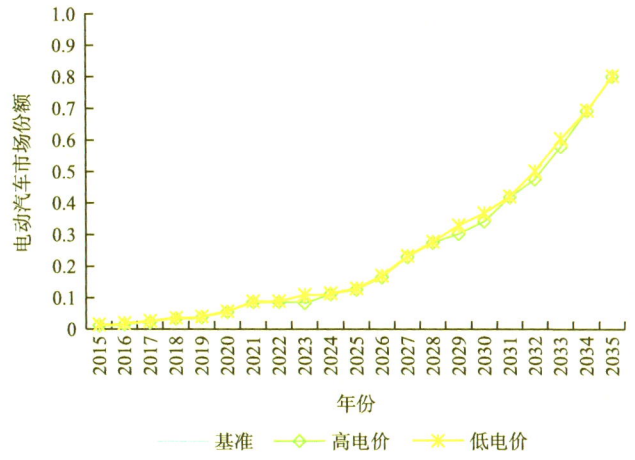

图 7-3 电动汽车市场份额对电价的敏感性

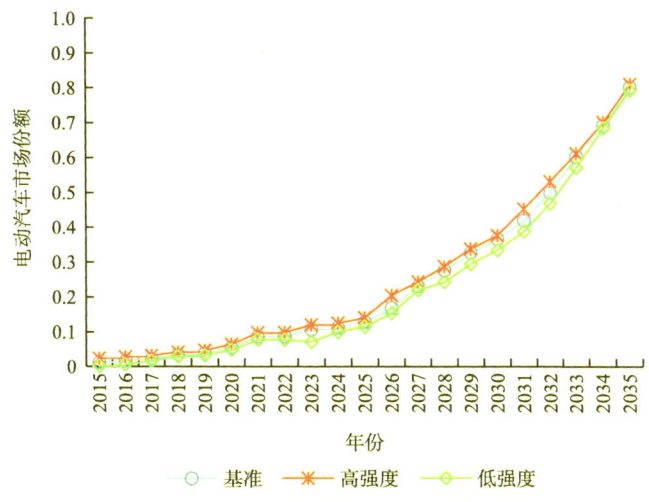

图 7-4 电动汽车市场份额对油价的敏感性

低强度油价下下降1.1%，在高强度油价下增加1.03%。值得注意的是，与电价相比，电动汽车市场份额对油价的变化更加敏感。这是因为消费者不仅可以选择在公共场所充电，还可以通过私人充电桩在家充电。

7.3.4 不同类型的政策方案设置

本章接下来将模拟政府主要实施的四种政策措施下电动汽车扩散以及电动汽车扩散的能源、环境和健康效益。不同政策的作用路径如下。

1. 燃油汽车车牌限制政策

燃油汽车车牌限制政策→+电动汽车市场份额→+电动汽车销量→+能源、环境和健康效益

稳定汽车等大宗消费成为政府的当务之急，国家发展改革委等23部门联合印发《关于促进消费扩容提质加快形成强大国内市场的实施意见》提出鼓励汽车限购地区适当增加汽车号牌限额，但主要限购城市大幅度增加汽车牌照配额的概率不大，如北京市普通燃油汽车的指标配额越来越少。假设未来燃油汽车车牌限制政策强度分别为 T =0.040，0.045，0.050，0.055，0.060，分别考察燃油汽车车牌限制政策强度高于、等于、小于基准值时的电动汽车扩散情况及其引发的能源、环境和健康效益。

2. 购买补贴

购买补贴→-电动汽车购买成本→+电动汽车生命周期成本→-电动汽车市场份额→+电动汽车销量→+能源、环境和健康效益

2020年4月23日财政部、工信部、科技部和国家发展改革委联合印发《关于完善新能源汽车推广应用财政补贴政策的通知》，将原定2020年底到期的补贴政策实施期限延长至2022年底，平缓补贴退坡力度和节奏。假设购买补贴在2022年的基础上分别延长至2023年底、2024年底、2025年底。

3. 政府R&D补贴

政府R&D补贴→+创新能力→+技术创新→+技术水平→-成本系数→+电动汽车生产成本→+电动汽车制造商建议零售价→+电动汽车购买成本→+电动汽车生命周期成本→-电动汽车市场份额→+电动汽车销量→+能源、环境和健康效益

技术创新具有高风险和外部性，电动汽车制造商技术研发的成果很容易被外部共享。政府给予制造商R&D补贴不仅可以降低这种外部性，激发制造商进行技术创新，而且政府R&D补贴信息向资本市场释放信号，显示国家推动电动汽

车行业发展的信心和支持力度,有利于制造商进行融资并增加技术创新投入[398]。当前政府对电动汽车制造商的 R&D 补贴为 1.40 亿元,分别观察政府 R&D 补贴(变量用 GRD 表示)为基准水平的 0.6 倍、0.8 倍、1 倍、1.2 倍、1.4 倍时的电动汽车扩散情况及其引发的能源、环境和健康效益。

4. 充电桩建设补贴

充电桩建设补贴→ +新建充电桩数量→ +充电桩保有量→ +充电基础设施效用→ +电动汽车市场份额→ +电动汽车销量→ +能源、环境和健康效益

2018 年 11 月国家发展改革委、国家能源局、工信部、财政部印发《提升新能源汽车充电保障能力行动计划》,明确引导地方财政补贴从补购置转向补运营,逐渐将地方财政购置补贴转向支持充电基础设施建设和运营、新能源汽车使用和运营等环节。作为"新基础设施"的七个主要领域(5G 基建、特高压、城际高速铁路和城市轨道交通、新能源汽车充电桩、大数据中心、人工智能、工业互联网)之一,充电桩在未来将受到更多关注。政府对基础设施运营商的充电桩建设补贴(变量用 SOP 表示)为 10 000 元(基准水平),分别观察充电桩建设补贴为基准水平 0.6 倍、0.8 倍、1 倍、1.2 倍、1.4 倍时的电动汽车扩散情况及其引发的能源、环境和健康效益。

7.4 结果与讨论

7.4.1 不同政策对电动汽车扩散的影响

1. 燃油汽车车牌限制政策对电动汽车扩散的影响

图 7-5 呈现了燃油汽车车牌限制政策对电动汽车市场份额的影响。当燃油汽车车牌限制政策强度从 0.040 提高至 0.060 时,2035 年电动汽车市场份额从 0.729 上升至 0.875,提高了 0.146。这表明提高燃油汽车车牌限制政策强度可以显著增加电动汽车销量。当燃油汽车车牌限制政策强度分别为 0.040、0.045、0.050、0.055 和 0.060 时,2025 年电动汽车市场份额分别为 0.046、0.096、0.133、0.164、0.219。这表明只有在燃油汽车车牌限制政策强度高达 0.060 的情景下才能实现 2025 年电动汽车市场份额的目标。同时意味着若其他政策、技术水平不变,在燃油汽车车牌限制政策强度基准水平下到 2025 年不能实现电动汽车市场份额的目标。

燃油汽车车牌限制政策通过对资源分配进行行政干预降低燃油汽车行业的效率,从而使汽车市场供求之间不平衡,间接提高电动汽车行业的效率[114]。该政策的公平性一直存在争议。燃油汽车车牌限制政策限制了部分消费者购买汽车的权利。此外,通过竞拍的方式获得车牌会进一步挤压不富裕居民拥有汽车的权力。Geng 等基于中国东部五个城市 1977 份调查数据分析居民对经济、行政、技术和信息类政

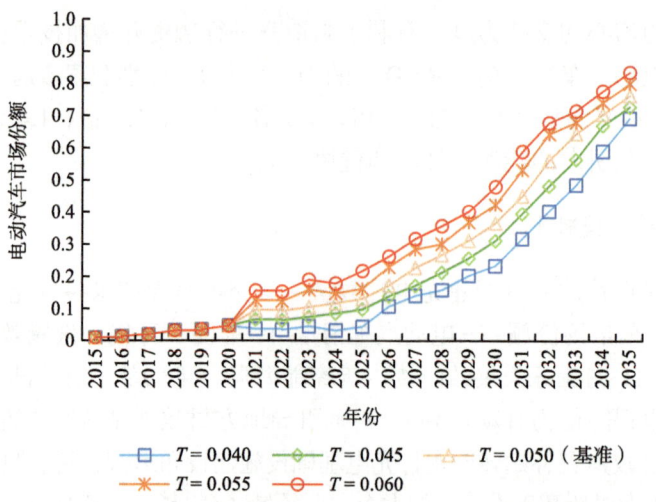

图 7-5　燃油汽车车牌限制政策对电动汽车市场份额的影响

策的反应，发现居民对燃油汽车车牌限制政策和信息型政策的评价最低[399]。限购解决不了城市拥堵的根本问题。例如，Zhang 等实证发现燃油汽车车牌限制政策只能作为一种紧急措施，对公共交通方式的比重没有显著影响，无法从根本上优化交通方式的分工[400]。因此，为实现 2025 年新能源汽车新车销量目标，不能仅依靠加强燃油汽车车牌限制政策，必须将该政策和其他政策共同实施。

2. 购买补贴对电动汽车扩散的影响

不同购买补贴实施期限情景下电动汽车扩散情况如图 7-6 所示。若购买补贴实施期限从 2022 年底延长至 2025 年底，则 2035 年电动汽车市场份额将从 0.763

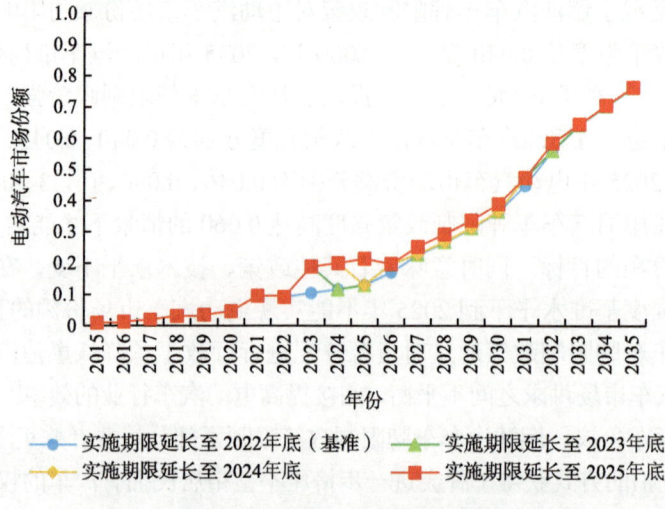

图 7-6　购买补贴对电动汽车市场份额的影响

上升至 0.766,提高 0.003。虽然不同购买补贴实施期限下电动汽车市场份额长期提升效果差异不大,但是在短期有显著促进作用。购买补贴延长期内,电动汽车市场份额均有显著提升,说明消费者对购买补贴非常敏感。

值得注意的是,基准情景下,即补贴延长实施期限至 2022 年底的情景下,2023 年的电动汽车市场份额依然保持平稳增长,并没有出现大幅下降的情况。这是因为购买补贴仅是电动汽车生命周期成本的一部分。购买补贴退出的同时,电动汽车购买价格由于技术进步也在不断下降。此外,充电基础设施的不断完善也提高了消费者购买电动汽车的效用,进而弥补了购买补贴退出造成的效用损失。

3. 政府 R&D 补贴对电动汽车扩散的影响

图 7-7 呈现了政府 R&D 补贴对电动汽车市场份额的影响。当政府 R&D 补贴从 0.84 亿元提高至 1.96 亿元时,2035 年电动汽车市场份额从 0.763 上升至 0.764,仅提高了 0.001。不同政府 R&D 补贴情景均不能实现《新能源汽车产业发展规划(2021—2035 年)》中的销量目标。和其他三种政策相比,政府 R&D 补贴对电动汽车市场份额的影响最小。这可能是由于政府 R&D 补贴对电动汽车市场份额的作用路径最长,政策效果会被逐步稀释,需要更长时间的投入才能起作用。此外,由于研发的累积效应,在技术突破之前,研发投资的效果可能并不显著。

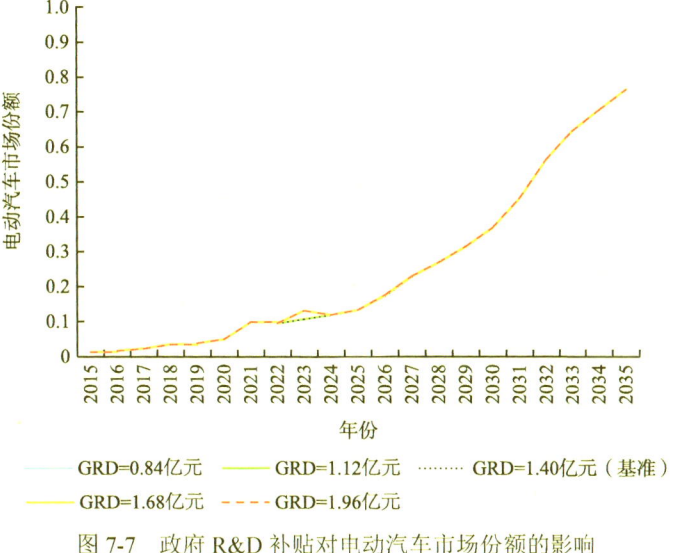

图 7-7 政府 R&D 补贴对电动汽车市场份额的影响

4. 充电桩建设补贴对电动汽车扩散的影响

图 7-8 呈现了充电桩建设补贴对电动汽车市场份额的影响。当充电桩建设补贴从 6000 元提高至 14 000 元时，2035 年电动汽车市场份额从 0.710 上升至 0.827，提高了 0.117。这表明充电桩建设补贴对电动汽车扩散有显著促进作用。此外，不同充电桩建设补贴情景均不能实现《新能源汽车产业发展规划（2021－2035 年）》中 2025 年的销量目标。2025 年车桩比虽然有所下降，但仍高达 3∶1。这表明中国充电桩市场缺口巨大，除了提供建设补贴外，土地政策、融资信贷、运营补贴等政策均应配套完善。

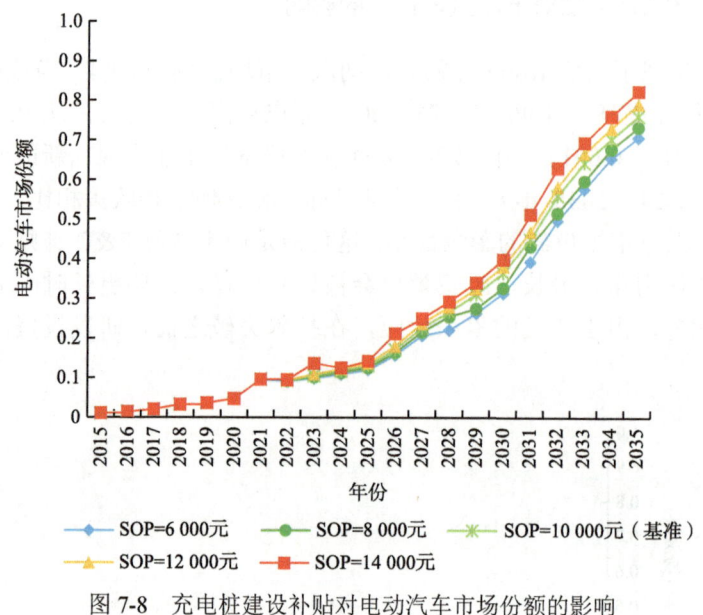

图 7-8　充电桩建设补贴对电动汽车市场份额的影响

7.4.2　不同政策下电动汽车扩散效果分析

1. 燃油汽车车牌限制政策对电动汽车扩散效益的影响

图 7-9 呈现了燃油汽车车牌限制政策对电动汽车扩散的能源、环境、健康和社会效益的影响，从图中可以得到以下几点发现。首先，燃油汽车车牌限制政策对电动汽车扩散的能源效益具有负向影响，但对电动汽车扩散的环境、健康和社会效益有正向影响。特别是在基准情景下，2035 年电动汽车相比于燃油汽车不仅不具有正向能源效益，反而能源效益为负。这是因为随着技术发展，不仅电能结构和电耗在逐渐优化，汽油生产和油耗技术也在不断进步。

其次，就能源、环境、健康效益而言，电动汽车扩散的健康效益最大，然后是环境效益,能源效益最小。基准情景下 2035 年电动汽车扩散带来的能源、环境和健康效益分别为−13.4 亿元、32 800 万元和 1.15×10^{11} 万元。该发现和已有研究吻合,如 Gopal 等发现在中国,从传统燃油汽车向混合动力汽车和电池电动轻型汽车过渡,可以以负成本(即净收益)实现碳减排[10]。He 和 Jiang 将城市级 PM_{10} 日浓度作为空气污染的主要指标,对中国 6 个主要城市的限购政策对环境的影响进行了实证研究,发现平均而言,实施限购政策城市的 PM_{10} 日浓度比未实施限购政策的城市下降了 3.754 毫克/米^3,且限购政策至少为 6 个实施限购政策的城市避免了由空气污染导致的 882.7 亿元的健康损失[2]。

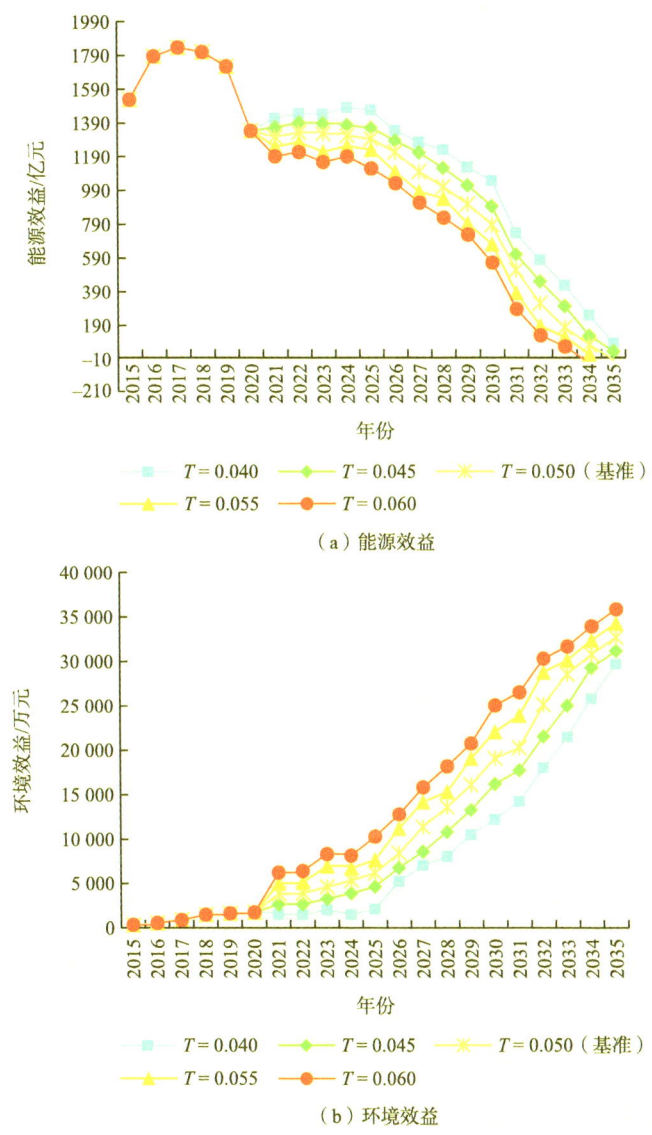

(a)能源效益

(b)环境效益

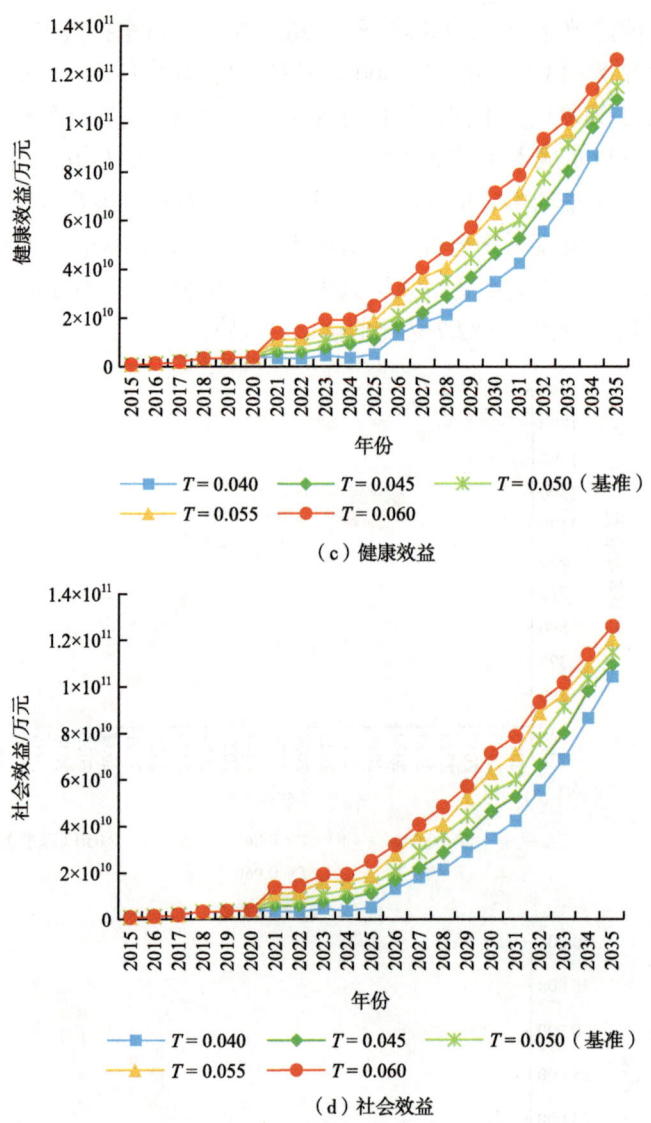

图 7-9 燃油汽车车牌限制政策对电动汽车扩散效益的影响

最后，对于政府而言，电动汽车扩散带来的社会效益非常可观，并且健康效益在社会效益中占主导地位。这意味着政府对于电动汽车制造商、消费者和充电基础设施运营商的补贴产生的净效益为正。政府应该加大对电动汽车产业的支持，不能仅关注对电动汽车产业的经济支出，而应更重视电动汽车产业带来的社会效益。

2. 购买补贴对电动汽车扩散效益的影响

如图 7-10 所示，除能源效益外，购买补贴对电动汽车扩散的环境效益、健康效益和社会效益的影响与购买补贴对电动汽车市场份额的影响呈现相同趋势。当购买补贴实施期限由延长至 2022 年底变为延长至 2025 年底时，2035 年能源效益从 -13.4 亿元下降至 -18.1 亿元，环境效益从 32 800 万元提升至 32 900 万元，健康效益从 1.149×10^{11} 万元提升至 1.154×10^{11} 万元。类似的是，Xie 等探讨了补贴对城市空气污染的环境效应，并建立了一个详细的面板数据集，涵盖 2006—2018 年中国 286 个城市。结果表明新能源汽车补贴政策的实施总体上能显著改善城市空气质量，补贴规模每增加 1%，空气污染水平可降低约 0.15%[325]。

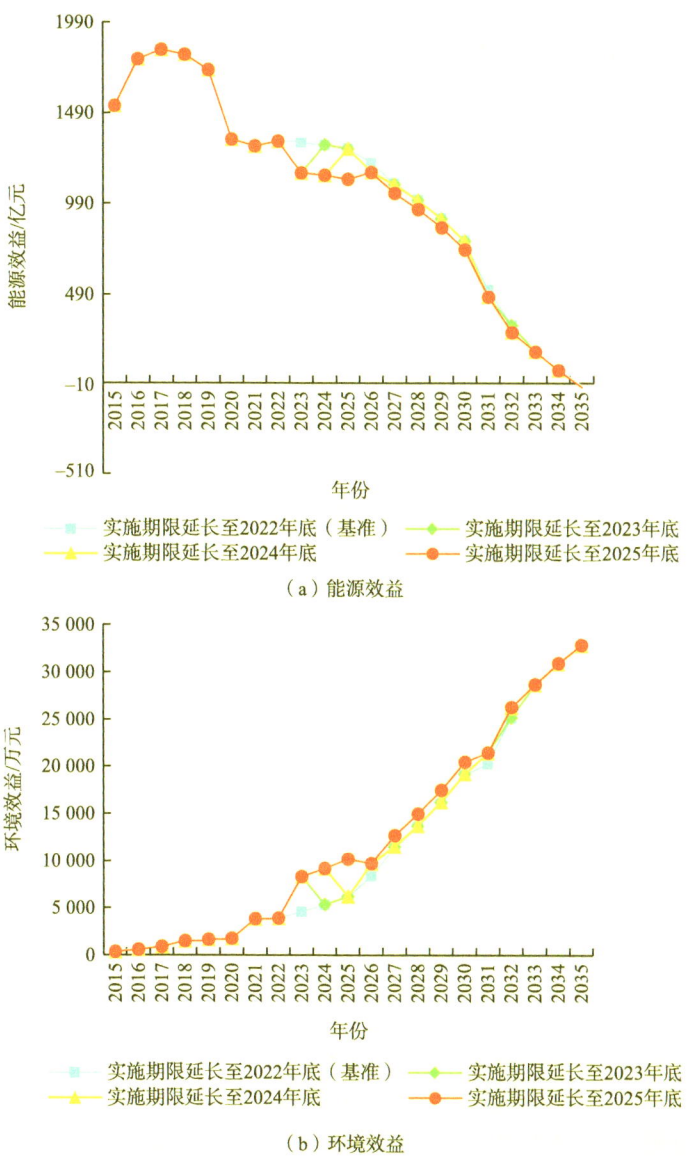

（a）能源效益

（b）环境效益

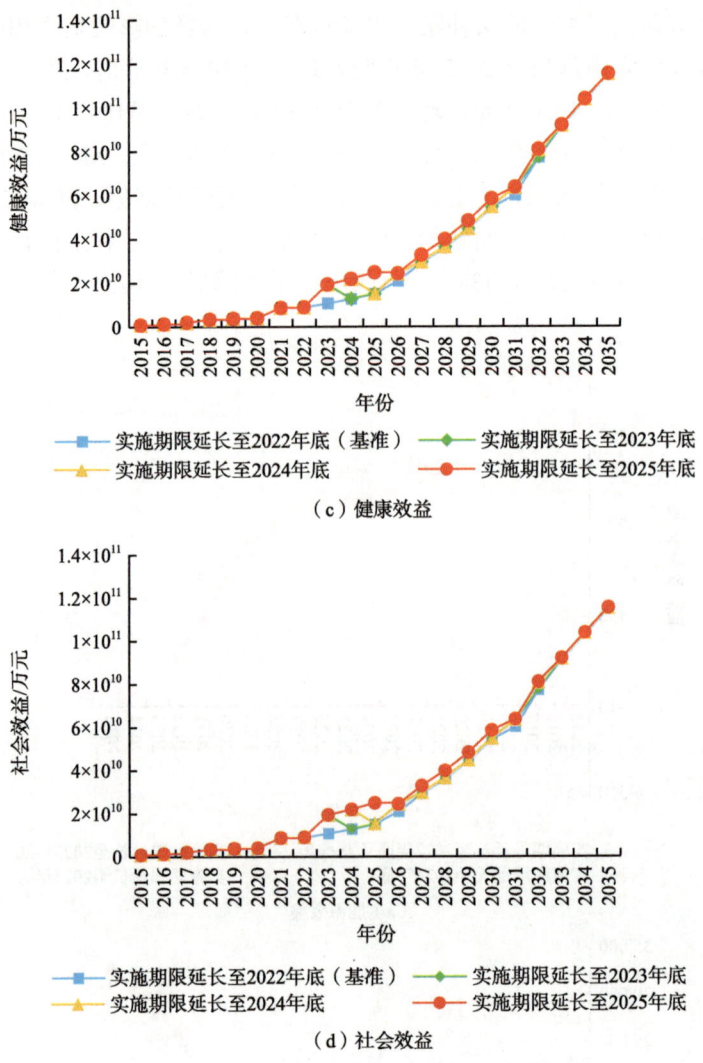

图 7-10　购买补贴对电动汽车扩散效益的影响

社会效益和健康效益在相同的数量级。鉴于购买补贴不仅可以立竿见影地促进电动汽车销量增加，同时具有良好的社会效益，为推动电动汽车产业的发展，政府可以继续延长购买补贴实施期限。

3. 政府 R&D 补贴对电动汽车扩散效益的影响

图 7-11 呈现了政府 R&D 补贴对电动汽车扩散的能源、环境、健康和社会效益的影响。当政府 R&D 补贴从 0.84 亿元提高至 1.96 亿元时，2035 年能源效益从 −13.4 亿元下降至 −14.1 亿元，环境效益从 32 780 万元提升至 32 800 万元，健康

效益从 1.14876×10^{11} 万元提升至 1.14947×10^{11} 万元。

和政府 R&D 补贴对电动汽车市场份额的影响类似，不同政府 R&D 补贴方案下电动汽车扩散效益的差异较小。鉴于在基准政府 R&D 补贴 0.6 倍情景下电动汽车扩散效益无明显下降，因此政府可以在保障社会效益的基础上，合理减少给予汽车制造商的研发补贴，同时通过提高产学研合作水平，提高政府 R&D 补贴效率，进而实现政府 R&D 补贴效益最大化。

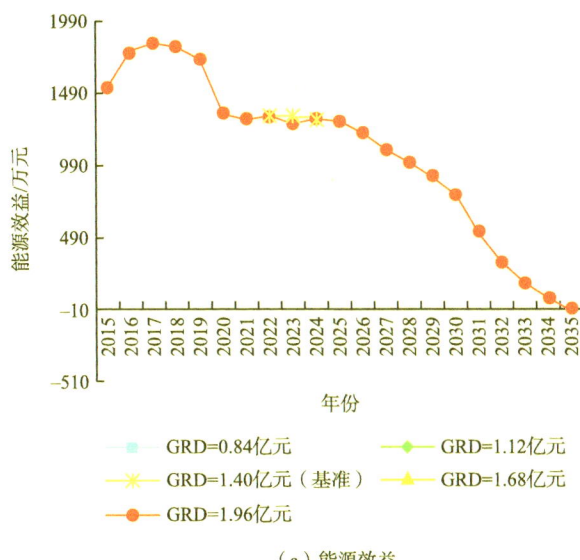

(a) 能源效益

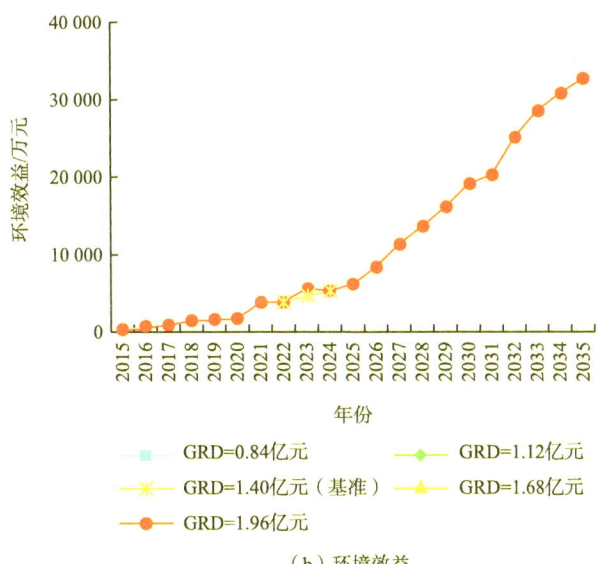

(b) 环境效益

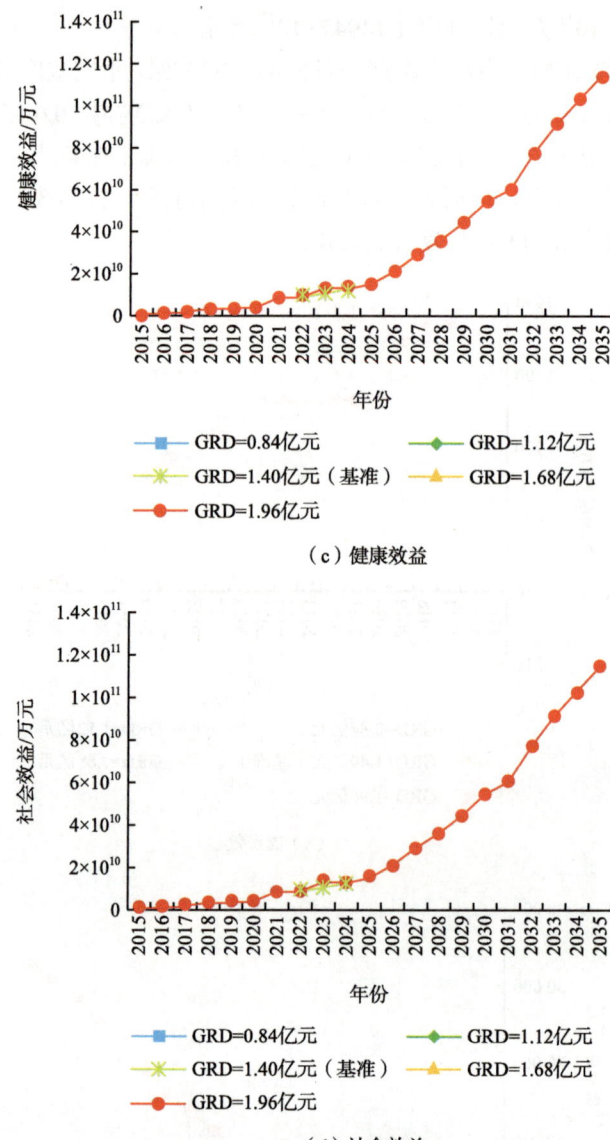

（c）健康效益

（d）社会效益

图 7-11　政府 R&D 补贴对电动汽车扩散效益的影响

4. 充电桩建设补贴对电动汽车扩散效益的影响

图 7-12 呈现了充电桩建设补贴对电动汽车扩散的能源、环境、健康和社会效益的影响。当充电桩建设补贴从 6000 元提高至 14 000 元时，2035 年能源效益从 66.2 亿元变为 −10.8 亿元，环境效益从 30 500 万元提升至 35 500 万元，健康效益从 $1.07×10^{11}$ 万元提升至 $1.24×10^{11}$ 万元。

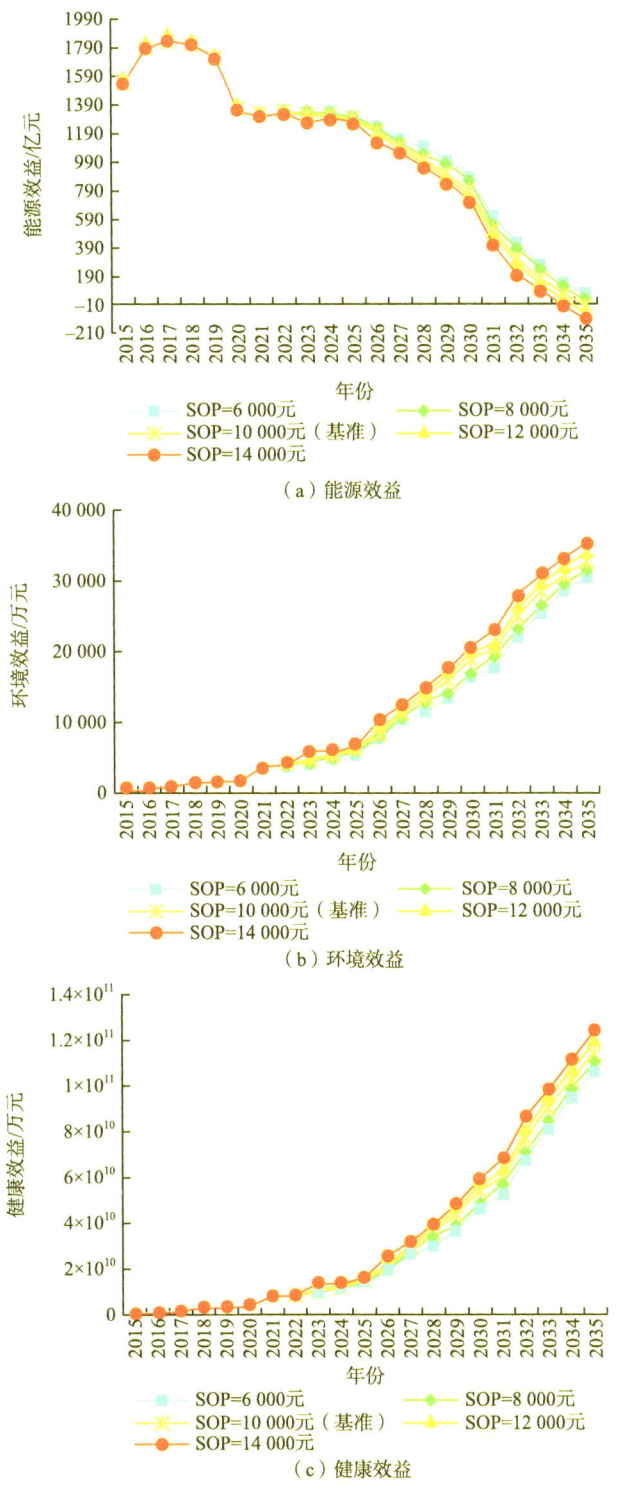

(a) 能源效益

(b) 环境效益

(c) 健康效益

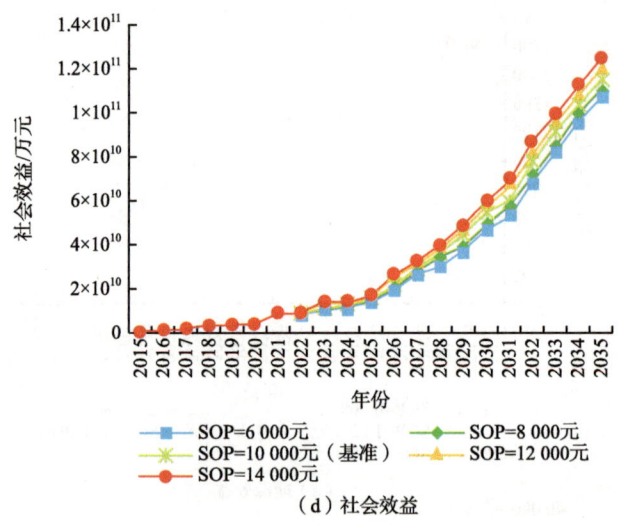

图 7-12 充电桩建设补贴对电动汽车扩散效益的影响

充电桩建设补贴对电动汽车扩散效益的影响程度在四类政策中仅次于燃油汽车车牌限制政策。充电桩作为电动汽车的互补品，其建设速度却一直滞后于电动汽车，具有巨大的成长空间。2015 印发的《国务院办公厅关于加快电动汽车充电基础设施建设的指导意见》，才第一次明确了充电桩行业的政策方向。《新能源汽车产业发展规划（2021—2035 年）》仅对新能源汽车新车销量做出规划，对充电桩建设仍没有提出具体的目标。不同于燃油汽车车牌限制政策的巨大争议，充电桩建设补贴不仅能带来显著的电动汽车扩散效益，而且可以助力能源互联网的发展。因此，国家应尽快细化、明确化充电桩建设目标，加大对充电桩建设的补贴力度。

7.4.3　不同人口和经济增速下电动汽车扩散及效益分析

除系统动力学模型中不同类型政策会影响电动汽车扩散和扩散效果外，模型外生变量也会对电动汽车扩散和扩散效果产生影响。其中人口和经济因素是影响电动汽车销量最主要的因素。因此本节进一步探究外生人口和经济变量对电动汽车扩散和扩散效果的影响。

联合国人口司基于世界人口的历史数据，结合各国（地区）实际情况与发展阶段，对世界各个国家（地区）的人口总量进行多情景预测。本节根据联合国人口司预测的中国人口低速、中速和高速增长情景，分别计算出对应增长情景下的 2021—2035 年的人口数。此外根据 Liu 和 Xiao 提供的低速、中速和高速 GDP 增长情景[401]，分别计算出对应增长情景下 2021—2035 年的 GDP，进而利用系统动力学模型分析不同人口和经济增速下电动汽车扩散及扩散效果。

由于人口和经济都是系统的外生变量,因此对电动汽车市场份额的影响较小,主要通过影响汽车保有量进而影响电动汽车销量。如图7-13所示,随着人口增速的提高,电动汽车销量也会相应增加。和7.4.2节的结果类似,电动汽车销量的增加有利于提高环境效益和健康效益,但是会降低能源效益。经济因素对电动汽车扩散及扩散效果的影响和人口因素类似,即经济增速提高同样有利于电动汽车扩散,有利于提高环境效益和健康效益,但是不利于提高能源效益(图7-14)。此外,可以发现相比于政策干预,人口和经济因素对电动汽车扩散及扩散效果的影响较小,这可能是因为人口和经济因素是外生宏观变量,间接影响电动汽车扩散。相对而言,政策干预可以直接影响消费者、电动汽车制造商和充电基础设施运营商的决策行为,因此政策干预对电动汽车扩散和扩散效果的影响更加显著。

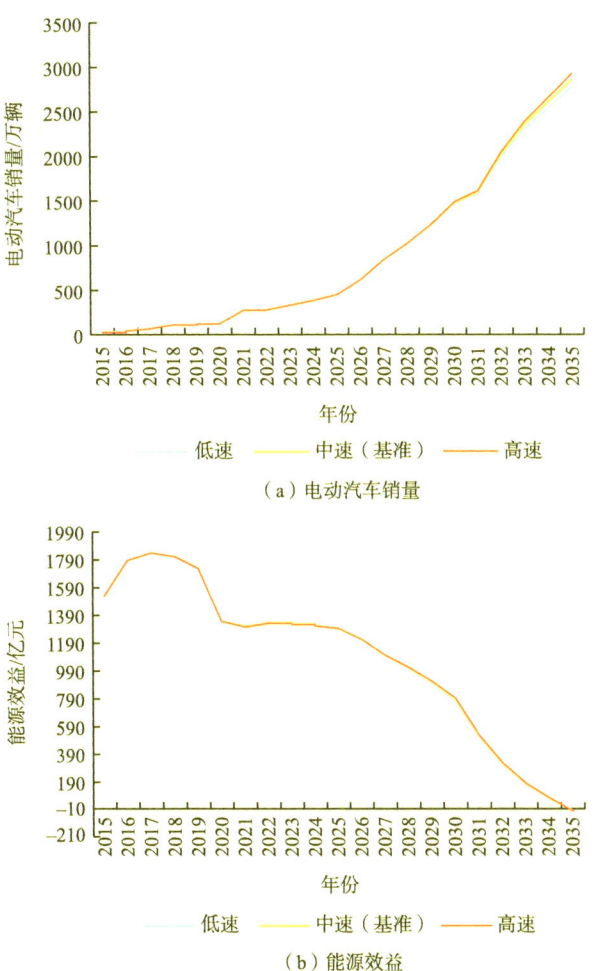

(a) 电动汽车销量

(b) 能源效益

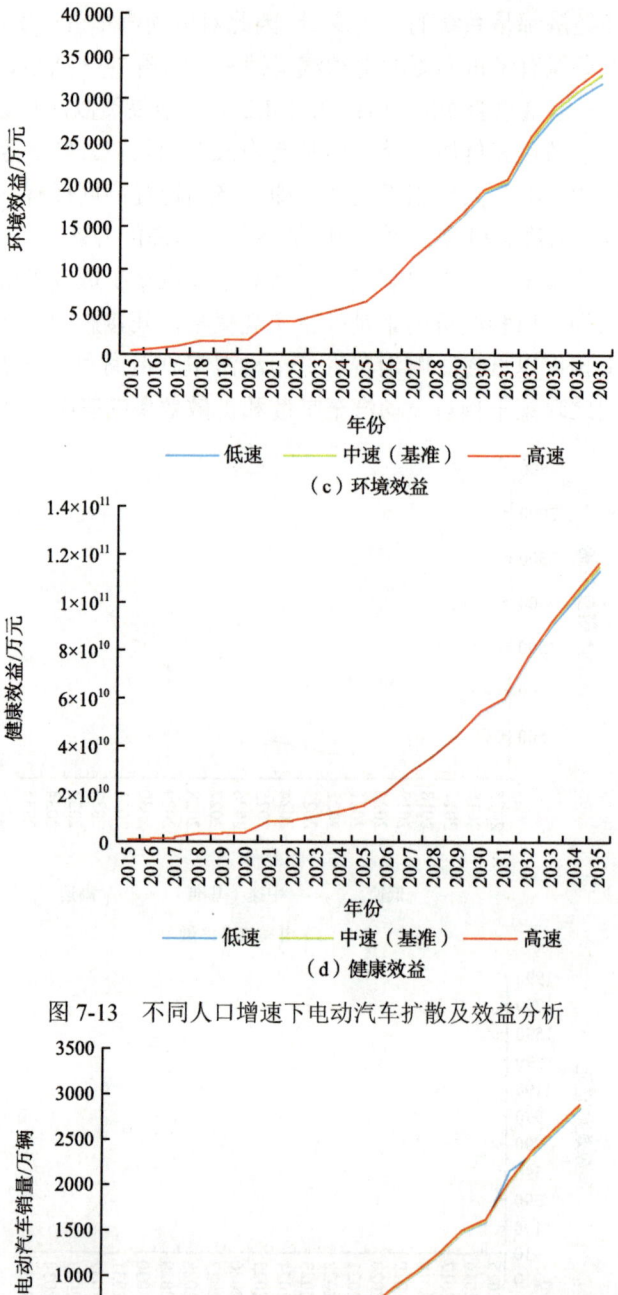

图 7-13　不同人口增速下电动汽车扩散及效益分析

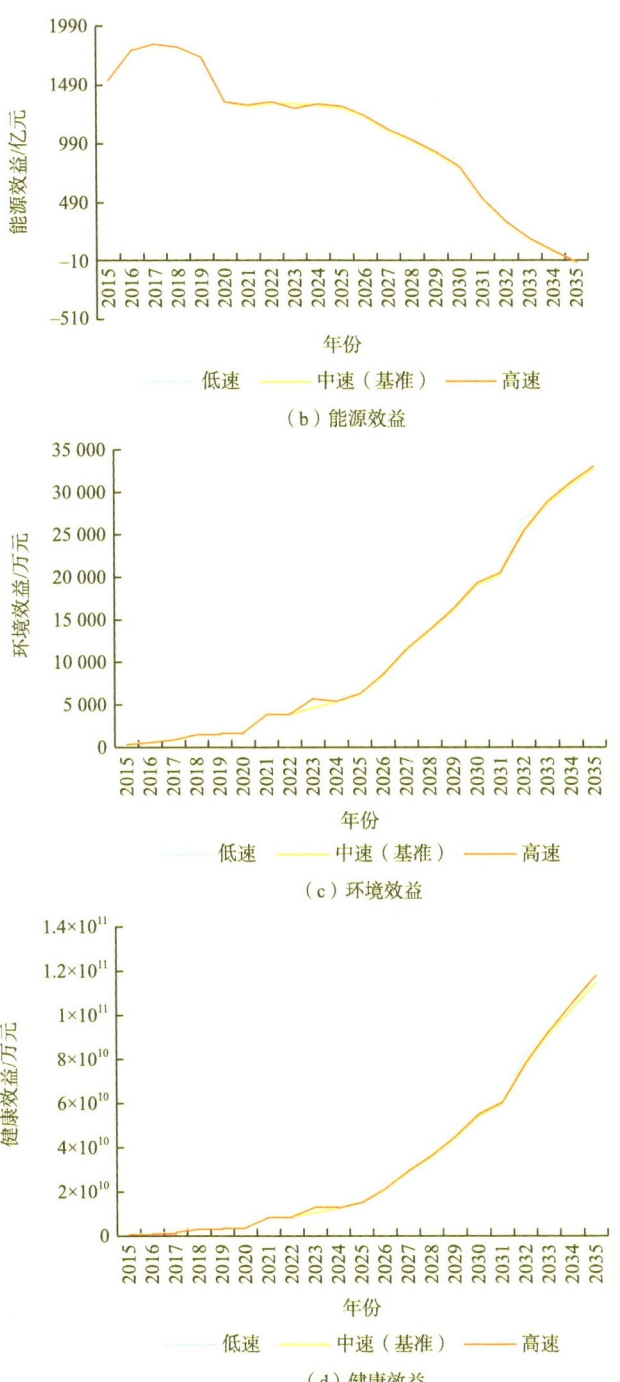

图 7-14 不同经济增速下电动汽车扩散及效益分析

7.5 本章小结

电动汽车扩散是不同主体交互、反馈作用的结果,特别是不同类型政策对主体的选择存在异质性影响。本章建立了一个由消费者子系统、电动汽车制造商子系统、充电基础设施运营商子系统和政府子系统组成的系统动力学模型,探讨了不同类型政策对电动汽车扩散及效益的影响,得出如下结论。

(1)四种政策均可以促进电动汽车扩散,但作用效果存在显著差异。其中燃油汽车车牌限制政策对电动汽车扩散的促进作用最大,但也仅在政策强度高达0.060的情景下才能完成2025年的销量目标。电动汽车扩散对购买补贴政策最为敏感。和其他三种政策相比,政府R&D补贴对电动汽车扩散的影响最小。

(2)四种政策对电动汽车扩散的能源效益均具有负向影响,对但对电动汽车扩散的环境、健康和社会效益均有正向影响,即除能源效益外,四种政策对环境效益、健康效益和社会效益的影响与对电动汽车销量的影响呈现相同趋势。此外,电动汽车扩散的健康效益最大,其次是环境效益。

(3)政府对电动汽车制造商、消费者和充电基础设施运营商的补贴产生的净效益为正。对于政府而言,电动汽车扩散带来的社会效益非常可观,并且健康效益在社会效益中占主导地位,社会效益和健康效益处于相同的数量级。

(4)人口和经济增速的提高均有利于电动汽车扩散,有利于提高环境效益和健康效益,但促进效果不如政策干预显著。

第 8 章　动力电池闭环供应链回收模式选择研究

电动汽车的生命周期管理不仅包括在推广阶段有效推动电动汽车的普及,还涵盖了在回收阶段高效处理废旧动力电池。这个管理过程可以从两个层面进行分析:一是电动汽车的整体生命周期管理,二是动力电池本身的生命周期管理。在电动汽车的整体生命周期管理中,首先需要在推广阶段有效推动电动汽车的普及。随着电动汽车的推广逐步明确,紧随其后的问题是如何有效促进动力电池的回收利用。动力电池的退役潮已然来临,回收废旧动力电池正在成为政策导向明确、大量企业参与的热门产业。具体到动力电池本身的生命周期管理,尽管动力电池回收行业蓬勃发展,工信部也公布了动力电池回收行业"白名单"企业,但回收市场整体上依然存在"小、散、乱"的竞争格局,未能很好地进行废旧动力电池的梯级利用和材料回收。同时,政策法规的强制性不足、行业发展不规范等问题,导致资源浪费和环境破坏。

因此,本章将基于动力电池"生产→装车→回收→梯级利用→材料回收"的生命周期过程,从利润与碳排放的视角对比不同回收模式,挑选出高效、收益可观、稳定且低碳的最佳回收模式,助力动力电池回收行业规范化发展。

8.1　问题描述与基本假设

本章针对三种不同的废旧动力电池回收模式,即电动汽车制造商为回收主体、第三方回收企业为回收主体以及电动汽车制造商与第三方回收企业混合回收,分别构建了模式 E(电动汽车制造商回收)、模式 T(第三方回收企业回收)以及模式 ET(电动汽车制造商与第三方回收企业混合回收)三种动力电池闭环供应链模型,其中废旧动力电池回收过程按照以下流程统一构建:动力电池退役后由回收主体收集起来,而后动力电池生产企业对这些回收的废旧动力电池进行安全性和残值的评估,将满足梯级利用要求的电池进行拆包、重组等处理后售往梯级利用市场,经过使用后,将不能满足梯级利用场景的电池退役,最终进行电池生产材料的再生利用。此外,本章将废旧动力电池的梯级利用定义为梯级利用消费者对废旧动力电池的二次使用。动力电池生产企业制造电动汽车所需的动力电池,并对回收的废旧动力电池进行处理,得到梯级利用的电池,同时从再生的电池材料中获得价值;电动汽车制造商负责生产与销售电动汽车,同时经营废旧动力电的回收业务（模式 E 与模式 ET）；第三方回收企业负责废旧电池的回收。

为解决动力电池闭环供应链回收模式选择问题，本书做出如下假设。

假设一：电动汽车的产量与消费者的需求保持一致，电动汽车的需求函数为 $q_e(p_e) = Q_e - ap_e$。其中，p_e 为电动汽车的价格；Q_e 为电动汽车市场容量；$a(a \geq 0)$ 为电动汽车消费者的价格敏感系数。全新动力电池的产量与电动汽车的需求量保持一致，即 $q_b = q_e$。

假设二：在模式 E 下，电动汽车制造商从消费者手中回收废旧动力电池，回收到的废旧动力电池总数为 $q_r = q_{re}$，此时，回收量函数为 $q_r = k \times r_e$；在模式 T 下，第三方回收企业从消费者手中回收废旧动力电池，回收到的废旧动力电池总数为 $q_r = q_{rt}$，此时，回收量函数为 $q_r = k \times r_t$；在模式 ET 下，两者同时在市场上回收废旧动力电池，从消费者手中回收的废旧动力电池的总数为 $q_r = q_{re} + q_{rt}$，此时电动汽车制造商的回收量函数为 $q_{re} = k \times r_e - h \times r_t$，第三方回收企业的回收量函数为 $q_{rt} = k \times r_t - h \times r_e$。其中，$r_e$ 和 r_t 分别为电动汽车制造商与第三方回收企业的单位回收价格；k 为消费者对回收价格的敏感系数，k 越大表明消费者对回收价格的敏感程度越高；h 为竞争系数，反映电动汽车制造商与第三方回收企业在回收市场的竞争程度，h 越大表示电动汽车制造商与第三方回收企业竞争越激烈，且 $k > h > 0$。此时废旧动力电池的回收率为 $\tau = q_r / q_b$。

假设三：在对回收的废旧动力电池进行梯级利用之前，需要对回收到的整包电池进行拆解，筛选出性能较好且一致的单体电池进行重组。本书用 $\theta(0 \leq \theta \leq 1)$ 来表示动力电池生产企业对回收后的废旧动力电池的梯级利用率，为了描述投资回报递减的特征，假设投入成本的关系为 $\theta = \sqrt{C/B}$，其中，B 为梯级利用成本系数，B 越大表示提升相同的梯级利用率所需的投入成本越大，最终本书假设处理废旧动力电池以获得可梯级利用电池的成本为 $C(\theta) = B\theta^2/2$，即动力电池生产企业对拆解、筛选和重组等处理活动的投入成本，进而得到数量为 $q_{su}(\theta) = \theta q_r$ 的符合梯级利用要求的电池，每单位可梯级利用电池可以给动力电池生产企业带来 r_{su} 的利润。

假设四：与 Qiao 等的研究[402]相似，本章动力电池闭环供应链系统碳排放由三部分组成，即生产动力电池与电动汽车、生产梯级利用电池以及回收再利用电池材料。$\nabla E = E_M + E_{SU} - E_{RC}$，$E_M$ 为生产全新动力电池产生的碳排放；E_{SU} 为将回收的退役动力电池处理为梯级利用电池时产生的碳排放；E_{RC} 为使用再生材料替代原材料进行生产的碳排放减少量。其中，$E_M = e_b q_b + e_e q_e$，e_b 为动力电池生产企业生产单位动力电池产生的碳排放，e_e 为制造单位电动汽车产生的碳排放；$E_{SU} = e_{su} q_{su}$，e_{su} 为处理得到单位梯级利用电池产生的碳排放；$E_{RC} = e_{rc} q_r$，e_{rc} 表示使用再生材料替代原材料进行生产的单位碳排放减少量。

除以上假设外,本章在单周期前提下对动力电池闭环供应链的回收模式选择问题开展研究,动力电池生产企业作为 Stackelberg 博弈的主导者,其拥有足够的渠道领导力,电动汽车制造商与第三方回收企业是其追随者,该供应链上的所有参与者都是风险中性的,完全理性地做出自己的决定,以实现自身利润最大化,且参与者之间的信息是对称的。

本章使用如表 8-1 所示的符号。

表 8-1　符号

变量	解释
决策变量	
w	动力电池的单位批发价格
θ	废旧动力电池的梯级利用率
f	废旧动力电池的单位转移价格
p_e	电动汽车的价格
r_e	电动汽车制造商的单位回收价格
r_t	第三方回收企业的单位回收价格
模型参数	
Q_e	电动汽车市场容量
a	电动汽车消费者的价格敏感系数
h	竞争系数,反映回收市场的竞争程度
k	消费者对回收价格的敏感系数
B	梯级利用成本系数
m	碳减排成本系数
c_b	动力电池的单位生产成本
c_e	电动汽车的单位生产成本
r_{su}	向梯级利用消费者销售可进行梯级利用的废旧动力电池的单位利润(梯级利用收益)
v	材料回收收益
e_b	动力电池生产企业生产单位动力电池产生的碳排放
e_e	制造单位电动汽车产生的碳排放
e_{rc}	使用再生材料替代原材料进行生产的单位碳排放减少量
e_{su}	处理得到单位梯级利用电池产生的碳排放

续表

变量	解释
其他符号	
Π_b	动力电池生产企业的利润
Π_m	电动汽车制造商的利润
Π_t	第三方回收企业的利润
q_e	电动汽车的需求量
q_b	全新动力电池的产量
q_{re}	电动汽车制造商从消费者手中回收到的废旧动力电池的数量
q_{rt}	第三方回收企业从消费者手中回收到的废旧动力电池的数量
q_r	废旧动力电池回收数量
q_{su}	梯级利用电池数量
$C(\theta)$	处理废旧动力电池以获得可梯级利用电池的成本
∇E	动力电池生产企业在闭环供应链运行过程中的碳排放量
E_M	生产全新动力电池产生的碳排放
E_{RC}	使用再生材料替代原材料进行生产的碳排放减少量
E_{SU}	将回收的退役动力电池处理为梯级利用电池时产生的碳排放

8.2 模型构建与求解

8.2.1 模式 E：电动汽车制造商回收

如图 8-1 所示，在正向过程中，动力电池生产企业生产全新的电动汽车配套电池，电动汽车制造商利用这些配套电池生产电动汽车并售给电动汽车消费者；在逆向过程中，电动汽车制造商作为回收主体负责从电动汽车消费者处回收退役的动力电池并交由动力电池生产企业处理，部分处理后的电池将售给梯级利用消费者，无法进行梯级利用的电池以及经梯级利用后的电池都将被再生为生产材料，为动力电池生产企业带来额外的价值。此时，博弈顺序如下：首先，动力电池生产企业根据电动汽车制造商的响应函数确定动力电池的单位批发价格（w）、废旧动力电池的单位转移价格（f）以及废旧动力电池的梯级利用率（θ）；其次，电动汽车制造商做出反应，确定电动汽车的价格（p_e）和单位回收价格（r_e）。

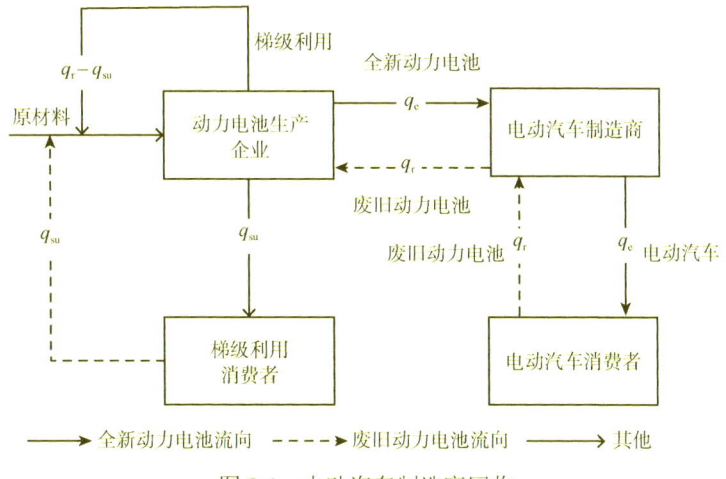

图 8-1 电动汽车制造商回收

动力电池生产企业的利润函数如下:

$$\begin{aligned}\Pi_b^E(w,\theta,f) &= (w-c_b)q_b + r_{su}q_{su} - C(\theta) - fq_r + vq_r \\ &= (w-c_b)q_e + (\theta r_{su} - f + v)r_e k - \frac{1}{2}B\theta^2\end{aligned} \quad (8.1)$$

其中,利润函数的第一项为动力电池生产企业销售电动汽车配套电池的利润;第二项为向梯级利用消费者出售梯级利用电池所获得的利润;第三项为处理废旧动力电池以获得可梯级利用电池的成本;第四项为动力电池生产企业从电动汽车制造商处回收废旧动力电池的成本;第五项为无法进行梯级利用的废旧动力电池和经梯级利用后的动力电池都以再生电池生产材料的形式给动力电池生产企业带来的额外价值。

电动汽车制造商的利润函数如下:

$$\begin{aligned}\Pi_m^E(p_e, r_e) &= (p_e - w - c_e)q_e + (f - r_e)q_r \\ &= (p_e - w - c_e)(Q_e - ap_e) + (f - r_e)r_e k\end{aligned} \quad (8.2)$$

其中,利润函数的第一项为电动汽车的销售利润;第二项为回收废旧动力电池的利润。

为保证模型最优解的存在,假设 $4B - kr_{su}^2 > 0$。利用逆向归纳法,电动汽车制造商先做出反应,求解电动汽车的价格(p_e)以及电动汽车制造商的单位回收价格(r_e)。由海塞(Hessian)矩阵一阶主子式 $H_{11}^E = \dfrac{\partial^2 \Pi_m^E}{\partial p_e^2} = -2a < 0$,且二阶主子式 $H_{12}^E = \begin{vmatrix} \dfrac{\partial^2 \Pi_m^E}{\partial p_e^2} & \dfrac{\partial^2 \Pi_m^E}{\partial p_e \partial r_e} \\ \dfrac{\partial^2 \Pi_m^E}{\partial r_e \partial p_e} & \dfrac{\partial^2 \Pi_m^E}{\partial r_e^2} \end{vmatrix} = \begin{vmatrix} -2a & 0 \\ 0 & -2k \end{vmatrix} = 4ak > 0$,可知 Π_m^E 关于电动汽车的定价

p_e 和电动汽车制造商的回收价格 r_e 为凹函数，存在唯一最优解，因此根据 $\dfrac{\partial \Pi_m^E}{\partial p_e} = 0$，$\dfrac{\partial \Pi_m^E}{\partial r_e} = 0$，得到反应函数：

$$p_e^E = \frac{Q_e + a(c_e + w)}{2a} \tag{8.3}$$

$$r_e^E = \frac{f}{2} \tag{8.4}$$

将式（8.3）、式（8.4）代入式（8.1）中的动力电池生产企业的利润函数 Π_b^E 可知，Π_b^E 关于 w、θ、f 的 Hessian 矩阵为

$$H_{23}^E = \begin{vmatrix} \dfrac{\partial^2 \Pi_b^E}{\partial w^2} & \dfrac{\partial^2 \Pi_b^E}{\partial w \partial \theta} & \dfrac{\partial^2 \Pi_b^E}{\partial w \partial f} \\ \dfrac{\partial^2 \Pi_b^E}{\partial \theta \partial w} & \dfrac{\partial^2 \Pi_b^E}{\partial \theta^2} & \dfrac{\partial^2 \Pi_b^E}{\partial \theta \partial f} \\ \dfrac{\partial^2 \Pi_b^E}{\partial f \partial w} & \dfrac{\partial^2 \Pi_b^E}{\partial f \partial \theta} & \dfrac{\partial^2 \Pi_b^E}{\partial f^2} \end{vmatrix} = \begin{vmatrix} -a & 0 & 0 \\ 0 & -B & \dfrac{kr_{su}}{2} \\ 0 & \dfrac{kr_{su}}{2} & -k \end{vmatrix} = -\frac{ak(4B - kr_{su}^2)}{4} < 0$$

其中，二阶主子式 $H_{22}^E = aB > 0$，一阶主子式 $H_{21}^E = -a < 0$，因此矩阵 H_{23}^E 为负定，从而可知 Π_b^E 关于其决策变量为严格的凹函数，存在唯一最优解。根据 $\dfrac{\partial \Pi_b^E}{\partial w} = 0$，$\dfrac{\partial \Pi_b^E}{\partial \theta} = 0$，$\dfrac{\partial \Pi_b^E}{\partial f} = 0$ 得到最优反应函数：

$$w^{E*} = \frac{Q_e + ac_b - ac_e}{2a} \tag{8.5}$$

$$\theta^{E*} = \frac{kr_{su}v}{4B - kr_{su}^2} \tag{8.6}$$

$$f^{E*} = \frac{2Bkv}{4B - kr_{su}^2} \tag{8.7}$$

将 w^{E*}，θ^{E*}，f^{E*} 分别代入式（8.1）—式（8.4），得到电动汽车的最优价格、电动汽车制造商的最优单位回收价格、废旧动力电池最优回收数量、梯级利用电池最优数量以及电动汽车制造商和动力电池生产企业的最优利润：

$$p_e^{E*} = \frac{3Q_e + a(c_b + c_e)}{4a} \tag{8.8}$$

$$r_e^{E*} = \frac{Bv}{4B - kr_{su}^2} \tag{8.9}$$

$$q_r^{E*} = \frac{Bkv}{4B - kr_{su}^2} \quad (8.10)$$

$$q_{su}^{E*} = \frac{Bk^2 r_{su}^2}{(4B - kr_{su}^2)^2} \quad (8.11)$$

$$\Pi_m^{E*} = \frac{[a(c_b + c_e) - Q_e]^2}{16a} + \frac{kB^2 v^2}{(4B - kr_{su}^2)^2} \quad (8.12)$$

$$\Pi_b^{E*} = \frac{[-a(c_b + c_e) + Q_e]^2}{8} + \frac{Bkv^2}{2(4B - kr_{su}^2)} \quad (8.13)$$

此时，整个供应链系统的利润与碳排放分别为

$$\Pi^E = \Pi_b^E + \Pi_m^E = \frac{3[-a(c_b + c_e) + Q_e]^2}{16a} + \frac{Bkv^2(6B - kr_{su}^2)}{2(-4B + kr_{su}^2)^2} \quad (8.14)$$

$$\nabla E^E = E_M + E_{SU} - E_{RC}$$
$$= \frac{(Q_e - c_b - c_e)(e_b + e_e)}{4a} + \frac{e_{su} B r_{su}^2 k^2 v^2}{(4B - kr_{su}^2)^2} - \frac{e_{rc} Bkv}{4B - kr_{su}^2} \quad (8.15)$$

8.2.2 模式T：第三方回收企业回收

如图8-2所示，正向过程与模式E相同。在逆向过程中，第三方回收企业作为回收主体负责从电动汽车消费者手中回收退役的废旧动力电池，其他过程与模

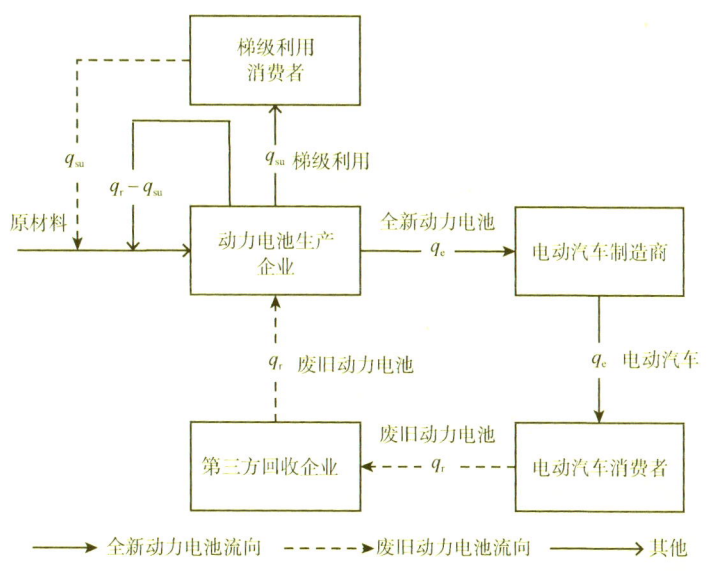

图8-2 第三方回收企业回收

式 E 相同。此时，博弈顺序如下：首先，动力电池生产企业根据电动汽车制造商和第三方回收企业的响应函数确定动力电池的单位批发价格（w）、废旧动力电池的单位转移价格（f）以及废旧动力电池的梯级利用率（θ）；其次，电动汽车制造商做出反应，确定电动汽车的价格（p_e）；最后，第三方回收企业决定每单位废旧动力电池的回收价格（r_t）。

动力电池生产企业、电动汽车制造商以及第三方回收企业的利润函数分别如下：

$$\Pi_b^T(w,\theta,f) = (w-c_b)q_b + r_{su}q_{su} - C(\theta) - fq_r + vq_r \tag{8.16}$$
$$= (w-c_b)q_e + (\theta r_{su} - f + v)kr_e - \frac{1}{2}B\theta^2$$

$$\Pi_m^T(p_e) = (p_e - w - c_e)q_e \tag{8.17}$$
$$= (p_e - w - c_e)(Q_e - ap_e)$$

$$\Pi_t^T(r_t) = (f - r_t)q_r \tag{8.18}$$
$$= (f - r_t)r_t k$$

利用逆向归纳法，第三方回收企业做出反应，根据式（8.18）第三方回收企业的利润函数，求解第三方回收企业的单位回收价格（r_t）。由于一阶主子式 $H_{31}^T = \frac{\partial^2 \Pi_t^T}{\partial r_t^2} = -2k < 0$，可知 Π_t^T 关于第三方回收企业的单位回收价格 r_t 为凹函数，存在唯一最优解，因此根据 $\frac{\partial \Pi_t^T}{\partial r_t} = 0$，得到反应函数：

$$r_t^T = \frac{f}{2} \tag{8.19}$$

然后电动汽车制造商做出反应，根据式（8.17）电动汽车制造商的利润函数，求解电动汽车的价格（p_e）。由于一阶主子式 $H_{41}^T = \frac{\partial^2 \Pi_m^T}{\partial p_e^2} = -2a < 0$，可知 Π_m^T 关于电动汽车的价格 p_e 为凹函数，存在唯一最优解，因此根据 $\frac{\partial \Pi_m^T}{\partial p_e} = 0$，得到反应函数：

$$p_e^T = \frac{Q_e + a(c_e + w)}{2a} \tag{8.20}$$

将式（8.19）、式（8.20）代入式（8.16）中的动力电池生产企业的利润函数 Π_b^T 可知，Π_b^T 关于 w、θ、f 的 Hessian 矩阵为

$$H_{53}^{T} = \begin{vmatrix} \dfrac{\partial^2 \Pi_b^T}{\partial w^2} & \dfrac{\partial^2 \Pi_b^T}{\partial w \partial \theta} & \dfrac{\partial^2 \Pi_b^T}{\partial w \partial f} \\ \dfrac{\partial^2 \Pi_b^T}{\partial \theta \partial w} & \dfrac{\partial^2 \Pi_b^T}{\partial \theta^2} & \dfrac{\partial^2 \Pi_b^T}{\partial \theta \partial f} \\ \dfrac{\partial^2 \Pi_b^T}{\partial f \partial w} & \dfrac{\partial^2 \Pi_b^T}{\partial f \partial \theta} & \dfrac{\partial^2 \Pi_b^T}{\partial f^2} \end{vmatrix} = \begin{vmatrix} -a & 0 & 0 \\ 0 & -B & \dfrac{kr_{su}}{2} \\ 0 & \dfrac{kr_{su}}{2} & -k \end{vmatrix} = -\dfrac{ak(4B - kr_{su}^2)}{4} < 0$$

其中，二阶主子式 $H_{52}^T = aB > 0$，一阶主子式 $H_{51}^T = -a < 0$，因此矩阵 H_{53}^T 为负定，从而可知 Π_b^T 关于其决策变量为严格的凹函数，存在唯一最优解。根据 $\dfrac{\partial \Pi_b^T}{\partial w} = 0$，$\dfrac{\partial \Pi_b^T}{\partial \theta} = 0$，$\dfrac{\partial \Pi_b^T}{\partial f} = 0$ 得到最优反应函数：

$$w^{T*} = \dfrac{Q_e + ac_b - ac_e}{2a} \tag{8.21}$$

$$\theta^{T*} = \dfrac{kr_{su}v}{4B - kr_{su}^2} \tag{8.22}$$

$$f^{T*} = \dfrac{2Bkv}{4B - kr_{su}^2} \tag{8.23}$$

将 w^{T*}，θ^{T*}，f^{T*} 分别代入式（8.16）—式（8.20），得到电动汽车的最优价格、第三方回收企业的最优单位回收价格、废旧动力电池最优回收数量、梯级利用电池最优数量，以及动力电池生产企业、电动汽车制造商和第三方回收企业的最优利润：

$$p_e^{T*} = \dfrac{3Q_e + a(c_b + c_e)}{4a} \tag{8.24}$$

$$r_t^{T*} = \dfrac{Bv}{4B - kr_{su}^2} \tag{8.25}$$

$$q_r^{T*} = \dfrac{Bkv}{4B - kr_{su}^2} \tag{8.26}$$

$$q_{su}^{T*} = \dfrac{Bk^2 r_{su}^2}{(4B - kr_{su}^2)^2} \tag{8.27}$$

$$\Pi_b^{T*} = \dfrac{[-a(c_b + c_e) + Q_e]^2}{8} + \dfrac{Bkv^2}{2(4B - kr_{su}^2)} \tag{8.28}$$

$$\Pi_m^{T*} = \dfrac{[a(c_b + c_e) - Q_e]^2}{16a} \tag{8.29}$$

$$\Pi_t^{T*} = \dfrac{kB^2 v^2}{(4B - kr_{su}^2)^2} \tag{8.30}$$

此时,整个供应链系统的利润与碳排放分别为

$$\Pi^T = \Pi_b^T + \Pi_m^T + \Pi_t^T = \frac{3[-a(c_b+c_e)+Q_e]^2}{16a} + \frac{Bkv^2(6B-kr_{su}^2)}{2(-4B+kr_{su}^2)^2} \quad (8.31)$$

$$\nabla E^T = E_M + E_{SU} - E_{RC}$$
$$= \frac{(Q_e - c_b - c_e)(e_b + e_e)}{4a} + \frac{e_{su}Br_{su}k^2v^2}{(4B-kr_{su}^2)^2} - \frac{e_{rc}Bkv}{4B-kr_{su}^2} \quad (8.32)$$

8.2.3 模型 ET:电动汽车制造商与第三方回收企业混合回收

如图 8-3 所示,正向过程与上述两种模式相同。在逆向过程中,电动汽车制造商与第三方回收企业将同时作为回收主体,在废旧动力回收过程中展开竞争,负责从电动汽车消费者手中回收退役的废旧动力电池,动力电池生产企业以一定的价格从两个回收参与者手中回收这些废旧动力电池,并对这部分电池进行处理得到梯级利用电池进行销售获利,经梯级利用后的电池将被全部回收并与无法满足梯级利用的电池一起被再生成为电池生产材料进行再利用。博弈顺序如下:首先,动力电池生产企业根据电动汽车制造商与第三方回收企业的响应函数确定动力电池的单位批发价格(w)、单位转移价格(f)以及废旧动力电池的梯级利用率(θ);其次,电动汽车制造商做出反应,确定电动汽车的价格(p_e)和废旧动力电池的回收价格(r_e);最后,第三方回收企业确定废旧动力电池的回收价格(r_t)。

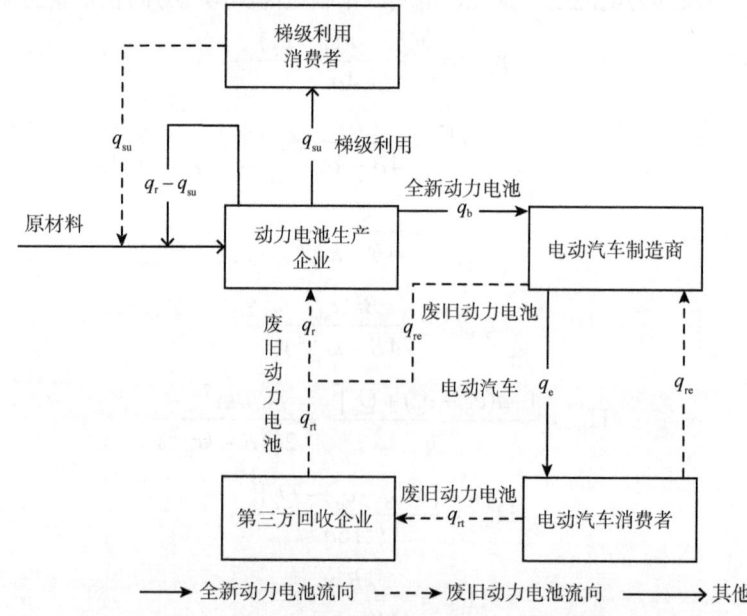

图 8-3 电动汽车制造商与第三方回收企业混合回收

动力电池生产企业的利润函数如下所示：

$$\Pi_b^{ET}(w,\theta,f) = (w-c_b)q_b + r_{su}q_{su} - C(\theta) - fq_r + vq_r$$
$$= (w-c_b)q_e + (\theta r_{su} - f + v)(kr_e - hr_t + kr_t - hr_e) - \frac{1}{2}B\theta^2 \quad (8.33)$$

电动汽车制造商的利润函数如下所示：

$$\Pi_m^{ET}(p_e, r_e) = (p_e - w - c_e)q_e + (f - r_e)q_{re}$$
$$= (Q_e - aq_e - w - c_e)q_e + (f - r_e)(kr_e - hr_t) \quad (8.34)$$

第三方回收企业的利润函数如下所示：

$$\Pi_t^{ET}(r_t) = (f - r_t)q_{rt}$$
$$= (f - r_t)(kr_t - hr_e) \quad (8.35)$$

利用逆向归纳法，第三方回收企业首先做出反应，根据式（8.35）第三方回收企业的利润函数，求解第三方回收企业的单位回收价格（r_t）。由于一阶主子式 $H_{61}^{ET} = \frac{\partial^2 \Pi_t^{ET}}{\partial r_t^2} = -2k<0$，因此 Π_t^{ET} 关于第三方回收企业的单位回收价格 r_t 为凹函数，存在唯一最优解，因此根据 $\frac{\partial \Pi_t^{ET}}{\partial r_t} = 0$，得到反应函数：

$$r_t^{ET} = \frac{fk + hr_e}{2k} \quad (8.36)$$

根据式（8.34）电动汽车制造商的利润函数以及式（8.36），求解电动汽车的价格（p_e）与电动汽车制造商的单位回收价格（r_e）。当 $-2h^2 + 4k^2 > 0$ 时，由于一阶主子式 $H_{71}^{ET} = \frac{\partial^2 \Pi_m^{ET}}{\partial p_e^2} = -2a < 0$ 且二阶主子式 $H_{72}^{ET} = \begin{vmatrix} \frac{\partial^2 \Pi_m^{ET}}{\partial p_e^2} & \frac{\partial^2 \Pi_m^{ET}}{\partial p_e \partial r_e} \\ \frac{\partial^2 \Pi_m^{ET}}{\partial r_e \partial p_e} & \frac{\partial^2 \Pi_m^{ET}}{\partial r_e^2} \end{vmatrix} = \frac{a(-2h^2 + 4k^2)}{k} > 0$，

因此 Π_m^{ET} 关于电动汽车的价格 p_e 与电动汽车制造商的单位回收价格 r_e 为凹函数，存在唯一最优解，因此根据 $\begin{cases} \frac{\partial \Pi_m^{ET}}{\partial p_e} = 0 \\ \frac{\partial \Pi_m^{ET}}{\partial r_e} = 0 \end{cases}$，得到反应函数：

$$p_e^{ET} = \frac{Q_e + a(c_e + w)}{2a} \quad (8.37)$$

$$r_e^{ET} = \frac{f(h^2 - hk - 2k^2)}{2(h^2 - 2k^2)} \quad (8.38)$$

此时第三方回收企业的反应函数为

$$r_t^{ET} = \frac{1}{4}f\left\{2+h\left[\frac{h^2-2k^2-kh}{k(h^2-2k^2)}\right]\right\} \quad (8.39)$$

将式（8.37）—式（8.39）代入式（8.33）动力电池生产企业的利润函数 Π_b^{ET} 可知，Π_b^{ET} 关于 w、θ、f 的 Hessian 矩阵为

$$H_{83}^{ET} = \begin{vmatrix} \dfrac{\partial^2 \Pi_b^{ET}}{\partial w^2} & \dfrac{\partial^2 \Pi_b^{ET}}{\partial w \partial \theta} & \dfrac{\partial^2 \Pi_b^{ET}}{\partial w \partial f} \\ \dfrac{\partial^2 \Pi_b^{ET}}{\partial \theta \partial w} & \dfrac{\partial^2 \Pi_b^{ET}}{\partial \theta^2} & \dfrac{\partial^2 \Pi_b^{ET}}{\partial \theta \partial f} \\ \dfrac{\partial^2 \Pi_b^{ET}}{\partial f \partial w} & \dfrac{\partial^2 \Pi_b^{ET}}{\partial f \partial \theta} & \dfrac{\partial^2 \Pi_b^{ET}}{\partial f^2} \end{vmatrix} = \begin{vmatrix} -a & 0 & 0 \\ 0 & -B & Ar_{su} \\ 0 & Ar_{su} & -2A \end{vmatrix} = -aA(2B - Ar_{su}^2) < 0$$

其中，$A = \dfrac{(h-k)(h^3+3h^2k-4hk^2-8k^3)}{-4h^2+8k^3} > 0$。

此时，二阶主子式 $H_{82}^{ET} = aB > 0$，一阶主子式 $H_{81}^{ET} = -a < 0$，因此矩阵 H_{83}^{ET} 为负定，从而可知 Π_b^{ET} 关于其决策变量为凹函数，存在唯一最优解。根据 $\dfrac{\partial \Pi_b^{ET}}{\partial w} = 0$，$\dfrac{\partial \Pi_b^{ET}}{\partial \theta} = 0$，$\dfrac{\partial \Pi_b^{ET}}{\partial f} = 0$，得到最优反应函数：

$$w^{ET*} = \frac{Q_e + ac_b - ac_e}{2a} \quad (8.40)$$

$$\theta^{ET*} = \frac{(k-h)(h^3+3h^2k-4hk^2-8k^3)r_{su}v}{8Bk(h^2-2k^2)+(h-k)(h^3+3h^2k-4hk^2-8k^3)r_{su}^2} \quad (8.41)$$

$$f^{ET*} = \frac{4Bkv(h^2-2k^2)}{8Bk(h^2-2k^2)+(h-k)(h^3+3h^2k-4hk^2-8k^3)r_{su}^2} \quad (8.42)$$

将 w^{ET*}，θ^{ET*}，f^{ET*} 分别代入式（8.33）—式（8.39），得到电动汽车的最优价格、电动汽车制造商的最优单位回收价格、废旧动力电池最优回收数量、梯级利用电池最优数量，还有第三方回收企业的最优单位回收价格与废旧动力电池最优回收数量，以及动力电池生产企业、电动汽车制造商和第三方回收企业的最优利润：

$$p_e^{ET*} = \frac{3Q_e + a(c_b+c_e)}{4a} \quad (8.43)$$

$$r_e^{ET*} = \frac{2Bkv(h-2k)(h+k)}{8Bk(h^2-2k^2)+(h-k)(h^3+3h^2k-4hk^2-8k^3)r_{su}^2} \quad (8.44)$$

$$q_r^{ET*} = \frac{Bv(k-h)(h+2k)(h^2-2k^2)}{8Bk(h^2-2k^2)+(h-k)(h^3+3h^2k-4hk^2-8k^3)r_{su}^2} \quad (8.45)$$

$$q_{su}^{ET*} = \frac{B(h-k)^2(h^3+3h^2k-4hk^2-8k^3)^2 r_{su} v^2}{[8Bk(h^2-2k^2)+(h-k)(h^3+3h^2k-4hk^2-8k^3)r_{su}^2]^2} \quad (8.46)$$

$$r_t^{ET*} = \frac{Bv(h^3+h^2k-2hk^2-4k^3)}{8Bk(h^2-2k^2)+(h-k)(h^3+3h^2k-4hk^2-8k^3)r_{su}^2} \quad (8.47)$$

$$q_{rt}^{ET*} = \frac{Bkv(h-k)(4k^2-h^2+2hk)}{8Bk(h^2-2k^2)+(h-k)(h^3+3h^2k-4hk^2-8k^3)r_{su}^2} \quad (8.48)$$

$$\Pi_b^{ET*} = \frac{[-a(c_b+c_e)+Q_e]^2}{8}$$
$$-\frac{4Bv^2(h-k)(h^3+3h^2k-4hk^2-8k^3)}{8Bk(h^2-2k^2)+(h-k)(h^3+3h^2k-4hk^2-8k^3)r_{su}^2} \quad (8.49)$$

$$\Pi_m^{ET*} = \frac{[a(c_b+c_e)-Q_e]^2}{16a}$$
$$-\frac{2kB^2v^2(h-k)^2(h+2k)^2(h^2-2k^2)}{[8Bk(h^2-2k^2)+(h-k)(h^3+3h^2k-4hk^2-8k^3)r_{su}^2]^2} \quad (8.50)$$

$$\Pi_t^{ET*} = \frac{kB^2v^2(h-k)^2(h^2-2hk-4k^2)^2}{[8Bk(h^2-2k^2)+(h-k)(h^3+3h^2k-4hk^2-8k^3)r_{su}^2]^2} \quad (8.51)$$

此时，整个供应链系统的利润与碳排放为

$$\Pi^{ET} = \Pi_b^{ET} + \Pi_m^{ET} + \Pi_t^{ET}$$
$$= \frac{3[-a(c_b+c_e)+Q_e]^2}{16a}$$
$$-\frac{8Bv^2(h-k)[2Bk(5h^2+23h^4k-28h^3k^2-96h^2k^3+32hk^4+96k^5)]}{16[8Bk(h^2-2k^2)+(h-k)(h^3+3h^2k-4hk^2-8k^3)r_{su}^2]^2} \quad (8.52)$$
$$-\frac{8Bv^2(h-k)^2(h^3+3h^2k-4hk^2-8k^3)r_{su}^2}{16[8Bk(h^2-2k^2)+(h-k)(h^3+3h^2k-4hk^2-8k^3)r_{su}^2]^2}$$

$$\nabla E^{ET} = E_M + E_{SU} - E_{RC}$$
$$= \frac{(Q_e-c_b-c_e)(e_b+e_e)}{4a}$$
$$+\frac{B(h-k)^2(h^3+3h^2k-4hk^2-8k^3)^2 r_{su} v^2 e_{su}}{[8Bk(h^2-2k^2)+(h-k)(h^3+3h^2k-4hk^2-8k^3)r_{su}^2]^2}$$
$$-\frac{Bv(k-h)(h^3+3h^2k-4hk^2-8k^3)e_{rc}}{8Bk(h^2-2k^2)+(h-k)(h^3+3h^2k-4hk^2-8k^3)r_{su}^2}$$
$$(8.53)$$

综上所述，三种回收模式下的最优结果如表8-2所示。

表 8-2　三种回收模式下的最优结果

变量	模式 E	模式 T	模式 ET
w	$\dfrac{Q_e + ac_b - ac_e}{2a}$	$\dfrac{Q_e + ac_b - ac_e}{2a}$	$\dfrac{Q_e + ac_b - ac_e}{2a}$
θ	$\dfrac{kr_{su}v}{4B - kr_{su}^2}$	$\dfrac{kr_{su}v}{4B - kr_{su}^2}$	$\dfrac{(k-h)(h^3 + 3h^2k - 4hk^2 - 8k^3)r_{su}v}{8Bk(h^2 - 2k^2) + (h-k)(h^3 + 3h^2k - 4hk^2 - 8k^3)r_{su}^2}$
r_e	$\dfrac{Bv}{4B - kr_{su}^2}$	—	$\dfrac{2Bkv(h - 2k)(h + k)}{8Bk(h^2 - 2k^2) + (h-k)(h^3 + 3h^2k - 4hk^2 - 8k^3)r_{su}^2}$
r_t	—	$\dfrac{Bv}{4B - kr_{su}^2}$	$\dfrac{Bv(h^3 + h^2k - 2hk^2 - 4k^3)}{8Bk(h^2 - 2k^2) + (h-k)(h^3 + 3h^2k - 4hk^2 - 8k^3)r_{su}^2}$
f	$\dfrac{2Bkv}{4B - kr_{su}^2}$	$\dfrac{2Bkv}{4B - kr_{su}^2}$	$\dfrac{4Bkv(h^2 - 2k^2)}{8Bk(h^2 - 2k^2) + (h-k)(h^3 + 3h^2k - 4hk^2 - 8k^3)r_{su}^2}$
p_e	$\dfrac{3Q_e + a(c_b + c_e)}{4a}$	$\dfrac{3Q_e + a(c_b + c_e)}{4a}$	$\dfrac{3Q_e + a(c_b + c_e)}{4a}$
q_r	$\dfrac{Bkv}{4B - kr_{su}^2}$	$\dfrac{Bkv}{4B - kr_{su}^2}$	$\dfrac{Bv(k-h)(h+2k)(h^2 - 2k^2)}{8Bk(h^2 - 2k^2) + (h-k)(h^3 + 3h^2k - 4hk^2 - 8k^3)r_{su}^2}$
q_{su}	$\dfrac{Bk^2 r_{su}^2}{(4B - kr_{su}^2)^2}$	$\dfrac{Bk^2 r_{su}^2}{(4B - kr_{su}^2)^2}$	$\dfrac{B(h-k)^2(h^3 + 3h^2k - 4hk^2 - 8k^3)^2 r_{su}v^2}{[8Bk(h^2 - 2k^2) + (h-k)(h^3 + 3h^2k - 4hk^2 - 8k^3)r_{su}^2]^2}$
Π_b	$\dfrac{[-a(c_b + c_e) + Q_e]^2}{8} + \dfrac{Bkv^2}{2(4B - kr_{su}^2)}$	$\dfrac{[-a(c_b + c_e) + Q_e]^2}{8} + \dfrac{Bkv^2}{2(4B - kr_{su}^2)}$	$\dfrac{[-a(c_b + c_e) + Q_e]^2}{8} + \dfrac{4Bv^2(h-k)(h^3 + 3h^2k - 4hk^2 - 8k^3)}{8Bk(h^2 - 2k^2) + (h-k)(h^3 + 3h^2k - 4hk^2 - 8k^3)r_{su}^2}$
Π_m	$\dfrac{[a(c_b + c_e) - Q_e]^2}{16a} + \dfrac{kB^2 v^2}{(4B - kr_{su}^2)^2}$	$\dfrac{[a(c_b + c_e) - Q_e]^2}{16a}$	$\dfrac{[a(c_b + c_e) - Q_e]^2}{16a} - \dfrac{2kB^2 v^2 (h-k)^2 (h+2k)(h^2 - 2k^2)}{[8Bk(h^2 - 2k^2) + (h-k)(h^3 + 3h^2k - 4hk^2 - 8k^3)r_{su}^2]^2}$
Π_t	—	$\dfrac{kB^2 v^2}{(4B - kr_{su}^2)^2}$	$\dfrac{kB^2 v^2 (h-k)^2 (h^2 - 2hk - 4k^2)^2}{[8Bk(h^2 - 2k^2) + (h-k)(h^3 + 3h^2k - 4hk^2 - 8k^3)r_{su}^2]^2}$
Π	$\dfrac{3[-a(c_b + c_e) + Q_e]^2}{16a} + \dfrac{Bkv^2(6B - kr_{su}^2)}{2(-4B + kr_{su}^2)^2}$	$\dfrac{3[-a(c_b + c_e) + Q_e]^2}{16a} + \dfrac{Bkv^2(6B - kr_{su}^2)}{2(-4B + kr_{su}^2)^2}$	$\dfrac{3[-a(c_b + c_e) + Q_e]^2}{16a} - \dfrac{8Bv^2(h-k)[2Bk(5h^2 + 23h^4k - 28h^2k^3 - 96h^2k^3 + 32hk^4 + 96k^5)]}{16[8Bk(h^2 - 2k^2) + (h-k)(h^3 + 3h^2k - 4hk^2 - 8k^3)r_{su}^2]^2} - \dfrac{8Bv^2(h-k)^2(h^3 + 3h^2k - 4hk^2 - 8k^3)}{16[8Bk(h^2 - 2k^2) + (h-k)(h^3 + 3h^2k - 4hk^2 - 8k^3)r_{su}^2]^2}$
∇E	$\dfrac{(Q_e - c_b - c_e)(e_b + e_e)}{4a} + \dfrac{e_{su} B r_{su} k^2 v^2}{(4B - kr_{su}^2)^2} - \dfrac{e_{rc} Bkv}{4B - kr_{su}^2}$	$\dfrac{(Q_e - c_b - c_e)(e_b + e_e)}{4a} + \dfrac{e_{su} B r_{su} k^2 v^2}{(4B - kr_{su}^2)^2} - \dfrac{e_{rc} Bkv}{4B - kr_{su}^2}$	$\dfrac{(Q_e - c_b - c_e)(e_b + e_e)}{4a} + \dfrac{B(h-k)^2 (h^3 + 3h^2k - 4hk^2 - 8k^3)^2 r_{su} v^2 e_{su}}{[8Bk(h^2 - 2k^2) + (h-k)(h^3 + 3h^2k - 4hk^2 - 8k^3)r_{su}^2]^2} - \dfrac{Bv(k-h)(h^3 + 3h^2k - 4hk^2 - 8k^3)e_{rc}}{8Bk(h^2 - 2k^2) + (h-k)(h^3 + 3h^2k - 4hk^2 - 8k^3)r_{su}^2}$

8.3 三种回收模式的比较分析

本节考察了不同回收模式对回收与梯级利用情况的影响，主要涉及废旧动力电池回收数量、电动汽车制造商与第三方回收企业的单位回收价格以及废旧动力电池的梯级利用率；同时，分别从动力电池生产企业、电动汽车制造商以及整个供应链视角比较了不同回收模式下的利润情况，结合供应链系统稳定性与动力电池闭环供应链整体的碳排放情况，得到最佳回收模式。

首先，为使研究有意义，须使废旧动力电池的梯级利用率 $0 \leqslant \theta^E, \theta^T, \theta^{ET} \leqslant 1$，因此本书假设参数 B 要足够大，$B \geqslant \dfrac{(k-h)(h^3+3h^2k-4hk^2-8k^3)(r_{su}v+r_{su}^2)}{8k(h^2-2k^2)}$，也就是 $v \leqslant \dfrac{8k(h^2-2k^2)B}{(k-h)(h^3+3h^2k-4hk^2-8k^3)r_{su}} - r_{su}$ 成立，Savaskan 等也有相似的假设[291]。

8.3.1 比较分析不同回收模式的最优结果

命题 1 三种回收模式下，电动汽车制造商与第三方回收企业的单位回收价格、废旧动力电池回收数量、废旧动力电池的梯级利用率的比较结果：$r_e^E < r_e^{ET}$，$r_t^T < r_t^{ET}$；$q_r^{ET} > q_r^E = q_r^T$；$\theta^{ET} > \theta^E = \theta^T$。

证明

（1）比较不同回收模式下电动汽车制造商与第三方回收企业的单位回收价格：由于

$$r_e^E - r_e^{ET} = \dfrac{Bv[8Bhk^2 + (h^4+2h^3k-5h^2k^2-6hk^3+4k^4)r_{su}^2]}{(4B-kr_{su}^2)[8Bk(h^2-2k^2)+(h-k)(h^3+3h^2k-4hk^2-8k^3)r_{su}^2]} < 0$$

$$r_t^T - r_t^{ET} = \dfrac{Bv[-4Bh(h-2k)(h+k)+(h^4+3h^3k-6h^2k^2-6hk^3+4k^4)r_{su}^2]}{(4B-kr_{su}^2)[8Bk(h^2-2k^2)+(h-k)(h^3+3h^2k-4hk^2-8k^3)r_{su}^2]} < 0$$

因此 $r_e^E < r_e^{ET}$，$r_t^T < r_t^{ET}$。

（2）比较不同回收模式下废旧动力电池回收数量：由于 $q_r^E - q_r^T = 0$ 且

$$q_r^{ET} - q_r^E = -\dfrac{4B^2v(h^4+2h^3k-5h^2k^2-4hk^3+4k^4)}{(4B-kr_{su}^2)[8Bk(h^2-2k^2)+(h-k)(h^3+3h^2k-4hk^2-8k^3)r_{su}^2]} > 0$$

因此 $q_r^{ET} > q_r^E = q_r^T$。

（3）比较不同回收模式下废旧动力电池的梯级利用率：由于 $\theta^E - \theta^T = 0$ 且

$$\theta^{\mathrm{ET}}-\theta^{\mathrm{E}}=-\frac{4Br_{\mathrm{su}}v(h^4+2h^3k-5h^2k^2-4hk^3+4k^4)}{(4B-kr_{\mathrm{su}}^2)[8Bk(h^2-2k^2)+(h-k)(h^3+3h^2k-4hk^2-8k^3)r_{\mathrm{su}}^2]}>0,$$

因此 $\theta^{\mathrm{ET}}>\theta^{\mathrm{E}}=\theta^{\mathrm{T}}$。

显然，由命题 1 可知：与模式 E 和模式 T 相比，模式 ET 在废旧动力电池回收数量与废旧动力电池的梯级利用率方面都具备优势，这表明在模式 ET 下动力电池生产企业可以更好地推进废旧动力电池的回收与梯级利用事业；对于电动汽车制造商与第三方回收企业这两个回收主体来说，由于越高的回收价格越能刺激消费者的回收积极性[403]，因此模式 ET 下废旧动力电池回收市场上的竞争使得这两个回收主体提高了回收价格[238]，争取获得更多的废旧动力电池，从而获得更多的回收收益。

命题 2 废旧动力电池回收数量与材料回收收益 v 正相关；废旧动力电池的梯级利用率与材料回收收益 v 正相关。

证明

$$\frac{\partial q_{\mathrm{r}}^{\mathrm{E}}}{\partial v}=\frac{\partial q_{\mathrm{r}}^{\mathrm{T}}}{\partial v}=\frac{Bk}{4B-kr_{\mathrm{su}}^2}>0$$

$$\frac{\partial q_{\mathrm{r}}^{\mathrm{ET}}}{\partial v}=-\frac{(h-k)(h^3+3h^2k-4hk^2-8k^3)B}{8Bk(h^2-2k^2)+(h-k)(h^3+3h^2k-4hk^2-8k^3)r_{\mathrm{su}}^2}>0$$

$$\frac{\partial \theta^{\mathrm{E}}}{\partial v}=\frac{\partial \theta^{\mathrm{T}}}{\partial v}=\frac{kr_{\mathrm{su}}}{4B-kr_{\mathrm{su}}^2}>0$$

$$\frac{\partial \theta^{\mathrm{ET}}}{\partial v}=-\frac{(h-k)(h^3+3h^2k-4hk^2-8k^3)r_{\mathrm{su}}}{8Bk(h^2-2k^2)+(h-k)(h^3+3h^2k-4hk^2-8k^3)r_{\mathrm{su}}^2}>0$$

由命题 2 可知：材料回收收益 v 越大，无论在哪种回收模式下，其对废旧动力电池的回收与梯级利用的促进作用均越大。

命题 3 动力电池闭环供应链系统的利润与材料回收收益 v 正相关；动力电池生产企业的利润与材料回收收益 v 正相关。

证明

首先，$\dfrac{\partial^2 \Pi^{\mathrm{E}}}{\partial v^2}=\dfrac{\partial^2 \Pi^{\mathrm{T}}}{\partial v^2}=\dfrac{Bk(6B-kr_{\mathrm{su}}^2)}{(4B-kr_{\mathrm{su}}^2)^2}>0$，且 Π^{E}，Π^{T} 关于 y 轴对称，另外 $\dfrac{\partial \Pi^{\mathrm{ET}}}{\partial v}=$

$$\frac{B(k-h)[2Bk(5h^5+23h^4k-28h^3k-96h^2k^3+32hk^4+96k^5)+(h-k)(h^3+3h^2k-4hk^2-8k^3)r_{\mathrm{su}}^2]}{[8Bk(h^2-2k^2)+(h-k)(h^3+3h^2k-4hk^2-8k^3)r_{\mathrm{su}}^2]^2}>0,$$

且 Π^{ET} 关于 y 轴对称；其次，$\dfrac{\partial \Pi_{\mathrm{b}}^{\mathrm{E}}}{\partial v}=\dfrac{\partial \Pi_{\mathrm{b}}^{\mathrm{T}}}{\partial v}=\dfrac{Bk}{4B-kr_{\mathrm{su}}^2}>0$，且 $\Pi_{\mathrm{b}}^{\mathrm{E}}$，$\Pi_{\mathrm{b}}^{\mathrm{T}}$ 关于 y 轴对称，$\dfrac{\partial^2 \Pi_{\mathrm{b}}^{\mathrm{ET}}}{\partial v^2}=$

$$-\frac{(h-k)(h^3+3h^2k-4hk^2-8k^3)B}{8Bk(h^2-2k^2)+(h-k)(h^3+3h^2k-4hk^2-8k^3)r_{su}^2}>0$$，且 Π_b^{ET} 关于 y 轴对称，因此随着材料回收收益的增加，三种回收模式下的动力电池闭环供应链系统的利润与动力电池生产企业的利润都会有所提高。

综合命题 2 与命题 3 可知，废旧动力电池材料回收环节收益的增加不仅有助于废旧动力电池的回收与梯级利用，还能推动动力电池闭环供应链的发展。因此政府可以通过直接补贴回收主体或消费者等手段来提高废旧动力电池的回收与再利用效率；企业可以通过研发材料再生技术来提升再生材料的价值，进而扩大回收与再利用事业。

命题 4 不同回收模式下动力电池生产企业的利润大小关系：$\Pi_b^{ET}>\Pi_b^E=\Pi_b^T$。

证明

由于 $\Pi_b^E - \Pi_b^T = 0$，且

$$\Pi_b^{ET}-\Pi_b^E = -\frac{2B^2(h^4+2h^3k-5h^2k^2-4hk^3+4k^4)v^2}{(4B-kr_{su}^2)[8Bk(h^2-2k^2)+(h-k)(h^3+3h^2k-4hk^2-8k^3)r_{su}^2]}>0$$

因此 $\Pi_b^{ET}>\Pi_b^E=\Pi_b^T$。

由命题 4 可知：从利润角度出发，对于动力电池生产企业，模式 ET 下其利润是最大的，因此电动汽车制造商与第三方回收企业混合回收是动力电池生产企业的最佳选择。

命题 5 不同回收模式下电动汽车制造商的利润大小关系：$\Pi_m^E>\Pi_m^{ET}>\Pi_m^T$。

证明

由于 $\Pi_m^E - \Pi_m^T = \dfrac{kB^2v^2}{(4B-kr_{su}^2)^2}>0$，

$$\Pi_m^{ET}-\Pi_m^T = \frac{2B^2v^2k(h-k)^2(h+2k^2)(2k^2-h^2)}{(4B-kr_{su}^2)^2[8Bk(h^2-2k^2)+(h-k)(h^3+3h^2k-4hk^2-8k^3)r_{su}^2]^2}>0$$

$$\Pi_m^E-\Pi_m^{ET} = \frac{\begin{array}{l}B^2v^2k[32B^2h(h^2-2k^2)(h^3+2h^2k-hk^2-4k^3)\\ -64Bk^3(h^4-3h^2k^2+2k^4)r_{su}^2\\ +(h-k)^2(h^6+6h^5k+3h^4k^2-32h^3k^3-28h^2k^4+48hk^5+48k^6)r_{su}^4]\end{array}}{(4B-kr_{su}^2)^2[8Bk(h^2-2k^2)+(h-k)(h^3+3h^2k-4hk^2-8k^3)r_{su}^2]^2}$$
$$>0$$

因此 $\Pi_m^E>\Pi_m^{ET}>\Pi_m^T$。

由命题 5 可知：模式 E 下电动汽车制造商的利润是最大的，原因是与模式 T 相比，模式 E 下的电动汽车制造商除了有销售电动汽车的收益外，还有作为回收主体回收废旧动力电池所获得的收益；而与模式 ET 相比，其可以付出较低的回

收成本（$r_e^E < r_e^{ET}$）独占废旧动力电池回收市场的收益。因此，对于电动汽车制造商来说，模式 E 是最佳回收模式。

命题 6 不同回收模式下动力电池闭环供应链系统的利润大小关系：$\Pi^{ET} > \Pi^E = \Pi^T$。

证明

由于 $\Pi^E - \Pi^T = 0$ 且

$$\Pi^{ET} - \Pi^E = \frac{\begin{aligned}B^2v^2[16B^2k(-5h^6 - 18h^5k + 39h^4k^2 + 68h^3k^3 - 80h^2k^4 - 64hk^5 + 48k^6) \\ - 8Br_{su}^2(h^8 + 4h^7k - 9h^6k^2 - 42h^5k^3 + 42h^4k^4 + 108h^3k^5 \\ - 76h^2k^6 - 80hk^7 + 48k^8) \\ + kr_{su}^4(k-h)(2k-h)(h^6 + 7h^5k + 12h^4k^2 - 16h^3k^3 - 44h^2k^4 - 8hk^5 + 16k^6)]\end{aligned}}{(4B - kr_{su}^2)^2[8Bk(h^2 - 2k^2) + (h-k)(h^3 + 3h^2k - 4hk^2 - 8k^3)r_{su}^2]^2}$$
> 0

因此 $\Pi^{ET} > \Pi^E = \Pi^T$。

由命题 6 可知：从追求利润最大化角度出发，对于动力电池闭环供应链系统，模式 ET 是最佳回收模式。

如果供应链上各成员的最佳回收模式相同，就称该供应链系统是稳定的[46]。综合考虑上述命题，可得以下结论。

命题 7 从利润与闭环供应链稳定性角度出发，最佳回收模式为模式 ET，为保持动力电池闭环供应链系统的长期稳定，动力电池生产企业可以给予电动汽车制造商的补贴为

$$\frac{\begin{aligned}B^2v^2k[32B^2h(h^2 - 2k^2)(h^3 + 2h^2k - hk^2 - 4k^3) - 64Bk^3(h^4 - 3h^2k^2 + 2k^4)r_{su}^2 \\ + (h-k)^2(h^6 + 6h^5k + 3h^4k^2 - 32h^3k^3 - 28h^2k^4 + 48hk^5 + 48k^6)r_{su}^4]\end{aligned}}{(4B - kr_{su}^2)^2[8Bk(h^2 - 2k^2) + (h-k)(h^3 + 3h^2k - 4hk^2 - 8k^3)r_{su}^2]^2}$$

证明 从动力电池生产企业的利润与动力电池闭环供应链系统的利润最大化角度出发，模式 ET 为最佳回收模式，然而对于电动汽车制造商来说，模式 E 才是使其利润达到最大的回收模式，这就导致参与者的最佳回收模式不一致，此时该供应链系统就存在不稳定的风险。为了使动力电池闭环供应链系统的利润达到最大且处于稳定状态，需要对两者的利润进行协调。因此，在回收模式 ET 下，动力电池生产企业可以考虑补贴电动汽车制造商[46]：

$$\Pi_m^E - \Pi_m^{ET} = \frac{\begin{aligned}B^2v^2k[32B^2h(h^2-2k^2)(h^3+2h^2k-hk^2-4k^3)\\-64Bk^3(h^4-3h^2k^2+2k^4)r_{su}^2\\+(h-k)^2(h^6+6h^5k+3h^4k^2-32h^3k^3-28h^2k^4+48hk^5+48k^6)r_{su}^4]\end{aligned}}{(4B-kr_{su}^2)^2[8Bk(h^2-2k^2)+(h-k)(h^3+3h^2k-4hk^2-8k^3)r_{su}^2]^2}$$

以上补贴方式旨在使电动汽车制造商愿意跟随动力电池生产企业来共同实现供应链的最大利润并稳定运行。因此作为动力电池闭环供应链的领导者,动力电池生产企业应制定合理的互相补贴机制,此外政府也可以通过补贴、税收等政策来保证动力电池闭环供应链的高效稳固。

8.3.2 比较分析不同回收模式下碳排放变化情况

在追求动力电池闭环供应链的效率与利润时,也要考虑总体的碳排放量,以达到减排要求。根据假设四可知,e_{su}、e_{rc}分别为处理得到单位梯级利用电池产生的碳排放与使用再生材料替代原材料进行生产的单位碳排放减少量,因此$U = \frac{e_{rc}}{e_{su}}$可以理解为动力电池材料回收与梯级利用技术的减排效率,U逐渐增大说明较高水平的材料回收技术高效地产出更多的再生材料来替代原材料[39, 246, 404],因而碳排放减少得更多或梯级利用技术不断进步,会使制造单位梯级利用电池产生更少的碳排放,即减排效率更高。

命题8 不同回收模式下,动力电池闭环供应链系统的碳排放大小关系:当$0<U<A$时,$\nabla E^{ET} > \nabla E^E = \nabla E^T$;当$U>A$时,$\nabla E^{ET} < \nabla E^E = \nabla E^T$。

由于$\nabla E^E - \nabla E^T = 0$,因此$\nabla E^E = \nabla E^T$。

因为

$$\nabla E^{ET} - \nabla E^E = \frac{\begin{aligned}4B^2v(h^4+2h^3k-5h^2k^2-4hk^3+4k^4)[32B^2e_{rc}k(h^2-2k^2)\\+4B(h-2k)(h^3+4h^2k-hk^2-6k^3)r_{su}(e_{rc}r_{su}+e_{su}v)\\-kr_{su}^3(h-k)(h^3+3h^2k-4hk^2-8k^3)(e_{rc}r_{su}+2e_{su}v)]\end{aligned}}{(4B-kr_{su}^2)^2[8Bk(h^2-2k^2)+(h-k)(h^3+3h^2k-4hk^2-8k^3)r_{su}^2]^2},$$

所以当

$$0<U<-\frac{2r_{su}v[2B(h^4+2h^3k-9h^2k^2-4hk^3+12k^4)-k(h^4+2h^3k-7h^2k^2-4hk^3+8k^4)r_{su}^2]}{(4B-kr_{su}^2)[8Bk(h^2-2k^2)+(h-k)(h^3+3h^2k-4hk^2-8k^3)r_{su}^2]}$$

时,$\nabla E^{ET} > \nabla E^E = \nabla E^T$;当

$$U > -\frac{2r_{su}v[2B(h^4+2h^3k-9h^2k^2-4hk^3+12k^4)-k(h^4+2h^3k-7h^2k^2-4hk^3+8k^4)r_{su}^2]}{(4B-kr_{su}^2)[8Bk(h^2-2k^2)+(h-k)(h^3+3h^2k-4hk^2-8k^3)r_{su}^2]}$$

时，$\nabla E^{ET} < \nabla E^{E} = \nabla E^{T}$。令

$$A = -\frac{\begin{array}{c}2r_{su}v[2B(h^4+2h^3k-9h^2k^2-4hk^3+12k^4)\\-k(h^4+2h^3k-7h^2k^2-4hk^3+8k^4)r_{su}^2]\end{array}}{(4B-kr_{su}^2)[8Bk(h^2-2k^2)+(h-k)(h^3+3h^2k-4hk^2-8k^3)r_{su}^2]}$$

由命题 8 可知：当减排效率处于低水平时，模式 ET 的碳排放表现不如模式 E 与模式 T；当减排效率处于较高水平时，在利润方面模式 ET 不仅是最佳回收模式，还是最低碳环保的回收模式，并且此时可以通过让动力电池生产企业给予电动汽车制造商补贴的形式维持动力电池闭环供应链的稳定，进而实现回收利润最大与碳排放量最少。

减排效率的高低可以视为废旧动力电池市场与技术的成熟与否，本书中的动力电池闭环供应链系统的碳减排主要依赖于废旧动力电池的再利用。当减排效率较低时，市场处于初期，回收主体之间存在竞争，大量废旧动力电池待回收，使模式 ET 能回收更多数量的废旧动力电池，此时初级的动力电池回收体系中梯级利用技术低效且材料回收技术也十分有限，这就可能导致碳减排效果有限，回收数量的增加反而增加了碳排放负担；当减排效率较高时，市场已较为成熟，此时动力电池回收系统具备处理大量废旧动力电池的能力[28,60]，回收越多，减少的系统碳排放也越多，因此此时模式 ET 下的碳排放比模式 E 和模式 T 更少。

命题 9 三种回收模式下，动力电池闭环供应链系统碳排放变化情况由减排效率 U 与材料回收收益 v 的具体取值决定。

证明

由于

$$\nabla E^{ET}(v) = \frac{Be_{rc}v(h^4+2h^3k-7h^2k^2-4hk^3+8k^4)}{(4B-kr_{su}^2)^2[8Bk(h^2-2k^2)+(h-k)(h^3+3h^2k-4hk^2-8k^3)r_{su}^2]}$$

$$+\frac{Be_{su}(h^4+2h^3k-7h^2k^2-4hk^3+8k^4)^2 r_{su}^2 v}{(4B-kr_{su}^2)^2[8Bk(h^2-2k^2)+(h-k)(h^3+3h^2k-4hk^2-8k^3)r_{su}^2]}$$

$$+\frac{(Q_e-c_b-c_e)(e_b+e_e)}{4a}$$

$$\frac{\partial^2 \nabla E^{ET}(v)}{\partial v^2} = \frac{2Be_{su}(h^4+2h^3k-7h^2k^2-4hk^3+8k^4)^2 r_{su}}{(4B-kr_{su}^2)^2[8Bk(h^2-2k^2)+(h-k)(h^3+3h^2k-4hk^2-8k^3)r_{su}^2]} > 0$$

$\nabla E^{ET}(v)$ 的对称轴为

$$x^{\mathrm{ET}} = -\frac{8Bk(h^2-2k^2)+(h-k)(h^3+3h^2k-4hk^2-8k^3)r_{\mathrm{su}}^2}{2(h^4+2h^3k-7h^2k^2-4hk^3+8k^4)r_{\mathrm{su}}v^2} \times U > 0,\ \text{且}:\text{①若}\ x^{\mathrm{ET}} \leqslant$$

$$v \leqslant \frac{8Bk(h^2-2k^2)}{(k-h)(h^3+3h^2k-4hk^2-8k^3)r_{\mathrm{su}}} - r_{\mathrm{su}},\ \text{则当}\ 0<v<x^{\mathrm{ET}}\ \text{时,模式 ET 下动力电}$$

池闭环供应链系统的碳排放随着材料回收收益的增加而减少;当 $v>x^{\mathrm{ET}}$ 时,模式 ET 下动力电池闭环供应链系统的碳排放随着材料回收收益的增加而增加。②若

$$x^{\mathrm{ET}} > \frac{8Bk(h^2-2k^2)}{(k-h)(h^3+3h^2k-4hk^2-8k^3)r_{\mathrm{su}}} - r_{\mathrm{su}},\ \text{则模式 ET 下动力电池闭环供应链系}$$

统的碳排放随着材料回收收益的增加而减少。模式 E 与模式 T 的证明过程相似。

由命题 9 可知:只关注材料回收收益而忽视减排效率可能会导致动力电池的回收再利用活动的碳排放量增加,废旧动力电池的回收与再利用可能会带来碳排放压力[39,404]。如果减排效率的提高体现为减排技术的进步,材料回收收益的增加表现为回收技术的进步,那么在动力电池闭环供应链的发展过程中,企业不仅要精进回收与再利用技术,还应改进减排技术;政府在适当给予回收补贴的同时应引导企业在回收与再利用技术及减排技术方面进行研发投入。本书在第 4 章也进行了相应的研究。

8.4 数值仿真分析

本节将利用 MATLAB R2018b 这一软件进行数值仿真分析,将动力电池闭环供应链回收模式选择研究中涉及的利润、碳排放变化情况进行可视化。

(1) 本书将选取 T 公司来代表电动汽车制造商,根据 T 公司发布的财报并结合 Zhang 等的研究[405],假设本节所涉及的电动汽车的市场容量为 $Q_{\mathrm{e}}=2.8\times10^5$(辆),电动汽车消费者的价格敏感系数为 $a=1.6$,消费者对回收价格的敏感系数为 $k=4$,回收市场的竞争程度为 $h=0.5$,规模参数为 $B=3\times10^8$。

(2) 以 T 公司的某型号汽车为例,每辆该型号电动汽车的动力电池容量为 85 千瓦时。另外,由于 C 公司是国内乃至全球最大的动力电池生产企业,因此本章选取该公司来代表本书中的动力电池生产企业。根据 C 公司 2021 年的业绩报告,C 公司 2020 年动力电池系统的单位生产成本约为 0.65 元/瓦时。2021 年动力电池原材料价格上涨造成动力电池的成本上涨约 25%,所以 $c_{\mathrm{b}}=85\,000\times0.65\times1.25=69\,062.5$(元),此即本节动力电池的单位生产成本;已知动力电池占电动汽车整车成本的三到四成[406],所以本节估算得到 $c_{\mathrm{e}}=161\,145.8$(元),并以此表示电动汽车的单位生产成本(不包括电池成本)。

(3) 根据 Lander 等与 Wang 等从经济收益角度对回收动力电池材料的净回收收益的研究[407,408],与国内动力电池材料回收情况相近的净回收收益为 20.15

美元/千瓦时。假设当动力电池从电动汽车上退役时,其电池剩余容量为初始的80%,因此此时 $r_{su}=20.15×85×0.8×6.4=8769.28$(元)(此时 1 美元=6.4 元);当该退役的动力电池的容量在梯级利用场景中下降到了初始容量的 40%时[39],其将被再次退役并开始进入材料回收阶段,因此令材料回收收益$v\in(1200,4000]$。

(4)根据 Qiao 等的研究[402]估算本书中动力电池闭环供应链系统的碳排放量,对涉及的参数赋值如下:$e_e=9819$(千克 CO_2 当量),$e_b=3165$(千克 CO_2 当量),因此本书设 $e_{su}\in(0,2500]$,$e_{rc}\in(0,2000]$。

8.4.1 不同回收模式下动力电池生产企业的利润变化

图 8-4 呈现了模式 E、模式 T 以及模式 ET 下动力电池生产企业的利润随材料回收收益 v 的变化情况,从图中可以看出无论在哪一种回收模式下,动力电池生产企业的利润都是随着材料回收收益的增加而增加的,且对于动力电池生产企业来说,模式 ET,即电动汽车制造商与第三方回收企业混合回收为最佳回收模式。

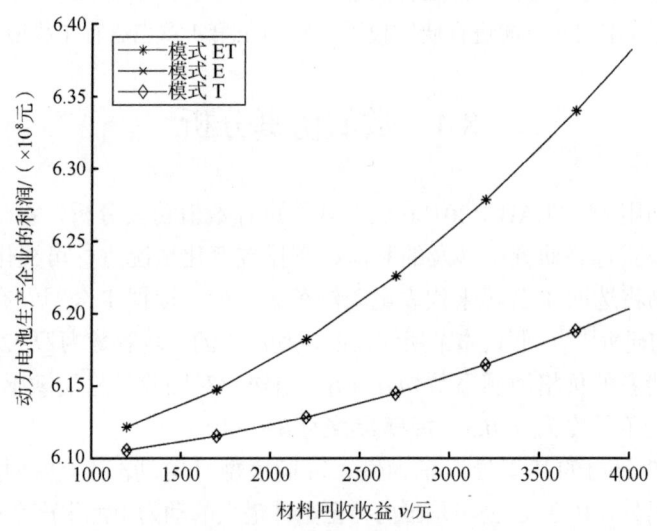

图 8-4 动力电池生产企业的利润的变化

8.4.2 不同回收模式下电动汽车制造商的利润变化

图 8-5 呈现了不同回收模式下电动汽车制造商的利润随材料回收收益 v 的变化情况,从图中可以看出三种回收模式下,电动汽车制造商的利润都是随着材料回收收益的增加而增加的,且在模式 ET 下电动汽车制造商的利润是高于其他两种回收模式的,因此模式 ET,即电动汽车制造商与第三方回收企业混合回收

是满足其目标的最佳回收模式。

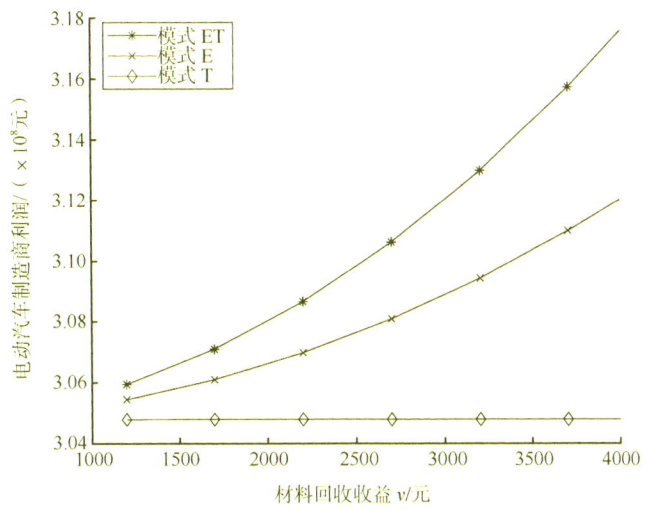

图 8-5　电动汽车制造商的利润的变化

8.4.3　不同回收模式下动力电池闭环供应链系统的利润变化

图 8-6 呈现了三种回收模式下动力电池闭环供应链系统的利润随材料回收收益 v 的变化情况，从图中可知不同回收模式下动力电池闭环供应链系统的利润都是随着材料回收收益的增加而增加的，且对于动力电池闭环供应链系统来说，选择模式 ET 所得的结果是优于其他两种回收模式的。

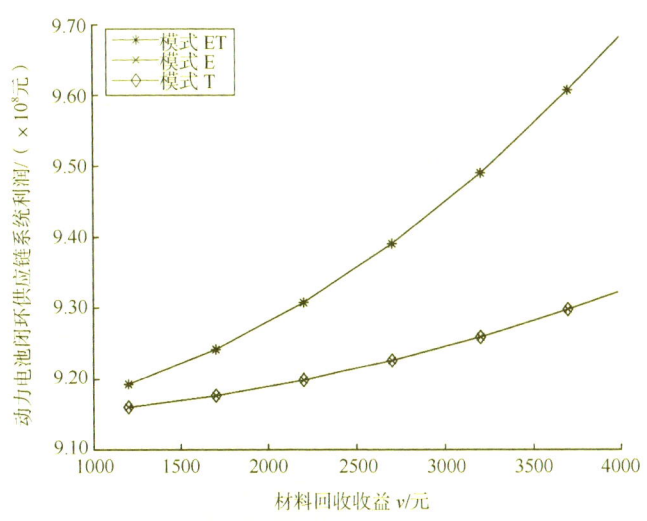

图 8-6　动力电池闭环供应链系统的利润的变化

8.4.4 不同回收模式下动力电池闭环供应链系统碳排放变化

图 8-7 呈现了不同回收模式下动力电池闭环供应链系统碳排放的变化情况。由图 8-7（a）可知：无论哪一种回收模式下动力电池闭环供应链系统碳排放都是随着减排效率的提升而减少的，且当减排效率 $0<U<0.194$ 时，模式 E 与模式 T 下的动力电池闭环供应链系统碳排放低于模式 ET；当 $U>0.194$ 时，模式 ET 下的动力电池闭环供应链系统碳排放显著低于其他两种回收模式，此时模式 ET 使得动力电池闭环供应链系统的利润最大，该模式下的碳排放是各回收模式中最少的，且可以通过让动力电池生产企业补贴电动汽车制造商的形式来维持供应链系统的稳定，从而实现利润、稳定性、碳排放三方面的最优。由图 8-7（b）与图 8-7（c）可知：当减排效率为 0.682 时，随着材料回收收益的增加，模式 ET 下动力电池

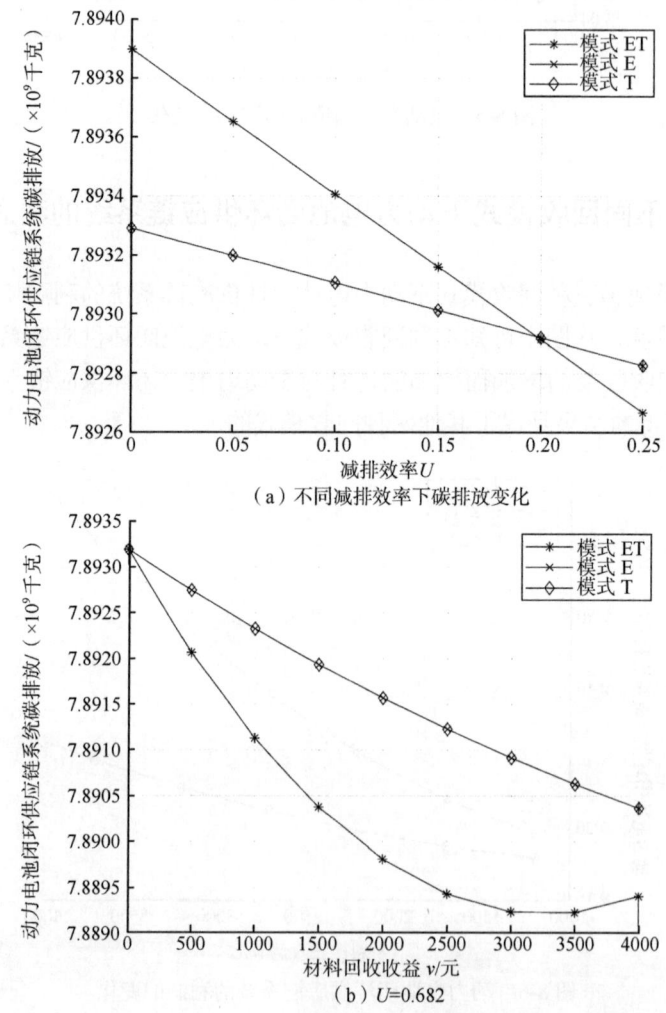

（a）不同减排效率下碳排放变化

（b）$U=0.682$

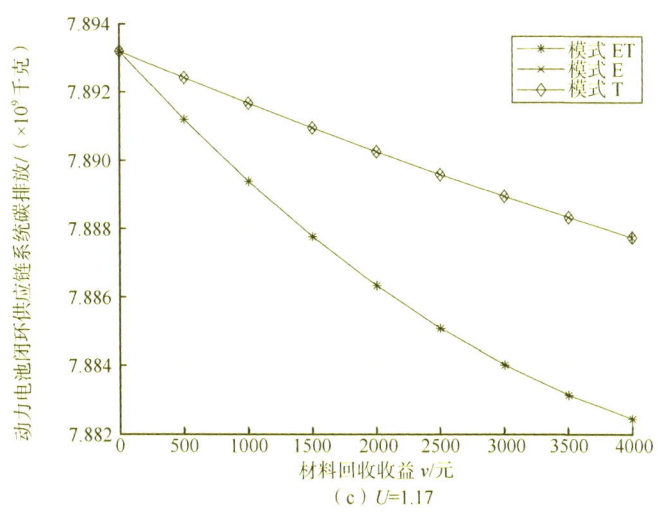

图 8-7 动力电池闭环供应链系统碳排放的变化

闭环供应链系统碳排放先减少后增加；模式 E 与模式 T 下动力电池闭环供应链系统碳排放逐渐减少。当减排效率为 1.17 时，三种回收模式下动力电池闭环供应链系统碳排放都随着材料回收收益的增加而减少。

8.5 本章小结

本章基于 Stackelberg 博弈与闭环供应链理论，结合当前动力电池回收行业现状，按照动力电池"生产→装车→回收→梯级利用→材料回收"这一生命周期过程，分别构建三种回收模式模型，即电动汽车制造商回收、第三方回收企业回收以及电动汽车制造商与第三方回收企业混合回收，该动力电池闭环供应链上的参与者包括领导者——动力电池生产企业，追随者——电动汽车制造商与第三方回收企业。接着通过逆向归纳法求得并分析了不同回收模式对废旧动力电池回收数量、回收价格、梯级利用率、动力电池闭环供应链上各成员的利润以及动力电池闭环供应链系统的利润与碳排放的影响。然后研究了材料回收收益与减排效率对均衡结果的影响。最终，结合利润、碳排放与供应链系统稳定性来判断得到最佳回收模式。具体结果如下。

（1）与电动汽车制造商回收和第三方回收企业回收相比，电动汽车制造商与第三方回收企业混合回收模式能够以较高的回收价格在废旧动力电池回收市场上回收更多的废旧动力电池，进而实现更高的梯级利用率。

（2）从利润角度出发，对于电动汽车制造商来说，电动汽车制造商回收是最佳回收模式；对于动力电池生产企业与动力电池闭环供应链系统来说，电动汽车制造商与第三方回收企业混合回收为最佳回收模式。进一步地，考虑动力电池闭环供应链的稳定性，电动汽车制造商与第三方回收企业混合回收是最适合该动力电池闭环供应链的，但动力电池生产企业作为领导者应通过补贴电动汽车制造商等形式维稳。

（3）减排效率决定了最佳回收模式能否在利润最大的同时实现碳排放最少。当减排效率较低时，最佳回收模式的碳排放超过了其他两种回收模式；当减排效率较高时，最佳回收模式不仅能获得最大利润，同时在碳排放方面也表现最佳。

（4）不断增加的材料回收收益能够促进废旧动力电池的回收与梯级利用，并提高动力电池闭环供应链上各成员的利润，同时在减排效率达到一定水平时能推动动力电池闭环供应链系统的碳减排活动；减排效率的提升为动力电池闭环供应链系统提供了源源不断的碳减排动力。

第9章 动力电池闭环供应链回收模式的优化

从政府视角出发,尽管运行电动汽车不会产生碳排放,但在动力电池生产阶段,制造商生产电动汽车的碳排放量却超过了生产燃油汽车的碳排放量[80];此外,当前废旧动力电池的回收利用率仍处于较低水平。因此,颁布与废旧动力电池回收利用相关的政策性文件依然是引导动力电池回收行业规范发展的重要途径。为了实现"双碳"目标,针对动力电池生命周期管理进行低碳化改造刻不容缓。从企业视角出发,企业在动力电池生命周期管理过程中,须在保证利润和竞争力的同时,遵守社会可持续发展要求,提高废旧动力电池的回收与再利用率。为此,加大技术研发投入与提前预估政策动向显得尤为重要。结合政府与企业的视角,本章将讨论政府应如何出台相关政策,以及企业应如何进行技术研发投入,以优化废旧动力电池回收模式,从而推动动力电池生命周期管理的高效、低碳、可持续发展。

综上,为进一步改进第8章中的最佳回收模式ET,即电动汽车制造商与第三方回收企业混合回收,优化动力电池闭环供应链,本章将在电动汽车制造商与第三方回收企业混合回收模式的基础上引入碳交易机制、技术进步以及回收市场竞争程度等因素,研究这些因素如何影响动力电池生命周期管理,从而提出相应的改善方案。

9.1 问题描述与假设

本章通过构建由一个动力电池生产企业、一个电动汽车制造商、一个第三方回收企业、电动汽车消费者、梯级利用消费者(光伏企业、家庭储电用户等)和政府组成的动力电池闭环供应链模型,研究碳交易机制、梯级利用与材料再生技术、碳减排技术以及回收市场竞争程度对动力电池闭环供应链上各成员决策的影响,如图9-1所示。为简化描述,本章将动力电池生产企业命名为供应商,将电动汽车制造商命名为制造商,将第三方回收企业命名为回收商。

在正向渠道中,供应商生产并向制造商提供动力电池(在生产动力电池的过程中供应商会受到来自政府规定的碳配额总量的约束),制造商利用电动汽车动力电池组装生产电动汽车并出售给电动汽车消费者;在逆向渠道中,当动力电池从电动汽车上退役时,供应商分别与制造商、回收商合作,由制造商与回收商从电

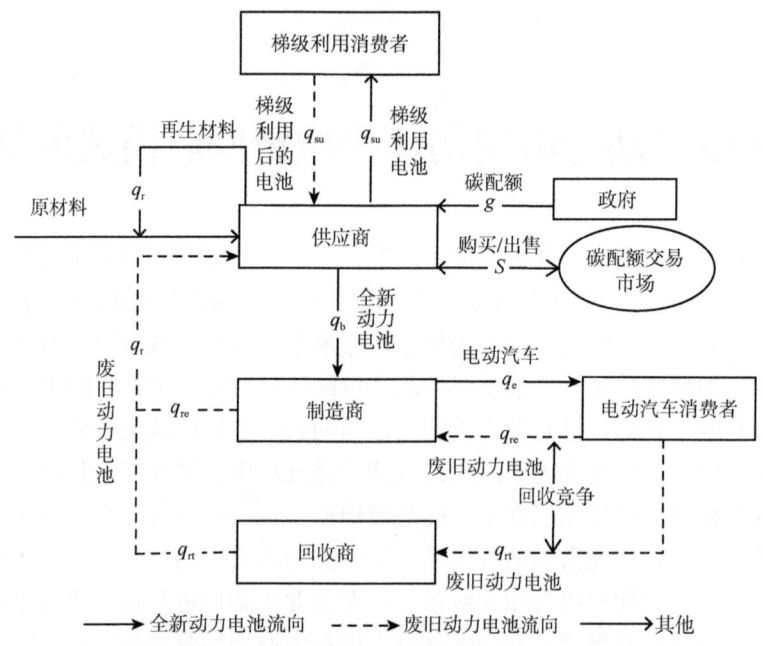

图 9-1 动力电池闭环供应链回收模式优化模型

动汽车消费者手中回收即将退役的动力电池,最终供应商以一定的价格从制造商与回收商手中回收这些废旧动力电池,并对部分电池进行处理来得到满足梯级利用消费者需求的梯级利用电池,此外,梯级利用后的电池将被全部回收并与无法满足梯级利用消费者需求的电池一起被再生成为电池生产材料进行再利用。

为研究上述问题,本章在第 8 章的基础上增加了如下假设。

假设五:碳减排技术投资是一次性投资,供应商的碳减排对动力电池生产的边际成本没有影响。本章假设碳减排技术投资是一个二次函数,碳减排率是供应商的一个决策变量,较高的碳减排率意味着减排过程将更加困难,当碳减排率略有提高时,碳减排技术投资将急剧增加。此时,碳减排投入成本为 $C(t)=mt^2/2$,其中,m 为碳减排成本系数,t 为碳减排率。本章定义供应商在生产全新动力电池与回收再利用废旧动力电池时的碳排放情况为

$$\nabla E = E_{\mathrm{M}} - E_{\mathrm{RC}} = e_{\mathrm{b}}(1-t)q_{\mathrm{b}} - e_{\mathrm{r}}q_{\mathrm{r}} \tag{9.1}$$

其中,$e_{\mathrm{b}}(1-t)$ 为通过碳减排投入,利用全新原材料生产动力电池的单位碳排放量;e_{b} 为供应商生产全新动力电池的单位碳排放;e_{r} 为利用再生材料替代原材料进行生产时可以减少的单位碳排放量。

假设六:当供应商在生产全新动力电池时的总碳排放量大于或小于总碳配额时,供应商可以通过碳交易市场买卖碳配额。动力电池闭环供应链的碳交易总量

取决于 G 和 ∇E，其中 $G = g \times q_b$ 表示政府给予供应商进行生产时的总碳配额，g 为政府决定的单位碳配额。当 $G < \nabla E$ 时，供应商需要从碳交易市场以 s 价格购买碳配额，以满足碳排放要求；当 $G > \nabla E$ 时，供应商可以以 s 价格出售额外的碳配额获得利润。

本章中使用表 9-1 中的符号。

表 9-1　符号

变量	解释
决策变量	
w	动力电池的单位批发价格
θ	废旧动力电池的梯级利用率
t	供应商的碳减排率
f	供应商支付给制造商与回收商的废旧动力电池的转移价格
p_e	电动汽车的价格
r_e	制造商支付给消费者的废旧动力电池的单位回收价格
r_t	回收商支付给消费者的废旧动力电池的单位回收价格
模型参数	
Q_e	电动汽车的市场容量
a	电动汽车消费者的价格敏感系数
h	竞争系数，反映回收市场的竞争程度
k	消费者对回收价格的敏感系数
B	梯级利用成本系数
m	碳减排成本系数
c_b	动力电池的单位生产成本
c_e	电动汽车的单位生产成本
r_{su}	向梯级利用消费者销售可进行梯级利用的废旧动力电池的单位利润（梯级利用收益）
v	材料回收收益
e_b	供应商生产单位动力电池产生的碳排放
e_{rc}	使用再生材料替代原材料进行生产的单位碳排放减少量
g	政府决定的单位碳配额
s	单位碳交易价格
其他符号	
Π_b	供应商的利润
Π_m	制造商的利润
Π_t	回收商的利润
q_e	电动汽车的需求量

续表

变量	解释
q_b	全新动力电池的产量
q_{re}	制造商从消费者手中回收到的废旧动力电池的数量
q_{rt}	回收商从消费者手中回收到的废旧动力电池的数量
q_r	废旧动力电池回收数量
q_{su}	梯级利用电池数量
$C(\theta)$	处理废旧动力电池以获得可梯级利用电池的成本
$C(t)$	碳减排投入成本
∇E	供应商在闭环供应链运行过程中的碳排放量
E_M	生产全新动力电池产生的碳排放
E_{RC}	使用再生材料替代原材料进行生产的碳排放减少量
E_0	政府规定供应商的碳排放上限
p	碳排放超额单位处罚金额
G	政府给予供应商进行生产时的总碳配额
τ	废旧动力电池的回收率

9.2 模型求解

在正向供应链中，供应商生产动力电池并以 w 的单位批发价格将其出售给制造商，制造商利用动力电池进行组装生产电动汽车并以 p_e 的价格出售给电动汽车消费者，另外，供应商为追求低碳生产，根据政府给予供应商进行生产时的总碳配额 G 以及自身生产情况确定碳减排率 t；在逆向供应链中，制造商与回收商分别以 r_e 和 r_t 的回收价格从消费者手中回收废旧动力电池，并将这部分废旧动力电池以 f 的转移价格售往供应商，供应商将处理后能满足梯级利用要求的废旧动力电池出售给梯级利用消费者以获得 r_{su} 的单位利润，剩余无法进行梯级利用的废旧动力电池以及经梯级利用后的电池将被再生处理成电池生产材料为供应商带来 v 的材料回收收益。因此，如图9-2所示，博弈顺序为：首先，供应商根据制造商的响应函数确定动力电池

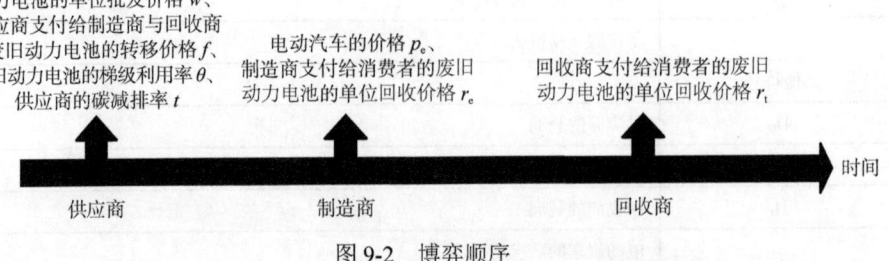

图9-2 博弈顺序

的单位批发价格（w）、支付给制造商与回收商的废旧动力电池的转移价格（f）、废旧动力电池的梯级利用率（θ）以及供应商的碳减排率（t）；其次，制造商做出反应，确定电动汽车的价格（p_e）和支付给消费者的废旧动力电池的单位回收价格（r_e）；最后，回收商确定支付给消费者的废旧动力电池的单位回收价格（r_t）。

供应商的利润函数如下所示：

$$\begin{aligned}\Pi_b(w,\theta,f,t) &= (w-c_b)q_b + r_{su}q_{su} - C(\theta) - fq_r + vq_r + \frac{-b\pm\sqrt{b^2-4ac}}{2a} \\ &\quad \times [G - e_b(1-t)q_b + e_r q_r]s - C(t) \\ &= (w-c_b)q_e + (\theta r_{su} - f + v)(kr_e - hr_t + kr_t - hr_e) - B\theta^2/2 \\ &\quad + [-e_b(1-t)q_b + e_r q_r]s + gq_b s - mt^2/2 \end{aligned} \quad (9.2)$$

制造商的利润函数如下所示：

$$\begin{aligned}\Pi_m(p_e, r_e) &= (p_e - w - c_e)q_e + (f - r_e)q_{re} \\ &= (Q_e - aq_e - w - c_e)q_e + (f - r_e)(kr_e - hr_t)\end{aligned} \quad (9.3)$$

回收商的利润函数如下所示：

$$\begin{aligned}\Pi_t(r_t) &= (f - r_t)q_{rt} \\ &= (f - r_t)(kr_t - hr_e)\end{aligned} \quad (9.4)$$

利用逆向归纳法，首先回收商做出反应，根据式（9.4）回收商的利润函数，求解回收商支付给消费者的废旧动力电池的单位回收价格（r_t）。由于 $\frac{\partial^2 \Pi_t}{\partial r_t^2} = -2k < 0$，可知 Π_t 关于 r_t 为凹函数，存在唯一最优解，因此根据 $\frac{\partial \Pi_t}{\partial r_t} = 0$，得到反应函数：

$$r_t = \frac{fk + hr_e}{2k} \quad (9.5)$$

其次将 r_t 代入制造商的利润函数，得到 $\Pi_m(p_e, r_e)$：

$$\begin{aligned}\Pi_m(p_e, r_e) &= (p_e - w - c_e)q_e + (f - r_e)q_{re} \\ &= (Q_e - aq_e - w - c_e)q_e + (f - r_e)\left[kr_e - \frac{h(fk + hr_e)}{2k}\right]\end{aligned} \quad (9.6)$$

此时求解电动汽车的价格（p_e）与制造商支付给消费者的废旧动力电池的单位回收价格（r_e）。

当 $-2h^2 + 4k^2 > 0$ 时，由于一阶主子式 $H_{11} = \frac{\partial^2 \Pi_m}{\partial p_e^2} = -2a < 0$ 且二阶主子式 $H_{12} = \begin{vmatrix} \frac{\partial^2 \Pi_m}{\partial p_e^2} & \frac{\partial^2 \Pi_m}{\partial p_e \partial r_e} \\ \frac{\partial^2 \Pi_m}{\partial r_e \partial p_e} & \frac{\partial^2 \Pi_m}{\partial r_e^2} \end{vmatrix} = \frac{a(-2h^2 + 4k^2)}{k} > 0$，可知 Π_m 关于 p_e 与 r_e 为凹函数，存在唯一

最优解，因此根据 $\begin{cases}\dfrac{\partial \Pi_m}{\partial p_e}=0\\[4pt]\dfrac{\partial \Pi_m}{\partial r_e}=0\end{cases}$，得到反应函数：

$$p_e=\frac{Q_e+a(c_e+w)}{2a} \qquad(9.7)$$

$$r_e=\frac{f(h^2-hk-2k^2)}{2(h^2-2k^2)} \qquad(9.8)$$

此时回收商的反应函数为

$$r_t=\frac{1}{4}f\left\{2+h\left[\frac{h^2-2k^2-kh}{k(h^2-2k^2)}\right]\right\} \qquad(9.9)$$

将式（9.7）—式（9.9）代入式（9.2）可得

$$\begin{aligned}\Pi_b(w,\theta,f,t)=&(w-e_bs-c_b+e_bst)q_b\\&+[\theta r_{su}-f+v+e_rs+e_rst](r_e+r_t)(k-h)\\&-B\theta^2/2+q_bgs-mt^2/2\end{aligned} \qquad(9.10)$$

为了构建 Π_b 关于 w、θ、f、t 的 Hessian 矩阵，进行了如下计算：

$$\frac{\partial \Pi_b(w,\theta,f,t)}{\partial w}=\frac{Q_e-ac_e+ac_b-asg+ae_b(s+p)-ae_b(s+p)t-2aw}{2}$$

$$\frac{\partial \Pi_b(w,\theta,f,t)}{\partial \theta}=\frac{f(h-k)(h^3+3h^2k-4hk^2-8k^3)r_{su}}{-4h^2k+8k^3}-B\theta$$

$$\frac{\partial \Pi_b(w,\theta,f,t)}{\partial f}=-\frac{(h-k)(h^3+3h^2k-4hk^2-8k^3)[2f-r_{su}\theta-e_r(s+p)-v]}{-4h^2k+8k^3}$$

$$\frac{\partial \Pi_b(w,\theta,f,t)}{\partial t}=-mt+e_b(s+p)[Q_e-a(c_e+w)]/2$$

令 $A=\dfrac{(h-k)(h^3+3h^2k-4hk^2-8k^3)}{-4h^2k+8k^3}>0$，则 Π_b 关于 w、θ、f、t 的 Hessian 矩阵如下：

$$H_{24}=\begin{bmatrix}\dfrac{\partial^2\Pi_b}{\partial w^2} & \dfrac{\partial^2\Pi_b}{\partial w\partial\theta} & \dfrac{\partial^2\Pi_b}{\partial w\partial f} & \dfrac{\partial^2\Pi_b}{\partial w\partial t}\\[6pt]\dfrac{\partial^2\Pi_b}{\partial\theta\partial w} & \dfrac{\partial^2\Pi_b}{\partial\theta^2} & \dfrac{\partial^2\Pi_b}{\partial\theta\partial f} & \dfrac{\partial^2\Pi_b}{\partial\theta\partial t}\\[6pt]\dfrac{\partial^2\Pi_b}{\partial f\partial w} & \dfrac{\partial^2\Pi_b}{\partial f\partial\theta} & \dfrac{\partial^2\Pi_b}{\partial f^2} & \dfrac{\partial^2\Pi_b}{\partial f\partial t}\\[6pt]\dfrac{\partial^2\Pi_b}{\partial t\partial w} & \dfrac{\partial^2\Pi_b}{\partial t\partial\theta} & \dfrac{\partial^2\Pi_b}{\partial t\partial f} & \dfrac{\partial^2\Pi_b}{\partial t^2}\end{bmatrix}=\begin{bmatrix}-a & 0 & 0 & -a(s+p)e_b/2\\ 0 & -B & Ar_{su} & 0\\ 0 & Ar_{su} & -2A & 0\\ -a(s+p)e_b/2 & 0 & 0 & -m\end{bmatrix}$$

当 $2B > \dfrac{(h-k)(h^3+3h^2k-4hk^2-8k^3)r_{su}^2}{-4h^2k+8k^3}$ 且 $4m > ae_b^2s^2$ 时，

$$H_{23}=\dfrac{aA(-2B+Ar_{su}^2)[-4m+ae_b^2s^2]}{4}<0,\ H_{22}=aB>0,\ H_{21}=-a<0$$

因此矩阵 H_{24} 为负定，从而可知 Π_b 关于其决策变量 w,f,θ,t 为严格的凹函数，存在唯一最优解。根据 $\begin{cases}\dfrac{\partial\Pi_b}{\partial w}=0\\ \dfrac{\partial\Pi_b}{\partial \theta}=0\\ \dfrac{\partial\Pi_b}{\partial f}=0\\ \dfrac{\partial\Pi_b}{\partial t}=0\end{cases}$，得到最优反应函数：

$$w^*=\dfrac{-2ma(c_b+e_bp-gs)+(ae_b^2s^2-2m)(Q_e-ac_e)}{a(-4m+ae_b^2s^2)} \tag{9.11}$$

$$\theta^*=-\dfrac{r_{su}Y(e_rs+v)}{BX+Yr_{su}^2} \tag{9.12}$$

$$t^*=\dfrac{e_bs[-Q_e+a(c_b+c_e+e_bs-gs)]}{-4m+ae_b^2s^2} \tag{9.13}$$

$$f^*=\dfrac{BX(e_rs+v)}{2(BX+r_{su}^2Y)} \tag{9.14}$$

其中，X 和 Y 的表达式见表 9-2。将 w^*，θ^*，f^*，t^* 分别代入式（9.7）—式（9.9），得到电动汽车的最优价格和制造商的最优单位回收价格，以及回收商的最优单位回收价格：

$$p_e^*=\dfrac{3mQ_e+a[(c_b+c_e+e_bs-gs)m-e_b^2(s+p)^2Q_e]}{a[4m-ae_b^2(s+p)^2]} \tag{9.15}$$

$$r_e^*=\dfrac{2B(h-2k)k(h+k)[e_r(s+p)+v]}{BX+Yr_{su}^2} \tag{9.16}$$

$$r_t^*=\dfrac{B(h^3+h^2k-2hk^2-4k^3)[e_r(s+p)+v]}{BX+Yr_{su}^2} \tag{9.17}$$

此时，各参与者的利润如下：

$$\Pi_t^*=\dfrac{B^2(h-k)^2k(h^2-2hk-4k^2)^2(e_rs+v)^2}{(BX+Yr_{su}^2)^2} \tag{9.18}$$

$$\Pi_m{}^* = \frac{m^2[Q_e - a(c_b + c_e + e_b s - gs)]^2}{a(-4m + ae_b{}^2 s^2)^2} \quad (9.19)$$
$$- \frac{2B^2(h-k)^2 k(h+2k)^2(h^2-2k^2)(e_r s + v)^2}{(BX + r_{su}{}^2)^2}$$

$$\Pi_b{}^* = \frac{mQ_e{}^2(BX + r_{su}{}^2 Y) + a^2 B[e_b{}^2 s^2(e_r s + v)^2 Y + 8e_b{}^2 s^2 h^2 kmX]}{2a(BX + Yr_{su}{}^2)(4m - ae_b{}^2 s^2)}$$
$$+ \frac{a^2 BXm\{(c_b + 2c_e - gs) + c_e{}^2 + 2e_b s[(c_b + c_e) - gs]\}}{2a(BX + Yr_{su}{}^2)(4m - ae_b{}^2 s^2)} + \frac{a^2 r_{su}{}^2 Ym(c_b + c_e + e_b s - gs)^2}{2a(BX + Yr_{su}{}^2)(4m - ae_b{}^2 s^2)}$$
$$- \frac{2am[BQ_e(c_e + e_b s - gs + c_b X) + Q_e r_{su}{}^2(c_b + c_e + e_b s - gs)Y + 2B(e_r s + v)^2 Y]}{2a(BX + Yr_{su}{}^2)(4m - ae_b{}^2 s^2)} \quad (9.20)$$

优化模型的均衡结果如表 9-2 所示。

表 9-2　优化模型的均衡结果

参数	结果
w^*	$\dfrac{-2ma(c_b + e_b p - gs) + (ae_b{}^2 s^2 - 2m)(Q_e - ac_e)}{a(-4m + ae_b{}^2 s^2)}$
t^*	$\dfrac{e_b s[-Q_e + a(c_b + c_e + e_b s - gs)]}{-4m + ae_b{}^2 s^2}$
$r_e{}^*$	$\dfrac{2B(h-2k)k(h+k)[e_r(s+p)+v]}{BX + Yr_{su}{}^2}$
$p_e{}^*$	$\dfrac{3mQ_e + a[(c_b + c_e + e_b s - gs)m - e_b{}^2(s+p)^2 Q_e]}{a(4m - ae_b{}^2 s^2)}$
Y	$(h-k)(h^3 + 3h^2 k - 4hk^2 - 8k^3)$
$\Pi_t{}^*$	$\dfrac{B^2(h-k)^2 k(h^2 - 2hk - 4k^2)^2(e_r s + v)^2}{(BX + Yr_{su}{}^2)^2}$
θ^*	$-\dfrac{r_{su} Y(e_r s + v)}{BX + Yr_{su}{}^2}$
f^*	$\dfrac{BX(e_r s + v)}{2(BX + r_{su}{}^2 Y)}$
$r_t{}^*$	$\dfrac{B(h^3 + h^2 k - 2hk^2 - 4k^3)[e_r(s+p)+v]}{BX + Yr_{su}{}^2}$
X	$8k(h^2 - 2k^2)$
$\Pi_m{}^*$	$\dfrac{m^2[Q_e - a(c_b + c_e + e_b s - gs)]^2}{a(-4m + ae_b{}^2 s^2)} - \dfrac{2B^2(h-k)^2 k(h+2k)^2(h^2 - 2k^2)(e_r s + v)^2}{(BX + r_{su}{}^2)^2}$
$\Pi_b{}^*$	$\dfrac{mQ_e{}^2(BX + r_{su}{}^2 Y) + a^2 B[e_b{}^2 s^2(e_r s + v)^2 Y + 8e_b{}^2 s^2 h^2 kmX]}{2a(BX + Yr_{su}{}^2)(4m - ae_b{}^2 s^2)} + \dfrac{a^2 BXm\{(c_b + 2c_e - gs) + c_e{}^2 + 2e_b s[(c_b + c_e) - gs]\}}{2a(BX + Yr_{su}{}^2)(4m - ae_b{}^2 s^2)} + \dfrac{a^2 r_{su}{}^2 Ym(c_b + c_e + e_b s - gs)^2}{2a(BX + Yr_{su}{}^2)(4m - ae_b{}^2 s^2)} - \dfrac{2am[BQ_e(c_e + e_b s - gs + c_b X) + Q_e r_{su}{}^2(c_b + c_e + e_b s - gs)Y + 2B(e_r s + v)^2 Y]}{2a(BX + Yr_{su}{}^2)(4m - ae_b{}^2 s^2)}$

另外，参考杨亚琴等的研究[409]，假设当不引入碳交易机制时，政府规定供应商的碳排放上限为 E_0，当实际生产过程中产生的碳排放量超过该上限时，企业会受到 $(E_0 - \nabla E)p$ 的处罚；当实际生产过程中的碳排放量低于该上限时，企业将不会受到处罚。因此，根据

$$\begin{cases} \Pi_b(w,f,t,\theta) = (w-c_b)q_b + r_{su}q_{su} - C(\theta) - fq_r + vq_r + [E_0 - e_b(1-t)q_b + e_r q_r]p \\ \Pi_m(p_e, r_e) = (p_e - w - c_e)q_e + (f - r_e)q_{re} \\ \Pi_t(r_t) = (f - r_t)q_{rt} \end{cases}$$

可得各参与者的最优决策如下（证明过程同上述）：

$$w_0^* = \frac{-a^2 c_e e_b^2 p^2 - 2am(c_b - c_e + e_b p) - 2mQ_e + ae_b^2 p^2 Q_e}{a(-4m + ae_b^2 p^2)}$$

$$\theta_0^* = -\frac{Yr_{su}(e_r p + v)}{BX + Yr_{su}^2}$$

$$f_0^* = \frac{BX(v + e_r p)}{2(BX + r_{su}^2 Y)}$$

$$t_0^* = \frac{e_b p[a(c_b + c_e + e_b p) - Q_e]}{-4m + ae_b^2 p^2}$$

$$p_{e0}^* = \frac{-am(c_b + c_e + e_b p) - 3mQ_e + ae_b^2 p^2 Q_e}{a(-4m + ae_b^2 p^2)}$$

$$r_{e0}^* = \frac{2Bk(h+k)(h-2k)(v+e_r p)}{BX + Yr_{su}^2}$$

$$r_{t0}^* = \frac{B(h^3 + h^2 k - 2hk^2 - 4k^3)(v + e_r p)}{BX + Yr_{su}^2}$$

9.3 动力电池闭环供应链回收模式优化的系统动力学模型

9.2 节采用博弈论的方法分析了在梯级利用、材料回收再利用、碳减排活动、回收市场竞争以及碳交易机制影响下，动力电池闭环供应链中各参与者的一系列最优决策。在现实情况下往往会出现信息延迟、决策不同步、技术进步等现象，使均衡结果不断地动态调整甚至难以达到系统稳态，因此本节引入系统动力学改进前述博弈模型。基于 9.2 节中各最优结果建立参与者之间的基本系统动力学模型，引入多个复杂函数以解决传统博弈论的分析局限，考虑碳交易机制的变化与技术进步等因素，模拟引入动力电池闭环供应链的发展趋势。

9.3.1 系统边界的确定

根据研究目标和主要博弈关系，本书将动力电池闭环供应链系统划分为正向物流子系统、逆向物流子系统以及碳排放子系统共三个子系统，这三个子系统分别反映了动力电池闭环供应链上的主要决策者的策略响应机制、废旧动力电池回收与再生利用情况、碳排放情况。

9.3.2 系统存量流量图

使用 Vensim 软件建立碳交易机制与技术进步影响下的动力电池闭环供应链系统动力学模型，如图 9-3 和图 9-4 所示，包括了正向物流子系统、碳排放子系统以及逆向物流子系统。

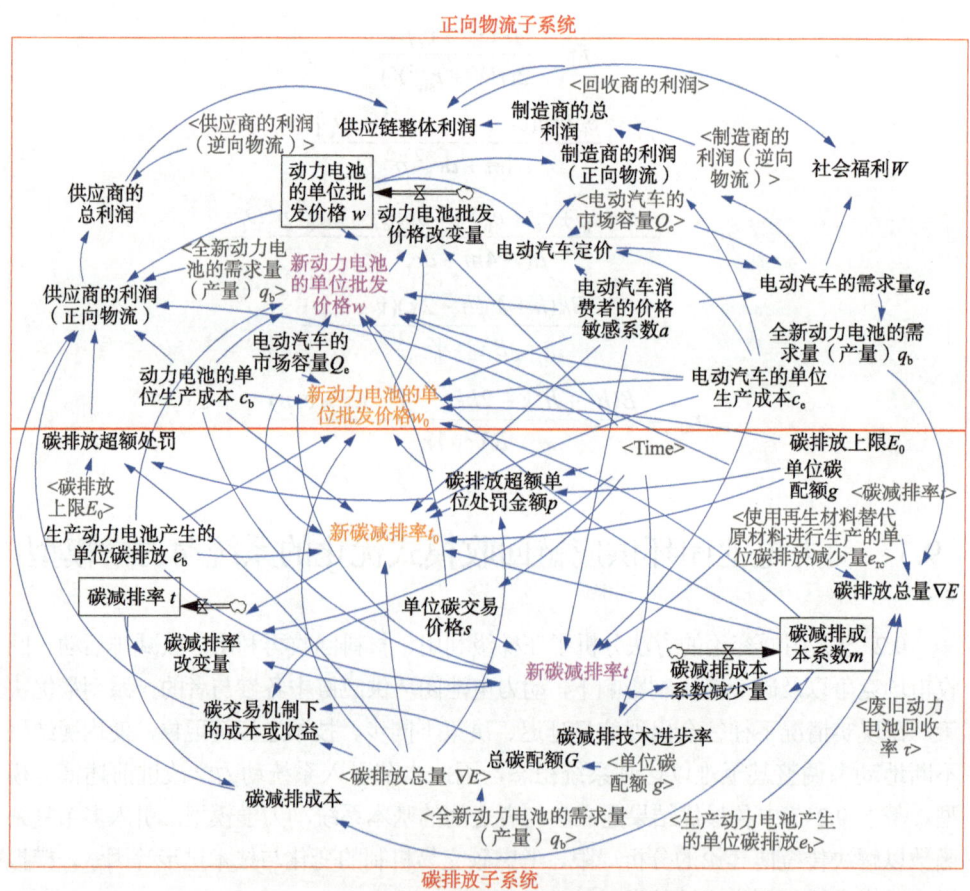

图 9-3　正向物流子系统与碳排放子系统

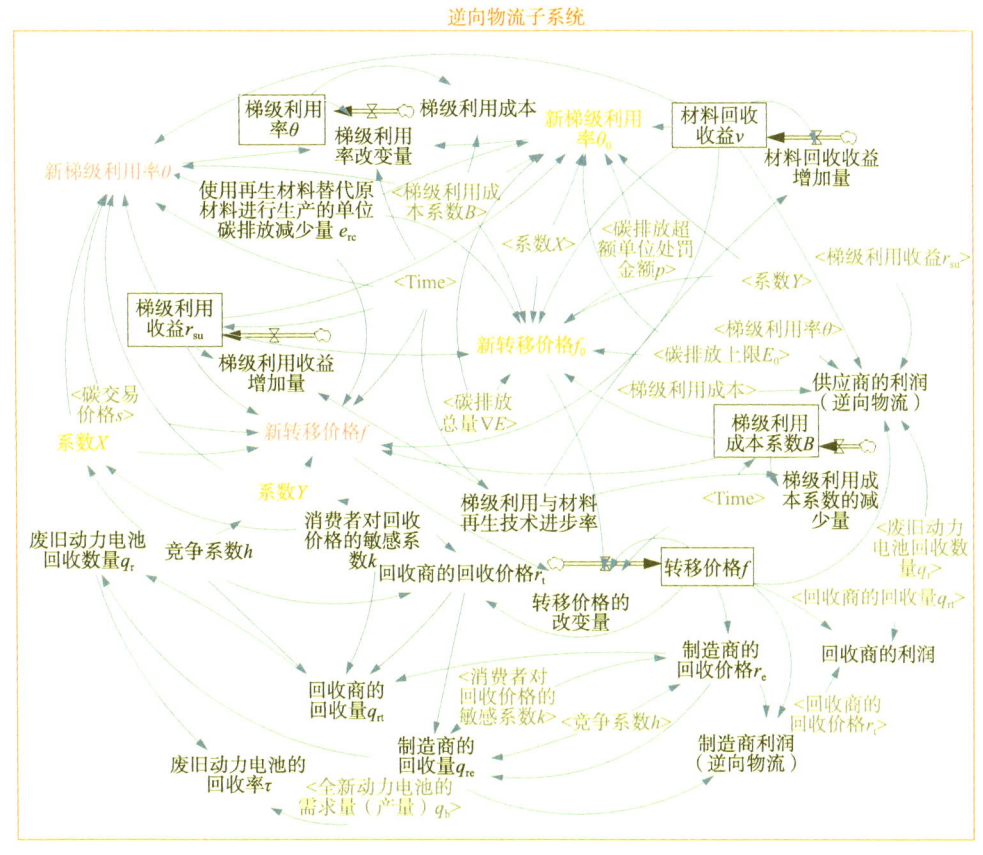

图 9-4 逆向物流子系统

由于全国碳排放权交易市场于 2021 年 7 月正式启动上线交易，因此本书模拟从 2022 年开始引入碳交易机制的情况，2022 年以前是不存在碳交易机制影响的。此外，本书旨在分析碳交易机制与技术进步对废旧动力电池的回收率、梯级利用率、动力电池正向销售、动力电池闭环供应链的碳排放情况以及社会福利演变的影响，并讨论长期来看，助力动力电池行业实现"双碳"目标的最佳方案。同时，由于本书相关参数设置与年度有关，因此，本书模拟的时间跨度设定为 48 年（2013—2060 年）。

表 9-3 总结了系统动力学模型中使用的主要数据，部分参数是参考现有数据计算得出的。

表 9-3 系统动力学模型中使用的主要数据

参数	取值	单位	数据来源
Q_e	9.3×10^5	辆	参照特斯拉发布的季度财报设定[410]
a	3	—	参照 Zhang 等设定[405]

续表

参数	取值	单位	数据来源
c_b	69 062.5	元/组	参考《宁德时代新能源科技股份有限公司 2020 年年度报告》进行计算[411]
c_e	161 145.8	元/组	参考 Lander 等和 Wang 等进行计算[407, 408]
r_{su}	8 769.28	元	参考 Lander 等和 Wang 等进行计算[407, 408]
v	3 288.48	元	参考 Lander 等和 Wang 等进行计算[407, 408]
h	0.7	—	参考 Zhang 等设定[405]
k	1.4	—	参考 Zhang 等设定[405]
s	0.043 2	元/千克	根据全国碳排放权交易市场数据计算得到[412]
B	9×10^7	元	参考 Li 等设定[47]
m	7.2×10^7	元	参考 Yang 等设定[414]
e_b	3 165	千克/组	根据 Qiao 等设定[402]
e_{rc}	1 705	千克/组	根据 Qiao 等设定[402]
g	4 000	千克/组	根据《碳排放权交易管理办法（试行）》设定[413]
p	0.1	元/千克	根据《北京市生态环境行政处罚裁量基准（2022 版）》设定[415]
E_0	2.6×10^7	千克	根据《碳排放权交易管理办法（试行）》设定[413]

（1）2021 年特斯拉已经第四次成为全球最畅销的电动汽车制造商，其在中国市场的占有率位居第三，因此本书用特斯拉来代表制造商，根据特斯拉发布的季度财报中的财务摘要（*Financial Summary*）[410]并结合 Zhang 等的研究[405]，本书假设电动汽车的市场容量 $Q_e=9.3\times10^5$（辆），电动汽车消费者的价格敏感系数为 $a=3$。

（2）以特斯拉的 Model S 为例，其带电量为 85 千瓦时/辆[407]。另外，由于宁德时代是特斯拉的动力电池供应商之一，因此本书用宁德时代来代表供应商。《宁德时代新能源科技股份有限公司 2020 年年度报告》[411]显示，宁德时代 2020 年动力电池系统的平均单价成本约为 0.65 元/瓦时。此外，2021 年原材料价格上涨导致动力电池端的成本增加 20%—25%，因此假设本书电动汽车动力电池的单位生产成本为 $c_b=85\times0.65\times（1+25\%）\times1000=69\,062.5$（元/组）。由于动力电池占电动汽车整车成本的 30%—40%[406]，所以本书粗略地得到电动汽车的单位生产成本（不包括电池成本）$c_e=161\,145.8$（元/组）。

（3）假设消费者对回收价格的敏感系数 $k=1.4$，竞争系数 $h=0.7$。

（4）采用 Lander 等的研究中实现经济上可行的净回收收益以及 Wang 等的研究中的各项成本数据[407, 408]，得到符合我国情况的可行的净回收收益为 20.15 美元/千瓦时，从而估算 r_{su} 的值，此时的汇率为 1 美元=6.4 元，当动力电池剩余容量低于初始容量的 80%时，动力电池就将从电动汽车上退役，因此假设 $r_{su}=20.15\times85\times0.8\times6.4=8769.28$（元）。由于当废旧动力电池的容量低于初始容量的 40%时将无法满足梯级利用场景，因此假设 v=3288.48（元）。

（5）本书根据 Qiao 等的研究[402]来估算动力电池闭环供应链的碳排放值，生产单位电动汽车配套的动力电池产生的碳排放约为 3165 千克，假设生产单位动力电池所产生的碳排放 e_b=3165（千克/组），利用再生材料进行生产的减排效益为 e_{rc}=|（-6960）-（-5255）|=1705（千克/组）。

（6）根据中国经济金融研究数据库[412]，全国碳排放权交易市场自 2021 年 7 月 16 日启动上线交易以来，截至 2022 年 3 月 8 日，碳配额累计成交量达到 20 333.62 万吨，累计成交额达到 87.77 亿元，此时假设碳配额的单位价格为 s=87.77×10^4/20 333.62/1000=0.0432（元/千克）。另外，根据《碳排放权交易管理办法（试行）》[413]，本书假设 g=4000（千克/组）。

（7）对于政府来说，其目标是社会效益最大化。根据 Tang 等的研究[416]，假设社会福利总额为 $W=\Pi_b+\Pi_m+\Pi_t+q_e×(F+H)$，其中 F 与 H 分别表示电动汽车在使用期间带来的节能效益与碳排放减少的效益，取值分别为 F=38 634（元），H=618（元）。

9.3.3 模型有效性检验

本节进行模型的有效性检验：①通过考察该模型的最佳响应函数，发现均大于 0，所以存量均不为负值；②通过 Vensim 软件验证了该动力电池闭环供应链的系统动力学模型不存在维度一致性误差；③将选定的参数赋值极值来进行极端条件测试，以评估模型的稳定性，如当市场需求为 0 时，动力电池的单位批发价格、碳减排率、电动汽车的价格将为 0，这表明没有市场需求，就不会有生产、减排、销售等活动，这与实际情况相符。

另外，本书还检验了系统动力学模型是否能获得博弈模型的均衡结果，即通过模拟 9.2 节中博弈的初始情况（不考虑技术进步、碳交易机制等因素），动力电池闭环供应链于 2023 年能达到稳定状态，且每个变量的值与上述博弈得出的最优决策值相同，其初始条件下的最优结果如表 9-4 所示。

表 9-4 初始条件下动力电池闭环供应链的最优结果

变量	值
动力电池的单位批发价格	108 932 元
废旧动力电池的梯级利用率	0.36
供应商的碳减排率	0.11
供应商支付给制造商与回收的废旧动力电池的转移价格	3 253.1 元
电动汽车的价格	290 039 元
制造商支付给消费者的废旧动力电池的单位回收价格	2 019.99 元

续表

变量	值
回收商支付给消费者的废旧动力电池的单位回收价格	2 068.4 元
供应商的利润	2.40×10^9 元
制造商的利润	1.20×10^9 元
回收商的利润	2.25×10^6 元

9.3.4 情景分析

本节基于当前动力电池行业的发展情况以及碳交易机制的实施情况，在表 9-5 中设置了 5 种情景，即基准情景、碳交易机制情景、技术进步情景、回收市场竞争情景以及综合情景。

表 9-5 情景设置

情景	变量					
	政府决定的单位碳配额 g/（千克/组）	碳交易价格 s/（元/千克）	向梯级利用消费者销售可进行梯级利用的废旧动力电池的单位利润 $r_{\rm sl}$/（元/组）	材料回收收益 v/（元/组）	碳减排技术进步率	回收市场竞争程度
基准情景	—	—	8769.28	3288.48	—	h=0.7
碳交易机制情景	〰	〰	8769.28	3288.48	—	h=0.7
梯级利用与材料再生技术进步情景	—	—	〰	〰	—	h=0.7
碳减排技术进步情景	—	—	8769.28	3288.48	〰	h=0.7
两类技术同时进步情景	—	—	〰	〰	〰	h=0.7
回收市场竞争情景	—	—	—	—	—	$h_1=0.5$, $h=0.7$, $h_2=0.9$
综合情景	〰	〰	〰	〰	〰	h=0.7

1. 基准情景

在基准情景下假设在模拟期内动力电池行业不纳入碳交易市场。此时政府规定了供应商的碳排放上限 E_0，如果在核算期内碳排放超过上限，那么企业将被处罚 p 且处罚价格以每年 1%的速度提高[416, 417]。

2. 碳交易机制情景

基于 Sun 等对碳交易机制对废旧动力电池回收的影响的研究[238]，为了动态且更直观地探究碳交易机制对动力电池闭环供应链的影响，本书在引入碳交易机制情景下假设于 2022 年将动力电池行业纳入碳交易市场，此时 $s=0.0432$，并且不考虑技术进步。为了鼓励以及日后督促动力电池闭环供应链上的成员参与减排事业，政府需要及时调整免费碳配额与碳交易价格，参考 Yu 等的研究[417]假设免费碳配额每年递减 6.5%，而碳交易价格每年递增 5.5%。

3. 技术进步情景

Li 等表示对回收技术进步的研究使模拟更接近现实[47]，且随着碳排放要求越来越严格，加大碳减排技术投入以推动碳减排技术发展将十分必要[418]。因此，为了使模拟相对全面且接近现实，技术进步情景包括了梯级利用与材料再生技术进步情景、碳减排技术进步情景。根据技术生命周期理论[419]，为了简单地模拟梯级利用与材料再生技术及碳减排技术生命周期的不同阶段，假设 2040 年以前技术水平快速增长，2040 年后技术进步速度逐步放缓。本书采用向梯级利用消费者销售可进行梯级利用的废旧动力电池的单位利润（r_{su}）与材料回收收益（v）增长来反映梯级利用与材料再生技术进步，如表 9-5 所示，并用碳减排技术进步率来表示碳减排技术进步，其中涉及的技术进步率（梯级利用与材料再生技术进步率与碳减排技术进步率）的设计参考了 Li 等对回收技术进步的设计[47]：

梯级利用与材料再生技术进步率

$$
\begin{aligned}
=&\,0.0028\times\left[1+\text{RANDOM\_UNIFORM}(0.001,0.002,1)\right]^{\text{Time}-2013}\\
&-\text{STEP}(0.002,2040)\\
&-\text{STEP}(0.0008,2055)
\end{aligned}
\quad(9.21)
$$

碳减排技术进步率

$$
\begin{aligned}
=&\,0.0028\times\left[1+\text{RANDOM\_UNIFORM}(0.001,0.002,1)\right]^{\text{Time}-2013}\\
&-\text{STEP}(0.002,2040)-\text{STEP}(0.0008,2055)
\end{aligned}
\quad(9.22)
$$

4. 回收市场竞争情景

在动力电池闭环供应链中，回收市场的竞争是不可避免的，Xing 等与 Sun 等都表示回收主体间的竞争系数会对回收过程产生影响[254, 238]。因此，研究不同竞争程度对动力电池闭环供应链的影响是必要的。本节假设 $h_1 = 0.5$, $h = 0.7$, $h_2 = 0.9$ 来表示回收市场竞争程度由中等到激烈的变化。

5. 综合情景

在表 9-5 设置的情景下，通过同时改变碳交易机制、技术进步以及回收市场竞争程度，来探究上述因素是如何综合影响动力电池闭环供应链的。

9.4 结果与讨论

本章研究主旨是对动力电池闭环供应链进行优化，涉及动力电池的生产、回收、梯级利用、碳减排率等方面，因此为了直观地展示不同场景下碳交易机制、技术进步以及回收市场竞争程度对动力电池闭环供应链的影响，本节以废旧动力电池的回收率、废旧动力电池的梯级利用率、全新动力电池的产量、碳排放量、社会福利这五个指标来反映不同因素产生的影响，并确定如何有效促进废旧动力电池的回收和梯级利用，减少碳排放，提高社会福利水平。

9.4.1 碳交易机制的影响

如图 9-5 所示，2022 年将碳交易机制引入动力电池闭环供应链后全新动力电池产量增加，社会福利水平提高；然而，废旧动力电池的回收率和梯级利用率却都有所下降；碳交易机制情景下的碳排放量不仅没有减少，反而超过了基准情景。这可能是因为在引入碳交易机制的初始阶段，供应商可以获得更多的免费碳配额，这意味着供应商可以通过出售剩余的碳配额获得额外的收入，这与 Sun 等认为制造商的利润会随着碳交易价格的提高而增加[238]以及 Xing 等认为随着碳配额的增加，制造商的收益将大大增加[254]的观点类似。碳交易机制的引入吸引了供应商专注于交易多余的碳配额来获得额外收入，大力增产动力电池，间接推动了电动汽车的发展，同时提高了社会福利水平；然而，这也使得供应商忽视了对废旧动力电池的回收与梯级利用，导致回收率和梯级利用率下降，最终导致动力电池闭环供应链碳排放量不降反增。

当免费的碳配额减少，碳交易价格稳步提高时，废旧动力电池的回收率与梯级利用率显著提高。碳交易机制限制碳排放的能力增强，模拟结束时，碳交易机制情景下的碳排放量甚至低于基准情景，然而，更少的免费碳配额与更高的碳交易价格会导致更巨大的碳排放成本,这减缓了动力电池的生产,使得电动汽车市场的发展降速,并对社会福利造成了冲击。

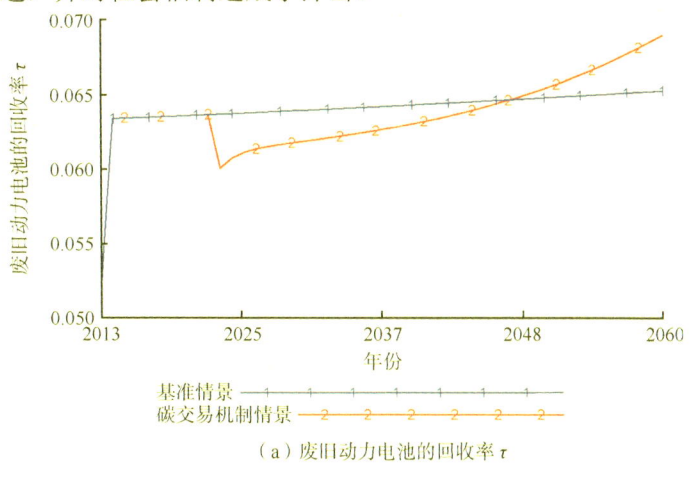

(a)废旧动力电池的回收率 τ

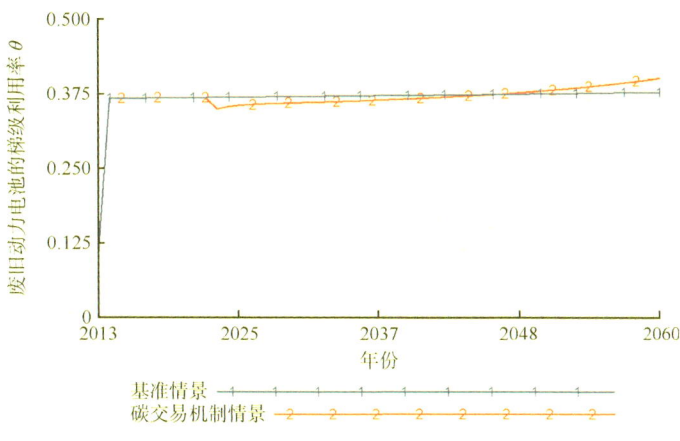

(b)废旧动力电池的梯级利用率 θ

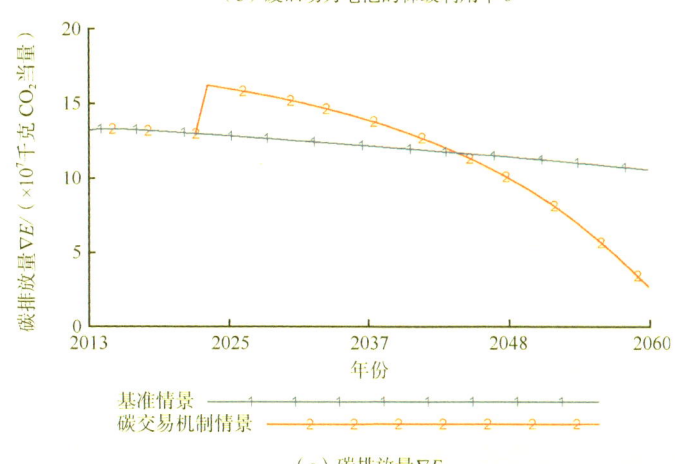

(c)碳排放量 ∇E

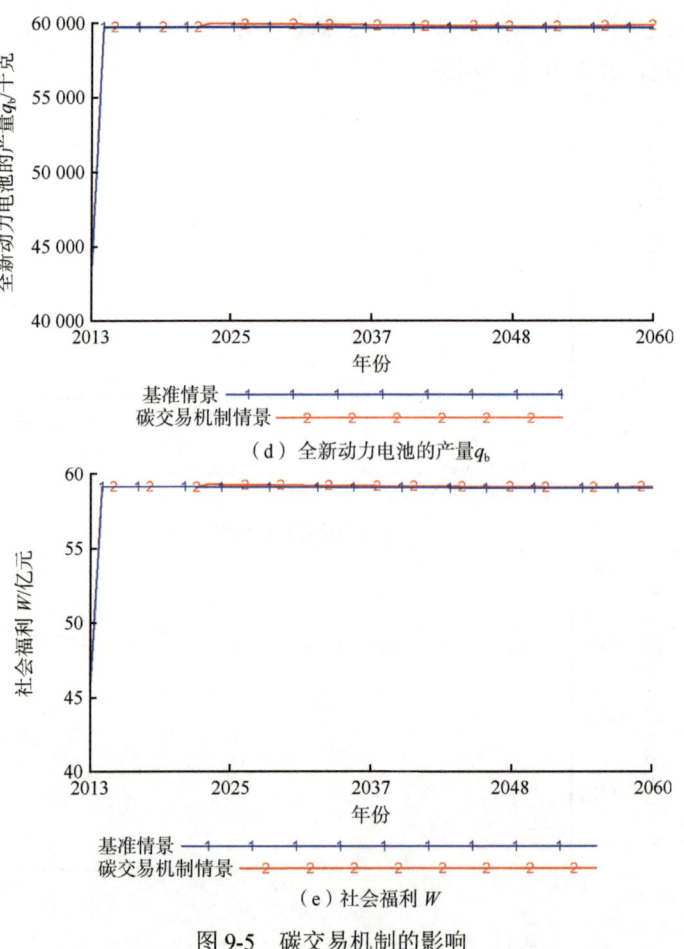

（d）全新动力电池的产量 q_b

（e）社会福利 W

图 9-5　碳交易机制的影响

9.4.2　技术进步的影响

对比不同技术进步情况下的仿真结果，如图 9-6 所示：①在梯级利用与材料再生技术进步情景下，梯级利用与材料再生技术的进步提高了废旧动力电池的回收率与梯级利用率，减少了动力电池闭环供应链的碳排放，提高了社会福利。②在碳减排技术进步情景中，由于碳减排技术的进步，动力电池生产过程中产生的碳排放比梯级利用与材料再生技术进步情景减少得更多，这就减轻了碳排放负担，同时提供了通过售卖更多多余碳配额获利的可能。因此，此情景增加了全新动力电池的产量，促进了电动汽车市场的发展，提高了社会福利水平。③在两类技术同时进步情景下，碳排放显著低于其他技术进步情景。综上，动力电池闭环供应链在发展过程中要注重技术进步，无论是正向生产动力电池，还是逆向回收再利用废旧动力电池，都应进行技术的研发投入。

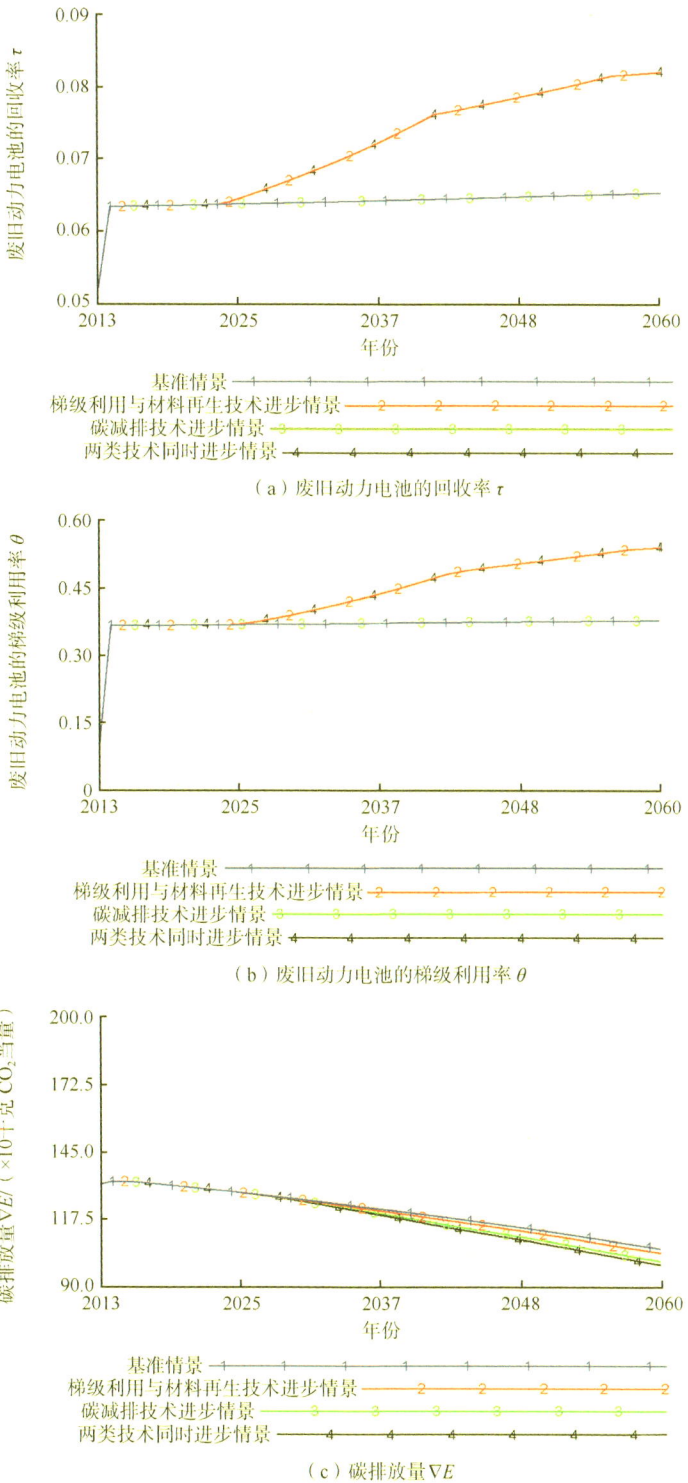

(a) 废旧动力电池的回收率 τ

(b) 废旧动力电池的梯级利用率 θ

(c) 碳排放量 ∇E

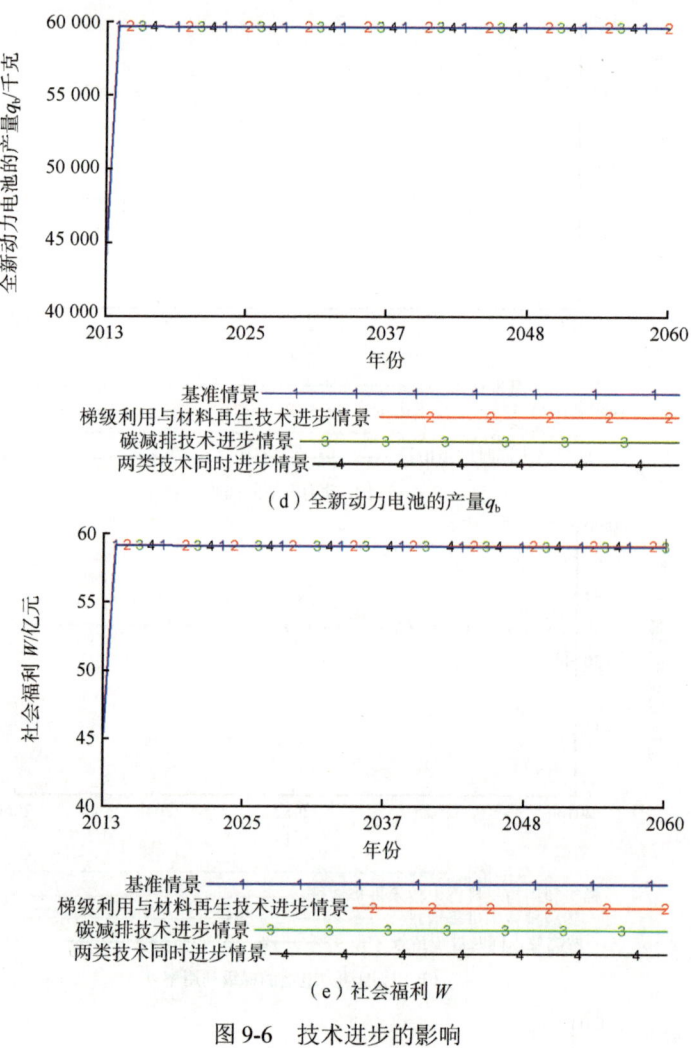

图 9-6 技术进步的影响

9.4.3 回收市场竞争程度的影响

回收市场竞争程度对动力电池闭环供应链的影响如图 9-7 所示。当回收市场竞争缓和时，废旧动力电池的回收率与梯级利用率均高于其他两种情景，动力电池闭环供应链产生了最少的碳排放并带来了最佳的社会福利。随着竞争愈发激烈，供应链和参与者的收益逐渐下降[200, 254]。因此，在回收市场上应该避免过于激烈的竞争，供应商作为动力电池闭环供应链的领导者应主动协调制造商与回收商在回收市场上的竞争激烈程度。

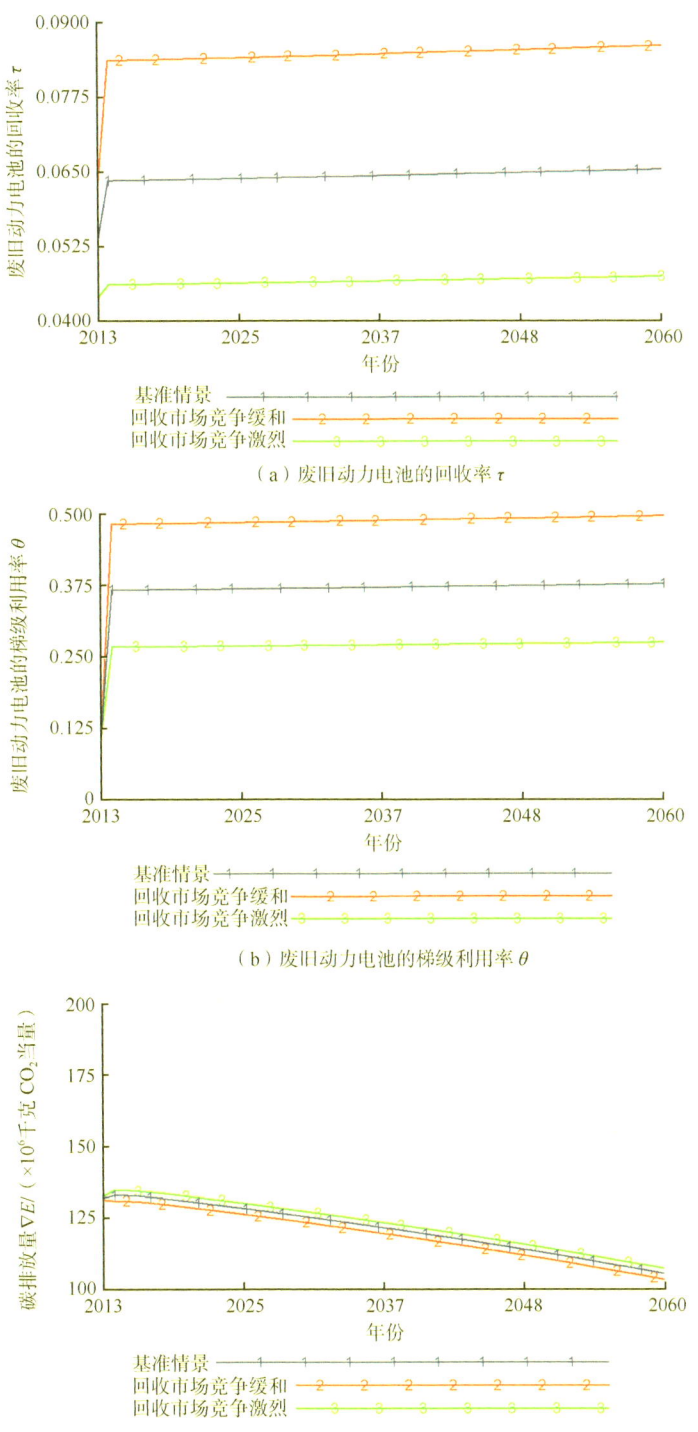

(a) 废旧动力电池的回收率 τ

(b) 废旧动力电池的梯级利用率 θ

(c) 碳排放量 ∇E

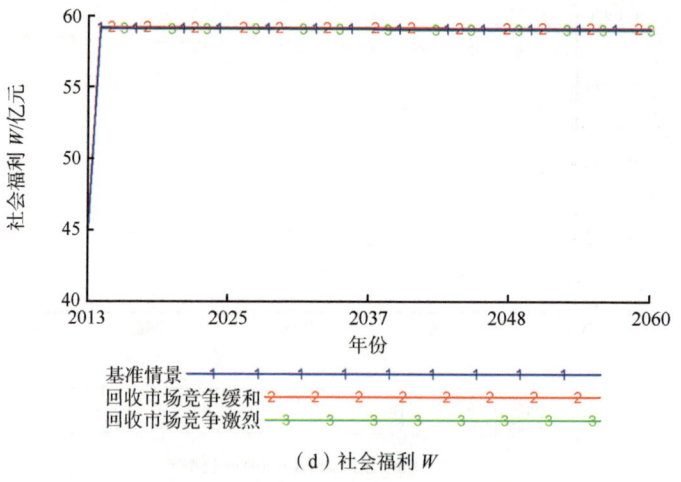

(d) 社会福利 W

图 9-7 回收市场竞争程度的影响

9.4.4 综合因素的影响

由于在现实情况下动力电池闭环供应链受到多方面因素的影响，因此本节探讨在碳交易机制、技术进步以及回收市场竞争程度共同作用下，动力电池闭环供应链会产生怎样的变化，此处也将用前文提及的五个指标来展现。其中，综合情景 0 表示当回收竞争程度为 0.7 时的情景，综合情景 1 表示当回收竞争程度为 0.5 时的情景。

据图 9-8 可得以下结论：①从短期来看技术进步比碳交易机制更有效地促进了废旧动力电池的回收与梯级利用，并减少了碳排放；②从长期来看，不断完善的碳交易机制、不断进步的技术以及竞争较为缓和的回收市场（综合情景 1）将更

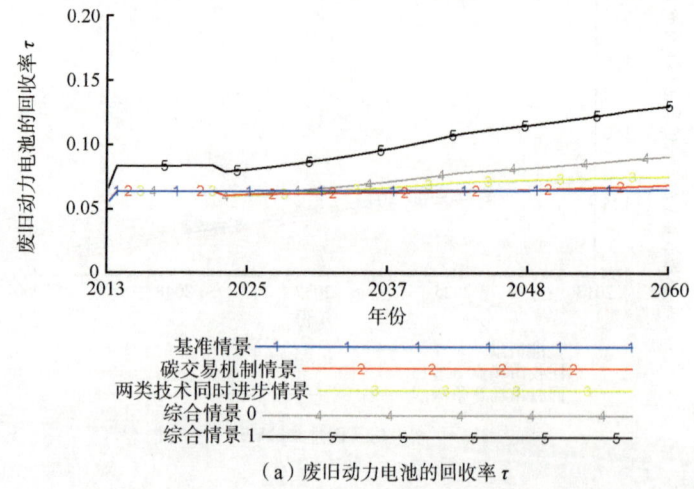

(a) 废旧动力电池的回收率 τ

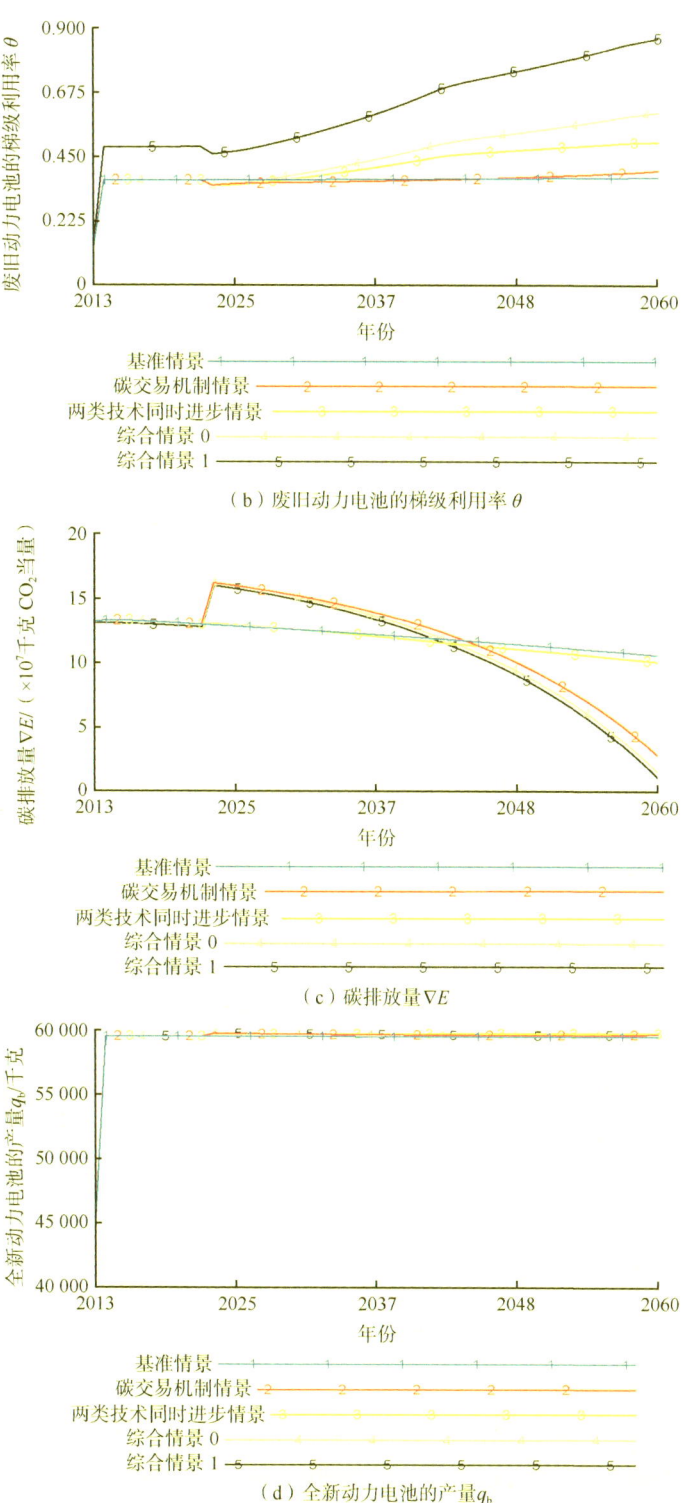

(b) 废旧动力电池的梯级利用率 θ

(c) 碳排放量 ∇E

(d) 全新动力电池的产量 q_b

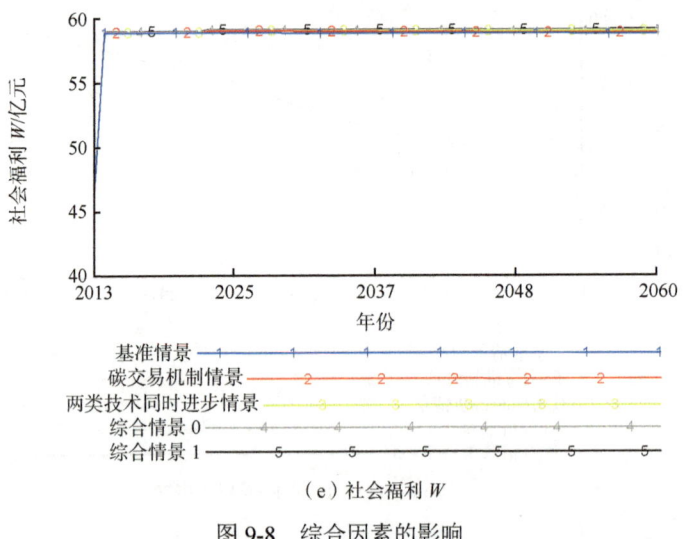

(e) 社会福利 W

图 9-8 综合因素的影响

有利于废旧动力电池的回收与梯级利用。此时，全新动力电池的产量也有所提升，在促进动力电池行业发展的同时也带动了电动汽车产业的发展，并推动了动力电池闭环供应链的碳减排，提升了社会福利水平。

9.4.5 碳交易机制引入时机的影响

在碳市场平稳有效运行基础上逐步扩大交易范围、丰富交易品种、充分发挥碳市场对生态文明建设的促进作用是助力实现"双碳"目标的必经之路。因此，在动力电池行业引入碳交易机制的时机值得研究。本节基于综合情景，分别考虑于 2022 年、2035 年、2045 年以及 2060 年以后引入碳交易机制这四个情景。

如图 9-9 所示，从废旧动力电池的回收来看，当梯级利用与材料再生技术进步处于快速增长期时（2040 年以前），无论何时引入碳交易机制，废旧动力电池的回收率与梯级利用率都不如 2060 年以后情景，即在模拟期内不引入碳交易机制情景；当技术进步逐渐放缓时（2040 年以后），引入碳交易机制情景（2022 年、2035 年、2045 年）的废旧动力电池的回收率和梯级利用率都高于 2060 年以后情景。这说明在技术进步处于快速增长期时，碳交易机制会对废旧动力电池的回收率与梯级利用率产生负面作用，而当技术进步放缓时，碳交易机制能为废旧动力电池的回收与梯级利用提供新动力，即提高回收率与梯级利用率。从动力电池闭环供应链的碳排放角度来说，无论在何时引入碳交易机制（2022 年、2035 年、2045 年），供应链碳排放都会在引入时刻增加，但随着时间的推移，逐渐减少的免费碳配额与逐渐提高的碳交易价格使得供应链碳排放水平明显降低。

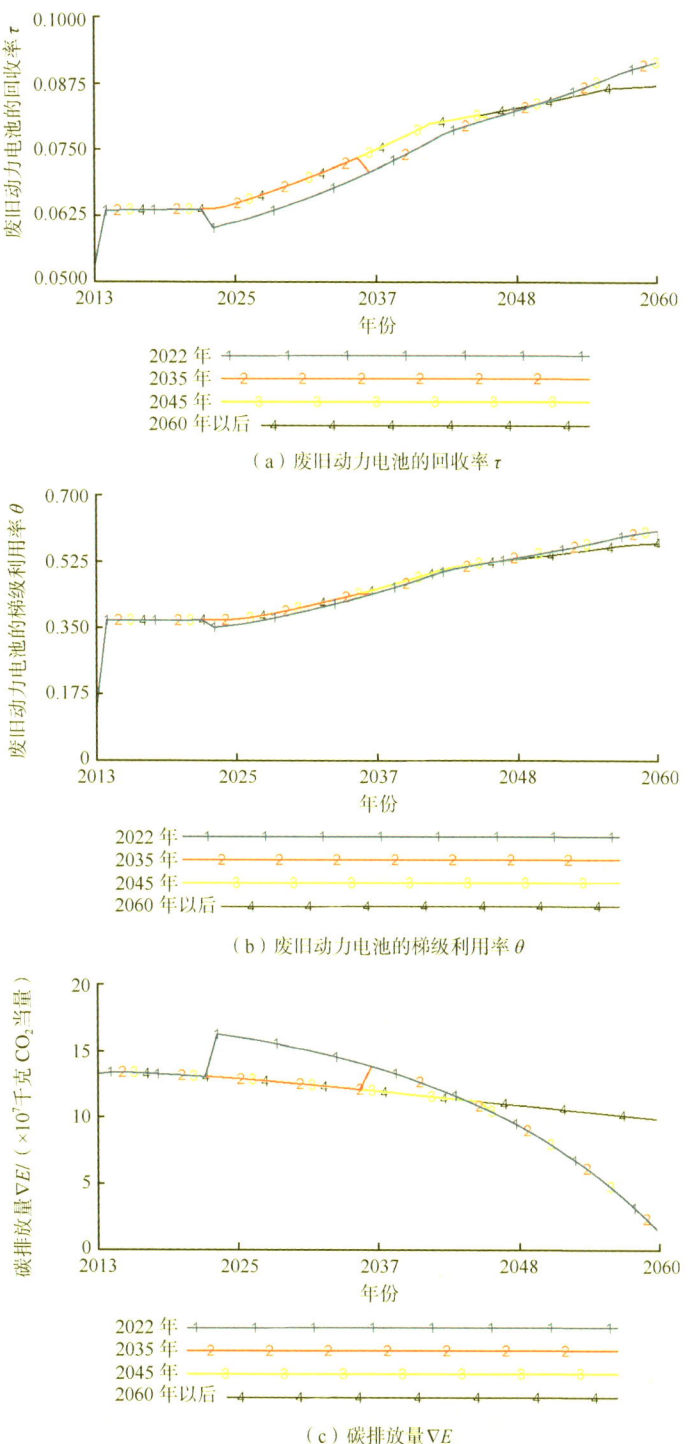

(a) 废旧动力电池的回收率 τ

(b) 废旧动力电池的梯级利用率 θ

(c) 碳排放量 ∇E

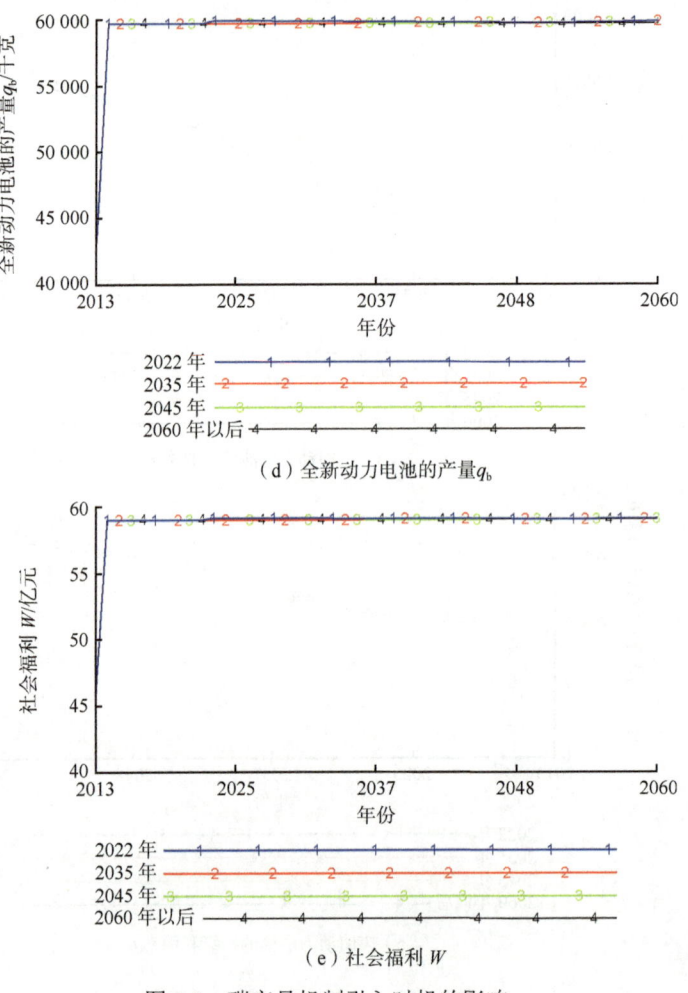

图 9-9 碳交易机制引入时机的影响

从社会福利角度来看,碳交易机制的引入提高了社会福利水平,且引入时机越早对社会福利的持续改善效果越好。以上结果表明将碳交易机制越早引入动力电池闭环供应链越有利于提升社会福利水平,但早期较高的免费碳配额在约束动力电池闭环供应链的碳排放方面表现不佳,且会对废旧动力电池的回收与梯级利用造成消极影响。

因此,结合 9.4.4 节综合因素的影响与 9.4.5 节碳交易机制引入时机的影响的结果以及废旧动力电池回收现状来看,虽然全国碳排放权交易市场已经开放,但是不必立即将动力电池行业纳入全国碳排放权交易市场,应在技术由快速增长阶段进入缓慢发展阶段时,通过引入碳交易机制进一步推动废旧动力电池的回收、梯级利用以及再生材料使用,同时减少动力电池正向生产过程中的碳排放,从而实现动力电池闭环供应链的绿色低碳可持续发展，助力"双碳"目标。

综上，本章的情景分析结果见表9-6。

表 9-6 情景分析结果

情景	全新动力电池的产量	废旧动力电池的回收率	废旧动力电池的梯级利用率	碳排放量	社会福利
引入碳交易机制的初期且免费碳配额较多（与基准情景对比）	↑	↓	↓	↑	↑
免费碳配额逐渐减少，碳交易价格逐渐提高（与基准情景对比）	↓	↑	↑	↓	↓
梯级利用与材料再生技术进步（与基准情景对比）	—	↑	↑	↓	↑
碳减排技术进步（与基准情景对比）	↑	—	—	↓	↑
两类技术同时进步（与基准情景、单一技术进步对比）	↑	↑	↑	↓	↑
回收市场竞争程度的影响（与不同回收竞争程度对比）	—	↑	↑	↓	↑
综合因素的影响（与前文所有情景对比）	—	↑	↑	↓	↑

9.5 本章小结

本章基于我国动力电池行业发展现状，在博弈论的框架下建立了考虑碳交易机制、梯级利用与材料再生技术以及碳减排技术影响下动力电池闭环供应链优化模型。基于博弈模型得到的反应函数，构建系统动力学模型，探讨了碳交易机制、技术进步以及回收市场竞争程度对动力电池的生产、废旧动力电池的回收与梯级利用、动力电池闭环供应链碳排放以及社会福利的影响，从而给出优化意见，具体结论如下。

(1) 在引入碳交易机制的初期，较高的免费碳配额对供应商没有形成有效的碳排放约束，此时供应商会增产动力电池，社会福利得到提升，但限制了废旧动力电池的回收与梯级利用，并导致供应链碳排放增加。随着免费碳配额逐渐减少，碳交易市场逐步活跃，碳交易价格不断提高，给供应商带来了严格的碳排放要求，此时供应商开始减少动力电池的生产，同时推动了废旧动力电池的回收与梯级利用，从而降低了供应链碳排放，但这削弱了社会福利。

(2) 技术进步对动力电池闭环供应链的优化具有显著影响。梯级利用与材料再生技术进步带动了废旧动力电池的回收及梯级利用，降低了碳排放，提升了社会福利；碳减排技术进步减少了生产动力电池过程中的碳排放，减轻了来自政府施加的碳排放方面的压力,推动供应商增加全新动力电池的产量,同时降低了动力电池闭环供应链的碳排放,改善了社会福利。进一步地,推动梯级利用与材料再生技术以及碳减排技术共同发展不仅能提高废旧动力电池的回收率与梯级利用率,还能增加全新动力电池的产量,并且此时降低供应链碳排放与增加社会福利的效果更佳。此外,竞争缓和的回收市场更有利于废旧动力电池的回收与梯级利用。

(3) 过早地引入碳交易机制不利于废旧动力电池的回收与梯级利用,当在梯级利用与材料再生技术进步以及碳减排技术进步逐步放缓时引入碳交易机制较为合适。因此应在梯级利用与材料再生技术进步以及碳减排技术进步逐渐由快速发展阶段进入缓慢发展阶段时引入碳交易机制,此时碳交易机制、先进的技术以及竞争缓和的回收市场是优化动力电池闭环供应链、实现动力电池闭环供应链低碳可持续发展的必由之路。

第 10 章　总结与展望

本章对全文进行总结，展现主要结论和发现，并给出促进电动汽车产业健康发展的政策建议，指出本书研究的局限性和不足，为进一步的研究奠定基础。

10.1　结　　论

电动汽车的生命周期管理至关重要，不仅推动中国汽车产业转型升级、保障能源安全、改善空气质量，还助力实现"双碳"目标。为促进电动汽车产业的健康发展，中国政府出台了一系列经济和非经济政策。在多重政策的支持下，中国电动汽车产业实力逐渐增强，现已成为全球最大的电动汽车市场和销量国，然而，电动汽车的渗透率并不理想，且存在依赖补贴等问题。在此背景下，政府逐渐调整政策重心，从提供购买补贴转向建设基础设施。那么，中国电动汽车产业当前处于什么阶段？是由政府驱动还是已经主要由市场驱动？发布的系列政策关注的主题是什么？这些政策对中国电动汽车产业产生了什么影响？作为电动汽车扩散的核心主体，政府政策如何影响消费者和制造商的购买决策与生产行为？在不同主体的交互影响下，电动汽车是如何扩散的？电动汽车是否一定有利于能源、环境和健康？在电动汽车保有量快速增长、退役动力电池数量激增以及"双碳"目标日益紧迫的背景下，哪种回收模式能兼顾经济和环境效益，效果最佳？不同因素对回收决策的作用效果如何？探寻这些问题的答案将有助于厘清中国电动汽车政策的作用机理及动力电池回收决策的机制，促进政策的有效实施和电动汽车的顺利扩散与回收。

基于此，本书从电动汽车生命周期管理视角按照"政策演化分析—政策文本主题挖掘—消费者采纳决策—制造商生产决策—电动汽车扩散及效果分析—动力电池回收决策——动力电池回收模式优化"的逻辑展开研究。本书结合文本挖掘和双层网络方法对电动汽车政策主题、政策驱动力、机构合作情况以及核心机构关注的政策主题进行分析。利用 LDA 主题模型和计量回归方法探究了电动汽车政策文本的隐含主题及其对电动汽车扩散的影响。分别构建了基于复杂网络的消费者购买电动汽车的决策模型和复杂网络演化博弈模型，探究不同类型政策对微观消费者购买电动汽车和汽车制造商生产电动汽车行为的影响。基于政府、消费者、汽车制造商和充电基础设施运营商多主体交互的系统动力学模型探究了不同政策干预下的电动汽车扩散情况，并对电动汽车扩散带来的能源、环境和健康效益进行了综合评估。基于闭环供应链理论与 Stackelberg 博弈理论分别构建了三种回收模式下的动力电池闭环供应链决策模型，从利润与供应链稳定性角度，同时结合碳排放，系统地对比分析了这三种回收模式，得到了最佳回收模式。基于该最佳回收模式，结合碳交易机制、技术进步与回收市场竞争程度这几个因素，建立了优化动力电池闭环供应链回收模式的 Stackelberg 博弈模型，并利用系统动力学模型分析基准情景、碳交易机制情景、技术进步情景、回收市场竞争情景、综合情景这五种情景下废旧动力电池的回收率、废旧动力电池的梯级利用率、全新动力电池的产量、碳排放量、社会福利这五个指标来解决如何优化动力电池闭环供应链这一问题。主要研究结论如下。

（1）中国电动汽车政策演化结果。首先，根据发展特征，电动汽车产业可分为四个时期，分别是起步阶段（1999—2008 年）、示范推广阶段（2009—2011 年）、快速发展阶段（2012—2015 年）和战略深化阶段（2016—2020 年）。2009 年启动节能与新能源汽车示范推广试点工作之前的政策数量较少，之后呈明显上升趋势。其次，电动汽车产业经历从政府驱动到政府市场双驱动。电动汽车产业仅依靠市场力量不能达到可持续发展状态，仍需要政府驱动政策支持，且政策驱动力仍大于市场驱动力。最后，对政府机构合作的分析表明，电动汽车政策的制定和实施具有典型的协同特征。参与机构数量以及合作关系的广度与深度都随着电动汽车产业的发展不断增加和提高，但是这种合作关系仍停留在数量的增加上，合作效率比较低下。不同部门间的合作关系比较松散，缺乏有效、深入的沟通机制，资源共享利用效率较低。

（2）政策文本隐含主题对电动汽车扩散的影响。首先，电动汽车政策文本隐含主题可分为生产支持、推广补贴和充电运营三类。42%以上的政策文本的最大可能主题为推广补贴。根据历年三类电动汽车政策强度变化情况发现推广补贴政策是三类政策中强度最大的。充电运营和生产支持政策强度与推广补贴政策强度的差距逐渐缩小。2013 年是各试点城市政策偏好的拐点。其次，电动汽车政策总强度的增大显著提高电动汽车销量。2013 年后三类政策偏好的变化对电动汽车销量有显著促进作用。

（3）政策干预对消费者购买电动汽车的影响。首先，购买补贴和充电费用政策联合实施对电动汽车采纳率的影响显著。消费者对购买补贴的敏感性随着电价的下降而降低，即选择在家充电时，电动汽车采纳率受到退补政策的影响最小。其次，增强宣传科普力度能够通过提高初始状态中持积极态度的消费者比例来促进电动汽车采纳率提高，随着宣传科普力度的增大，消费者网络中持积极态度的人数比例从 0.2 提高到 0.7，电动汽车最高采纳率从 0.412 提高到 0.968，但是这种促进效果超过一定的阈值时会减弱。再次，鼓励社会讨论对电动汽车扩散的影响具有两面性。当朋友个数较少，即主要是面对相识的邻居时，朋友数量的增加有利于电动汽车采纳率的提高；当朋友数量非常多，即主要通过汽车之家论坛、买车网等渠道认识时，朋友数量的增加反而阻碍电动汽车扩散。最后，电动汽车采纳率对风险厌恶型消费者更加敏感，即未采纳者是风险厌恶型时，相比于风险偏好型和风险中立型，电动汽车采纳率呈现显著下降趋势。已采纳者对电动汽车实际电耗心理接受范围的增大会微弱地促进风险中立型和风险厌恶型的消费者采纳电动汽车。

（4）政策干预对制造商生产电动汽车的影响。首先，现阶段汽车制造商网络规模下，供给侧的政府税补政策效果显著，可分别促进电动汽车扩散率达到0.82、0.86。燃油汽车车牌限制政策和购买补贴是需求侧的有效政策，均可促进电动汽车扩散率达到0.84。随着网络中汽车制造商数量的增加，相同政策力度下电动汽车扩散程度随之提高。其次，相比于消费者购买补贴政策，汽车制造商生产补贴政策对电动汽车扩散的促进效果更好。最后，无论是针对汽车制造商的税补政策还是针对消费者的燃油汽车车牌限制政策和购买补贴政策均不能实现电动汽车充分扩散。

（5）政策干预对电动汽车扩散的影响及效果评估。首先，燃油汽车车牌限制政策、购买补贴、政府R&D补贴和充电桩建设补贴政策均可以促进电动汽车扩散，但作用效果存在显著差异。其中燃油汽车车牌限制政策对电动汽车扩散的促进作用最大，但也仅在政策强度高达0.060的情景下才能实现2025年的销量目标。电动汽车扩散对购买补贴政策最为敏感。和其他三种政策相比，政府R&D补贴对电动汽车扩散的影响最小。其次，燃油汽车车牌限制政策、购买补贴、政府R&D补贴和充电桩建设补贴政策对电动汽车扩散的能源效益均具有负向影响，但对电动汽车扩散的环境、健康和社会效益均有正向影响，即除能源效益外，四种政策对环境效益、健康效益和社会效益的影响与对电动汽车扩散的影响呈现相同趋势。此外，电动汽车扩散的健康效益最大，其次是环境效益。再次，政府对电动汽车制造商、消费者和充电基础设施运营商的补贴产生的净效益为正，即对于政府而言，电动汽车扩散带来的社会效益非常可观，并且健康效益在社会效益中占主导地位，社会效益和健康效益处于相同的数量级。最后，人口和经济增速的提高均有利于电动汽车扩散，有利于提高环境效益和健康效益，但促进效果不如政策干预显著。

（6）动力电池闭环供应链回收模式选择。电动汽车制造商与第三方回收企业混合回收是最佳回收模式。该回收模式能够回收与梯级利用最多的废旧动力电池，使动力电池供应链系统的利润最大且稳定、碳排放最少，但是需要动力电池生产企业对电动汽车制造商进行相应的补贴以及具有较高的减排效率。

（7）动力电池闭环供应链回收模式的优化。首先，材料回收收益的增加能促进废旧动力电池的回收与梯级利用，促进动力电池回收体系蓬勃发展；系统碳排放与减排效率负相关，且当减排效率处于较高水平时，系统碳排放与材料回收收益负相关。其次，在技术（梯级利用与材料再生技术、碳减排技术）进步逐步放缓且回收市场竞争较为缓和的情况下引入碳交易机制，是优化动力电池闭环供应链回收模式、实现动力电池闭环供应链低碳可持续发展的最佳方案。再次，合理的碳交易价格及碳配额能促进废旧动力电池的回收与梯级利用并约束碳排放。较多的免费碳配额对动力电池生产企业无法形成有效的碳排放约束，此时动力电池生产企业会增产动力电池，使社会福利得到提升，但限制了废旧动力电池的回收率与梯级利用率的提升，并导致碳排放增加；当免费碳配额逐渐减少，碳交易市场逐步活跃，碳交易价格不断提高时，严格的碳交易机制推动了废旧动力电池的回收与梯级利用，降低了供应链碳排放，但导致动力电池生产企业减产动力电池，削弱了社会福利。最后，技术进步在促进废旧动力电池回收与梯级利用以及减少碳排放方面比碳交易机制更有效。与碳交易机制相比，技术进步不仅可以促进动力电池的生产，促进废旧动力电池的回收和梯级利用，还可以减少碳排放，提高社会福利水平。此外，适度的回收市场竞争也有利于废旧动力电池的回收和梯级利用。

10.2 政策建议

基于上述研究结论，本节将从政府政策制定与实施和企业生产宣传策略两个主要方面提出政策建议，具体如下。

10.2.1 政府政策制定与实施

1. 面向消费者的政策

首先，放缓补贴政策退出速度，提高补贴门槛。电动汽车扩散给政府带来了可观的收益，为延长购买补贴政策提供了理论依据。政府应实施更加灵活的刺激政策、提高补贴资金的使用效率，而不应"一刀切"大幅取消补贴。此外，"碳排放权交易""企业平均燃料消耗量"等市场工具发展还不够成熟。中国政府在2017年12月19日宣布启动全国碳排放权交易体系，但到2023年12月仅有8个碳排放权交易试点市场。《乘用车企业平均燃料消耗量与新能源汽车积分并行管理办法》自2018年4月1日起施行，但有关其实施效果的系统性评估仍较有限。为避免电动汽车产业断崖式发展，建议政府放缓补贴退出速度，丰富用车、停车、售后服务优惠政策，给市场工具成熟完善预留时间，给予消费者和企业信心。其次，加快推进住宅区充电设施建设。选择在家充电的情景下消费者购买电动汽车的概率最高，但老旧小区不具备专属车位、小区电容有限等导致的充电难情况困扰着消费者，Qian 和 Grisolía 验证了家庭充电设施的可得性对消费者购买电动汽车的选择的影响最大[301]。针对这一现状，政府应和车企、充电基础设施运营商合作协同，加快在小区公共停车位建设充电桩从而解决老旧小区消费者购买电动汽车的后顾之忧。各级政府补贴的门槛可进一步提高，倒逼车企生产更具市场竞争力的电动汽车。

2. 面向制造商的政策

首先，现阶段中国完善的电动汽车市场体系还未形成，汽车市场仍以燃油汽车为主。因此，政府需要继续对电动汽车制造商给予生产支持，减轻汽车制造商前期巨额资本投入的压力，从而保障电动汽车顺利生产。其次，提高产学研合作水平。鉴于政府 R&D 补贴促进电动汽车销量增加的周期长且影响较小，因此建议通过提高产学研合作水平来提高 R&D 补贴效率，政府政策资源的分配倾向于那些有研发实力的大型企业，进而实现政府 R&D 补贴政策的效益最大化。政府 R&D 补贴用于支持核心技术研发，特别是电池、电机和电子控制系统，以及智能电网、智能道路、车联网等关键技术研发，以实现"卡脖子"技术的突破。最后，就电动汽车产业的长期健康发展而言，核心技术是关键。自主研发推动核心技术的成熟可以降低汽车制造商的生产成本和专利购买费用，增加电动汽车续航里程、提高安全性，从而吸引更多消费者购买。如要实现生产补贴真正用在电动汽车核心技术研发上，避免骗补行为，还需政府的严格监管和相关法规的完善。

3. 面向充电基础设施运营商的政策

加大充电基础设施建设力度，提升充电服务体验。随着行业发展日趋成熟，为电动汽车用户提供优质的充电服务体验将成为未来竞争的关键。新能源汽车充电桩已成为新型基础设施建设七大领域之一，各级政府和企业均应把握机遇，在优化设施合理布局、提升产品质量、提高运维服务水平、提高智能化水平、促进互联互通、保障充电安全等方面进一步强化，为电动汽车能源供给保障提供坚实基础；充分调动社会资本参与投资建设的积极性；完善充电设施建设标准，加快充电技术创新，提高配套电网保障能力。

4. 面向政府内部的政策

加强国家发展改革委统领和工信部协同作用。在电动汽车产业不同发展时期，有 31 个政府机构参与政策制定实施。鉴于国家发展改革委在电动汽车产业发展演变过程中一直保持核心地位，合作广度和强度都较高，因此可以加强国家发展改革委对于电动汽车产业的统领作用，提高政策执行效率和效果。工信部为现阶段合作强度最高的机构，意味着其与不同机构的平均合作次数最多，可在今后的电动汽车政策中增强工信部的支持协同作用。

5. 面向整体市场环境的政策

首先,适当使用燃油汽车车牌限制政策。虽然燃油汽车车牌限制政策对电动汽车扩散程度的提升幅度大,改善环境、健康和社会效益的效果显著,但燃油汽车车牌限制政策可能给居民生活带来不便,且当难以取得本地牌照时,一些居民可能会选择非本地牌照的汽车,无助于改善空气质量[2]。此外,长期来看随着路面车辆的增多,购买电动汽车在存在严重交通拥堵问题的城市也将受到限制,以京沪为代表的一线城市在汽车保有量上已经趋近于其能够承受的极限,因此不应将燃油汽车车牌限制政策作为主要依赖的手段。完善低碳公共交通体系,真正满足人民的交通出行需求才是根本。其次,考虑到发电侧的高污染会抵消电动汽车政策的能源效益,政府应在加快电动汽车扩散的同时优化电力结构,重点关注生产阶段的脱碳,提高发电效率和清洁度。此外,在电动汽车使用过程中可以通过改善道路交通情况、普及电耗传感器、促进电动汽车轻量化等实现用电效率的提高。

6. 面向动力电池回收行业的政策

首先,政府需要引导并加强废旧动力电池回收与梯级利用业务,协助企业打通回收渠道,同时对回收过程进行监管与规范,提高废旧动力电池回收技术的减排效率。必须普及低碳化生产与回收,以避免低效的碳减排导致追求利润的最佳回收模式产生更多的碳排放,拖慢我国实现"双碳"目标的进度。其次,政府可以通过补贴的形式鼓励回收主体积极参与废旧动力电池回收与再利用事业。向动力电池闭环供应链上参与回收事业的企业提供适当的补贴,可以提升企业对电池材料再生回收的积极性,减轻企业在回收电池与生产梯级利用电池过程中的成本压力。政府还可以利用材料回收收益的多少来衡量企业是否需要补贴以及补贴的金额,同时由于材料回收收益也影响着供应链系统的碳排放,因此可以参照材料回收收益来制定动力电池产业链的排放上限与减排目标来配合碳交易机制。最后,政府可以参考本书结果设定合理有效的碳交易机制并确定适当的引入时机。依据动力电池行业对废旧动力电池的回收利用情况来决定在动力电池行业引入碳交易机制的合适时机;时刻关注动力电池行业与新能源汽车市场的发展情况,从而给出合理的下调免费碳配额与提高碳交易价格的幅度,尤其是当动力电池行业与新能源汽车行业处在快速发展时期时,应尽量避免碳交易机制给动力电池闭环供应链带来过高的碳排放成本压力;通过直接补贴、帮助企业引进高端技术人才等多种形式,推动动力电池闭环供应链的技术革新;监管动力电池回收市场,避免出现恶性竞争、非法竞争等情景。

10.2.2 企业生产宣传策略

（1）提高对智能网联汽车和农村地区电动汽车发展的重视程度。未来政策将重点关注能源互联网、智能网联汽车、储能等方向。汽车企业应提前对电动汽车智能化、网联化发展进行布局，进一步加强研发并提高产业化能力。现阶段电动汽车仍集中于城市地区的公共和私人领域，农村地区市场尚未真正打开。因此，为提高农村地区的电动汽车普及度，应加快对农村地区消费者偏好、道路交通情况、地域特色进行调研，迅速布局充电基础设施，让农村地区消费者可以放心购买。

（2）适度地增大对电动汽车的宣传科普力度。相比于传统的燃油汽车，电动汽车尚属于新兴产品，消费者的认知和经验还不够全面。认知不足会阻碍消费者做出购买决策，降低消费者的感知有用性[420]。电动汽车是一种绿色产品，绿色宣传是一种培育消费者可持续发展观念和社会责任的有效手段[421]。企业可通过媒体、电视平台等公共渠道投放与电动汽车相关的广告，也可在门户网站和相关论坛等受众较多的渠道加强宣传。鉴于广告播放的时长越长、频率越高，成本就越大，且超过一定阈值后促进效果减弱，因此，相关利益主体可适度加大宣传科普力度。

（3）谨慎促进社会讨论，适量增加消费者朋友数量。鉴于车企提供的信息是在理想工况下得到的，现实中难以实现，故潜在消费者收集实际使用工况下的电耗信息是必要且合理的，是对自己权益的保护。由于社会讨论政策存在双面性，因此车企应适度促进消费者朋友数量的增加，如鼓励消费者在社区组织电耗信息交流活动或鼓励车企组织线下交流活动。对于买车网等受众范围广泛的平台，需要通过让消费者朋友数量按数量级增长的方式谨慎开展社会讨论。

（4）在选择回收模式时应综合考虑多方面的因素。首先，除了对利润的追求外，还应考虑供应链系统的稳定程度、回收与梯级利用效率，并在开展生产与回收活动时注重碳排放情况，号召动力电池产业链上中下游各企业一起走低碳、环保、可持续发展路线。其次，企业要主动承担起废旧动力电池回收技术的研发与行业的低碳改造责任。当动力电池行业被纳入全国碳排放权交易市场时，企业应主动适应碳交易机制，积极地承担碳减排责任，努力投身于技术研发，推动废旧动力电池的回收与梯级利用，增加对再生材料的使用，减少生产过程中产生的碳排放，促进动力电池行业绿色低碳环保发展。最后，动力电池闭环供应链上的领导者应主动协调废旧动力电池回收市场回收主体间的竞争关系，使回收市场保持良性竞争。另外，回收体系内的参与者应积极把握政策方向与动力电池闭环供应链发展状况，主动为政府提供有效信息以便其为动力电池闭环供应链上的成员提供合理的补贴，并在合适的时机将合理的碳交易机制引入动力电池行业。

10.3 展　　望

电动汽车生命周期管理一直是政府重点关注的问题之一。本书虽然对此做了积极的探索，也取得了一些成果，但由于研究条件和本书作者研究能力有限，依然存在一些不足之处，以及在理论和实践方面值得进一步探讨的问题，具体包括以下几个方面。

（1）进一步完善理论模型。本书在构建政策干预下电动汽车扩散及效果评估的理论框架时，对于各类主体制定决策的影响因素，考虑的主要是经济型因素，来源主要是结构化的量化数据。下一步计划扩展数据来源，采集微博、论坛、企业官网、主流新闻媒体等平台中反映各类主体偏好和行为特征的半结构化与非结构化数据，挖掘影响主体行为选择的更加丰富的因素体系。

（2）进一步丰富模型方法。无论是从微观层面探讨消费者和制造商的行为选择，还是从系统宏观层面探讨多主体互动下的电动汽车扩散情况，本书主要依赖于仿真方法。此外参数设置多来源于已有文献，可能会与本书背景不完全一致。随着电动汽车技术的进步，相关参数也会发生变化，进而使得技术路径发生改变。在本书的基础上，下一步计划结合地理信息系统，获取现实更加细粒度的土地、人口、空气质量数据，构建与现实数据库相连接的动态模型，为精准制定政策提供方法依据和参考。

（3）深化细化研究区域。受限于研究目的和数据可得性，本书没有考虑地区的异质性。电源结构不同的地区推广电动汽车带来的能源、环境和健康效益可能存在差异，且会存在区域溢出效应，导致交通不平等、能源不平等和健康不平等。未来获取更加翔实的数据后，将进一步评估典型区域的电动汽车扩散效果。此外，未来的研究可以进一步拓宽边界条件，在更全面的模型中探讨政府策略和机制。

（4）扩展影响因素。本书侧重考虑了政府的碳配额这一外部因素以及技术进步、回收市场竞争程度这两个内部因素。鉴于动力电池回收产业尚处于初步阶段，相应的政策尚不完善，动力电池回收与原材料价格密切相关，随着补贴、产业支持等多类型政策的完善，在未来的研究中将进一步纳入如政府多维政策、原材料价格等更丰富的因素，综合比较分析外部或内部因素的影响机制和作用效果。

参 考 文 献

[1] 李卫兵，张凯霞. 空气污染对企业生产率的影响：来自中国工业企业的证据[J]. 管理世界，2019，35（10）：95-112，119.

[2] He X P, Jiang S. Effects of vehicle purchase restrictions on urban air quality：empirical study on cities in China[J]. Energy Policy，2021，148：112001.

[3] Lin B Q，Du Z L. Can urban rail transit curb automobile energy consumption？[J]. Energy Policy，2017，105：120-127.

[4] Du Z L，Lin B Q，Guan C X. Development path of electric vehicles in China under environmental and energy security constraints[J]. Resources，Conservation and Recycling，2019，143：17-26.

[5] Lin B Q，Wu W. The impact of electric vehicle penetration：a recursive dynamic CGE analysis of China[J]. Energy Economics，2021，94：105086.

[6] IEA. Global EV outlook 2021[EB/OL]. [2023-03-15]. https://www.iea.org/reports/global-ev-outlook-2021/policies-to-promote-electric-vehicle-deployment.

[7] IEA. Global EV outlook 2023[EB/OL]. [2024-01-15]. https://www.iea.org/reports/global-ev-outlook-2023.

[8] Center for Strategic and International Studies. The coming NEV war？Implications of China's advances in electric vehicles[EB/OL]. [2023-02-02]. https://www.wita.org/atp-research/china-advance-electric-vehicles/.

[9] Liang X Y，Zhang S J，Wu Y，et al. Air quality and health benefits from fleet electrification in China[J]. Nature Sustainability，2019，2：962-971.

[10] Gopal A R，Park W Y，Witt M，et al. Hybrid- and battery-electric vehicles offer low-cost climate benefits in China[J]. Transportation Research Part D：Transport and Environment，2018，62：362-371.

[11] Zhou G H，Ou X M，Zhang X L. Development of electric vehicles use in China：a study from the perspective of life-cycle energy consumption and greenhouse gas emissions[J]. Energy Policy，2013，59：875-884.

[12] Choi W，Yoo E，Seol E，et al. Greenhouse gas emissions of conventional and alternative vehicles：predictions based on energy policy analysis in South Korea[J]. Applied Energy，2020，265：114754.

[13] Wu Z Y，Wang C，Wolfram P，et al. Assessing electric vehicle policy with region-specific carbon footprints[J]. Applied Energy，2019，256：113923.

[14] Raugei M，Hutchinson A，Morrey D. Can electric vehicles significantly reduce our dependence on non-renewable energy？Scenarios of compact vehicles in the UK as a case in point[J].

Journal of Cleaner Production, 2018, 201: 1043-1051.

[15] Kawamoto R, Mochizuki H, Moriguchi Y, et al. Estimation of CO_2 emissions of internal combustion engine vehicle and battery electric vehicle using LCA[J]. Sustainability, 2019, 11 (9): 2690.

[16] Petrauskienė K, Skvarnavičiūtė M, Dvarionienė J. Comparative environmental life cycle assessment of electric and conventional vehicles in Lithuania[J]. Journal of Cleaner Production, 2020, 246: 119042.

[17] He X, Ou S Q, Gan Y, et al. Greenhouse gas consequences of the China dual credit policy[J]. Nature Communications, 2020, 11 (1): 5212.

[18] Miao Y P, Liu L L, Zhang Y P, et al. An overview of global power lithium-ion batteries and associated critical metal recycling[J]. Journal of Hazardous Materials, 2022, 425: 127900.

[19] Yu W H, Guo Y, Shang Z, et al. A review on comprehensive recycling of spent power lithium-ion battery in China[J]. eTransportation, 2022, 11: 100155.

[20] Yu H J, Dai H L, Tian G D, et al. Key technology and application analysis of quick coding for recovery of retired energy vehicle battery[J]. Renewable and Sustainable Energy Reviews, 2021, 135: 110129.

[21] Wu Y F, Yang L Y, Tian X, et al. Temporal and spatial analysis for end-of-life power batteries from electric vehicles in China[J]. Resources, Conservation and Recycling, 2020, 155: 104651.

[22] 徐政和, 刘振达, 王树宾, 等. 湿法回收废旧锂离子电池有价金属的研究进展[J]. 中国矿业大学学报, 2022, 51 (3): 454-465.

[23] Wang M M, Liu K, Dutta S, et al. Recycling of lithium iron phosphate batteries: status, technologies, challenges, and prospects[J]. Renewable and Sustainable Energy Reviews, 2022, 163: 112515.

[24] 天风证券. 动力电池回收: 从"0"到"1000", 尽享行业发展红利[EB/OL]. [2024-08-21]. https://www.waitang.com/report/311173.html.

[25] ICCT. Effects of battery manufacturing on electric vehicle life-cycle greenhouse gas emissions[EB/OL]. [2023-10-18]. http://theicct.org/sites/default/files/publications/EV-life-cycle-GHG_ICCT-Briefing_09022018_vF.pdf.

[26] Kamath D, Shukla S, Arsenault R, et al. Evaluating the cost and carbon footprint of second-life electric vehicle batteries in residential and utility-level applications[J]. Waste Management, 2020, 113: 497-507.

[27] Rosenberg S, Kurz L, Huster S, et al. Combining dynamic material flow analysis and life cycle assessment to evaluate environmental benefits of recycling: a case study for direct and hydrometallurgical closed-loop recycling of electric vehicle battery systems[J]. Resources, Conservation and Recycling, 2023, 198: 107145.

[28] Chen Q W, Hou Y K, Lai X, et al. Evaluating environmental impacts of different hydrometallurgical recycling technologies of the retired nickel-manganese-cobalt batteries from electric vehicles in China[J]. Separation and Purification Technology, 2023, 311: 123277.

[29] Yoo E, Lee U, Kelly J C, et al. Life-cycle analysis of battery metal recycling with lithium recovery from a spent lithium-ion battery[J]. Resources, Conservation and Recycling, 2023,

196: 107040.
[30] USGS. Mineral commodity summaries 2023[EB/OL]. [2023-07-09]. https://pubs.usgs.gov/periodicals/mcs2023/mcs2023.pdf.
[31] Qiao Q Y, Zhao F Q, Liu Z W, et al. Electric vehicle recycling in China: economic and environmental benefits[J]. Resources, Conservation and Recycling, 2019, 140: 45-53.
[32] Huang J B, Dong X S, Chen J Y, et al. The slow-release effect of recycling on rapid demand growth of critical metals from EV batteries up to 2050: evidence from China[J]. Resources Policy, 2023, 82: 103504.
[33] USGS. Mineral commodity summaries 2020[EB/OL]. [2023-10-18]. https://pubs.usgs.gov/periodicals/mcs2020/mcs2020.pdf.
[34] Wang Y Q, An N, Wen L, et al. Recent progress on the recycling technology of Li-ion batteries[J]. Journal of Energy Chemistry, 2021, 55: 391-419.
[35] Larcher D, Tarascon J M. Towards greener and more sustainable batteries for electrical energy storage[J]. Nature Chemistry, 2015, 7(1): 19-29.
[36] IEA. The role of critical minerals in clean energy transitions[EB/OL]. [2023-01-20]. https://www.iea.org/reports/the-role-of-critical-minerals-in-clean-energy-transitions/executive-summary.
[37] Nurdiawati A, Agrawal T K. Creating a circular EV battery value chain: end-of-life strategies and future perspective[J]. Resources, Conservation and Recycling, 2022, 185: 106484.
[38] Maisel F, Neef C, Marscheider-Weidemann F, et al. A forecast on future raw material demand and recycling potential of lithium-ion batteries in electric vehicles[J]. Resources, Conservation and Recycling, 2023, 192: 106920.
[39] Lai X, Huang Y F, Gu H H, et al. Turning waste into wealth: a systematic review on echelon utilization and material recycling of retired lithium-ion batteries[J]. Energy Storage Materials, 2021, 40: 96-123.
[40] Wang T X, Jiang Y H, Kang L X, et al. Determination of retirement points by using a multi-objective optimization to compromise the first and second life of electric vehicle batteries[J]. Journal of Cleaner Production, 2020, 275: 123128.
[41] Winslow K M, Laux S J, Townsend T G. A review on the growing concern and potential management strategies of waste lithium-ion batteries[J]. Resources, Conservation and Recycling, 2018, 129: 263-277.
[42] Sun X, Ouyang M G, Hao H. Surging lithium price will not impede the electric vehicle boom[J]. Joule, 2022, 6(8): 1738-1742.
[43] Castro F D, Mehner E, Cutaia L, et al. Life cycle assessment of an innovative lithium-ion battery recycling route: a feasibility study[J]. Journal of Cleaner Production, 2022, 368: 133130.
[44] Blömeke S, Scheller C, Cerdas F, et al. Material and energy flow analysis for environmental and economic impact assessment of industrial recycling routes for lithium-ion traction batteries[J]. Journal of Cleaner Production, 2022, 377: 134344.
[45] 董庆银, 谭全银, 郝硕硕, 等. 北京市新能源汽车动力电池回收模式及经济性分析[J]. 科技管理研究, 2020, 40(20): 219-225.
[46] 郝硕硕, 董庆银, 李金惠. 基于成本核算的废旧动力电池回收模式分析与趋势研究[J]. 中

国环境科学,2021,41(10):4745-4755.

[47] Li X, Mu D, Du J B, et al. Game-based system dynamics simulation of deposit-refund scheme for electric vehicle battery recycling in China[J]. Resources, Conservation and Recycling, 2020, 157:104788.

[48] 于会群,胡哲豪,彭道刚,等. 退役动力电池回收及其在储能系统中梯次利用关键技术[J]. 储能科学与技术,2023,12(5):1675-1685.

[49] Lasswell H D, Kaplan A. Power and Society: A Framework for Political Inquiry[M]. New York: Routledge, 2014.

[50] Huang C, Yang C, Su J. Policy change analysis based on "policy target-policy instrument" patterns: a case study of China's nuclear energy policy[J]. Scientometrics, 2018, 117(2): 1081-1114.

[51] 邬龙,王晓蓉,迟远英. 我国大气污染治理政策主题变迁量化分析及预测[J]. 北京工业大学学报(社会科学版),2019,19(6):80-89.

[52] Zhang X, Bai X. Incentive policies from 2006 to 2016 and new energy vehicle adoption in 2010–2020 in China[J]. Renewable and Sustainable Energy Reviews, 2017, 70: 24-43.

[53] Zhang L, Qin Q D. China's new energy vehicle policies: evolution, comparison and recommendation[J]. Transportation Research Part A: Policy and Practice, 2018, 110: 57-72.

[54] 王洛忠,张艺君. 我国新能源汽车产业政策协同问题研究:基于结构、过程与内容的三维框架[J]. 中国行政管理,2017,(3):101-107.

[55] Xu L, Su J. From government to market and from producer to consumer: transition of policy mix towards clean mobility in China[J]. Energy Policy, 2016, 96: 328-340.

[56] Zhang X P, Liang Y N, Yu E H, et al. Review of electric vehicle policies in China: content summary and effect analysis[J]. Renewable and Sustainable Energy Reviews, 2017, 70: 698-714.

[57] 王静,王海龙,丁堃,等. 新能源汽车产业政策工具与产业创新需求要素关联分析[J]. 科学学与科学技术管理,2018,39(5):28-38.

[58] Dong F, Liu Y J. Policy evolution and effect evaluation of new-energy vehicle industry in China[J]. Resources Policy, 2020, 67: 101655.

[59] Liu L J, Zhang T, Avrin A P, et al. Is China's industrial policy effective? An empirical study of the new energy vehicles industry[J]. Technology in Society, 2020, 63: 101356.

[60] 郑新曼,董瑜. 政策文本量化研究的综述与展望[J]. 现代情报,2021,41(2):168-177.

[61] Yang C, Huang C, Su J. A bibliometrics-based research framework for exploring policy evolution: a case study of China's information technology policies[J]. Technological Forecasting and Social Change, 2020, 157: 120116.

[62] Bach M P, Krstić Ž, Seljan S, et al. Text mining for big data analysis in financial sector: a literature review[J]. Sustainability, 2019, 11(5): 1277.

[63] Yao H L, Zhang C H. A bibliometric study of China's resource recycling industry policies: 1978–2016[J]. Resources, Conservation and Recycling, 2018, 134: 80-90.

[64] Peng B H, Guo D N, Qiao H, et al. Bibliometric and visualized analysis of China's coal research 2000–2015[J]. Journal of Cleaner Production, 2018, 197: 1177-1189.

[65] Zhou N, Wu Q S, Hu X P. Research on the policy evolution of China's new energy vehicles

industry[J]. Sustainability, 2020, 12 (9): 3629.
[66] Segev A, Kantola J, Jung C, et al. Analyzing multilingual knowledge innovation in patents[J]. Expert Systems with Applications, 2013, 40 (17): 7010-7023.
[67] Walter L, Radauer A, Moehrle M G. The beauty of brimstone butterfly: novelty of patents identified by near environment analysis based on text mining[J]. Scientometrics, 2017, 111 (1): 103-115.
[68] Jiang H C, Qiang M S, Lin P. A topic modeling based bibliometric exploration of hydropower research[J]. Renewable and Sustainable Energy Reviews, 2016, 57: 226-237.
[69] Jiang H C, Qiang M S, Lin P. Finding academic concerns of the Three Gorges Project based on a topic modeling approach[J]. Ecological Indicators, 2016, 60: 693-701.
[70] 黄萃, 任弢, 张剑. 政策文献量化研究: 公共政策研究的新方向[J]. 公共管理学报, 2015, 12 (2): 129-137, 158-159.
[71] Sun H P, Geng Y, Hu L X, et al. Measuring China's new energy vehicle patents: a social network analysis approach[J]. Energy, 2018, 153: 685-693.
[72] Shaharudin M S, Fernando Y, Jabbour C J C, et al. Past, present, and future low carbon supply chain management: a content review using social network analysis[J]. Journal of Cleaner Production, 2019, 218: 629-643.
[73] Hache E, Palle A. Renewable energy source integration into power networks, research trends and policy implications: a bibliometric and research actors survey analysis[J]. Energy Policy, 2019, 124: 23-35.
[74] Li H J, Fang W, An H Z, et al. The shareholding similarity of the shareholders of the worldwide listed energy companies based on a two-mode primitive network and a one-mode derivative holding-based network[J]. Physica A: Statistical Mechanics and Its Applications, 2014, 415: 525-532.
[75] Guan Q, An H Z, Li H J, et al. The rapid bi-level exploration on the evolution of regional solar energy development[J]. Physica A: Statistical Mechanics and Its Applications, 2017, 465: 49-61.
[76] Huang Y, Porter A L, Cunningham S W, et al. A technology delivery system for characterizing the supply side of technology emergence: illustrated for big data & analytics[J]. Technological Forecasting and Social Change, 2018, 130: 165-176.
[77] An F, Gao X Y, Guan J H, et al. Modeling the interdependent network based on two-mode networks[J]. Physica A: Statistical Mechanics and Its Applications, 2017, 483: 57-67.
[78] 盛东方, 尹航. 基于政策文本计算的突发公共事件下中小企业扶持政策供需匹配研究: 以新冠肺炎疫情为例[J]. 现代情报, 2020, 40 (8): 10-19.
[79] Zhang H, Daim T, Zhang Y Q. Integrating patent analysis into technology roadmapping: a latent dirichlet allocation based technology assessment and roadmapping in the field of Blockchain[J]. Technological Forecasting and Social Change, 2021, 167: 120729.
[80] 谭春辉, 熊梦媛. 基于LDA模型的国内外数据挖掘研究热点主题演化对比分析[J]. 情报科学, 2021, 39 (4): 174-185.
[81] Xiong H, Cheng Y, Zhao W H, et al. Analyzing scientific research topics in manufacturing field using a topic model[J]. Computers & Industrial Engineering, 2019, 135: 333-347.

[82] Moro S, Pires G, Rita P, et al. A text mining and topic modelling perspective of ethnic marketing research[J]. Journal of Business Research, 2019, 103: 275-285.

[83] Wang B, Wang Z H. Heterogeneity evaluation of China's provincial energy technology based on large-scale technical text data mining[J]. Journal of Cleaner Production, 2018, 202: 946-958.

[84] Jeong Y, Park I, Yoon B. Identifying emerging Research and Business Development (R&BD) areas based on topic modeling and visualization with intellectual property right data[J]. Technological Forecasting and Social Change, 2019, 146: 655-672.

[85] Kang J, Lee J, Jang D, et al. A methodology of partner selection for sustainable industry-university cooperation based on LDA topic model[J]. Sustainability, 2019, 11 (12): 3478.

[86] Wang F, Peng X, Qin Y L, et al. What can the news tell us about the environmental performance of tourist areas? A text mining approach to China's National 5A Tourist Areas[J]. Sustainable Cities and Society, 2020, 52: 101818.

[87] Benites-Lazaro L L, Giatti L, Giarolla A. Topic modeling method for analyzing social actor discourses on climate change, energy and food security[J]. Energy Research & Social Science, 2018, 45: 318-330.

[88] de Oliveira Capela F, Ramirez-Marquez J E. Detecting urban identity perception via newspaper topic modeling[J]. Cities, 2019, 93: 72-83.

[89] Wang Y, Li H, Wu Z Z. Attitude of the Chinese public toward off-site construction: a text mining study[J]. Journal of Cleaner Production, 2019, 238: 117926.

[90] Ibrahim N F, Wang X J. A text analytics approach for online retailing service improvement: evidence from Twitter[J]. Decision Support Systems, 2019, 121: 37-50.

[91] Du H S, Zhan B Q, Xu J H, et al. The influencing mechanism of multi-factors on green investments: a hybrid analysis[J]. Journal of Cleaner Production, 2019, 239: 117977.

[92] 杨慧, 杨建林. 融合 LDA 模型的政策文本量化分析: 基于国际气候领域的实证[J]. 现代情报, 2016, 36 (5): 71-81.

[93] Wu Y, Shen L Y, Shuai C Y, et al. Key driving forces on the development of low carbon city (LCC) in China[J]. Ecological Indicators, 2021, 124: 107379.

[94] 刘晓燕, 庞雅如, 单晓红. 基于本体的创新政策网络可视化研究[J]. 科技促进发展, 2021, 17 (1): 63-73.

[95] 郭丕斌, 施涛, 吴青龙. 基于 R 语言主题模型的光伏产业创新政策层级性特征分析[J]. 科技进步与对策, 2021, 38 (2): 128-136.

[96] Lin B Q, Wu W. Why people want to buy electric vehicle: an empirical study in first-tier cities of China[J]. Energy Policy, 2018, 112: 233-241.

[97] Huang X Q, Ge J P. Electric vehicle development in Beijing: an analysis of consumer purchase intention[J]. Journal of Cleaner Production, 2019, 216: 361-372.

[98] Huang Y L, Qian L X. Consumer preferences for electric vehicles in lower tier cities of China: evidences from south Jiangsu region[J]. Transportation Research Part D: Transport and Environment, 2018, 63: 482-497.

[99] Wang N, Tang L H, Zhang W J, et al. How to face the challenges caused by the abolishment of subsidies for electric vehicles in China? [J]. Energy, 2019, 166: 359-372.

[100] Breetz H L, Salon D. Do electric vehicles need subsidies? Ownership costs for conventional, hybrid, and electric vehicles in 14 U.S. cities[J]. Energy Policy, 2018, 120: 238-249.

[101] Ouyang D H, Ou X M, Zhang Q, et al. Factors influencing purchase of electric vehicles in China[J]. Mitigation and Adaptation Strategies for Global Change, 2020, 25 (3): 413-440.

[102] Li L, Guo S L, Cai H, et al. Can China's BEV market sustain without government subsidies? —An explanation using cues utilization theory[J]. Journal of Cleaner Production, 2020, 272: 122589.

[103] Borlaug B, Salisbury S, Gerdes M, et al. Levelized cost of charging electric vehicles in the United States[J]. Joule, 2020, 4 (7): 1470-1485.

[104] Li L X, Wang Z Q, Chen L J, et al. Consumer preferences for battery electric vehicles: a choice experimental survey in China[J]. Transportation Research Part D: Transport and Environment, 2020, 78: 102185.

[105] Globisch J, Plötz P, Dütschke E, et al. Consumer preferences for public charging infrastructure for electric vehicles[J]. Transport Policy, 2019, 81: 54-63.

[106] Soltani-Sobh A, Heaslip K, Stevanovic A, et al. Analysis of the electric vehicles adoption over the United States[J]. Transportation Research Procedia, 2017, 22: 203-212.

[107] Zhuge C X, Wang C Y. Integrated modelling of autonomous electric vehicle diffusion: from review to conceptual design[J]. Transportation Research Part D: Transport and Environment, 2021, 91: 102679.

[108] Broadbent G H, Drozdzewski D, Metternicht G. Electric vehicle adoption: an analysis of best practice and pitfalls for policy making from experiences of Europe and the US[J]. Geography Compass, 2018, 12 (2): e12358.

[109] Anania E C, Rice S, Walters N W, et al. The effects of positive and negative information on consumers' willingness to ride in a driverless vehicle[J]. Transport Policy, 2018, 72: 218-224.

[110] Manca F, Sivakumar A, Daina N, et al. Modelling the influence of peers' attitudes on choice behaviour: theory and empirical application on electric vehicle preferences[J]. Transportation Research Part A: Policy and Practice, 2020, 140: 278-298.

[111] Kester J, Noel L, de Rubens G Z, et al. Policy mechanisms to accelerate electric vehicle adoption: a qualitative review from the Nordic region[J]. Renewable and Sustainable Energy Reviews, 2018, 94: 719-731.

[112] Cherchi E. A stated choice experiment to measure the effect of informational and normative conformity in the preference for electric vehicles[J]. Transportation Research Part A: Policy and Practice, 2017, 100: 88-104.

[113] 李晓敏, 刘毅然, 杨娇娇. 中国新能源汽车推广政策效果的地域差异研究[J]. 中国人口·资源与环境, 2020, 30 (8): 51-61.

[114] Ma S C, Fan Y, Feng L Y. An evaluation of government incentives for new energy vehicles in China focusing on vehicle purchasing restrictions[J]. Energy Policy, 2017, 110: 609-618.

[115] Wang N, Pan H Z, Zheng W H. Assessment of the incentives on electric vehicle promotion in China[J]. Transportation Research Part A: Policy and Practice, 2017, 101: 177-189.

[116] 吴婧敏, 刘朝, 马超群. 政策组合对纯电动汽车销量影响的效果评估[J]. 软科学, 2021,

35（3）：129-135.
- [117] 邵慰, 杨珂, 梁杰. 政府补贴、研发激励与新能源汽车创新[J]. 科技进步与对策, 2018, 35（15）：69-75.
- [118] 赵骅, 郑吉川. 不同新能源汽车补贴政策对市场稳定性的影响[J]. 中国管理科学, 2019, 27（9）：47-55.
- [119] 姜彩楼, 张莹, 李玮玮, 等. 政府补贴与新能源汽车企业研发的演化博弈研究[J]. 运筹与管理, 2020, 29（11）：22-28.
- [120] Kong D Y, Xia Q H, Xue Y X, et al. Effects of multi policies on electric vehicle diffusion under subsidy policy abolishment in China: a multi-actor perspective[J]. Applied Energy, 2020, 266: 114887.
- [121] Zhang X P, Xie J, Rao R, et al. Policy incentives for the adoption of electric vehicles across countries[J]. Sustainability, 2014, 6（11）：8056-8078.
- [122] 夏西强, 徐春秋. 政府碳税与补贴政策对低碳供应链影响的对比研究[J]. 运筹与管理, 2020, 29（11）：112-120.
- [123] Liu C, Huang W L, Yang C. The evolutionary dynamics of China's electric vehicle industry: taxes vs. subsidies[J]. Computers & Industrial Engineering, 2017, 113: 103-122.
- [124] Chen W T, Hu Z H. Using evolutionary game theory to study governments and manufacturers' behavioral strategies under various carbon taxes and subsidies[J]. Journal of Cleaner Production, 2018, 201: 123-141.
- [125] Yang D X, Qiu L S, Yan J J, et al. The government regulation and market behavior of the new energy automotive industry[J]. Journal of Cleaner Production, 2019, 210: 1281-1288.
- [126] Yang M, Zhang L H, Dong W J. Economic benefit analysis of charging models based on differential electric vehicle charging infrastructure subsidy policy in China[J]. Sustainable Cities and Society, 2020, 59: 102206.
- [127] Zhang L H, Yang M, Zhao Z L. Game analysis of charging service fee based on benefit of multi-party participants: a case study analysis in China[J]. Sustainable Cities and Society, 2019, 48: 101528.
- [128] 岳为众, 刘颖琦, 童宇, 等. 政府补贴在新能源汽车充电桩产业中的作用：三方博弈视角[J]. 中国人口·资源与环境, 2020, 30（11）：119-126.
- [129] Qiu Y Q, Zhou P, Sun H C. Assessing the effectiveness of city-level electric vehicle policies in China[J]. Energy Policy, 2019, 130: 22-31.
- [130] Cheng X, Long R Y, Chen H, et al. Does social interaction have an impact on residents' sustainable lifestyle decisions? A multi-agent stimulation based on regret and game theory[J]. Applied Energy, 2019, 251: 113366.
- [131] Li D D, Du J G, Sun M, et al. How conformity psychology and benefits affect individuals' green behaviours from the perspective of a complex network[J]. Journal of Cleaner Production, 2020, 248: 119215.
- [132] 徐莹莹, 綦良群. 基于复杂网络演化博弈的企业集群低碳技术创新扩散研究[J]. 中国人口·资源与环境, 2016, 26（8）：16-24.
- [133] Wang L, Zheng J J. Research on low-carbon diffusion considering the game among enterprises

in the complex network context[J]. Journal of Cleaner Production, 2019, 210: 1-11.

[134] Kim J, Kim M, Choi J, et al. Offline social interactions and online shopping demand: does the degree of social interactions matter? [J]. Journal of Business Research, 2019, 99: 373-381.

[135] Moon S, Lee D J. An optimal electric vehicle investment model for consumers using total cost of ownership: a real option approach[J]. Applied Energy, 2019, 253: 113494.

[136] McCoy D, Lyons S. Consumer preferences and the influence of networks in electric vehicle diffusion: an agent-based microsimulation in Ireland[J]. Energy Research & Social Science, 2014, 3: 89-101.

[137] Zhang J M, Zhu S Z, Yan W, et al. Retraction Note: the construction and simulation of Internet financial product diffusion model based on complex network and consumer decision-making mechanism[J]. Information Systems and e-Business Management, 2020, 18 (4): 545-555.

[138] Kieckhäfer K, Wachter K, Spengler T S. Analyzing manufacturers' impact on green products' market diffusion: the case of electric vehicles[J]. Journal of Cleaner Production, 2017, 162: S11-S25.

[139] Thies C, Kieckhäfer K, Spengler T S. Market introduction strategies for alternative powertrains in long-range passenger cars under competition[J]. Transportation Research Part D: Transport and Environment, 2016, 45: 4-27.

[140] Zhang L P, Xue L, Zhou Y. How do low-carbon policies promote green diffusion among alliance-based firms in China? An evolutionary-game model of complex networks[J]. Journal of Cleaner Production, 2019, 210: 518-529.

[141] 张奇, 李彦, 王歌, 等. 基于复杂网络的电动汽车充电桩众筹市场信用风险建模与分析[J]. 中国管理科学, 2019, 27 (8): 66-74.

[142] Wang S S, Fan J, Zhao D T, et al. The impact of government subsidies or penalties for new-energy vehicles a static and evolutionary game model analysis[J]. Journal of Transport Economics and Policy, 2015, 49 (1): 98-114.

[143] 秦宇兴. 基于政企博弈的电动汽车研发补贴政策研究[J]. 工业工程与管理, 2016, 21 (4): 127-136.

[144] 左晓露, 郑锐, 施文. 基于需求扩张效应的电动汽车充电设施投资策略研究[J]. 科技管理研究, 2017, 37 (2): 207-214.

[145] Yu Z, Li S J, Tong L. Market dynamics and indirect network effects in electric vehicle diffusion[J]. Transportation Research Part D: Transport and Environment, 2016, 47: 336-356.

[146] Zheng X X, Lin H Y, Liu Z, et al. Manufacturing decisions and government subsidies for electric vehicles in China: a maximal social welfare perspective[J]. Sustainability, 2018, 10 (3): 672.

[147] 孙晓华, 孙瑞, 涂安娜. 网络效应、新兴产业演化与生态位培育: 来自电动汽车行业的ABM仿真研究[J]. 管理科学学报, 2018, 21 (11): 1-17.

[148] Sun X H, Liu X L, Wang Y, et al. The effects of public subsidies on emerging industry: an agent-based model of the electric vehicle industry[J]. Technological Forecasting and Social Change, 2019, 140: 281-295.

[149] Shao L L, Yang J, Zhang M. Subsidy scheme or price discount scheme? Mass adoption of electric vehicles under different market structures[J]. European Journal of Operational

Research, 2017, 262 (3): 1181-1195.

[150] Huang Z H, Liao G K, Li Z H. Loaning scale and government subsidy for promoting green innovation[J]. Technological Forecasting and Social Change, 2019, 144: 148-156.

[151] Fang Y J, Wei W, Mei S W, et al. Promoting electric vehicle charging infrastructure considering policy incentives and user preferences: an evolutionary game model in a small-world network[J]. Journal of Cleaner Production, 2020, 258: 120753.

[152] Ding Z K, Gong W Y, Li S H, et al. System dynamics versus agent-based modeling: a review of complexity simulation in construction waste management[J]. Sustainability, 2018, 10(7): 2484.

[153] Al-Alawi B M, Bradley T H. Review of hybrid, plug-in hybrid, and electric vehicle market modeling Studies[J]. Renewable and Sustainable Energy Reviews, 2013, 21: 190-203.

[154] Wang H H, Cao R X, Zeng W H. Multi-agent based and system dynamics models integrated simulation of urban commuting relevant carbon dioxide emission reduction policy in China[J]. Journal of Cleaner Production, 2020, 272: 122620.

[155] Jochem P, Vilchez J J G, Ensslen A, et al. Methods for forecasting the market penetration of electric drivetrains in the passenger car market[J]. Transport Reviews, 2018, 38(3): 322-348.

[156] Wu A, Liao D, Austin R. Evolutionary game theory in cancer: first steps in prediction of metastatic cancer progression? [J]. Future Oncology, 2015, 11(6): 881-883.

[157] Wang Z, Wang L, Szolnoki A, et al. Evolutionary games on multilayer networks: a colloquium[J]. The European Physical Journal B, 2015, 88(5): 124.

[158] Liang X, Yu T, Hong J K, et al. Making incentive policies more effective: an agent-based model for energy-efficiency retrofit in China[J]. Energy Policy, 2019, 126: 177-189.

[159] Pagani M, Korosec W, Chokani N, et al. User behaviour and electric vehicle charging infrastructure: an agent-based model assessment[J]. Applied Energy, 2019, 254: 113680.

[160] Silvia C, Krause R M. Assessing the impact of policy interventions on the adoption of plug-in electric vehicles: an agent-based model[J]. Energy Policy, 2016, 96: 105-118.

[161] Zhang Q, Ou X M, Yan X Y, et al. Electric vehicle market penetration and impacts on energy consumption and CO_2 emission in the future: Beijing case[J]. Energies, 2017, 10(2): 228.

[162] Zhang Q, Ou X M, Zhang X L. Future penetration and impacts of electric vehicles on transport energy consumption and CO_2 emissions in different Chinese tiered cities[J]. Science China Technological Sciences, 2018, 61(10): 1483-1491.

[163] Kim I, Kim J, Lee J. Dynamic analysis of well-to-wheel electric and hydrogen vehicles greenhouse gas emissions: focusing on consumer preferences and power mix changes in South Korea[J]. Applied Energy, 2020, 260: 114281.

[164] Duan W, Li C Q, Zhang P, et al. Game modeling and policy research on the system dynamics-based tripartite evolution for government environmental regulation[J]. Cluster Computing, 2016, 19(4): 2061-2074.

[165] Encarnação S, Santos F P, Santos F C, et al. Paths to the adoption of electric vehicles: an evolutionary game theoretical approach[J]. Transportation Research Part B: Methodological, 2018, 113: 24-33.

[166] 张宏娟, 范如国. 基于复杂网络演化博弈的传统产业集群低碳演化模型研究[J]. 中国管理

科学，2014，22（12）：41-47.
[167] Fan R G, Dong L L, Yang W G, et al. Study on the optimal supervision strategy of government low-carbon subsidy and the corresponding efficiency and stability in the small-world network context[J]. Journal of Cleaner Production, 2017, 168: 536-550.
[168] 徐建中, 赵亚楠, 朱晓亚. 基于复杂网络演化博弈的企业低碳创新合作行为网络演化机理研究[J]. 运筹与管理, 2019, 28（6）: 70-79.
[169] Liu D N, Xiao B W. Exploring the development of electric vehicles under policy incentives: a scenario-based system dynamics model[J]. Energy Policy, 2018, 120: 8-23.
[170] Fontoura W B, de Lorena Diniz Chaves G, Ribeiro G M. The Brazilian urban mobility policy: the impact in São Paulo transport system using system dynamics[J]. Transport Policy, 2019, 73: 51-61.
[171] Jia S W, Liu X L, Yan G L. Effect of APCF policy on the haze pollution in China: a system dynamics approach[J]. Energy Policy, 2019, 125: 33-44.
[172] Gupta M, Bandyopadhyay K R, Singh S K. Measuring effectiveness of carbon tax on Indian road passenger transport: a system dynamics approach[J]. Energy Economics, 2019, 81: 341-354.
[173] Feng B, Ye Q W, Collins B J. A dynamic model of electric vehicle adoption: the role of social commerce in new transportation[J]. Information & Management, 2019, 56（2）: 196-212.
[174] Benvenutti L M, Uriona-Maldonado M, Campos L M S. The impact of CO_2 mitigation policies on light vehicle fleet in Brazil[J]. Energy Policy, 2019, 126: 370-379.
[175] Lee Y, Kim C, Shin J. A hybrid electric vehicle market penetration model to identify the best policy mix: a consumer ownership cycle approach[J]. Applied Energy, 2016, 184: 438-449.
[176] Daina N, Sivakumar A, Polak J W. Modelling electric vehicles use: a survey on the methods[J]. Renewable and Sustainable Energy Reviews, 2017, 68: 447-460.
[177] Stummer C, Kiesling E, Günther M, et al. Innovation diffusion of repeat purchase products in a competitive market: an agent-based simulation approach[J]. European Journal of Operational Research, 2015, 245（1）: 157-167.
[178] Rietmann N, Hügler B, Lieven T. Forecasting the trajectory of electric vehicle sales and the consequences for worldwide CO_2 emissions[J]. Journal of Cleaner Production, 2020, 261: 121038.
[179] Qian L X, Soopramanien D. Using diffusion models to forecast market size in emerging markets with applications to the Chinese car market[J]. Journal of Business Research, 2014, 67（6）: 1226-1232.
[180] Benvenutti L M M, Ribeiro A B, Uriona M. Long term diffusion dynamics of alternative fuel vehicles in Brazil[J]. Journal of Cleaner Production, 2017, 164: 1571-1585.
[181] 龙子泉, 常静敏, 陈植元. 激励政策对新能源汽车推广的影响研究：基于修正 Bass 模型的实证分析[J]. 科技管理研究, 2016, 36（4）: 138-144.
[182] Shi Y Y, Zeng Y C, Engo J, et al. Leveraging inter-firm influence in the diffusion of energy efficiency technologies: an agent-based model[J]. Applied Energy, 2020, 263: 114641.
[183] WHO. Air pollution[EB/OL]. [2023-12-31]. https://www.who.int/airpollution/en/.

[184] Huo H, Cai H, Zhang Q, et al. Life-cycle assessment of greenhouse gas and air emissions of electric vehicles: a comparison between China and the U.S.[J]. Atmospheric Environment, 2015, 108: 107-116.

[185] Zeng D, Dong Y, Cao H J, et al. Are the electric vehicles more sustainable than the conventional ones? Influences of the assumptions and modeling approaches in the case of typical cars in China[J]. Resources, Conservation and Recycling, 2021, 167: 105210.

[186] Kelly C, Onat N C, Tatari O. Water and carbon footprint reduction potential of renewable energy in the United States: a policy analysis using system dynamics[J]. Journal of Cleaner Production, 2019, 228: 910-926.

[187] Wolfram P, Wiedmann T. Electrifying Australian transport: hybrid life cycle analysis of a transition to electric light-duty vehicles and renewable electricity[J]. Applied Energy, 2017, 206: 531-540.

[188] Onat N C, Kucukvar M, Aboushaqrah N N M, et al. How sustainable is electric mobility? A comprehensive sustainability assessment approach for the case of Qatar[J]. Applied Energy, 2019, 250: 461-477.

[189] Onat N C, Kucukvar M, Tatari O. Uncertainty-embedded dynamic life cycle sustainability assessment framework: an ex-ante perspective on the impacts of alternative vehicle options[J]. Energy, 2016, 112: 715-728.

[190] Lin W Y, Hsiao M C, Wu P C, et al. Analysis of air quality and health co-benefits regarding electric vehicle promotion coupled with power plant emissions[J]. Journal of Cleaner Production, 2020, 247: 119152.

[191] Pan S, Roy A, Choi Y, et al. Potential impacts of electric vehicles on air quality and health endpoints in the Greater Houston Area in 2040[J]. Atmospheric Environment, 2019, 207: 38-51.

[192] Gai Y J, Minet L, Posen I D, et al. Health and climate benefits of electric vehicle deployment in the Greater Toronto and Hamilton Area[J]. Environmental Pollution, 2020, 265: 114983.

[193] Choma E F, Evans J S, Hammitt J K, et al. Assessing the health impacts of electric vehicles through air pollution in the United States[J]. Environment International, 2020, 144: 106015.

[194] Tang Y Y, Zhang Q, Li Y M, et al. The social-economic-environmental impacts of recycling retired EV batteries under reward-penalty mechanism[J]. Applied Energy, 2019, 251: 113313.

[195] Chen J M, Zhang W, Gong B G, et al. Optimal policy for the recycling of electric vehicle retired power batteries[J]. Technological Forecasting and Social Change, 2022, 183: 121930.

[196] 楼高翔, 雷鹏, 马海程, 等. 不同回收补贴政策下新能源汽车动力电池闭环供应链运营决策研究[J]. 管理学报, 2023, 20 (2): 267-277.

[197] Zhao S L, Ma C H. Research on the coordination of the power battery echelon utilization supply chain considering recycling outsourcing[J]. Journal of Cleaner Production, 2022, 358: 131922.

[198] Li X. Collection mode choice of spent electric vehicle batteries: considering collection competition and third-party economies of scale[J]. Scientific Reports, 2022, 12: 6691.

[199] Zhou Y Y, Zhang Y L, Wahab M I M, et al. Channel leadership and performance for a closed-loop supply chain considering competition[J]. Transportation Research Part E: Logistics and Transportation Review, 2023, 175: 103151.

[200] Zhang C, Tian Y X, Han M H. Recycling mode selection and carbon emission reduction decisions for a multi-channel closed-loop supply chain of electric vehicle power battery under cap-and-trade policy[J]. Journal of Cleaner Production, 2022, 375: 134060.

[201] 刘娟娟, 薛晶, 张为四. 政府碳税和补贴下的动力电池回收渠道契约协调[J]. 科技管理研究, 2022, 42 (22): 160-168.

[202] 马亮, 刘玉沽, 朱浩. 闭环供应链视角下新能源汽车电池双渠道回收契约设计[J]. 科技管理研究, 2021, 41 (20): 184-193.

[203] 龚本刚, 高一凌, 刘志, 等. 政府基金政策下动力电池闭环供应链回收渠道选择[J]. 计算机集成制造系统, 2023, 29 (9): 3123-3137.

[204] Johari M, Hosseini-Motlagh S M. Coordination of social welfare, collecting, recycling and pricing decisions in a competitive sustainable closed-loop supply chain: a case for lead-acid battery[J]. Annals of Operations Research, 2019: 1-36.

[205] de Giovanni P. A joint maximization incentive in closed-loop supply chains with competing retailers: the case of spent-battery recycling[J]. European Journal of Operational Research, 2018, 268 (1): 128-147.

[206] 刘娟娟, 马俊龙. 考虑梯次利用的动力电池闭环供应链逆向补贴机制研究[J]. 工业工程与管理, 2021, 26 (3): 80-88.

[207] Zhao X, Peng B H, Zheng C Y, et al. Closed-loop supply chain pricing strategy for electric vehicle batteries recycling in China[J]. Environment, Development and Sustainability, 2022, 24 (6): 7725-7752.

[208] Tian T L, Zheng C Y, Yang L G, et al. Optimal recycling channel selection of power battery closed-loop supply chain considering corporate social responsibility in China[J]. Sustainability, 2022, 14 (24): 16712.

[209] Liu Q Y, Zhu X D. Incentive strategies for retired power battery closed-loop supply chain considering corporate social responsibility[J]. Environment, Development and Sustainability, 2024, 26: 19013-19050.

[210] Shen Y, Song Z Z, Gao T, et al. Research on closed-loop supply chain decision making of power battery considering subsidy transfer under EPR system[J]. Sustainability, 2022, 14 (19): 12488.

[211] Liu C Y, Wang H, Tang J, et al. Optimal recovery model in a used batteries closed-loop supply chain considering uncertain residual capacity[J]. Transportation Research Part E: Logistics and Transportation Review, 2021, 156: 102516.

[212] Zhang M, Wu W Q, Song Y. Study on the impact of government policies on power battery recycling under different recycling models[J]. Journal of Cleaner Production, 2023, 413: 137492.

[213] Raugei M, Winfield P. Prospective LCA of the production and EoL recycling of a novel type of Li-ion battery for electric vehicles[J]. Journal of Cleaner Production, 2019, 213: 926-932.

[214] Ma R F, Deng Y L. The electrochemical model coupled parameterized life cycle assessment for the optimized design of EV battery pack[J]. The International Journal of Life Cycle Assessment, 2022, 27 (2): 267-280.

[215] Ciez R E, Whitacre J F. Examining different recycling processes for lithium-ion batteries[J].

Nature Sustainability, 2019, 2(2): 148-156.

[216] Jiang S Y, Hua H, Zhang L, et al. Environmental impacts of hydrometallurgical recycling and reusing for manufacturing of lithium-ion traction batteries in China[J]. Science of the Total Environment, 2022, 811: 152224.

[217] Shu X, Guo Y F, Yang W X, et al. Life-cycle assessment of the environmental impact of the batteries used in pure electric passenger cars[J]. Energy Reports, 2021, 7: 2302-2315.

[218] Chen Q W, Lai X, Gu H H, et al. Investigating carbon footprint and carbon reduction potential using a cradle-to-cradle LCA approach on lithium-ion batteries for electric vehicles in China[J]. Journal of Cleaner Production, 2022, 369: 133342.

[219] Xiong S Q, Ji J P, Ma X M. Environmental and economic evaluation of remanufacturing lithium-ion batteries from electric vehicles[J]. Waste Management, 2020, 102: 579-586.

[220] Li J J, Li L L, Yang R R, et al. Assessment of the lifecycle carbon emission and energy consumption of lithium-ion power batteries recycling: a systematic review and meta-analysis[J]. Journal of Energy Storage, 2023, 65: 107306.

[221] He L, Sun B Z. Exploring the EPR system for power battery recycling from a supply-side perspective: an evolutionary game analysis[J]. Waste Management, 2022, 140: 204-212.

[222] Kamyabi E, Moazzez H, Kashan A H. A hybrid system dynamics and two-stage mixed integer stochastic programming approach for closed-loop battery supply chain optimization[J]. Applied Mathematical Modelling, 2022, 106: 770-798.

[223] Zan X, Zhang D Y. Analysis on the optimal recycling path of Chinese lead-acid battery under the extended producer responsibility system[J]. Sustainability, 2022, 14(9): 4950.

[224] Zhu J H, Feng T W, Lu Y, et al. Optimal government policies for carbon-neutral power battery recycling in electric vehicle industry[J]. Computers & Industrial Engineering, 2024, 189: 109952.

[225] 张川, 陈宇潇. 政府补贴下考虑规模效应的动力电池梯次利用闭环供应链决策与协调[J]. 运筹与管理, 2021, 30(12): 72-77, 91.

[226] Lin Y, Yu Z W, Wang Y M, et al. Performance evaluation of regulatory schemes for retired electric vehicle battery recycling within dual-recycle channels[J]. Journal of Environmental Management, 2023, 332: 117354.

[227] McKinsey & Company. The race to decarbonize electric-vehicle batteries[EB/OL]. [2023-02-04]. https://www.mckinsey.com/industries/automotive-and-assembly/our-insights/the-race-to-decarbonize-electric-vehicle-batteries.

[228] Yang Y X, Goodarzi S, Bozorgi A, et al. Carbon cap-and-trade schemes in closed-loop supply chains: why firms do not comply?[J]. Transportation Research Part E: Logistics and Transportation Review, 2021, 156: 102486.

[229] Yu S M, Fan Y, Zhu L, et al. Modeling the emission trading scheme from an agent-based perspective: system dynamics emerging from firms' coordination among abatement options[J]. European Journal of Operational Research, 2020, 286(3): 1113-1128.

[230] Zhang W, Li G X, Guo F Y. Does carbon emissions trading promote green technology innovation in China?[J]. Applied Energy, 2022, 315: 119012.

[231] Wang Y L, Xu X, Zhu Q H. Carbon emission reduction decisions of supply chain members under cap-and-trade regulations: a differential game analysis[J]. Computers & Industrial Engineering, 2021, 162: 107711.

[232] Zakeri A, Dehghanian F, Fahimnia B, et al. Carbon pricing versus emissions trading: a supply chain planning perspective[J]. International Journal of Production Economics, 2015, 164: 197-205.

[233] Golpîra H, Javanmardan A. Robust optimization of sustainable closed-loop supply chain considering carbon emission schemes[J]. Sustainable Production and Consumption, 2022, 30: 640-656.

[234] Xia X Q, Li C Y, Zhu Q H. Game analysis for the impact of carbon trading on low-carbon supply chain[J]. Journal of Cleaner Production, 2020, 276: 123220.

[235] Yang L, Hu Y J, Huang L J. Collecting mode selection in a remanufacturing supply chain under cap-and-trade regulation[J]. European Journal of Operational Research, 2020, 287(2): 480-496.

[236] Wang X Y, Sethi S P, Chang S H. Pollution abatement using cap-and-trade in a dynamic supply chain and its coordination[J]. Transportation Research Part E: Logistics and Transportation Review, 2022, 158: 102592.

[237] Zhang C, Chen Y X, Tian Y X. Collection and recycling decisions for electric vehicle end-of-life power batteries in the context of carbon emissions reduction[J]. Computers & Industrial Engineering, 2023, 175: 108869.

[238] Sun Q Q, Chen H, Long R Y, et al. Comparative evaluation for recycling waste power batteries with different collection modes based on Stackelberg game[J]. Journal of Environmental Management, 2022, 312: 114892.

[239] Jiao J L, Chen Y Q, Li J J, et al. Carbon reduction behavior of waste power battery recycling enterprises considering learning effects[J]. Journal of Environmental Management, 2023, 341: 118084.

[240] 刘培德, 李西娜, 李佳路. 碳配额交易机制下竞争企业低碳技术扩散: 基于复杂网络的演化博弈分析[J]. 系统工程理论与实践, 2024, 44(2): 684-703.

[241] Liu L, Zhang Z S, Wang Z. Two-sided matching and game on investing in carbon emission reduction technology under a cap-and-trade system[J]. Journal of Cleaner Production, 2021, 282: 124436.

[242] Sun L C, Cao X X, Alharthi M, et al. Carbon emission transfer strategies in supply chain with lag time of emission reduction technologies and low-carbon preference of consumers[J]. Journal of Cleaner Production, 2020, 264: 121664.

[243] Wang Q, Han X Y, Li R R. Does technical progress curb India's carbon emissions? A novel approach of combining extended index decomposition analysis and production-theoretical decomposition analysis[J]. Journal of Environmental Management, 2022, 310: 114720.

[244] Gu G X, Wang Z, Wu L Y. Carbon emission reductions under global low-carbon technology transfer and its policy mix with R&D improvement[J]. Energy, 2021, 216: 119300.

[245] Xu X L, Mi J F, Fan M S, et al. Study on the performance evaluation and echelon utilization of retired LiFePO$_4$ power battery for smart grid[J]. Journal of Cleaner Production, 2019, 213:

1080-1086.

[246] Lai X, Huang Y F, Deng C, et al. Sorting, regrouping, and echelon utilization of the large-scale retired lithium batteries: a critical review[J]. Renewable and Sustainable Energy Reviews, 2021, 146: 111162.

[247] Jin S, Mu D Y, Lu Z A, et al. A comprehensive review on the recycling of spent lithium-ion batteries: urgent status and technology advances[J]. Journal of Cleaner Production, 2022, 340: 130535.

[248] Zhang Y L, Li Y, Tao Y B, et al. Performance assessment of retired EV battery modules for echelon use[J]. Energy, 2020, 193: 116555.

[249] Fan E S, Li L, Wang Z P, et al. Sustainable recycling technology for Li-ion batteries and beyond: challenges and future prospects[J]. Chemical Reviews, 2020, 120 (14): 7020-7063.

[250] Deng Z, Huang Z Y, Shen Y, et al. Ultrasonic scanning to observe wetting and "unwetting" in Li-ion pouch cells[J]. Joule, 2020, 4 (9): 2017-2029.

[251] Harper G, Sommerville R, Kendrick E, et al. Recycling lithium-ion batteries from electric vehicles[J]. Nature, 2019, 575 (7781): 75-86.

[252] Golmohammadzadeh R, Faraji F, Rashchi F. Recovery of lithium and cobalt from spent lithium ion batteries (LIBs) using organic acids as leaching reagents: a review[J]. Resources, Conservation and Recycling, 2018, 136: 418-435.

[253] Sethurajan M, Gaydardzhiev S. Bioprocessing of spent lithium ion batteries for critical metals recovery: a review[J]. Resources, Conservation and Recycling, 2021, 165: 105225.

[254] Xing E F, Shi C D, Zhang J X, et al. Double third-party recycling closed-loop supply chain decision under the perspective of carbon trading[J]. Journal of Cleaner Production, 2020, 259: 120651.

[255] 李登峰, 魏骊晓, 李梦祺. 押金返还制造商的闭环供应链双渠道回收竞争与利润分配的非合作-合作两型博弈方法[J]. 系统工程理论与实践, 2023, 43 (11): 3241-3264.

[256] 严筱. 低碳交通背景下中国新能源汽车的市场扩散研究[D]. 武汉: 中国地质大学, 2016.

[257] 何秀红. 电动汽车采纳行为的影响因素及市场干预机制研究[D]. 武汉: 华中科技大学, 2018.

[258] 张传远. 我国新能源汽车产业发展路径和策略研究[D]. 北京: 华北电力大学, 2018.

[259] Levitt T. Exploit the Product Life Cycle[M]. Cambridge: Harvard University Publishing, 1965.

[260] Ranasinghe D C, Harrison M, Främling K, et al. Enabling through life product-instance management: solutions and challenges[J]. Journal of Network and Computer Applications, 2011, 34 (3): 1015-1031.

[261] Tao F, Cheng J F, Qi Q L, et al. Digital twin-driven product design, manufacturing and service with big data[J]. The International Journal of Advanced Manufacturing Technology, 2018, 94: 3563-3576.

[262] Wang L, Liu Z C, Liu A, et al. Artificial intelligence in product lifecycle management[J]. The International Journal of Advanced Manufacturing Technology, 2021, 114: 771-796.

[263] Rogers E M. Diffusion of Innovations[M]. 5th ed. New York: Free Press, 2003.

[264] 陈世香, 牛一凡. "制度趋同": 基层治理草根创新的扩散路径及其发生逻辑: 基于"村情通"创新扩散的案例研究[J]. 公共管理学报, 2023, 20 (4): 156-167, 175-176.

[265] 王雪冰. 复杂网络视角下颠覆性技术创新扩散机制研究[D]. 长春：吉林大学，2022.
[266] 叶绮文. 基于顾客采纳行为的电动汽车 市场扩散机制研究[D]. 广州：华南理工大学，2019.
[267] 江勇. 基于系统动力学的地热产业发展财税政策模拟与选择[D]. 北京：中国地质大学，2020.
[268] 周锐. 产业政策对新能源汽车充电基础设施发展的影响研究[D]. 成都：西南财经大学，2019.
[269] Goodin R，Michael M，Martin R. The Oxford Handbook of Public Policy[M]. New York：Oxford University Press，2008.
[270] Marsh D，Rhodes R A W. Policy Networks in British Government[M]. Oxford：Clarendon Press，1992.
[271] Fan R G，Dong L L. The dynamic analysis and simulation of government subsidy strategies in low-carbon diffusion considering the behavior of heterogeneous agents[J]. Energy Policy，2018，117：252-262.
[272] Heclo H. Modern Social Politics in Britain and Sweden：From Relief to Income Maintenance[M]. New Haven：Yale University Press，1974.
[273] Hall P A. Policy paradigms，social learning and the state：the case of economic policymaking in Britain[J]. Comparative Politics，1993，25（3）：275-296.
[274] 豪利特 M，拉米什 M. 公共政策研究：政策循环与政策子系统[M]. 庞诗，等译. 北京：生活·读书·新知三联书店，2006.
[275] 黄维，陈静. 我国学生贷款补贴的政策学习：政策文本分析的视角[J]. 中国高教研究，2012，(9)：30-34.
[276] Werdiningtyas R，Wei Y P，Western A W. The evolution of policy instruments used in water，land and environmental governances in Victoria，Australia from 1860–2016[J]. Environmental Science & Policy，2020，112：348-360.
[277] Kim J，Choi J，Park S，et al. Patent keyword extraction for sustainable technology management[J]. Sustainability，2018，10（4）：1287.
[278] 杨锐，杨亮，李良强，等. 我国科研诚信政策特征及演化逻辑：基于文本挖掘法[J]. 科技进步与对策，2020，37（20）：89-98.
[279] 关鹏. 整合主题的学科知识网络建模与演化机理研究[D]. 南京：南京理工大学，2018.
[280] 王展昭. 基于复杂网络的产品创新扩散研究[D]. 哈尔滨：哈尔滨工程大学，2016.
[281] 黄昌巍. 复杂网络上的演化博弈与观点动力学研究[D]. 北京：北京邮电大学，2019.
[282] 孙玺菁，司守奎. 复杂网络算法与应用[M]. 北京：国防工业出版社，2015.
[283] 展惠. 网约车主电动汽车购买决策影响因素及建模仿真研究[D]. 徐州：中国矿业大学，2020.
[284] 陈云伟. 碳配额、技术成熟度与新能源汽车企业生产决策博弈分析[D]. 兰州：兰州理工大学，2019.
[285] 徐永顺. 建筑行业区块链技术的采纳与扩散研究[D]. 长春：吉林大学，2021.
[286] 王国成，高德华. 基于ABM的公共政策仿真研究进展与方法论启示[J]. 公共管理学报，2023，20（2）：116-127，173.
[287] Clarke K C. Cellular automata and agent-based models[M]//Fischer M，Nijkamp P. Handbook of Regional Science. Berlin：Springer，2014：1217-1233.
[288] 付世华. 具有风险、记忆的网络演化博弈的策略调控与优化[D]. 济南：山东大学，2018.

[289] 苏奇. 复杂网络上的合作演化和博弈动力学研究[D]. 北京：北京大学，2020.
[290] Zhao P, Li X Z, Zhang W, et al. System dynamics: a new approach for the evaluation of urban underground resource integrated development[J]. Tunnelling and Underground Space Technology, 2022, 119: 104213.
[291] Savaskan R C, Bhattacharya S, van Wassenhove L N. Closed-loop supply chain models with product remanufacturing[J]. Management Science, 2004, 50（2）: 239-252.
[292] 刘进. 我国新能源汽车财政补贴效应研究[D]. 北京：中国财政科学研究院，2017.
[293] Bhardwaj C, Axsen J, Kern F, et al. Why have multiple climate policies for light-duty vehicles? Policy mix rationales, interactions and research gaps[J]. Transportation Research Part A: Policy and Practice, 2020, 135: 309-326.
[294] 李文博. 电动汽车激励政策的消费者响应及其体系优化研究[D]. 徐州：中国矿业大学，2018.
[295] Hao X, Lin Z H, Wang H W, et al. Range cost-effectiveness of plug-in electric vehicle for heterogeneous consumers: an expanded total ownership cost approach[J]. Applied Energy, 2020, 275: 115394.
[296] Huang Y L, Qian L X, Tyfield D, et al. On the heterogeneity in consumer preferences for electric vehicles across generations and cities in China[J]. Technological Forecasting and Social Change, 2021, 167: 120687.
[297] 李磊. 政府补贴对中国新能源汽车产业技术创新的影响研究[D]. 沈阳：辽宁大学，2017.
[298] Ji Z Y, Huang X L. Plug-in electric vehicle charging infrastructure deployment of China towards 2020: policies, methodologies, and challenges[J]. Renewable and Sustainable Energy Reviews, 2018, 90: 710-727.
[299] Vrain E, Wilson C. Social networks and communication behaviour underlying smart home adoption in the UK[J]. Environmental Innovation and Societal Transitions, 2021, 38: 82-97.
[300] Yamamoto Y. Opinion leadership and willingness to pay for residential photovoltaic systems[J]. Energy Policy, 2015, 83: 185-192.
[301] Qian L X, Grisolía J M, Soopramanien D. The impact of service and government-policy attributes on consumer preferences for electric vehicles in China[J]. Transportation Research Part A: Policy and Practice, 2019, 122: 70-84.
[302] Sun H X, Wan Y, Lv H R. System dynamics model for the evolutionary behaviour of government enterprises and consumers in China's new energy vehicle market[J]. Sustainability, 2020, 12（4）: 1578.
[303] 伍健，田志龙，龙晓枫，等. 战略性新兴产业中政府补贴对企业创新的影响[J]. 科学学研究，2018, 36（1）: 158-166.
[304] 熊勇清，王溪. 新能源汽车技术创新激励的政策选择："扶持性"抑或"门槛性"政策？[J]. 中国人口·资源与环境，2020, 30（11）: 98-108.
[305] Zhang Q, Li H L, Zhu L J, et al. Factors influencing the economics of public charging infrastructures for EV: a review[J]. Renewable and Sustainable Energy Reviews, 2018, 94: 500-509.
[306] Schroeder A, Traber T. The economics of fast charging infrastructure for electric vehicles[J]. Energy Policy, 2012, 43: 136-144.

[307] 张珂. 多主体参与的新能源汽车推广商业模式研究[D]. 郑州：郑州大学，2019.

[308] 吴杨. 大数据政策文本与现实的偏差及完善路径研究[J]. 公共管理学报，2020，17（1）：31-46，169-170.

[309] Lu C, Liu H C, Tao J, et al. A key stakeholder-based financial subsidy stimulation for Chinese EV industrialization: a system dynamics simulation[J]. Technological Forecasting and Social Change, 2017, 118: 1-14.

[310] Jiao W T, Boons F. Toward a research agenda for policy intervention and facilitation to enhance industrial symbiosis based on a comprehensive literature review[J]. Journal of Cleaner Production, 2014, 67: 14-25.

[311] 孔德意. 我国科普政策研究：基于政策文本分析[D]. 沈阳：东北大学，2016.

[312] 傅广宛. 中国海洋生态环境政策导向（2014—2017）[J]. 中国社会科学，2020，（9）：117-134，206-207.

[313] 袁潮清，朱玉欣. 基于动态热点的中国光伏产业政策演化研究[J]. 科技管理研究，2020，40（14）：43-53.

[314] Jaffe A B, Newell R G, Stavins R N. A tale of two market failures: technology and environmental policy[J]. Ecological Economics, 2005, 54 (2-3): 164-174.

[315] Dong X Y, Zhang B, Wang B, et al. Urban households' purchase intentions for pure electric vehicles under subsidy contexts in China: do cost factors matter? [J]. Transportation Research Part A: Policy and Practice, 2020, 135: 183-197.

[316] Wolske K S, Gillingham K T, Schultz P W. Peer influence on household energy behaviours[J]. Nature Energy, 2020, 5: 202-212.

[317] Li W Y, Tian L X, Batool H. Impact of negative information diffusion on green behavior adoption[J]. Resources, Conservation and Recycling, 2018, 136: 337-344.

[318] Li J J, Jiao J L, Tang Y S. Analysis of the impact of policies intervention on electric vehicles adoption considering information transmission: based on consumer network model[J]. Energy Policy, 2020, 144: 111560.

[319] 马少超，范英. 基于时间序列协整的中国新能源汽车政策评估[J]. 中国人口·资源与环境，2018，28（4）：117-124.

[320] 刘亦婷. 政府补贴对新能源汽车企业研发活动的影响：以比亚迪公司为例[D]. 武汉：中南财经政法大学，2019.

[321] Li J J, Jiao J L, Tang Y S. An evolutionary analysis on the effect of government policies on electric vehicle diffusion in complex network[J]. Energy Policy, 2019, 129: 1-12.

[322] Kowalska-Pyzalska A, Kott J, Kott M. Why Polish market of alternative fuel vehicles (AFVs) is the smallest in Europe? SWOT analysis of opportunities and threats[J]. Renewable and Sustainable Energy Reviews, 2020, 133: 110076.

[323] 柯文伟. 电动汽车对中国典型区域的空气质量和人体健康影响研究[D]. 北京：清华大学，2017.

[324] Sheldon T L, Dua R. Measuring the cost-effectiveness of electric vehicle subsidies[J]. Energy Economics, 2019, 84: 104545.

[325] Xie Y, Wu D S, Zhu S J. Can new energy vehicles subsidy curb the urban air pollution?

Empirical evidence from pilot cities in China[J]. Science of the Total Environment, 2021, 754: 142232.

[326] Wu Y W, Gu F, Ji Y J, et al. Electric vehicle adoption and local $PM_{2.5}$ reduction: evidence from China[J]. Journal of cleaner production, 2023, 396: 136508.

[327] 周昊, 刘俊勇, 刘友波, 等. 基于系统动力学的电动汽车规模推演分析与仿真[J]. 电力系统及其自动化学报, 2017, 29 (8): 1-7.

[328] 新能源汽车废旧动力蓄电池综合利用行业规范条件（2019 年本）[EB/OL]. [2023-07-03]. https://www.miit.gov.cn/cms_files/filemanager/oldfile/miit/n1146295/n1652858/n1652930/n4509607/c7595282/part/7595808.pdf.

[329] Temporelli A, Carvalho M L, Girardi P. Life cycle assessment of electric vehicle batteries: an overview of recent literature[J]. Energies, 2020, 13 (11): 2864.

[330] Joung J, Kim K. Monitoring emerging technologies for technology planning using technical keyword based analysis from patent data[J]. Technological Forecasting and Social Change, 2017, 114: 281-292.

[331] Zhang H M, Huang J Y, Hu R H, et al. Echelon utilization of waste power batteries in new energy vehicles: review of Chinese policies[J]. Energy, 2020, 206: 118178.

[332] Sun Y T, Cao C. The evolving relations between government agencies of innovation policymaking in emerging economies: a policy network approach and its application to the Chinese case[J]. Research Policy, 2018, 47 (3): 592-605.

[333] 朱桂龙, 程强. 我国产学研成果转化政策主体合作网络演化研究[J]. 科学学与科学技术管理, 2014, 35 (7): 40-48.

[334] Zhang L R, Li Y K, Jia Z J. Impact of carbon allowance allocation on power industry in China's carbon trading market: computable general equilibrium based analysis[J]. Applied Energy, 2018, 229: 814-827.

[335] Li Y M, Zhang Q, Liu B Y, et al. Substitution effect of new-energy vehicle credit program and corporate average fuel consumption regulation for green-car subsidy[J]. Energy, 2018, 152: 223-236.

[336] Wang X Z, Zou H H. Study on the effect of wind power industry policy types on the innovation performance of different ownership enterprises: evidence from China[J]. Energy Policy, 2018, 122: 241-252.

[337] Liao Z J. Content analysis of China's environmental policy instruments on promoting firms' environmental innovation[J]. Environmental Science & Policy, 2018, 88: 46-51.

[338] Li L L, Taeihagh A. An in-depth analysis of the evolution of the policy mix for the sustainable energy transition in China from 1981 to 2020[J]. Applied Energy, 2020, 263: 114611.

[339] Yu P, Zhang J, Yang D F, et al. The evolution of China's new energy vehicle industry from the perspective of a technology-market-policy framework[J]. Sustainability, 2019, 11 (6): 1711.

[340] Wang C, Geng H J, Zuo L S, et al. China's urban minerals policies: evolution, problems and countermeasures: a quantitative research[J]. Journal of Cleaner Production, 2018, 197: 114-123.

[341] Egnér F, Trosvik L. Electric vehicle adoption in Sweden and the impact of local policy instruments[J]. Energy Policy, 2018, 121: 584-596.

[342] Zhang G Q, Xu Y M, Zhang J. Consumer-oriented policy towards diffusion of electric vehicles: city-level evidence from China[J]. Sustainability, 2016, 8 (12): 1343.

[343] Guo J F, Zhang X M, Gu F, et al. Does air pollution stimulate electric vehicle sales? Empirical evidence from twenty major cities in China[J]. Journal of Cleaner Production, 2020, 249: 119372.

[344] Gupta V, Lehal G S. A survey of text mining techniques and applications[J]. Journal of Emerging Technologies in Web Intelligence, 2009, 1 (1): 60-76.

[345] Chen R Y, Zheng Y T, Xu W, et al. Secondhand seller reputation in online markets: a text analytics framework[J]. Decision Support Systems, 2018, 108: 96-106.

[346] Korfiatis N, Stamolampros P, Kourouthanassis P, et al. Measuring service quality from unstructured data: a topic modeling application on airline passengers' online reviews[J]. Expert Systems with Applications, 2019, 116: 472-486.

[347] Song B M, Suh Y. Identifying convergence fields and technologies for industrial safety: LDA-based network analysis[J]. Technological Forecasting and Social Change, 2019, 138: 115-126.

[348] Altaweel M, Bone C, Abrams J. Documents as data: a content analysis and topic modeling approach for analyzing responses to ecological disturbances[J]. Ecological Informatics, 2019, 51: 82-95.

[349] Abuhay T M, Kovalchuk S V, Bochenina K, et al. Analysis of publication activity of computational science society in 2001–2017 using topic modelling and graph theory[J]. Journal of Computational Science, 2018, 26: 193-204.

[350] Valencia M J, Cardona C A. The Colombian biofuel supply chains: the assessment of current and promising scenarios based on environmental goals[J]. Energy Policy, 2014, 67: 232-242.

[351] de Clercq D, Wen Z G, Song Q B. Innovation hotspots in food waste treatment, biogas, and anaerobic digestion technology: a natural language processing approach[J]. Science of the Total Environment, 2019, 673: 402-413.

[352] Green E H, Skerlos S J, Winebrake J J. Increasing electric vehicle policy efficiency and effectiveness by reducing mainstream market bias[J]. Energy Policy, 2014, 65: 562-566.

[353] 李苏秀, 刘颖琦, 王静宇, 等. 基于市场表现的中国新能源汽车产业发展政策剖析[J]. 中国人口·资源与环境, 2016, 26 (9): 158-166.

[354] Ma Y, Shi T Y, Zhang W, et al. Comprehensive policy evaluation of NEV development in China, Japan, the United States, and Germany based on the AHP-EW model[J]. Journal of Cleaner Production, 2019, 214: 389-402.

[355] Hemmati R, Saboori H, Jirdehi M A. Stochastic planning and scheduling of energy storage systems for congestion management in electric power systems including renewable energy resources[J]. Energy, 2017, 133: 380-387.

[356] Zhang X P, Rao R, Xie J, et al. The current dilemma and future path of China's electric vehicles[J]. Sustainability, 2014, 6 (3): 1567-1593.

[357] Wen Q, Qiang M S, Xia B Q, et al. Discovering regulatory concerns on bridge management: an author-topic model based approach[J]. Transport Policy, 2019, 75: 161-170.

[358] Xu C K, Cheng H, Liao Z J, et al. An account of the textile waste policy in China (1991–2017)

[J]. Journal of Cleaner Production, 2019, 234: 1459-1470.

[359] Li X M, Chen P, Wang X W. Impacts of renewables and socioeconomic factors on electric vehicle demands: panel data studies across 14 countries[J]. Energy Policy, 2017, 109: 473-478.

[360] Li W B, Long R Y, Chen H, et al. Effect of policy incentives on the uptake of electric vehicles in China[J]. Sustainability, 2019, 11 (12): 3323.

[361] Liu X L, Sun X H, Li M S, et al. The effects of demonstration projects on electric vehicle diffusion: an empirical study in China[J]. Energy Policy, 2020, 139: 111322.

[362] Jiang C L, Zhang Y, Bu M L, et al. The effectiveness of government subsidies on manufacturing innovation: evidence from the new energy vehicle industry in China[J]. Sustainability, 2018, 10 (6): 1692.

[363] Zhang X, Wang K, Hao Y, et al. The impact of government policy on preference for NEVs: The evidence from China[J]. Energy Policy, 2013, 61: 382-393.

[364] Zheng J J, Xu M Y, Li R F, et al. Research on group choice behavior in green travel based on planned behavior theory and complex network[J]. Sustainability, 2019, 11 (14): 3765.

[365] Li Y, Zhang Q, Wang G, et al. Promotion policies for third party financing in Photovoltaic Poverty Alleviation projects considering social reputation[J]. Journal of Cleaner Production, 2019, 211: 350-359.

[366] Wang G, Zhang Q, Li Y, et al. Policy simulation for promoting residential PV considering anecdotal information exchanges based on social network modelling[J]. Applied Energy, 2018, 223: 1-10.

[367] 中国汽车工业协会. 从数据看市场——2018年新能源汽车产能、销量和市场分析[EB/OL]. [2023-07-09]. http://www.caam.org.cn/chn/8/cate_82/con_5223407.html.

[368] Ajzen I, Cote N G. Attitudes and the prediction of behavior[M]//Crano W D, Prislin R. Attitudes and Attitude Change. New York: Psychology Press, 2008: 289-312.

[369] Sovacool B K, Abrahamse W, Zhang L, et al. Pleasure or profit? Surveying the purchasing intentions of potential electric vehicle adopters in China[J]. Transportation Research Part A: Policy and Practice, 2019, 124: 69-81.

[370] 能源与交通创新中心. 中国电动汽车消费者购买偏好调查分析[EB/OL]. [2023-08-02]. http://www.icet.org.cn/reports.asp.

[371] 中国汽车工业协会. 争夺新能源车头把交椅 比亚迪和特斯拉均为产能牵绊[EB/OL]. [2023-08-02]. http://www.caam.org.cn/search/con_5221135.html.

[372] 李文慧. 行业整体下滑 新能源车企谁能"笑傲江湖"? [N]. 新能源汽车报, 2019-09-02 (7).

[373] 财政部, 工业和信息化部, 科技部, 等. 关于进一步完善新能源汽车推广应用财政补贴政策的通知[EB/OL]. 2020-04-23]. https://www.gov.cn/zhengce/zhengceku/2020-04-23/content_5505502.htm.

[374] 中华人民共和国科技部. 财政部 科技部 工业和信息化部 发展改革委关于2016—2020年新能源汽车推广应用财政支持政策的通知[EB/OL]. [2025-05-27]. https://www.most.gov.cn/tztg/201505/t20150507_119246.html.

[375] 买车网. 315, 也来打打电动车的假!站着说话[EB/OL]. [2023-08-02]. https://www.pcauto.com.cn/hj/article/16344.html.

[376] Diao Q H, Sun W, Yuan X M, et al. Life-cycle private-cost-based competitiveness analysis of

electric vehicles in China considering the intangible cost of traffic policies[J]. Applied Energy, 2016, 178: 567-578.

[377] 中国电动汽车充电基础设施促进联盟（EVCIPA）. 中国电动汽车充电基础设施发展年度报告（2016—2017版）[EB/OL]. [2023-07-10]. http://www.nea.gov.cn/136376732_14978397401671n.pdf.

[378] 孙耀吾, 卫英平. 高技术企业联盟知识扩散研究: 基于小世界网络的视角[J]. 管理科学学报, 2011, 14 (12): 17-26.

[379] Newman M E J, Watts D J. Renormalization group analysis of the small-world network model[J]. Physics Letters A, 1999, 263 (4/5/6): 341-346.

[380] Szabó G, Tőke C. Evolutionary prisoner's dilemma game on a square lattice[J]. Physical Review E, 1998, 58 (1): 69-73.

[381] Xu L, Cao X B, Du W B, et al. Effects of taxation on the evolution of cooperation[J]. Chaos, Solitons & Fractals, 2018, 113: 63-68.

[382] Wang Q, Wang H C, Zhang Z X, et al. Heterogeneous investments promote cooperation in evolutionary public goods games[J]. Physica A: Statistical Mechanics and Its Applications, 2018, 502: 570-575.

[383] Zhang X, Bai X, Zhong H. Electric vehicle adoption in license plate-controlled big cities: evidence from Beijing[J]. Journal of Cleaner Production, 2018, 202: 191-196.

[384] Wu Z X, Wang M, Zheng J H, et al. Life cycle greenhouse gas emission reduction potential of battery electric vehicle[J]. Journal of Cleaner Production, 2018, 190: 462-470.

[385] Tian Y H, Govindan K, Zhu Q H. A system dynamics model based on evolutionary game theory for green supply chain management diffusion among Chinese manufacturers[J]. Journal of Cleaner Production, 2014, 80: 96-105.

[386] Dong H J, Dai H C, Geng Y, et al. Exploring impact of carbon tax on China's CO_2 reductions and provincial disparities[J]. Renewable and Sustainable Energy Reviews, 2017, 77: 596-603.

[387] Wang Y S, Sperling D, Tal G, et al. China's electric car surge[J]. Energy Policy, 2017, 102: 486-490.

[388] Pasaoglu G, Harrison G, Jones L, et al. A system dynamics based market agent model simulating future powertrain technology transition: scenarios in the EU light duty vehicle road transport sector[J]. Technological Forecasting and Social Change, 2016, 104: 133-146.

[389] Shi L F, Hao Y, Lv S N, et al. A comprehensive charging network planning scheme for promoting EV charging infrastructure considering the Chicken-Eggs dilemma[J]. Research in Transportation Economics, 2021, 88: 100837.

[390] Li L X, Wang Z Q, Wang Q. Do policy mix characteristics matter for electric vehicle adoption? A survey-based exploration[J]. Transportation Research Part D: Transport and Environment, 2020, 87: 102488.

[391] Li J Z, Ku Y Y, Liu C L, et al. Dual credit policy: promoting new energy vehicles with battery recycling in a competitive environment? [J]. Journal of Cleaner Production, 2020, 243: 118456.

[392] Setiawan I C, Indarto, Deendarlianto. Quantitative analysis of automobile sector in Indonesian automotive roadmap for achieving national oil and CO_2 emission reduction targets by 2030[J]. Energy Policy, 2021, 150: 112135.

[393] 中华人民共和国中央人民政府. 国务院办公厅印发《新能源汽车产业发展规划（2021—2035年）》[EB/OL]. [2023-01-29]. http://www.gov.cn/xinwen/2020-11/02/content_5556762.htm.

[394] 中国汽车工程学会. 节能与新能源汽车技术路线图2.0[M]. 北京：机械工业出版社，2021.

[395] Zhu L J, Wang P Z, Zhang Q. Indirect network effects in China's electric vehicle diffusion under phasing out subsidies[J]. Applied Energy，2019，251：113350.

[396] 财政部，科技部，工业和信息化部，等. 关于"十三五"新能源汽车充电基础设施奖励政策及加强新能源汽车推广应用的通知[EB/OL]. [2023-01-19]. http://www.gov.cn/xinwen/2016-01/20/content_5034655.htm.

[397] Sun Y H, Liu N N, Shang J X, et al. Sustainable utilization of water resources in China：a system dynamics model[J]. Journal of Cleaner Production，2017，142：613-625.

[398] Yu F F, Wang L T, Li X T. The effects of government subsidies on new energy vehicle enterprises：the moderating role of intelligent transformation[J]. Energy Policy，2020，141：111463.

[399] Geng J C, Long R Y, Chen H, et al. Urban residents' response to and evaluation of low-carbon travel policies：evidence from a survey of five eastern cities in China[J]. Journal of Environmental Management，2018，217：47-55.

[400] Zhang L L, Long R Y, Chen H. Do car restriction policies effectively promote the development of public transport？[J]. World Development，2019，119：100-110.

[401] Liu D N, Xiao B W. Can China achieve its carbon emission peaking？A scenario analysis based on STIRPAT and system dynamics model[J]. Ecological Indicators，2018，93：647-657.

[402] Qiao Q Y, Zhao F Q, Liu Z W, et al. Life cycle greenhouse gas emissions of Electric Vehicles in China：combining the vehicle cycle and fuel cycle[J]. Energy，2019，177：222-233.

[403] 徐颖，刘勤明，周林森. 基于博弈论的闭环双渠道回收供应链决策研究[J]. 系统仿真学报，2022，34（2）：396-408.

[404] Hua Y, Liu X H, Zhou S D, et al. Toward sustainable reuse of retired lithium-ion batteries from electric vehicles[J]. Resources, Conservation and Recycling，2021，168：105249.

[405] Zhang Q, Tang Y Y, Bunn D, et al. Comparative evaluation and policy analysis for recycling retired EV batteries with different collection modes[J]. Applied Energy，2021，303：117614.

[406] Zhu M P, Liu Z X, Li J B, et al. Electric vehicle battery capacity allocation and recycling with downstream competition[J]. European Journal of Operational Research, 2020, 283(1): 365-379.

[407] Lander L, Cleaver T, Ali Rajaeifar M, et al. Financial viability of electric vehicle lithium-ion battery recycling[J]. iScience，2021，24（7）：102787.

[408] Wang L, Wang X, Yang W X. Optimal design of electric vehicle battery recycling network：from the perspective of electric vehicle manufacturers[J]. Applied Energy，2020，275：115328.

[409] 杨亚琴，邱菀华，何大义. 强制减排机制下政府与企业之间的博弈分析[J]. 系统工程，2012，30（2）：110-114.

[410] Tesla. Q4 and FY2021 Update[EB/OL]. [2023-03-01]. https://digitalassets.tesla.com/tesla-contents/image/upload/IR/TSLA-Q4-2021-Update.

[411] 宁德时代新能源科技股份有限公司. 宁德时代新能源科技股份有限公司2020年年度报告[EB/OL]. [2023-03-01]. https://www.catl.com/uploads/1/file/public/202104/20210430094928_

4n1av8qek4.pdf.

[412] CSMAR. 碳市场排放权日交易信息[EB/OL]. [2023-03-01]. https://data.csmar.com/.

[413] 中华人民共和国生态环境部. 碳排放权交易管理办法（试行）[EB/OL]. [2023-03-01]. http://www.gov.cn/zhengce/zhengceku/2021-01/06/content_5577360.htm.

[414] Yang L, Zhang Q, Ji J N. Pricing and carbon emission reduction decisions in supply chains with vertical and horizontal cooperation[J]. International Journal of Production Economics, 2017, 191: 286-297.

[415] 北京市生态环境局. 北京市生态环境局关于印发《北京市生态环境行政处罚裁量基准（2022版）》的通知[EB/OL]. [2023-03-01]. https://sthjj.beijing.gov.cn/bjhrb/index/xxgk69/zfxxgk43/fdzdgknr2/zcfb/shbjgfxwj/21207530/index.html.

[416] Tang Y Y, Zhang Q, Li Y M, et al. Recycling mechanisms and policy suggestions for spent electric vehicles' power battery: a case of Beijing[J]. Journal of Cleaner Production, 2018, 186: 388-406.

[417] Yu X Y, Wu Z M, Wang Q W, et al. Exploring the investment strategy of power enterprises under the nationwide carbon emissions trading mechanism: a scenario-based system dynamics approach[J]. Energy Policy, 2020, 140: 111409.

[418] Drake D F, Spinler S. OM forum: sustainable operations management: an enduring stream or a passing fancy?[J]. Manufacturing & Service Operations Management, 2013, 15(4): 689-700.

[419] Vernon R. International investment and international trade in the product cycle[J]. The Quarterly Journal of Economics, 1966, 80(2): 190-207.

[420] Wang S Y, Wang J, Li J, et al. Policy implications for promoting the adoption of electric vehicles: do consumer's knowledge, perceived risk and financial incentive policy matter?[J]. Transportation Research Part A: Policy and Practice, 2018, 117: 58-69.

[421] Shen B, Liu S Y, Zhang T, et al. Optimal advertising and pricing for new green products in the circular economy[J]. Journal of Cleaner Production, 2019, 233: 314-327.